广视角 · 全方位 · 多品种

YELLOW BOOK

权威·前沿·原创

2010年
世界经济形势分析与预测

WORLD ECONOMY
ANALYSIS AND FORECAST
(2010)

主　编／王洛林　张宇燕
副主编／王立强

社会科学文献出版社
SOCIAL SCIENCES ACADEMIC PRESS (CHINA)

法律声明

“皮书系列”（含蓝皮书、绿皮书、黄皮书）为社会科学文献出版社按年份出版的品牌图书。社会科学文献出版社拥有该系列图书的专有出版权和网络传播权，其LOGO（ ）与“经济蓝皮书”、“社会蓝皮书”等皮书名称已在中华人民共和国工商行政管理总局商标局登记注册，社会科学文献出版社合法拥有其商标专用权，任何复制、模仿或以其他方式侵害（ ）和“经济蓝皮书”、“社会蓝皮书”等皮书名称商标专有权及其外观设计的行为均属于侵权行为，社会科学文献出版社将采取法律手段追究其法律责任，维护合法权益。

欢迎社会各界人士对侵犯社会科学文献出版社上述权利的违法行为进行举报。电话：010－59367121。

社会科学文献出版社

法律顾问：北京市大成律师事务所

世界经济黄皮书编委会

主要编撰者简介

王洛林 男，1938年6月出生，湖北武昌人，1960年毕业于北京大学经济系，曾任厦门大学副校长、中国社会科学院常务副院长，现任中国社会科学院特邀顾问，中国社会科学院研究生院教授、博士生导师。研究领域：国际贸易、国际投资、世界经济、宏观经济和金融等。代表性作品有：《世界经济形势分析与预测》（主编）、《关于国有外贸企业转换经营机制的几个问题》（1995）、《日元贬值及其对亚洲经济的影响》（1999）、《日本的通货紧缩性经济危机》（2000）、《日本金融考察报告》（2001）、《未来50年——中国西部大开发战略》（2002）、《后发地区的发展路径选择》（2002）、《中国西部大开发政策》（2003）等。

张宇燕 男，经济学博士，中国社会科学院世界经济与政治研究所研究员、所长。中国世界经济学会副会长，中国亚太学会副会长，中国美国经济学会副会长。曾先后就读于北京大学和中国社科院研究生院。主要研究领域包括国际政治经济学、制度经济学等。著有《经济发展与制度选择》（1992）、《国际经济政治学》（2008）、《美国经济论文集》（2008）等，主编《亚太地区发展报告》（2009）。

王立强 男，云南昆明人，博士，中国社会科学院科研局国际研究学部工作室主任，编审，主要研究方向：行政学与公共行政比较，欧盟法。著有《美元霸权的因果剖析》等。

中文摘要

2009年将是被历史铭记的一年。在这一年中，人类将首次经历第二次世界大战以来全球经济负增长。目前全球金融危机已大体上得到控制，受其波及和拖累的世界经济也已经显露出各种复苏的迹象。与此同时，有关世界经济形势及走势的各种主要指标给出的信号方向不一，许多深层次问题在中短期内得到根本性解决的难度甚大，故断言世界经济已经全面摆脱衰退、进入周期性复苏还为时尚早。通过对全球经济增长、就业、贸易、投资、金融、气候变化、新能源、石油及其他初级产品价格变动等诸多重要方面的分析与预测，我们看到，本次全球金融危机带来了国家间经济实力的相对变化，引起了世人对美元本位制下储备货币发行缺乏约束的质疑，激发了国际社会对现有世界经济秩序的反思，也促使了人类对现有发展模式可持续性与合理性的探究，因而2010年很可能将是全球经济体系特别是金融体系深刻变革的起始年。在不久的将来，我们将感受到它的影响，同时也将面对新的挑战。

Abstract

2009 witnessed negative growth of world real output for the first time since the Second World War. Now the global financial crisis is under controlled, and the world economy has shown some signs of bottoming out. But it is still too early to assert that the world economy has entered the stage of solid and sustainable recovery, for the major economic indicators give very different signals about the current situation and the future trend of the global economy, while many deep-rooted problems will not be fully resolved in the short or medium term. We have analyzed several important aspects of the world economy, including the global output, employment, trade, finance, climate change, new energy, oil and other primary commodities, and we notice that the global financial crisis changes the relative economic power of major counties, gives rise to suspicion about the current dollar standard, inspires the careful securitization of the world economic order, and encourages further research on the sustainability and desirability of the present development model. 2010 may probably marks a starting point of profound reforms in global economic system, especially in the financial system.

目　录

总　论

国别与地区

专　题　篇

热　点　篇

世界经济统计资料

皮书数据库阅读**使用指南**

CONTENTS 

Overview

Country / Region Study

Special Reports

Hot Topics

Statistics of the World Economy

总　论

OVERVIEW

2009 ~ 2010 年世界经济形势分析与展望

张宇燕　田　丰*

摘　要： 2009 年是全球经济负增长的一年。目前全球金融危机已大体上得到控制，受其波及和拖累的世界经济已经显露出各种复苏的迹象。与此同时，有关世界经济形势及走势的各种主要指标给出的信号方向不一，许多深层次问题在中短期内得到根本性解决的难度甚大，故断言世界经济已经全面摆脱衰退、进入周期性复苏还为时尚早。总体而言，尽管存在着出现第二次衰退的可能性，但 2010 年全球经济实现低速正增长的概率要更大一些。

关键词： 全球金融危机　反弹　经济前景

* 张宇燕，经济学博士，中国社会科学院世界经济与政治研究所研究员，主要研究领域为国际政治经济学；田丰，经济学博士，中国社会科学院世界经济与政治研究所副研究员，主要研究领域为国际经济学。

2009年将是被历史铭记的一年。在这一年中，人类将首次经历第二次世界大战以来全球经济负增长，而且衰退幅度很可能超过1%。作为导致本次全球衰退起因的美国次贷危机及金融危机，到目前为止已大体上得到控制。受其波及和拖累的世界经济，进入下半年以来已经开始反弹，并显露出各种复苏的迹象。鉴于目前还存在诸多不确定性，故断言2009年全球经济全面摆脱衰退进入复苏还为时尚早，2010年全球进入周期性复苏还需要满足一系列条件。本文将分别对全球经济增长、就业、贸易、投资、金融、石油及其他初级产品价格变动等六个领域进行讨论，并在结论部分概括性地给出对2010年世界经济走势的展望。

一　经济增长

根据国际货币基金组织（IMF）10月最新发布的《世界经济展望》，2009年全球经济增长率预计为－1.1%，其中发达经济体为－3.4%，发展中经济体为1.7%。美国智库彼得森国际经济研究所（IIE）对2009年的估计数与IMF的估计值大体吻合（见表1）。

此次全球衰退有如下七个特点：其一，全球经济自第二次世界大战以来首次出现负增长。即使在20世纪80年代初的那次较为严重的经济衰退中，全球经济还维持了将近1%的正增长。这也足以表明爆发于2008年9月的全球金融危机破坏力之巨大。其二，发达经济体在危机中受到极大打击，其中以日本和欧洲尤甚。日本和欧元区的经济预计2009年将分别萎缩5.4%和4.2%。其三，作为危机始作俑者的美国，其表现还不是最差的，增长率为－2.7%，明显高于发达经济体－3.4%的平均水平。其四，发展中经济体内部，中国和印度表现最佳，将分别实现8%和5%以上的增长，而巴西和俄罗斯则表现欠佳。其五，在地理上和制度上与发达经济体关系密切的发展中经济体，如墨西哥和中东欧国家，其经济增长受到金融危机的负面影响要远远高于发展中经济体的平均水平。其六，中东和非洲的经济增长虽然因为金融危机的爆发而有所下滑，但总体上看受负面影响不是很大，这多少和其经济整体开放度相对不高、石油价格经过巨幅涨落后大体稳定下来有关。其七，发展中经济体和发达经济体增长波动周期虽然同步，但波动幅度差别巨大，这一自21世纪初以来的趋势在此次危机中得到了延续。

表 1　2009～2010 年世界实际 GDP 增长前景预测

单位：%

国家/地区	2008	IMF 2009	IMF 2010	IIE 2009	IIE 2010
世界	3.0	-1.1	3.1	-1.1	4.2
发达经济体	0.6	-3.4	1.3	-3.3	3.3
美国	0.4	-2.7	1.5	-2.4	4.0
日本	-0.7	-5.4	1.7	-5.2	2.5
英国	0.7	-4.4	0.9	-4.0	2.5
加拿大	0.4	-2.5	2.1	-2.0	3.4
欧元区	0.7	-4.2	0.3	-3.7	2.3
发展中经济体	6.0	1.7	5.1	1.9	5.4
亚洲	7.6	6.2	7.3	6.0	7.8
中国	9.0	8.5	9.0	8.3	9.0
印度	7.3	5.4	6.4	6.4	7.5
巴西	5.1	-0.7	3.5	—	3.6
墨西哥	1.3	-7.3	3.3	-5.8	3.0
中东欧	3.0	-5.0	1.8	-3.5	2.6
独联体	5.5	-6.7	2.1	-4.8	2.6
中东	5.4	2.0	4.2	2.0	4.0
非洲	5.2	1.7	4.0	2.0	4.0

资料来源：IMF，2009，*World Economic Outlook*：*Update*，October；Michael Mussa，2009，*Global Economic Prospects as of September 2009*：*Onward to Global Recovery*，September 17，2009，Peter G. Peterson Institute for International Economics。

美国经济在经历连续两个季度大幅下滑后，2009 年第 2 季度曙光微现，降幅明显收窄至 0.7%，与负增长 6.4% 的第 1 季度形成反差。美国经济状况改善的动力主要来自私人投资下滑速度放缓和政府开支增长。第 2 季度私人总投资（含存货）对经济增长的影响由第 1 季度的 -8.98% 降低至 -3.1%。同期政府开支增长 6.7%，对 GDP 的贡献从第 1 季度的 -0.52% 改善为第 2 季度的 1.33%。第 2 季度美国净出口虽然拉动经济增长 1.6%，但是其贡献比上一季度减少近一个百分点，原因是进口增加削弱了出口改善对经济增长的贡献。此外，美国居民对耐用品和非耐用品消费的减少使消费支出对 GDP 影响的方向逆转为 -0.62%。第 3 季度美国增长率转正，为 2.8%，可谓强劲反弹。

欧元区经济几乎讲述着与美国同样的故事，只不过这个故事的基调似乎更加灰暗。到2009年第2季度，欧元区不仅从环比数据看已经连续5个季度出现经济负增长，而且就在该季度GDP环比折年率仍然下降4.7%。投资波动是反映欧元区经济周期和经济活力的最可靠指标。与美国一样，欧元区投资也出现了积极变化，表现为2009年第2季度固定资产投资降幅缩小和存货投资进入上升阶段。但是极低的产能利用率①将是欧元区未来投资增长的制约因素。不同于美国的是，欧元区在2009年第2季度扭转了2007年第3季度以来净出口不断缩小的趋势。欧元区的私人消费状况也有所改善，由2009年第1季度的-1.4%回升到第2季度的-0.8%（年率）。阻碍欧元区经济复苏的关键问题包括高企的失业率和充满变数的宏观经济状况。成员政府的财政刺激方案曾有效地遏制了欧元区经济的快速衰退，可是普遍存在的财政困难和联盟条约对财政赤字的约束，意味着进一步的刺激政策难以指望。

与欧元区相似，日本经济在2009年第2季度之前经历了连续4个季度的负增长。不同的是，第2季度日本经济有所反弹，环比增长0.9%，动力主要来自出口和国内私人消费这两个方面。本次反弹中净出口贡献了1.6个百分点，其中出口的上升与进口的下降，两者各贡献0.8个百分点。国内私人消费由下降转为增长，从而对经济增长贡献了0.5个百分点。同时，尽管资本形成有所改善，但仍然延续着经济衰退以来的负增长态势，当季贡献-1.1个百分点。总体看，世界经济的回升、日本出口策略的主动调整（主要是加大对亚洲的出口力度）和亚洲经济相对强劲的增长，将为日本经济恢复提供支撑；而严重下滑的私人投资、不良的就业状况、亚洲区域内日益加剧的经济竞争，表明未来日本经济的走势并不乐观，全球经济复苏基础不牢以及世界金融市场的脆弱还将进一步加大日本经济增长的不确定性。

2009年的中国经济总体上保持了相对较高的增长速度，经济回升态势日益强劲。2009年第1、第2季度，中国GDP分别增长6.1%和7.1%，其中投资是经济增长最主要的拉动力量，上半年拉动GDP增长6.2%，消费拉动GDP增长3.8%，净出口对GDP的贡献是-2.9%。下半年中国经济增长态势更为强劲，1~8月份，城镇固定资产投资为112985亿元，同比增长33.0%，社会消费品零售总额为78763亿元，同比增长15.1%，两者均比1~7月份加快0.1个百分点。

① 2009年8月欧元区产能利用率是69.6%，处于自1990年有记录以来的历史低位。

9 月份出口环比大幅上升 11.8%，同比下降 15.2%，降幅较 8 月份的 23% 显著收窄。2009 年中国 GDP 增长率超过 8% 已经确定无疑。在 2010 年，如何在经济增长中实现结构调整，如何防控可能出现的资产价格泡沫，是中国经济实现可持续增长必须解决的主要问题。

二　就业

从美欧日等主要经济体 2009 年第 1、第 2 季度的一系列指标来看，经济都在触底反弹期，其中消费、投资、政府支出和净出口等领域各有亮点，然而居高不下甚至仍在节节高升的失业率，却是世界主要发达经济体和多数发展中经济体走出危机、恢复增长必须解决的突出问题。

美国 10 月份的失业率水平创出 26 年来的新高，上升至 10.2%，当月失业人数为 26.3 万人。自 2007 年 12 月美国经济陷入衰退以来，就业岗位累计减少 740 万个。欧元区 7 月份失业率达到 9.5%，创下欧元区成立以来的最高纪录，目前欧元区总失业人数已高达 1474.5 万人。日本 8 月份失业率为 5.5%，比 7 月下降 0.2 个百分点，出现了 7 个月以来的首次下降。但是民主党政府 9 月执政以来发布的首份政府月报指出，日本就业局势依然严峻且仍在恶化。这一评估表明，日本失业率在 2009 年晚些时候还有可能上升。

更令人担忧的还不是目前的失业记录，而是这些记录将不断被刷新的未来前景。IMF 的预测显示（见表 2），2009 年美国的失业率预计为 9.3%，2010 年将跃升至 10.1%；欧元区 2010 年的失业率将在 2009 年的基础上提高 1.8 个百分点，达到 11.7%，其中德国、法国和意大利等主要成员都将面临 10% 以上的高失业率；日本 2009 年全年的失业率估计为 5.4%，2010 年将为 6.1%。总体上，发达经济体 2010 年的失业率将为 9.3%，高出 2009 年 1.1 个百分点，从另一个角度看这意味着失业率将同比上升 13.4%。

尽管俄罗斯 2009 年失业率高达 9% 而且在 2010 年得到改善的可能性不大，但比较而言，发展中经济体特别是新兴工业化亚洲经济体的总体就业状况要好于发达经济体，但同时我们也要看到，发展中经济体的就业市场十分脆弱，它们相对低的失业率和其工业化、城市化水平不很高所造成的劳动力市场弹性较大，有着较密切的联系。

表2　2009～2010年发达经济体失业率

单位：%

	2008年	2009年	2010年
发达经济体	5.8	8.2	9.3
美国	5.8	9.3	10.1
欧元区	7.6	9.9	11.7
日本	4.0	5.4	6.1
英国	5.5	7.6	9.3
加拿大	6.2	8.3	8.6
韩国	3.2	3.8	3.6
澳大利亚	4.2	6.0	7.0
新兴工业化亚洲经济体	3.4	4.5	4.4

资料来源：IMF（2009），*World Economic Outlook*：*Update*，October 2009。

高失业率不仅将导致严重的社会问题，而且还将侵蚀本已十分脆弱的经济反弹基础，阻碍世界经济的复苏。具体来说，高失业率将直接影响居民可支配收入的增长，抑制居民的消费倾向，增加其储蓄倾向，同时，对于未来就业状况的悲观看法，亦将影响到居民的就业预期和工资增长预期，从而导致当期消费的进一步削减。在投资领域，对于美欧等国内消费驱动型的经济体而言，私人消费的稳定与增长是企业投资决策的重要考虑因素。高失业率将通过影响企业关于消费、经济增长和盈利的预期来约束商业支出的增加。而如果没有企业投资的增长，糟糕的就业状况至少是难以改善的。在进出口领域，高失业率通过国内政治制度的传导将促使一些国家决策者实施贸易保护主义政策。对这一点中国无疑感触最深。2009年前三季度，共有19个国家和地区对中国产品发起88起贸易救济调查，包括57起反倾销、9起反补贴，总金额约有102亿美元。从涉案金额看，美国占到57%。

对于未来劳动力市场悲观的预期还来自人们尚未看到解决就业问题的良策。直觉上，通过工资的调整，劳动力市场将在新价格基础上实现均衡，但是企业用工模式的变化阻碍了这一调整的实现。在衰退期大量裁员和大幅削减开支之后，企业在经济回升的初期更倾向于通过延长劳动时间和使用临时雇员的方式来扩大生产。在美国2001～2003年的经济复苏中，这种状况持续了相当长的时间。目前欧洲和美国等经济体的产能利用率仍处于低水平，这也使得企业增雇人员的动

力不足。周期性因素与经济结构调整带来的失业叠加，进一步加大了解决问题的难度。在金融危机冲击下，美国一些传统产业逐渐失去竞争力，新的、能够带动经济增长的主导产业尚未形成。当前人们热衷的新能源或绿色经济占GDP比例低、投资周期长、风险大，并且严重依赖于传统能源的供应与价格，远不足以担当支撑重任。如何创造新的就业机会以及如何帮助失业者适应新的就业岗位是决策者面临的长期问题。

三　国际贸易

金融危机导致国际贸易大幅收缩。据IMF 10月发布的《世界经济展望》估计，2009年全球贸易量将萎缩11.9%，发达经济体进口和出口分别降低13.7%和13.6%，发展中经济体相应的数字为9.5%和7.2%（见表3）。

表3　2007～2014年世界贸易形势及中期展望

单位：%

年　份	2007	2008	2009	2010	2011～2014平均
世界贸易量(年变化率)	7.3	3.0	-11.9	2.5	6.4
进口					
发达经济体	4.7	0.5	-13.7	1.2	5.3
发展中经济体	13.8	9.4	-9.5	4.6	8.1
出口					
发达经济体	6.3	1.9	-13.6	2.0	5.7
发展中经济体	9.8	4.6	-7.2	3.6	7.7
贸易条件					
发达经济体	0.3	-1.8	2.0	-0.2	-0.3
发展中经济体	0.7	4.1	-6.3	4.6	-0.1
经常账户平衡状况(占GDP的比率)					
发达经济体	-0.9	-1.3	-0.7	-0.4	-0.4
发展中经济体	4.3	3.9	2.0	2.8	3.5

资料来源：IMF（2009），*World Economic Outlook*：*Update*，October 2009。

现就2009年上半年主要发达经济体和发展中经济体的贸易状况做些简单说明。据美国商务部的统计，美国2009年上半年货物进出口总额为12134.7亿美元，比上年同期下降29.2%。其中出口减少23.8%，进口减少32.5%，贸易逆差2169.9亿美元，下降了46.6%。欧盟委员会9月17日公布的2009年1~7月欧盟外贸数据显示，欧盟27国和欧元区16国的外贸进出口总额与上年同期相比分别下降了25%和20%。据日本海关统计，2009年1~7月日本货物进出口额为6011.5亿美元，比上年同期下降34.2%，其中出口下降35.9%，进口下降32.4%，逆差33.6亿美元，下降88.5%。据巴西发展工业外贸部统计，1~8月巴西进出口总额为1759.02亿美元，同比下降27.7%，其中出口减少24.7%，进口减少31.1%，顺差199.68亿美元，同比增长18.7%。印度财年的第1个季度（4~6月）的出口总额为354.32亿美元，进口总额为509.36亿美元，同比分别下降31.3%和36.5%。俄联邦统计局公布的最新数据显示，1~7月俄罗斯对外贸易额为2507亿美元，同比下降44.1%，其中出口下降46.4%，进口下降40.1%，贸易顺差为537亿美元，与上年同期1198亿美元的顺差相去甚远。中国2009年上半年虽然成为世界最大的出口国，但据海关统计，2009年1~8月中国进出口总值为13386.5亿美元，同比下降22.4%，其中出口下降22.2%，进口下降22.7%。

除了贸易额大幅度下挫之外，2009年国际贸易领域内还有几点值得关注。首先，发展中经济体的贸易条件严重恶化，从2008年的4.1%降至2009年的-6.3%，而发达经济体相应的数字分别为-1.8%和2.0%。由于贸易条件是衡量一个经济体出口相对于进口的盈利能力和贸易利益的指标，上述事实反映了全球金融危机通过影响初级产品价格给发展中国家福利水平带来的冲击。其次，无论是出口还是进口，发达经济体贸易量下滑的幅度均大于发展中经济体。贸易量是一个反映贸易实际规模变化的指标，可以理解为剔除了价格变动影响的贸易额。发达经济体进口量严重下滑的主要原因是，经济衰退使这些国家的最终需求大幅萎缩，且萎缩程度高于发展中经济体。而在出口方面，由于发达经济体出口市场更加侧重其他发达国家，并且整体贸易条件在危机情况下反而有所提高，这样外部市场较为严重萎缩带来的收入效应，以及贸易条件改变带来的价格效应，共同导致发达经济体出口量衰减的程度显著高于发展中经济体。最后，2009年上半年的实际数据显示，发达经济体和主要发展中经济体贸易量下滑速度，远远快于世界贸易组织和国际货币基金组织对2009年全年的预测数值。这意味着下半年世界贸易的止跌回升幅度有可能较大。实际上，现实也正在朝着贸易复苏的方向发展。根据荷兰经济政策研究局（BEPA）统计，6月份全球贸易量已止跌回升，6月较5月份增加2.5%，这是2008年7月以来最大的单月增幅。尽管5月份贸易量较4月下滑1.4%，但随着6月份贸易量回升，4～6月贸易量较上季度仅仅下滑了0.7%，远远小于2009年第1季度相对于2008年第4季度－11.2%和2008年第4季度相对于第3季度－7.1%的跌幅。全球贸易止跌回升应该是全球经济走出衰退的一个信号。

另外，也是最值得重视的问题之一是，2009年贸易保护主义抬头并有加剧趋势。美国经济刺激方案中包含的“买美国货”条款无疑是最典型的一个例子。此外，印度、印尼、俄罗斯和韩国等还采取了提高进口关税等贸易限制措施，世界范围内贸易救济措施的实行也显著增加。仅2009年第3季度，全球就已启动了44宗新调查，较上年同期增长53%。考虑到启动调查程序与正式采取救济措施间通常有一年以上的时滞，故可以预见，2010年贸易救济措施对贸易复苏的影响范围还将显著扩大。

受多种因素的影响，目前制约贸易保护主义的力量也在削弱。例如，美国总统奥巴马在人员任命上未能以自由贸易的积极支持者来平衡保护主义者的影响；在救助汽车业的过程中，美国又涉嫌对特定企业提供补贴，从而实际上违反了WTO规则。在国际制度方面，停滞不前的多哈回合已经严重削弱了成员对WTO的信心及其影响力；大量的关税水分（即成员目前实施的关税率与WTO允许其采用关税率之间的差异）使成员能够在不违反既定协议的情况下采取贸易保护主义措施；由于WTO试图在尊重各国保护公民权利的基础上推行自由贸易，从而为成员滥用健康、安全和技术管制替代贸易壁垒提供了便利。

总体上看，虽然当前世界经济尤其是美欧等国家陷入衰退，但是制约大国采取保护主义措施的因素并未根本改变，现行的WTO体制还能够发挥一定的限制贸易保护主义的作用，因而贸易保护主义措施泛滥并最终出现类似于20世纪30年代贸易战的局面可能性很小。但面对全球范围内贸易保护主义抬头的趋势，世界各国尤其是主要贸易大国应该本着自由、开放的态度，携手合作，积极完善现有的国际贸易规则体系，共同应对危机，而不是“以邻为壑”，试图在牺牲贸易伙伴利益基础上寻求本国经济增长。

四　外国直接投资

全球外国直接投资（FDI）流入额在2007年达到了1.98万亿美元的历史最高纪录。2008年，全球FDI流入规模仅为1.7万亿美元，比上年减少了14%，连续4年的增长势头开始出现逆转。进入2009年后，全球金融危机对FDI的负面影响愈发显著。根据联合国贸发会议（UNCTAD）统计的、合计占2007~2008年世界FDI流入量91%的96个国家的数据，2009年第1季度，这些国家的FDI流入量比2008年同期下降了44%。在这种背景下，无论是UNCTAD还是OECD均大幅度调低了对2009年FDI的预测，并预计2009年全球FDI流入总规模将低于1.2万亿美元。

发达经济体的FDI流量减少是导致全球FDI规模下降的直接原因。联合国贸发会议提供的数据显示，2008年第4季度和2009年第1季度，从FDI三项主要组成部分的股本投资、公司内借贷和收益再投资看，发达经济体的FDI均大幅度下降，其中2009年第1季度发达国家FDI流出量下降46%。2008年第4季度，流入美国的FDI规模尚为920亿美元，而到2009年第1季度则骤然降到333亿美元（见表4）。预计2009年经合组织成员国的FDI流入额和流出额，将从2008年的1万亿美元和1.65万亿美元，分别下降到2009年的5000亿美元和1万亿美元。

表4　发达经济体FDI流量

单位：百万美元

	FDI流入			FDI流出		
	2008Q3	2008Q4	2009Q1	2008Q3	2008Q4	2009Q1
发达经济体	205920	207271	157435	328888	337086	248386
欧盟	111411	71357	109556	193944	166628	176684
法国	38629	9469	9243	56657	28917	44345
德国	4548	5692	2550	13504	29761	17898
荷兰	79	-34847	4950	-2457	27914	11155
英国	-4531	28244	63177	31661	12364	59945
北美	79793	100358	33543	80819	75517	28918
美国	64244	92048	33312	55819	61980	25022
澳大利亚	10156	19634	4118	-8089	-6128	11959
日本	1744	5934	2347	21887	58164	17196

资料来源：UNCTAD（2009），*World Investment Report 2009*。

2009 年流入发展中经济体的 FDI 亦会不同程度地缩减。2009 年上半年，中国实际利用 FDI 金额 430 亿美元，同比下降 17.8%。中国实际吸引的 FDI 直到 8 月才首次实现年内单月增长，达到 75 亿美元。2009 年 1~7 月，流入巴西的 FDI 仅为 140 亿美元，比上年同期减少 60%。按照巴西中央银行的估计，2009 年全年巴西可能将吸收 250 亿美元的 FDI，比上一年创下的 450 亿美元历史纪录减少 44.5%。俄罗斯 2009 年上半年引入的 FDI 大幅度下降 45%，仅为 61 亿美元。印度 2009 年 1~7 月 FDI 流入规模仅为 35.2 亿美元，比上年同期下降 56.5%。越南在 2009 年前 8 个月吸引的 FDI 为 104 亿美元，同比锐减 81.6%。

全球 FDI 下降还明显地体现在跨国并购的冷清之上。2009 年 1~8 月，全球宣布的并购交易额下滑到 1.4 万亿美元，较上年同期减少 32%。其中，作为全球最重要的并购市场，美国的企业并购交易规模呈现明显的萎缩态势。据全球最大的金融数据提供商之一 Dealogic 的数据，2009 年 1~8 月，美国的交易额下降 35%，仅为 4482 亿美元。日本虽然在 2008 年海外并购额达到创纪录的 760 亿美元，但这一增长趋势 2009 年迅速逆转，其 1~7 月的海外并购额较上年同期下降 66%。

2009 年有两件与 FDI 相关的事值得关注。一件是伴随着 2009 年第 3 季度的全球经济形势趋好和投资者信心的部分恢复，美国和欧洲企业并购活动出现了明显的活跃迹象，超过 10 亿美元的大宗并购交易有所增多。另一件是以资源寻求型为主的中国企业海外并购在 2009 年也进入了一个新的高潮，并日益引起国际社会的极大关注。在这一年中，尽管中国铝业公司在年初以 195 亿美元的报价收购力拓部分股权的方案未能实现，但以中石油、中石化、五矿集团为主的中国能源企业在国际市场频频出手并完成一些收购活动，例如，2009 年 8 月，中石化成功地完成了对加拿大 Addax 公司的要约收购，其交易总金额高达 75 亿美元。本宗并购案不仅是迄今为止我国公司进行海外资产收购的最大一笔成功交易，而且该并购案也是 2009 年第 2 季度全球国际能源领域的最大并购案。

联合国贸发会议对数百家跨国公司的调查显示，被调查的跨国公司大都对 2010 年的国际直接投资环境表现出乐观的态度。再考虑到美欧日等主要经济体的增长都已显现停止下滑并逐步回暖的势头，人们大体可以预计，在经历了 2008~2009 年全球 FDI 规模骤减之后，在 2010 年 FDI 开始温和复苏的可能性大大提高，全球 FDI 流入规模将会超过 2009 年不足 1.2 万亿美元的总规模（见图

1）。在国际资本的地区流向上，中国及其他亚洲新兴经济体将依然成为最具有吸引力的国家和地区。

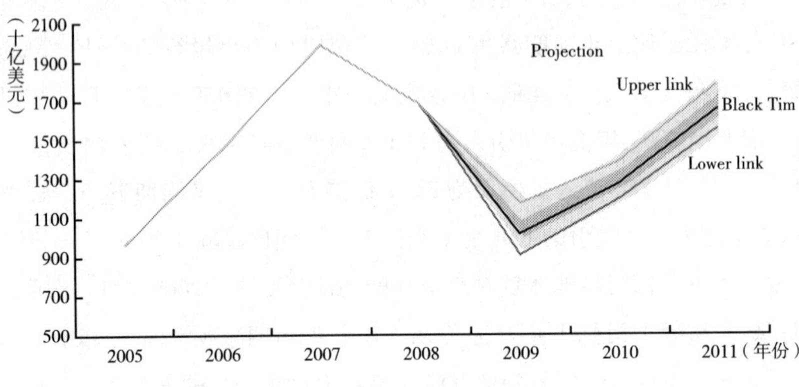

图1　2005～2011年全球FDI流量

资料来源：UNCTAD（2009），*World Investment Report 2009*。

五　国际金融

2009年和2010年在国际金融领域有两大值得关注的问题：全球范围内金融市场正常化情况和金融领域国际规则体系的改革进展。全球金融危机带来的巨大冲击使市场信心一度处于崩溃边缘。促使金融市场正常化是一切救助措施的重中之重，因为如果没有一个正常运转的金融市场，任何刺激经济增长的措施都将是低效甚至无效的。金融危机还凸现出金融领域现有国际规则体系的两个重大缺陷：一是美元本位制下缺乏对储备货币发行的约束；二是以IMF为代表的国际金融机构受到普遍批评。痛定思痛，国际金融体系的改革已成为当前国际合作的焦点之一。

在各中央银行、财政部和国际金融机构的联合干预下，全球金融市场已经基本稳定下来。银行机构问题贷款规模增速放缓，流动性短缺问题得到缓解，系统性金融风险降低，投资者信心逐渐恢复。在美国，银行机构的股本充足率2009年第2季度达到10.56%，处于次贷危机以来的最高水平。企业和政府间的信贷价差进一步下降，信用违约掉期等反映违约风险的指标大都较此前的峰值有明显回落。从2009年3月开始，全球主要的债券市场、股票市场和信贷市场均出现反弹。部分资金撤离相对安全的国债市场，使得美国国债价格开始走低；美国标普500和欧元区道琼斯STOXX50分别从2009年2月的735点、1976点，恢复到10月份的1036点、2743点（见图2）。2009年第2季度，拥有跨境业务银行的国际未清偿债券总额相对第1季度增加了8426亿美元。

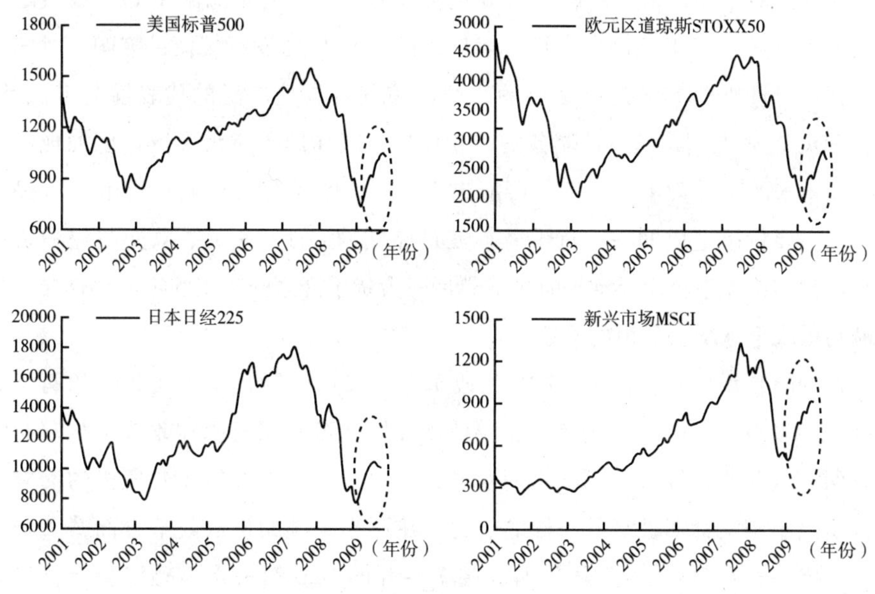

图2　2001年1月至2009年10月全球主要股市走势

数据来源：CEIC，MSCIbarra。

与实体经济类似，金融市场正常化过程仍然处于萌芽状态，基础极其脆弱。美国问题银行的数量在2009年第2季度增加了111家，至416家，创下自1994年6月以来的最高水平。将会进一步恶化银行等金融机构资产质量的因素包括：为处置有毒资产，美欧金融机构未来一两年资产减记总额将达2万亿美元；美国总额1.914万亿美元消费者债务中预计约有14%将成为坏账；美国2009年第2季度商业房贷违约率达到7.9%，为15年来的最高点；欧洲的银行对其他金融机构和企业融资的增长率不断下降，而对住户的贷款仅有微弱的增加，同时加速持有政府债券，这说明欧洲中央银行的货币扩张并没有通过货币金融机构的业务活动充分传导至实体经济部门。

在全球储备货币体系改革方面，目前基本的选择主要有两个：创建超主权储备货币和强化多极储备货币体系。前者的主要优点是切断储备货币与储备货币发行国之间的联系，解决信用储备货币体系下信心与清偿力难以兼顾的难题。IMF创设的特别提款权（SDR）具有成长为超主权储备货币的特征与潜力，但要真正成为全球储备货币，SDR还需要：第一，扩大定值货币篮子，以充分反映全球经济增长的相对格局；第二，扩大SDR的适用范围，使之不局限于IMF成员之间以及IMF成员与IMF之间的清算；第三，扩大SDR的发行规模；第四，对SDR的发行与管理机构IMF进行必要的改革以使其具有更广泛的代表性与合法性。与在SDR基础上创建超主权储备货币相比较，国际储备货币多极化更加现实可行。在未来的国际货币体系下，可能出现美元、欧元与某种亚洲货币（人民币或亚洲主要货币组成的一个货币篮）三足鼎立的局面，美元、欧元与亚洲货币之间最初实施汇率自由浮动，时机成熟后三大货币区之间改用固定汇率连接，从而最终构成全球统一货币的雏形。

在国际货币体系演进中，IMF的改革和人民币国际化是无法忽略的两个关键点。2009年，IMF改革的进展主要体现在增加可利用资源和改善贷款职能两个方面，这些改革提升了IMF应对全球性危机的实力，加快了对危机的反应速度，增强了制定针对性贷款条件的能力。在更为关键的份额改革方面，一个重要的进展是，在2009年9月美国匹兹堡召开的G20第三次金融峰会上，与会者承诺提高新兴市场和发展中国家在IMF的份额，幅度为5%以上。这样发达国家和发展中国家双方的投票权比例有望由57∶43调整到52∶48。然而此举的意义不可高估，因为IMF只有在85%票数同意的情况下才能通过重大事项，同时美国也绝不会将其目前拥有的16.79%的投票份额降低到15%以下而失去否决权。

全球金融危机的爆发不仅让我们切实体会到推进人民币国际化进程的迫切性，也为我们推进这一进程提供了难得机遇。迫切性来自：（1）对以美元为中心的现有国际货币体系稳定性与合理性的质疑；（2）对巨额外汇资产安全性的担忧；（3）对既往经济增长模式的反思和继续推进国内各方面改革的要求。同时全球范围内对现行国际货币体系进行改革的共识、一些国家希望拥有美元之外的外汇资产以保持国际收支稳定的强烈需求和中国良好的经济增长势头，都为人民币国际化提供了重要的机会。通过签订双边互换协议、开展跨境贸易的人民币结算试点、推动国外个人人民币业务发展、参与国际货币体系合作、在香港发行人民币国债和国内资本市场的配套措施，2009年人民币国际化取得积极进展。总体而言，由于受金融市场发展水平的制约，人民币国际化注定是一项长期、渐进的系统工程。随着东亚经济合作的推进，特别是东北亚合作步伐的加快，2010年中日韩货币合作取得某种形式的进展可能性加大，这意味着人民币国际化的途径不仅只有一种。

全球金融监管和美元币值的变动同样是2009年国际金融领域内的两件大事。金融监管上的严重疏漏被普遍认为是爆发金融危机的基本原因之一。包括金融稳定理事会（FSB）、国际货币基金组织（IMF）、巴塞尔银行监管委员会（BCBS）在内的主要国际组织以及美、欧、英、中等重要经济体，目前都在着力推动改革金融监管体制、加大监管力度。在现有巴塞尔协议的框架内，核心资本充足率被普遍认为可能会提高到10%左右。G20匹兹堡金融峰会进一步明确了改革方向和具体时间表，即在2010年底前制定出为各国所能接受的规章制度，改善银行资本的数量和质量，并在2012年底前将其全部付诸实施。

2009年4月以来美元持续走软。11月11日，以一篮子货币表示美元币值强弱的指标——美元指数下探至74.78，创下最近15个月来的新低。目前促使美元贬值的因素包括：美国联邦基金利率处于历史最低点（0～0.25%），并且在未来几个季度内保持不变的可能性极大；处于低位的美国利率推动投资者从事套利交易（Carry Trade），① 从而增加外汇市场上美元的供给；美国2009年财年预算赤字达到创纪录的1.417万亿美元，并且在2010年大幅减少的可能性不大；美国金融系统脆弱且经济复苏前景扑朔迷离；为鼓励出口、应对通缩，美国政府对美元持放任政策；全球经济企稳后美元资产避风港作用降低。同时，诱发美元止跌回升的因素也存在：美国的综合实力、经济复苏前景等均明显地优于欧元区和日本；目前美元已经被低估②；全球经济复苏面临诸多不确定性。总体看，美元中短期内仍将走软，但幅度不会太大，同时不排除止跌甚至反弹的可能性。

---

① 其具体做法是：投资者在低利率下借入美元后，将其兑换为其他货币进行投资，目的在于获得不同币种间的利差收入。

② 根据PPP，OECD的研究估计欧元兑美元高估了21%，日元高估了22%；经过价格调整并根据更为广泛的货币篮计算，国际清算银行（BIS）的研究表明，2009年9月美元值比其10年平均值低了11%。

六　石油及其他初级产品价格波动

进入2009年后，国际初级产品价格延续了2008年的跌势，但降幅已经显著缩小。2008年国际初级产品价格先扬后抑。根据IMF编制的初级产品价格指数（见图3），几乎所有主要初级产品价格都在2008年第2季度达到高位。之后受金融危机的影响，其价格又在第3季度同时快速下跌，第4季度更是进入了恐慌性跳水阶段。在2009年第1季度跌至谷底后，能源、金属、食品、饮料和农业原材料的价格开始全面回升。从峰值到谷底，国际初级产品价格平均降幅高达55.6%。其中石油降幅最大，高至68.7%，带动能源产品价格整体下降64.1%。非能源产品价格跌幅相对较小，但也达到了35.5%。

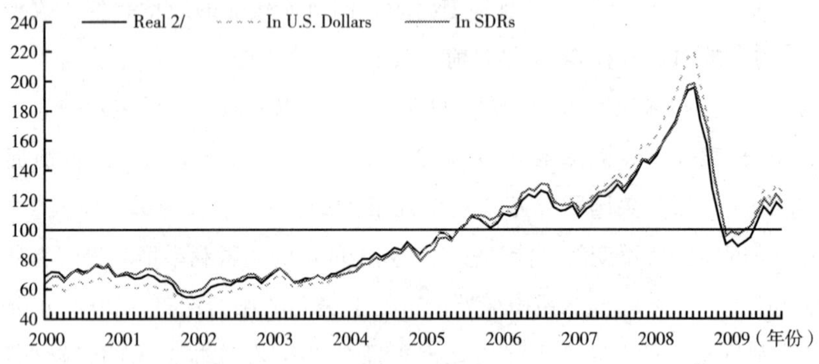

图3　初级产品价格指数（2005=100）

注：该指数经美国CPI平减。

资料来源：IMF，*IFS*。

在经历快速大幅下降之后，2009年第2、第3季度国际初级产品价格全面回升。在六个月时间里，国际初级产品价格上涨了27%，其中能源上涨35%，金属37.3%，农业原材料（包括木材、棉花、羊毛、橡胶和毛皮）14%，饮料（包括咖啡、可可和茶）12%，食品7%。从整体上看，国际初级产品价格大致恢复到2007年第2季度的水平。

最近几个月国际初级产品价格的快速回升带有恢复性成分，但更大的动力恐怕来自对未来世界经济增长的信心逐步得到增强。问题的关键在于，这种信心有可能出现反复，因为它主要建立在各国政府实施与维持极其宽松的财政和货币政策之基础上，建立在世界经济正开始步入复苏之判断上。一旦主要经济体萌生退意，一旦“虚弱”的世界经济数据尚不足以支撑这种信心，国际初级产品价格则很可能出现短期回调。鉴于世界经济目前尚处于反弹而不是周期性复苏阶段，国际初级产品价格上涨将被限制在一定范围内。

美元贬值是国际初级产品价格尤其是石油价格上涨的另一个重要因素。2009年第2、第3季度，国际石油价格上涨了54%（见图4）。美元贬值意味着以美元计价的石油等初级产品价格相对便宜，从而激励石油生产者调整价格。美元的“跌跌不休”也使其持有者更加愿意将纸币换成石油这样的“硬通货”以规避风险，这反过来又对美元币值产生负面影响。此外，在短期供给较为稳定的情况下，需求的增加会反过来推高石油的美元价格。

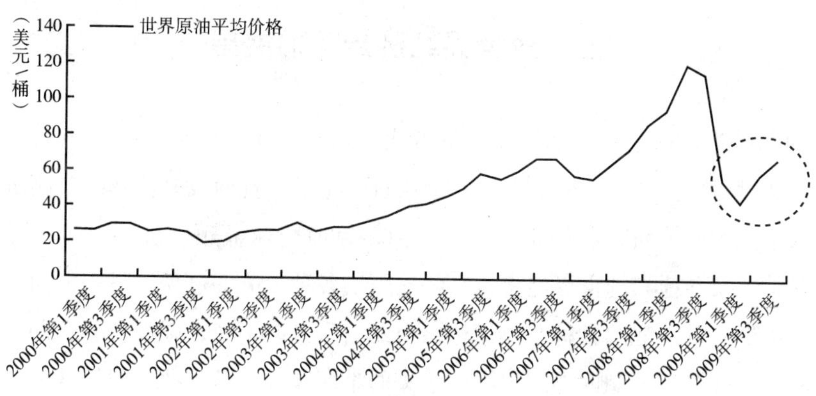

图4 2000年第1季度至2009年第3季度世界原油平均价格

资料来源：IMF，*IFS*。

从基本面因素看，决定国际石油价格走势的供需两方面力量相互纠结，其直接结果是导致石油价格在一段时期内窄幅波动。石油输出国在希望从较高的油价中获益的同时，也清醒地认识到，过高的价格将刺激替代能源或新能源的开发和使用，从而限制石油的消费，减少未来对石油的需求，因而不利于长期维持高价格。另一方面，石油输出国也不愿意石油价格处在相对较低的水平，因为这会直接损害其目前的收益。石油消费国则正好相反。为减少对进口能源的依赖，它们一直致力于开发替代能源。油价低廉虽然有利于经济增长，但是却会挫伤其国内对替代能源的热情，损害将来的能源安全。另一方面，高位油价虽然能为企业和消费者提供开发和使用替代能源的动力，但却会导致生产成本上涨和通货膨胀压力。故未来几年内，国际石油价格徘徊在70～100美元之间的可能性是比较大的。

也正是基于国际石油价格高低与替代能源发展间的紧密关联，我们密切关注即将于2009年12月召开的哥本哈根全球气候变化会议。如果本次会议能够达成全球范围内限制碳排放的协议，则世界各国改用替代能源资源及采取能源效率措施的动力便会急剧增大，很可能使未来几年内国际原油消费量的增长速度大幅减缓，并进而抑制油价上涨。同时，由于美国国内尚未通过必要的立法，还由于气候变化博弈的主要参与方立场分歧，哥本哈根气候变化会议取得实质性重大进展的前景还不那么明朗。

七 对世界经济走势的展望

2009年将是自二战以来全球经济首次经历负增长的一年，这一点几乎成为定局。通过对经济增长、就业、贸易、投资、金融、石油及其他初级产品价格变动等六个领域的分析，我们发现，一方面，目前全球金融危机已大体上得到控制，受其波及和拖累的世界经济也已经显露出各种复苏的迹象；另一方面，有关世界经济形势及走势的各种主要指标给出的信号方向不一，强度各异，同时尚有许多深层次问题在短期内得到根本性解决的难度甚大。基于此，我们认为，断言世界经济全面摆脱衰退、进入周期性复苏还为时尚早；同时，相对于IMF的预期，即2010年世界经济增长3.1%、2011～2014年平均增长4.4%，我们的估计略为保守一些：尽管存在着出现第二次衰退的可能性，但2010年全球经济增长2%～3%的概率要更大一些。

当2009年因全球经济负增长而被历史所铭记时，2010年则可能将以另一种方式被记载在史册上：作为全球经济体系特别是金融体系深刻变革的起始年。本次全球金融危机带来了国家间经济实力的相对变化，引起了世人对美元本位制下储备货币发行缺乏约束的质疑，激发了国际社会对现有世界经济秩序的反思，也促使人们对现有发展模式可持续性与合理性进行探究。当2009年整个世界急于摆脱危机时，另一场经济革命也在发生。我们将在2010年感受到它的影响，同时也将面对新的挑战。

参考文献

IMF（2009）, *World Economic Outlook: Update*, October 2009.

Michael Mussa（2009）, *Global Economic Prospects as of September 2009: Onward to Global Recovery*, September 17, 2009, Peter G. Peterson Institute for International Economics.

UNCTAD（2009）, *World Investment Report 2009*.

高海红、黄薇：《国际金融市场回顾和展望》，见本书，2009。

李众敏：《日本经济：外需与政府支出带动下的微弱回升》，见本书，2009。

倪月菊：《国际贸易形势回顾与展望》，见本书，2009。

谭小芬：《美国经济：触底反弹》，见本书，2009。

徐奇渊、张明：《全球金融危机下的人民币国际化》，见本书，2009。

姚枝仲：《欧元区经济：结束衰退》，见本书，2009。

张金杰：《国际直接投资形势回顾与展望》，见本书，2009。

张明：《金融危机背景下的国际金融体系改革》，见本书，2009。

Analysis and Forecast of the World Economy in 2009－2010

Zhang Yuyan, Tian Feng

Abstract: 2009 witnessed negative growth of world real output for the first time since the Second World War. Now the global financial crisis is under controlled, and the world economy has shown some signs of bottoming out. But it is still too early to assert that the world economy has entered the stage of solid and sustainable recovery, for the major economic indicators give very different signals about the current situation and the future trend of the global economy, while many deep－rooted problems will not be fully resolved in the short or medium term. The world economy will probably grow at a low speed in 2010, though there may lie some risks of another downturn.

Key Words: Global Financial Crisis; Rebound; Economic Prospect

国别与地区

COUNTRY/REGION STUDY

美国经济：触底反弹[*]

谭小芬[**]

摘　要：2009年中期以来，美国零售业和制造业显露复苏迹象，汽车和住房对美国经济的拖累程度下降，投资者风险偏好改善，系统性金融风险消退，整体经济活动已经企稳，美国经济在经历过去一年大幅萎缩之后开始触底反弹。然而，2010年美国经济下行风险犹存：失业率居高不下、家庭财富缩水、去杠杆化及信贷紧缩，使得消费支出增长步履维艰；中小银行体系和商业房地产市场依然脆弱，一些金融机构的损失可能进一步增加，信贷状况仍然紧张；证券市场难以恢复到之前的规模，并受到更多监管，其对经济增长的支持作用下降；大量空置房抑制房地产投资的周期性反弹；通货膨胀预期面临上行风险，美联储退出政策面临挑战；财政赤字居高不下，财政

* 感谢中国社科院世经政所何帆老师对本文提出的修改意见，当然文责自负。

** 谭小芬，经济学博士，供职于中央财经大学国际金融研究中心，研究领域为国际金融与货币政策。

扩张的空间受到挤压。受制于这些因素，美国经济增长会相对缓慢。在经济反弹初期增速可能较为强劲，但之后的增速不会太快，预计2010年增长率为2.5%左右。

关键词： 商业房地产　信贷市场　美元汇率　退出策略

因雷曼破产导致金融危机迅速恶化，房价持续大幅下跌，抵押贷款违约率不断攀升，投资者对抵押物价值和金融机构潜在损失的预期不断增强，2008年下半年美国经济大幅放缓，全年实际GDP增长0.4%，与我们在上一年度预测的1.2%有较大的偏差，这主要是由于我们对于金融危机的负面影响估计不足。与此同时，我们高估了通货膨胀的压力，没有意识到金融危机通过需求冲击使得通货膨胀迅速向通货紧缩转变。不过，我们对于美国房地产市场和信贷市场变化趋势的分析没有出现大的偏差，住房开工和销售数量在2009年中期开始企稳，但是中小银行体系和商业房地产市场仍面临风险。

进入2009年，因信贷市场紧张、住房市场低迷和就业市场疲软，美国经济增长急剧下滑，上半年美国经济陷入自大萧条以来最为严重的经济衰退，实体经济下滑反过来又给金融体系带来风险。经过美国政府大规模救助、巨额注资和对主要金融机构的压力测试，银行机构的问题贷款规模增速放缓，流动性短缺问题得到缓解，系统性风险大大降低，投资者的信心逐渐恢复，金融市场基本企稳。同时，住房市场开始改善，制造业也显露复苏迹象。然而，商业房地产贷款恶化对于区域性银行的影响还没有完全显现出来，信贷紧张、就业市场疲软和中小银行体系依然给经济带来风险，经济疲软将保持一段时间。2009年下半年，在存货投资、财政刺激和金融状况改善的推动下，美国经济开始反弹，全年经济增长率预计在-2.5%左右。

展望2010年，美国经济持续复苏面临风险，包括家庭"去杠杆化"和失业率飙升导致消费支出增长乏力，中小银行体系和商业房地产市场依然脆弱，一些金融机构的损失可能进一步增加，企业投资疲软和银行继续惜贷，同时美国经济还将受到财政赤字和通货膨胀预期上升的拖累。随着美国金融监管改革的推进，证券市场难以恢复到之前的规模，其对经济增长的支持作用下降，经济复苏的力度不会太大，预计2010年经济增长率为2.5%左右。

一　美国经济运行态势分析

美国经济自 2007 年 12 月开始衰退以来，房价持续大幅下跌，止赎率不断攀升①，投资者对抵押物价值和金融机构潜在损失的担心与日俱增。2008 年 9 月后，金融系统的风险大幅提升。尽管美联储采取了救助“房利美”和“房地美”的行动，但金融体系仍进一步恶化。很快，其他一些大型金融机构也面临巨大压力，雷曼兄弟公司由于资不抵债引发破产，金融危机迅速恶化，恐慌情绪从金融机构向货币市场和资本市场蔓延。银行间同业市场和商业票据市场等短期融资市场的状况急剧恶化，股价大幅下跌，风险利差持续扩大。之后，美林被美洲银行收购，摩根斯坦利和高盛经美联储批准成为银行控股公司。

面对突然升级的危机，美联储和财政部迅速作出反应。美联储创造了一批流动性工具，来稳定商业票据市场和防止资金从货币市场共同基金大量流出。国会于 2008 年 10 月批准了问题资产救助计划（TARP），提供 7000 亿美元来维持美国金融体系的稳定。尽管此后危机的强度有所缓和，系统性崩溃的风险也在减小，金融机构整体压力有所下降，但金融市场仍面临压力。政府为防止具有系统影响力的金融机构无序倒闭，先后宣布对花旗银行和美洲银行的援助计划。

美国政府的措施防止了形势进一步恶化，但金融市场的压力已对实体经济产生了破坏性影响。整个经济中，除了住房市场和消费支出下挫外，企业投资、出口和进口均大幅下滑。按年率计算的实际 GDP 在 2008 年第 3 季度出现 2.7% 的负增长后，2008 年第 4 季度和 2009 年第 1 季度分别急剧下降 5.4% 和 6.4%，比 1981 ~ 1982 年经济衰退时期还要严重。2009 年第 2 季度下滑速度有所放缓，为 -1.0%（见表 1）。其中，私人消费降幅的负作用在第 2 季度有所加剧，固定投资（包括住宅投资和非住宅投资，非住宅投资又分为建筑投资和设备及软件投资）和去库存对 GDP 的负面影响都较第 1 季度显著缩小，而净出口和政府财

① 美国人在购买房屋时，多数都使用按揭贷款。如果没有资产可供抵押，购房者可将所购买的房屋充当抵押品，房屋所有权归房贷机构。购房者按期还款给放贷的机构，这个过程称为“赎回”。如果出现购买者因故不能按期还贷，超过期限的房屋便被停止赎回，房屋归放贷机构所有。止赎率就是房屋抵押贷款中，已处于止赎程序的贷款比率。

政刺激对第2季度经济增长起到提振作用。在企业重建库存、财政刺激和金融状况改善的推动下，2009年下半年美国经济开始触底并恢复增长。

表1　美国总需求各部分对GDP的贡献度

单位：%

季　　度	2007年第3季度	2007年第4季度	2008年第1季度	2008年第2季度	2008年第3季度	2008年第4季度	2009年第1季度	2009年第2季度
GDP增长率	3.6	2.1	-0.7	1.5	-2.7	-5.4	-6.4	-1.0
消费	1.35	0.86	-0.39	0.06	-2.49	-2.15	0.44	-0.69
耐用品消费	0.42	0.44	-0.75	-0.46	-0.95	-1.64	0.28	-0.43
非耐用品消费	0.33	0.27	-0.49	0.35	-0.94	-0.78	0.29	-0.35
服务	0.60	0.15	0.85	0.17	-0.60	0.26	-0.13	0.09
投资	0.14	-1.29	-1.20	-1.66	-1.04	-3.91	-8.98	-3.20
建筑投资	0.91	0.42	0.27	0.56	0.00	-0.31	-2.28	-0.59
设备及软件投资	0.19	0.36	-0.02	-0.38	-0.73	-2.15	-3.01	-0.56
住宅投资	-1.14	-1.44	-1.24	-0.60	-0.57	-0.81	-1.33	-0.66
存货投资	0.19	-0.63	-0.21	-1.25	0.26	-0.64	-2.36	-1.39
政府支出	0.75	0.31	0.51	0.71	0.95	0.24	-0.52	1.27
联邦政府	0.63	0.19	0.56	0.55	0.93	0.49	-0.33	0.82
州政府	0.11	0.12	-0.05	0.15	0.01	-0.25	-0.19	0.44
净出口	1.36	2.24	0.36	2.35	-0.10	0.45	2.64	1.60
出口	1.99	1.65	-0.02	1.47	-0.48	-2.67	-3.95	-0.54
进口	-0.63	0.60	0.38	0.88	0.38	3.12	6.58	2.14

注：按年率计算的季度数据，经过季节调整。

资料来源：U.S. Bureau of Economic Analysis。

（一）消费支出下滑放缓，消费低迷现象仍将持续

面对家庭财富缩水、劳动力市场疲软和信贷环境紧缩，美国消费开支增长出现明显下滑的趋势。2008年第3季度到2009年第2季度消费支出增速分别为-3.5%、-3.1%、0.6%和-1.0%，对GDP的贡献度分别为-2.49%、-2.15%、0.44%和-0.69%，消费支出对GDP的负面影响在2009年第2季度较上季度有所加剧。不过，在已经结束的“旧车换现金”计划的提振下，8月份零售额增长2.7%，这主要来自汽车和汽油销售上升，其中汽车及零部件零售额增长10.6%，创下2001年10月份增长25.6%以来的最高水平。同时，其他商品零售额

也增长0.6%，这是汽车及汽油以外商品的零售额6个月来第二次实现正增长。

消费数据向好表明，消费市场正在逐步好转。第一，减税政策提高了家庭可支配收入，政府支出直接增加了就业岗位。第二，政府的“旧车换现金”计划，刺激了汽车销售量的增加。第三，美联储从3月份开始买入抵押贷款证券、机构证券和国债，有助于降低消费者的借款利率。TALF计划的推进，也使消费信贷ABS市场逐渐回暖，银行对消费信贷的投放意愿将会上升。第四，失业人数增幅放缓，首次申请失业救济金人数下降，消费者信心开始从低位回升。美国世界大型企业联合会8月份领先指标月环比上升0.6%，连续5个月上升。第五，标准普尔500指数从3月初至9月中旬上涨58%，房价也出现企稳迹象，负面财富效应对于消费的冲击开始减弱。

然而，美国居高不下的失业率，将会在未来继续抑制消费支出。自经济陷入衰退以来，美国的就业岗位累计减少740万个。8月份美国非农业部门就业岗位减少21.6万个，失业率从2007年12月的4.9%上升到2009年8月的9.7%，为26年来最高点。历史经验表明，经济衰退时失业率上升越快，随后的复苏进程中失业率下降也越快。在1973～1975年和1981～1982年的两次经济衰退中，GDP分别下降3.1%和2.6%（超过二战后历次经济衰退的平均水平1.7%），经济衰退均持续16个月（超过二战后历次经济衰退的平均水平10个月），失业率升幅超过4个百分点。在这两次衰退结束后的一年内，失业率均出现大幅下降。然而，本轮衰退结束后失业率难以迅速下降：一是90年代以来美国劳动力市场发生了巨大变化，失业人员由90年代以前的持久性失业和暂时性失业转变为持久性失业为主，工人失业后被迫在新的公司、新的产业或新的地区寻找工作岗位，从而花费的时间更长。二是本次衰退伴随着银行业危机。平均而言，银行业危机会造成经济衰退持续1.9年，失业率在5年内上升7%[①]，经济复苏会非常缓慢。

此外，美国消费者的财务状况还没有得到实质性改善。2009年8月底信用卡坏账率为10.27%，上年同期这一数据为5.9%；信用卡违约率为5.42%，上年同期这一数据为4.2%，信用卡贷款没有出现明显好转的迹象。同时，2009年7月份消费信贷下降216亿美元，为1943年以来的最大跌幅。同时，美国家庭债

① Carmen M. Reinhart and Kenneth S. Rogoff (2008), Banking Crises: An Equal Opportunity Menace, NBER Working Paper No. 14587, December 2008.

务占 GDP 的比例从 1980 年的 48% 上升到 2009 年第 1 季度的 97%，家庭债务中住房贷款占总债务的 85%，分期贷款（installment loan）占 10%，信用卡贷款占 3.5%。金融危机导致住房等资产价值下降，家庭债务与资产的比率上升，家庭降低债务的意愿和获取信贷渠道的匮乏，共同主导家庭部门的去杠杆化进程。2009 年第 1 季度美国家庭债务占可支配收入的比例为 127%，如果将这一比率降低到 115%，预计家庭需要削减 1.75 万亿美元债务；如果降至 1990～2000 年的平均水平 91%，预计家庭需要削减 4.35 万亿美元的债务。到 2009 年第 2 季度，家庭债务占 GDP 的比例才比 2007 年末下降约 3 个百分点，家庭部门的去杠杆化进程尚需时日。在就业、信贷和家庭去杠杆化进程尚未产生趋势性变化之前，美国消费需求仍显疲弱。

（二）住宅投资下滑速度放缓，库存投资有望成为复苏的主要动力，企业投资改善

美国私人投资总额自 2006 年第 2 季度以来开始出现负增长，2007 年和 2008 年投资总额增长分别为 -3.8% 和 -7.3%，2009 年第 1、第 2 季度分别下滑 50.5% 和 24.4%。其中，住宅投资从 2006 年第 1 季度开始已连续 14 个季度下滑，累计下降 50%，拖累每年的 GDP 增长平均减少近一个百分点，成为美国经济陷入衰退的最主要推手之一；建筑投资在 2007 年和 2008 年分别增长 14.9% 和 10.3%，从 2008 年第 3 季度开始连续四个季度下滑，分别下降 0.1%、7.2%、43.6%、15.1%；设备投资在 2007 年增长 2.6%，2008 年转变为下降 2.6%，从 2008 年第 1 季度开始连续六个季度下滑，分别下降 0.5%、5.0%、9.4%、25.9%、36.4% 和 8.4%。

美国私人投资下滑速度开始放缓，对经济增长的负面影响显著减小。首先，美国制造业开始显露复苏迹象，企业投资已呈现企稳改善迹象。ISM 制造业指数自 2008 年 1 月以来在 2009 年 8 月份首次超过 50，表明美国制造业正走出衰退、出现正增长。作为企业投资的领先指标，制造业新订单指数在 5 月份突破 50 之后持续加速上升，从而为企业投资未来继续回升提供了动力。工业产值作为确定商业周期转折点的关键指标，8 月份月环比上升 0.8%，同比下滑 10.7%，产能利用率上升至 69.6%，但较其 1972～2008 年期间的平均值低 11.3 个百分点。其次，过去一直在快速萎缩的库存开始得到改善，美国制造业库存已连续下降 40

个月之久，18 个行业中有 11 个行业表示库存“过低”，随着经济见底和销售回暖，库存开始回升，成为复苏初期经济扩张的主要动力。不过，库存投资的提振作用通常是短暂的。再次，住房市场已出现好转的迹象。8 月美国新屋开工数折合成年率为 598000 套，增长 1.5%，为 9 个月以来的最高水平，住宅业对经济增长的拖累将会下降，并有望在 2010 年为 GDP 作出正的贡献。最后，金融体系的流动性状况已经恢复到雷曼倒闭前的水平，但还没回到 2007 年次贷危机前的状态，信贷紧缩对企业投资的制约有所缓解。

（三）净出口继续成为美国经济增长的动力，但其作用可能减弱

净出口成为美国经济中难得的亮点。从 2008 年第 3 季度到 2009 年第 2 季度，商品和服务出口持续负增长，增长率分别为 -3.6%、-19.5%、-29.9% 和 -5.0%；但商品和服务进口也大幅下降，分别为 -2.2%、-16.7%、-36.4%、-15.1%。相应的，2008 年净出口为 GDP 增长贡献 1.2 个百分点，2009 年第 1、第 2 季度分别贡献 2.64 个和 1.60 个百分点，其中出口贡献度从第 1 季度的 -3.95% 改善为第 2 季度的 -0.54%，进口贡献度从第 1 季度的 6.58% 下降到第 2 季度的 2.14%。相应的，美国经常账户赤字由第 1 季度的 1045 亿美元缩减至第 2 季度的 988 亿美元，创下自 2001 年以来的最低，经常账户赤字占 GDP 比例从第 1 季度的 2.9% 下降到第 2 季度的 2.8%，为 1991 年第 1 季度以来最低水平。

过去一年里，美国进出口贸易双双下滑，贸易逆差得到改善，主要是由于能源价格出现周期性下滑（进而能源进口额下滑）以及美国最终需求急剧下滑带动进口下降幅度超过出口。随着美国的进口需求由于企业重建库存而出现回升，净出口充当美国经济增长的动力可能减弱。

金融危机后美国会被迫改变过度依赖消费的经济结构，未来一段时期美国经济将缓慢增长，失业率则很难在短时间内得到缓解，贸易保护主义倾向加强。美国总统奥巴马于 2009 年 9 月 11 日批准对从中国进口的所有小轿车和轻型卡车轮胎实施惩罚性关税，即在 4% 的原有关税基础上，在今后三年分别加征 35%、30% 和 25% 的附加关税。9 月 13 日中国对原产于美国的部分进口汽车产品和肉鸡产品启动了反倾销和反补贴立案审查程序，涉及金额与中国对美轮胎出口金额基本相当。美国对华轮胎特保案主要是奥巴马为了国内政治的考虑在国际关系上

做出的让步，已经为其赢得工会和其他利益集团的支持，因此美国政府没有必要批准对中国出口采取更多的行动。在目前全球经济复苏基础仍然十分脆弱的背景下，互为第二大贸易伙伴的中美两国仍然十分依赖于双方的良好经贸关系，中美爆发大规模贸易战争的可能性不大。中美两国的上述举措更多是针对各自国内民众的政治姿态，象征意义大过实际意义。

（四）美元先升后贬，而且可能出现进一步的贬值

从2007年3月到2008年3月，次贷危机在美国集中爆发，经济影响和冲击主要聚焦于美国，这时美元出现贬值趋势。2008年7月后，金融危机急剧恶化，系统性风险急剧上升，金融机构和企业纷纷将资金撤回美国或兑换成美元资产。特别是雷曼倒闭引起金融市场高度恐慌，避险情绪升温，投资者大量抛售全球风险资产，转而购买美国国债，导致美元出现了持续半年左右的强劲反弹。随着金融危机的触顶，2009年3月份以来，美元持续走软，这主要受避险情绪下降、通胀预期上升和国债融资风险增加等多种因素的影响。其一，随着美国经济逐渐改善，美元作为避险工具的需求大大减弱，投资者风险偏好回升，原先撤回美国、以美元资产保值的资金重新追逐高收益资产的需求有所增强。其二，在美联储量化宽松货币政策背景下，美国短期拆借利率水平下降，8月底美国3个月期的Libor利率甚至低于同期日元拆借利率，进行融资套利交易的机构借入美元，买进高收益的资产，包括澳大利亚元和新兴市场股票等各种资产。而且，美元的流动性使其作为融资货币比日元更有吸引力。其三，美国庞大的财政赤字不但无法收缩而且还有可能继续增长，海外投资者对于美元以及美国债券的信心受到进一步的冲击。

美元先升后贬，2010年还可能出现进一步的贬值。首先，美国庞大的双赤字将打击投资者持有美国资产的意愿，导致美元走软。美国存在庞大的预算赤字，而且紧缩财政政策的政治意愿尚未出现，外国投资者对于美国公共财政状况的忧虑情绪可能会增加，给美元带来下行压力。从整体政府层面看，IMF预计2010年美国公共债务将占到该国GDP的97%。修正美国财政失衡可能需要税收占GDP的比重不断升高，这恐将削弱美国经济的趋势增长率和投资回报率，不利于美元。其次，美联储已将其短期关键利率削减至0~0.25%，并出台了多项措施向金融系统注入流动性，同时还购买了国债以及抵押担保债券以帮助降低长

期利率，近期内美国不会加息。再次，随着全球经济复苏，金融市场重拾风险偏好，美元融资的息差交易较为踊跃，国际资本大幅流向大宗商品市场、新兴市场国家和资源国。最后，经常账户还需再平衡。美国经济自身的结构调整和恢复增长才刚刚开始，美元维持有序贬值的态势是全球经济再平衡的过程。

美元贬值的趋势在未来一段时间里仍将持续，但一旦美联储进入加息周期可能导致美元反转。根据历史经验，美联储升息往往带来美元的走强。1994 年美联储将基准利率迅速从 3% 开始升息，并在 1995 年中期维持在 6% 左右的高位后，美元指数迅速上升。2004 年中期美联储开始加息，到 2005 年 12 月 13 日共加息八次，美元对欧元、日元的利差分别达到 200 个、415 个基点，推动美元走强。随着私人部门的去杠杆化，居民储蓄率得以提高，经常账户逆差占 GDP 比重较目前更低，同时美国的劳动生产率高于欧元区和日本①，都将对美元提供支撑。美元出现拐点重拾升势应出现在其加息后。只有美国失业率下降、消费稳定增长，市场才会出现加息预期，美联储才会考虑提高利率。由于欧元区货币政策紧缩周期滞后于美国，而且 2009 年和 2010 年两年欧元区经济复苏力度不如美国，美联储加息会触发美元的趋势性反转，这种情形有望在 2010 年下半年出现。

（五）财政刺激在经济复苏中功不可没，但是财政状况面临巨大压力

近期美国经济数据的好转与政府在危机爆发后实施的财政刺激计划紧密相关。如果没有政府持续的财政支出支持，美国经济很难走上复苏道路。2009 年第 2 季度美国的政府开支增长 6.4%，相对于第 1 季度的 -2.6% 大幅上升，相应的，对 GDP 的贡献也从第 1 季度的 -0.52% 改善为第 2 季度的 1.27%。按照美国总统经济顾问委员会的估计，经济刺激计划对 2009 年第 2、第 3 季度的经济增长累计拉动 1.25%，同时创造约 130 万个工作岗位。OECD 预测，财政刺激政策对 2009 年美国 GDP 的贡献为 1.2 个百分点，对 2010 年美国 GDP 的贡献为 1.4 个百分点。

然而，与大规模经济刺激计划相伴的是挥之不去的赤字问题。从历史上看，

① 1996~2008 年，美国劳动生产率年增长率达到了 2.06%，同期日本与欧元区的增速分别为 1.9%、1.2%。

除受二战影响的1942~1946年，美国在20世纪出现的最大财政赤字也不过占到GDP的6%。2009年美国财政赤字目标为1.58万亿美元，远远高于2008财年的4550亿美元，占美国GDP的比重也高达11.2%，为1945年以来最高水平。而且，2010~2019年10年累计预算赤字总额将达到7.137万亿美元，为最近60年的最高水平。2009年底，美国国债余额占GDP的比例为55.7%，到2010年底，该比例将升至66.3%。截至8月份的2008~2009财政年度前11个月，美国联邦财政赤字创历史新高，达到1.38万亿美元。①

根据IMF的预测，美国的财政状况在发达经济体中恶化最快。2008年美国财政赤字占GDP的比例为6.4%，2009年预计为12.0%，2010年为8.9%，2014年为5.1%，而2008年G20成员中的发达经济体的平均水平为4.1%，2009年预计为7.9%，2010年为6.8%，2014年为3.8%。从政府债务占GDP的比例来看，2008~2010年美国这一数字分别为68.7%、81.2%、90.2%，2014年为99.5%，而G20成员中发达经济体的这一比例2008~2010年分别为83.2%、93.2%、99.8%，2014年为103.5%。

奥巴马政府虽已承诺，到其四年任期结束的2013年，将预算赤字削减一半至6500亿美元，但在经济仍低迷且未来几年的增长水平都可能较低的情况下，奥巴马政府实现削减赤字的目标可能难度较大。另外，人口老龄化，社保医疗压力急升，也给财政赤字的削减带来巨大压力。巨额财政赤字将给经济复苏带来风险，无论当局撤出还是不撤出这些政策，都可能对经济带来负面冲击。一方面，如果政府马上认真对待高额财政赤字，提高税收，削减支出，消除过剩的流动性，就会破坏复苏，将经济拖回到衰退和通缩的状态。另一方面，如果政策制定者维持庞大的预算赤字，可能引发海外投资者对美元和美国国债的担忧，从而降低对美国国债的需求甚至促使资金大量流出美国，提升美国长期政府债券利率，反过来掣肘经济复苏。

（六）短期内通货膨胀受到抑制，中期内通胀风险上升

8月份CPI同比降幅触底反弹、环比升幅加大，主要反映能源价格上涨的推动。CPI环比上涨0.4%，而同比下降1.4%。核心CPI涨幅维持低位，8月份环

① 这里的数据是截至2009年8月美国国会预算办公室的数据。

比上升0.1%，同比上升1.5%，仍未超过政策制定者视为符合物价稳定的通货膨胀水平2%。前瞻性看，CPI的翘尾因素已开始出现，并将在年底充分释放，预计通胀年率在2009年末将转为正值。整体和核心CPI指标的分化可能还会持续，这在一定程度上受能源市场走势影响。随着时间的推移，从经济形势好转中受益的制造业需求也会增加，进而推动大宗商品价格上涨，并导致整体CPI走高。在生产者物价指数方面，8月PPI同比下降4.3%，环比上升1.7%，扣除食品和能源的PPI指数同比上升2.3%，主要贡献因素是能源成本月环比上升8%，特别是汽油价格月环比上升23%。

从短期来看，通货膨胀的上行风险受到四大因素的制约：一是经济疲软和工资下行压力导致通胀率保持在低位。美国的失业率还在上升，而且就业市场回暖的步伐将是缓慢的，劳动力成本抑制了短期内通胀上行的风险。2009年第2季度私营部门工人的薪资福利成本较上年同期增加1.5%，较之十年来大多数时候超过3.5%的增幅急剧放缓。二是制造业虽然正在复苏，但处于极低位置的产能利用率使得企业仍很难获得定价能力，美国的产能利用率处于低位，巨大的产出缺口（占GDP的7.7%）有助于抑制通胀压力。虽然经济衰退已经结束，但复苏的步伐是温和的，美国经济难以出现物价水平的大幅上涨，TIPS反映的通胀预期目前仍然受到抑制。三是在能源供应充足和真实需求不稳的背景下，油价难以保持持续上升的态势。根据剑桥能源（CERA）预测，目前OPEC的闲置产能约为全球需求量的8%，现有产能基本可以保证一年内充足的供应。而且，政府控制商品价格的努力愈发明显，例如美国政府已开始采取一些监管措施来抑制石油期货市场的过度炒作从而推高油价。四是虽然信贷可获得性已经增加，但信贷供应依然紧张，而且这种状况还会持续。此外，货币存量与经济之间的关系已经被打破，货币量的变化与其对通胀的影响之间存在时滞，而且全球化削弱了货币总量对美国通胀的影响。

尽管短期内通货膨胀卷土重来的可能性不大，但是中期内的通胀风险仍不可忽视。首先，美联储向市场注入的大量流动性，为未来通货膨胀高企埋下隐患。联储通过扩大自身资产负债表至2万亿美元左右对市场注资，但在这一过程中美联储释放的巨额资金并没有被商业银行用于信贷，而是转变为近8000亿美元的超额存款准备金。随着金融市场的企稳和投资者风险偏好的上升，这些超额储备早晚将转化为需求，定量宽松政策刺激通胀的效应将逐渐释放出来。其次，流动性宽松和美元贬值推动供应偏紧或者需求增长快的部分大宗商品价格上涨，例如原油、农产品、铅锌。从美国 CPI 构成来看，能源占 8.6% 左右，能源价格如果上涨50%，美国名义 CPI 将增加4.3%。受经济反弹和美元贬值的影响，2009 年 10 月国际油价突破每桶 80 美元。由于原油需求终将复苏，以及美元贬值风险不退，2010 年上半年油价仍然看涨，但疲软的复苏、仍然高企的库存和美欧可能出台的监管措施将使油价飙升的可能性不大。再次，货币政策对通胀施加影响的主要途径是通胀预期。相比 20 世纪 60、70 年代，当前的货币政策更有效地稳定了长期通胀预期，而且近期的生产率增速明显高于过去几轮周期中的增速。美联储官员非常关注趋势增长率和潜在增长率的下行风险，因此不大可能重犯 20 世纪 70 年代的错误。然而，货币政策对于经济的影响具有滞后性，美联储如果迫于政治压力而无法实施足够力度的紧缩政策，则可能为通胀的卷土重来埋下风险。

二　货币、金融和信贷市场分析

（一）金融市场基本企稳，但仍面临风险

在美国政府扩张性财政政策和宽松货币政策的刺激下，投资者的信心正逐渐恢复，金融环境已经显著改善，金融动荡正在减弱。自 3 月份以来，美国三大股指在震动中呈上升趋势，短期融资市场运转更为正常，企业债券发行量达到创纪录水平，显示金融市场状况正在逐渐好转。具体而言，表现为以下三个方面。

第一，金融机构的状况明显改善。经过美国政府采取大规模救助、巨额注资及对主要金融机构的压力测试等措施，多数金融机构补充了资本金，流动性短缺问题已缓解。美国各家大型银行纷纷宣布第 2 季度业务大幅好转，盈利增加。银行机构的问题贷款规模增速放缓，住宅房地产相关贷款出现明显好转，大型银行恢复情况好于中小银行。第 2 季度美国银行机构的股本充足率达到 10.56%，为次贷危机以来的最高水平，银行系统性风险已大大降低。

第二，信贷市场状况有所缓和。投资者风险厌恶情绪明显下降，企业和政府间的信贷价差进一步显著下降，信用违约掉期等反映违约风险的指标虽然高于历史正常水平，但大都较此前的峰值有明显回落。银行间贷款市场的利差已降至 2007 年以来的最低点，商业票据市场的信用质量利差也降至 40 个基点左右。抵押

贷款利率平均值从7月的5.5%下降到8月的5.3%，与4月不到5%的最低点相比依然较高，这是由于居民违约率出现上升趋势所致。10年期国债利率从7月的3.5%升至8月的3.6%，但依然低于2000年初以来的平均值4.5%。短期利率依然很低，3个月的LIBOR利率下降至0.38%。尽管利率状况较好，但银行对放贷仍持谨慎态度，这在工商业、消费以及商业房地产信贷方面尤其明显。美联储发布的第2季度银行信贷调查报告显示，目前仍有近30%的银行进一步紧缩工商业贷款条件，35%的银行收紧信用卡信贷条件，信贷市场与正常时期的状态尚有距离。

第三，美国住房市场已呈现企稳向好迹象。美国房屋销售和新屋开工再一次开始从极低水平上复苏，房屋价格似乎开始企稳，按照一些指标，近期房价出现上涨。旧房和新房销售均已连续4个月取得增长。7月旧房销售量环比上升7.2%，为10年来的最大增幅；新房销售量环比上升9.6%，较好的销售使得新房存量下降，相当于目前7.5个月的销售量，创2007年4月以来的最低水平。房价方面，Case-shiller20大城市房价指数已结束了持续3年的跌势，环比连续第二个月上升，表明美国住房市场显示企稳迹象。不过，购房退税措施于年底到期后，失业率高企、信贷环境依旧紧缩等因素可能重新为房价带来压力。

然而，金融市场的复苏是初步的和脆弱的，金融机构去有毒资产过程还没有结束，大量中小银行的不良贷款还有待清理，许多公司和家庭仍无法取得信贷。中小银行体系、信用卡市场和商业房地产市场等领域面临的风险，都可能给金融市场带来局部的动荡。

一是商业房地产市场仍在恶化，中小型银行面临冲击。美国问题银行的数量在第2季度增加了111家，至416家，创下自1994年6月以来的最高水平。这416家的问题银行，大约占全美银行总数的5%，总计资产近3000亿美元，而上年同期这一数字仅有783亿美元。而且，由于商业房地产市场恶化，问题银行的数量有可能还会继续增长。截至目前，损失最大的主要是建筑和土地开发贷款。但是，随着时间推移，由于地产价值下降，办公楼空置率上升，对于许多需要为未来几年抵押贷款进行再融资的业主而言，信贷仍然紧张甚至根本无法获得，因此，商业房地产的贷款损失可能会不断攀升。第2季度商业房贷违约率已达7.9%，为15年来的最高点，这又进一步令银行资产质量恶化。在约7000家美国中小型银行中，商业房贷占贷款总额的近一半，商业房贷减记风潮一旦爆发，中小型银行必然首当其冲。

二是美国主要金融机构有毒资产的处置和资产负债表的调整尚需时日。根据美国四大金融机构（联储，OCC，FDIC，OTS）2009 年 9 月针对 2000 万美元以上大额银团信贷的年度考察报告①，2009 年美国金融机构信贷质量全面恶化，不良大额信贷从 2008 年的 3730 亿美元上升到 6420 亿美元，不良资产占全部资产的比例从 13.4% 增加到 22.3%。其中全部违约现金流损失已达 530 亿美元，为前一次高点 2002 年的 3 倍。由于该报告涵盖了全部金融机构，它比联储和 FDIC 基于存款机构的数据更全面地反映了美国信贷质量状况。2010 年美国金融机构的损失还将持续上升。据 IMF 报告，有毒资产的处置使美国金融机构在 2007 ~ 2010 年资产减记达 1 万亿美元，而到 2009 年第 2 季度总共核销了 6000 亿美元。这意味着 2009 年第 3 季度到 2010 年底还将有 4000 亿美元逐渐被核销。同时，信用卡危机还将使美国银行亏损加重。据估计，在美国总额 1.914 万亿美元消费者债务中，约有 14% 将成为坏账。信用卡违约率上升使相关金融机构遭受数十亿美元亏损，预计其亏损还将扩大。

三是危机后更为严格的监管机制使金融机构进一步收缩资本和去杠杆化，导致信贷紧缩持续。危机之后监管机构纷纷强化对系统性风险的防范和控制，所有具有系统重要性的金融机构都被纳入统一监管机制中，甚至包括那些没有银行业务但其倒闭可能对整个金融系统造成负面影响的金融机构，如大型对冲基金、货币市场基金、结构性投资工具。特别是大型银行将面临更多的规则和监管，美国政府可能会要求银行较大份额的资本以普通股本形式出现，或者是要求大银行在经营状况良好时保持更高的资本水平，比如发行在危机时期能转换为普通股本的或有资本，确保大型银行拥有充足的优质资本。更为严格的监管意味着银行需要更多资本金，导致信贷紧缩持续，进而使得金融市场和宏观经济复苏缓慢。

（二）刺激性经济政策的退出时机和路径

次贷危机爆发后，美联储根据经济形势的变化，采取了一系列货币政策措施。自 2007 年 7 月开始，美联储连续下调联邦基金利率，并于 2008 年 12 月将联邦基金利率下调至 0 ~ 0.25% 这一历史低点。此外，美联储还采取了非常规的

① FRS，FDIC，OCC，OTS（2009），Credit Quality Declines in Annual Shared National Credits Review，September 24，http：//www.federalreserve.gov/newsevents/press/bcreg/20090924a.htm.

货币政策工具为金融系统注入大量的流动性。一是大量购买债券。2009 年 3 月，美联储宣布购买总额 2000 亿美元的机构债券和 1. 25 万亿美元的抵押贷款支持债券，并购买总额不超过 3000 亿美元的国债。二是创设流动性工具以稳定金融市场，包括向银行提供的期限拍卖工具（TAF）、一级交易商信贷工具（PDCF）、货币市场投资者融资便利工具（MMIF）、定期证券借贷工具（TSLF）；向社会提供的商业票据融资工具（CPFF）、资产支持商业票据货币市场共同基金工具（AMLF）、定期资产抵押证券贷款工具（TALF）。三是积极配合财政部实施金融稳定计划，对全美 19 家大型银行进行压力测试，并对需要增资的商业银行完成了增资要求，进一步稳定金融市场的情绪和信心。

随着美国经济数据向好，关于美联储在何时，以何种力度、何种方式退出经济刺激计划的争论也日益升温。一方面，美联储如果不能及时回收巨额流动性，则可能导致通货膨胀的卷土重来；另一方面，美联储如果在经济确实持续复苏之前就过早收紧货币政策，可能扼杀来之不易的复苏。从理论上说，退出刺激性政策存在一个最佳的时期，但是在实践中，判断什么时候结束刺激性政策有一定难度。在决定何时退出时，美联储将密切关注两项指标：一是通货膨胀预期指标，包括国债通胀保值证券以及有关通货膨胀预期的调查；二是就业市场的状况，从历史来看，美联储只有看到失业率触顶并开始明显回落时才会启动加息周期。美联储隐含的通胀率目标和失业率目标分别为 2% 和 5%，只有当失业率开始明显下滑和通胀率目标达到后美联储才会开始收紧货币政策，在这些目标实现之前，美联储不会收紧其货币政策。①

美联储为促进市场平稳过渡，未来定量宽松政策回收力度将是渐进式的。一方面，由于此次宽松货币政策史无前例，随着美国金融市场的企稳，金融机构贷款将逐渐趋于正常化，货币乘数将会恢复到正常水平，流动性过剩可能再次上演。伯南克会吸取格林斯潘时期将联邦基金利率过长时间保持在低位从而孕育房地产泡沫的教训，很可能早于市场预期谨慎地把联邦基金利率从目前趋近于零的水平小幅提升；另一方面，虽然美国经济正在复苏，但未来经济增长前景较为温和，美联储在确信金融体系得以恢复，并保障经济不会出现再次下滑前，不会很

① Janet L. Yellen, The Outlook for Recovery in the U. S. Economy, Presentation to the San Francisco Society of Certified Financial Analysts, Federal Reserve Bank of San Francisco, September 14, 2009.

快全部收回宽松货币政策。只有当银行放松借贷标准、银行信贷和货币供应量大幅上升、消费支出大幅增加和劳动力市场恶化趋势得到显著扭转时，美联储才会考虑大幅升息。

从政策回收的角度来看，美联储退出策略包括以下几种方法：一是加息，包括提高联邦基金目标利率和支付给超额准备金的利率；二是缩小或停止短期流动性工具，包括对金融机构的流动性支持和短期债券的购买，这些工具在到期后会自动回收；三是借助其他工具（如逆回购协议、发行美联储债券，或直接出售长期国债、机构债和 MBS），吸收银行资产负债表上大量存在的超额准备金，缩小美联储资产负债规模；四是道德劝说。削减资产负债表规模可以起到替代加息的作用，这种替代效应可以帮助美联储在经济出现强劲增长的明确迹象前推迟加息，在资产负债规模没有大幅降低的情况下，联邦基金利率可能不会大幅上调。

美联储货币政策正常化将大致分为三个阶段：第一步是众多应急贷款方案的自动退出和流动性便利的取消，主要是期限拍卖工具（TAF）和外汇互换，尽管在加息开始后它可能仍未被完全取消。第二步是结束资产购买和信贷放松计划。只有明确住房市场见底回升，整体经济状况持续好转，美联储才会逐步结束资产购买行为并逐渐退出。美联储 10 月份将结束购买 3000 亿美元国债的计划，并将于 2010 年春结束购买高达 1.25 万亿美元抵押贷款债务的计划。第三步才是加息。美联储在决定加息之前，一定会确定经济复苏的基础是稳健的和可持续的。在最近几轮衰退中，美联储从未在失业率见顶之后的 6 个月内加息。此次失业率比前几轮衰退更高，贸然加息会遭遇更大的政治阻力。

具体而言，伯南克在 10 月 8 日的演讲中指出①，美联储收缩资产负债表的方式有以下五种：（1）降低短期借贷规模。美联储资产负债表中那些针对稳定金融市场的短期融资计划将会在 2009 年自动退出。包括和 16 家国外央行的货币互换和针对商业银行短期融资的 CPFF 等资产规模已从 6 月份的 7000 亿美元减至目前的 2978 亿美元。到 2009 年底，这部分资产可能基本退出。（2）对商业银行在美联储的储蓄支付利息。一方面可以增强商业银行将资金留在央行从而降低市场上的资金，另一方面也可以为货币市场拆借利率设一个下限。（3）针对大型金

① Ben S. Bernanke (2009), The Federal Reserve's Balance Sheet: An Update, October 8, http://www.federalreserve.gov/newsevents/speech/bernanke20091008a.htm.

融机构安排大规模的逆回购以吸收超额储备。逆回购协议中，美联储将出售持有的国债、机构债等资产并承诺一定期限后以更高的价格回购，这样在短期内可以控制市场上的资金，而资产的增加势必提升市场的利率。（4）针对商业银行发行定期存款凭证，将商业银行超储定期化、长期化。（5）公开出售联储所持有的长期资产，从而提升市场利率。

美联储的低基准利率，可以降低美国居民的融资成本，提高抵押贷款申请量，从而稳定房地产市场，同时低利率有助于缓解美国信贷市场对于私人消费和投资的制约。伯南克多次强调"要将低利率稳定相当长的时间"，以缓解房地产和信贷市场的压力。标准泰勒规则的测算结果显示①，低利率应该保持到2011年，但我们预计美联储加息时间会比泰勒规则预测的理论加息时间要早一些。首先，目前较为稳定的通胀预期很可能会随着经济复苏开始进入可持续轨道而攀升，尽管失业率高企、真实通胀十分轻微，但随着国债日益增多，通胀预期上升的风险在增大，信奉通胀目标制的伯南克肯定不希望失去对这种预期的控制。其次，出于储备管理的目的也可能会提前加息。在当前失业率高企和低通胀的环境下，如果货币量增长显著，加息将被视作美联储针对大量超额储备采取行动的一个信号。

三　美国经济复苏的力度有限

根据历史经验，衰退的程度越深，复苏会越强劲。例如，1981～1982年严重衰退之后的两年内，经济平均增速将近6%。除了最近两轮衰退程度都比较浅，复苏也比较疲软之外，其他几轮衰退后都出现了强劲复苏，增长率平均超过4.5%。由于本轮衰退是大萧条以来最为严重的一次，一些人认为未来几年美国经济拥有快速增长空间。然而，在预测此轮经济复苏的前景时应结合当前的环境，对照历史经验，予以具体而详细的分析。

回顾历史，二战后每次经济从衰退走向复苏的动力来自四个方面：一是宽松

① 泰勒规则（Taylor rule）的模型表达式为：$i_t=\pi_t+r^*+\alpha(\pi_t-\pi^*)+\beta y_t$。其中，$i_t$ 为短期名义利率；r^* 为长期均衡的实际利率；π_t 为通货膨胀率；π^* 为中央银行目标通货膨胀率；y_t 为产出缺口。该公式表明，货币当局在执行货币政策时，应根据通胀缺口和产出缺口的变化来调整利率的走势，以保持实际均衡利率的稳定性。

的货币政策和财政刺激政策。二是住房需求和耐用品需求的强劲反弹，除了最近两轮经济复苏和1980年的复苏外，住宅投资在此前每轮复苏的第一年至少为实际GDP增长贡献了0.5个百分点，大多数情况下超过了1个百分点。耐用消费品支出的情况也类似。三是投资改善时企业会迅速雇用工人，需求会转化为居民收入，通过乘数效应促进消费增加。四是制造业部门从清理存货转向补充存货。

本轮经济复苏的力度将大不如前，包括了将近50位专业预测人士观点的蓝筹一致预测（Blue Chip Consensus Forecast）预计，未来一年半中，经济复苏的力度将会是二战后最为疲弱的一次。我们认为，这主要是出于以下几个方面的原因。

第一，美国企业的用工模式已发生结构性变化，美国可能在较长时期处于"无就业复苏"状态。在这种情况下，失业率将在高位徘徊很长时间，20世纪90年代和2001年的经济周期中出现过这种情形。90年代早期经济之所以出现"无就业复苏"，是因为企业在失去对产品的定价能力后，唯有通过降低劳动成本来提升利润。其手段是通过延长劳动时间和更多地使用临时工，从现有工人身上挤榨出更高的生产率。在经济复苏初期阶段，企业无法预料需求能否持续，因而不愿意大规模招聘。在2001～2003年的复苏中，这种"无就业复苏"再次出现并持续了更长时间。失业率从2002年4月第一次见顶回落到2003年6月真正见顶回落，共持续了14个月。这意味着美国企业用工行为发生了改变，我们预料美国就业市场在经济复苏初期将改善得非常缓慢。不过，此轮衰退中企业解雇工人的力度很大，这会使得在复苏后感到有必要快速增聘人手，这是与1991～1992年或2001～2003年衰退的不同之处。但到底是哪种力量占主导，还需时间检验，不过我们倾向于认为就业市场复苏来得较晚，因此2010年的乘数效应会比较小。

第二，消费支出增长回暖步履维艰。首先，家庭净资产价值大幅下降，将会遏制消费支出的增长。美联储9月17日发布的报告显示，得益于美国家庭储蓄率增加、证券市场企稳回升和房价上涨，2009年第2季度美国家庭净资产总额为53.1万亿美元，比前一季度增加4%，是两年来首次出现季度增长，但仍低于2007年第3季度出现的最高值65.3万亿美元，要重返这一水平预计还需四年时间，消费难以在短期内回归峰值水平。其次，危机后美国过度依赖负债的消费模式要进行调整，家庭的资产负债去杠杆化将会在未来几年中降低消费支出增长率。20世纪80年代中期美国私人储蓄率是10%，进入21世纪下降到5%。危机前信贷前所未有地容易获得，消费者大量贷款消费，储蓄率跌到-1%到0之间，同时家庭负债比率却在不断升高。20 世纪 80 年代中期，负债占可支配收入的比率为 65%，尚且可以承受。此后，负债率便稳步攀升，并且在最近一次经济扩张中显著加速。到 2008 年，负债比率已经翻番，占可支配收入的比率升至 130%。危机后家庭被迫削减负债，美国私人储蓄率出现回升，目前已恢复到 4% ~5%。但是，目前储蓄率的回升主要来自政府的转移支付，而不是工资收入的上升。随着转移支付因素的消失，提高储蓄率的压力会更大，这将在未来几年中降低消费支出增长率。美联储的最新数据显示，假设美国人均可支配收入的增速回归正常水平，如果美国的储蓄率上升至 6%，2010 年美国消费将减少 7000 亿美元；如果美国的储蓄率达到 10%，那么 2010 年美国消费将减少 1.2 万亿美元。根据旧金山联邦储备银行 5 月份发布的一份报告，如果目前至 2018 年美国的储蓄率保持在 10% 的水平，那么家庭负债占可支配收入的比例将回落至 100%，每年的消费增长率将因此下降 0.75 个百分点。[①] 由于消费支出占到美国 GDP 的 70%，经济复苏的动力将主要取决于消费支出。消费难以快速回升，使得美国经济增速在 2010 年甚至更长时间里都很难恢复到危机之前的水平。

第三，失业率居高不下使得违约和房屋止赎等现象难以明显好转。根据纽约时报的调查，2009 年抵押贷款拖欠率（default）的 60% 是由失业率上升所造成的，这一比例高于 2008 年的 29%。堪萨斯城联邦储备银行的研究表明[②]：（1）如果当前经济衰退中的失业率变化类似于 1973 ~ 1975 年和 1981 ~ 1982 年的经济衰退，那么失业率从 2009 年第 4 季度开始下降，2009 年失业率平均为 9%，2011 年下降到 6%，2013 年下降到 5%。（2）如果当前经济衰退中的失业率变化类似于 1990 ~ 1991 年和 2001 年[③]，那么失业率在 2010 年将继续攀升，2010 年失业率平均为 9.7%。2011 年失业率缓慢下降到 9%，2012 年下降到 8%，到 2015 年才

① Glick, Reuven, and Kevin J. Lansing. 2009. U. S. Household Deleveraging and Future Consumption Growth. FRBSF Economic Letter 2009 - 16, May 15.

② Edward S. Knotek II and Stephen Terry (2009), How will Unemployment Fare Following the Recession? *Economic Review*, Third Quarter, Federal Reserve Bank of Kansas City.

③ 1990 ~ 1991 年和 2001 年的经济衰退仅持续 8 个月，产出没有出现大幅下降，1990 ~ 1991 年衰退中 GDP 下降 1.3%，失业率上升 1.3%；2001 年的衰退中 GDP 还增长了 0.3%，失业率上升 1.2%。这两次衰退中失业上升幅度较小，但是在经济复苏中失业率仍继续攀升。1990 ~ 1991 年衰退结束后的 16 个月失业率才达到峰值；2001 年衰退结束后的 20 个月失业率才达到峰值。这两次经济复苏均是无就业复苏。

能恢复到5%。(3) 如果当前经济衰退中的失业率变化类似于其他发达国家银行业危机后的失业率变化，那么危机将会对失业产生持久性的影响，失业率将会超过10%，并维持到2011年后失业率才会出现下降，2014年失业率降到8%，2016年降到7%。这与2009年5月15日由费城联邦储备银行组织的专业预测人士调查结果大致相同，该调查表明，2011年失业率高于9.5%的概率为21%，而低于7%的概率只有6%，大部分人认为2011年失业率将介于7%~9.5%之间。由于失业率上升，9月初可调利率抵押贷款的违约率升至大约18%，固定利率贷款的违约率大约为6%，信用卡贷款、汽车贷款、学生贷款违约率和信用损失也出现上升趋势，从而阻碍了住房和信贷市场的复苏。

第四，信贷市场恢复正常尚需时日，未来一段时间信贷紧缩将继续抑制经济增长。首先，在本次衰退之前，金融机构高度使用杠杆导致自身实力脆弱，而且由于投资于短期债务支持的复杂、高风险资产，金融机构的状况更是雪上加霜。为了改善信贷质量、降低风险，贷款机构必须通过缩减资产、降低杠杆来维持足够的资本，从而抑制了信贷供给。例如，7月份美联储高级信贷官员对银行贷款的调查表明，对于消费贷款，越来越多的银行正在收紧标准而非放松。与金融危机最坏时期相比，目前金融状况已经明显改善，但是金融系统远未恢复正常，许多家庭和企业依然难以获得信贷。其次，备受信贷危机冲击的美国金融业正面临更加严格的监管，这意味着消费者和企业能够获得的资金不如以前，进而抑制经济增长。金融危机爆发后，华尔街主要投行消失，一些金融衍生产品退出历史舞台，证券市场难以恢复到之前的规模，其对经济增长的支持作用下降。同时，政府大规模介入金融企业，所有可能给金融系统带来严重风险的金融机构都必须受到严格监管，对金融企业设立更严格的资本金和其他标准；强化对证券化市场的监管，包括增加市场透明度、强化对信用评级机构管理、全面监管金融衍生品的场外交易；设立全新的消费者金融保护机构监管金融消费产品，提高消费者金融产品和服务提供商的行业标准等，这些措施将对金融市场结构及定价产生深远影响，并降低美国经济的潜在增长速度。

第五，住房空置率居高不下，购房返税政策的到期以及收入和就业的约束，将抑制房地产投资的周期性反弹。本轮衰退的触发因素是，住房过剩引起的市场调整，严重冲击金融市场和金融机构。在调整过程中，独栋房屋销售量和新开工数量分别下降了75%和80%以上，两者均创下有统计数据以来的纪录。因下滑幅度如此之大，很多人预测住房市场将触底并在一个相对稳定的价格基础上展开强劲反弹。然而，联邦政府为初次购房者提供的相关税收优惠政策到2009年11月底即将期满，住房的刚性需求受制于收入及就业的约束，很有可能在政策到期后面临阶段性回落过程。同时，美联储对于1.25万亿美元MBS及2000亿美元机构债的购买计划，有力地压低了按揭贷款的利率，并促使影子银行体系的恢复，为按揭贷款的发放提供支撑，这一计划将在2010年初结束，届时美国住房市场仍面临浮动抵押贷款利率可能上涨的风险，阻碍美国住房市场复苏。随着止赎房屋回流到市场，供过于求的形势仍然很严峻。根据美国人口普查局（Census Bureau）的数据，第2季度空置房屋1870万套，较上年同期的1590万套出现增长，大量空置房将使得住房建筑活动难以出现实质性回升。虽然房屋建造商们的乐观情绪已有提升，但仍接近历史低点。综合考虑房市支持政策即将到期、失业率高企和房屋空置率等因素，新房开工数只能缓慢回升，这意味着住房业对美国GDP的贡献率将很小。

第六，利率提升可能早于预期，成为经济复苏的掣肘。伯南克提出，美国通货膨胀预期已略有上升，但产能过剩非常严重，劳动力市场低迷，通货膨胀仍将保持在较低水平。只有等到经济增长大幅反弹之后，才可能出现显著的通货膨胀压力。然而，这一判断是基于产出缺口的概念提出的。所谓产出缺口，就是指当前实际产出与潜在产出之间的差异。但是，目前这种大萧条以来最严重的经济衰退可能导致经济结构出现重大变化，比如，政府干预力度加大、金融系统的结构性变化、消费理念的转变、银行系统在经济中的影响力日益降低，都可能造成潜在增长率的下降，从而存在高估产出缺口的风险。根据德意志银行的经济学家测算，截至2006年的10年间，美国GDP潜在增长速度为2.2%~2.7%，而未来几年GDP的潜在增幅可能降至1.5%~2.0%，产出缺口小于政府的预期，中期的通货膨胀风险要大于目前物价水平所反映出来的压力，这表明未来美联储上调利率的时间可能会早于许多人的预期，从而成为美国经济复苏的掣肘。

最后，美国经济重新恢复增长，需要新的动力。新技术革命让美国告别了20世纪90年代的经济衰退，房地产市场的繁荣使美国迅速从IT泡沫破裂后经济衰退中走出。这次金融和经济危机后美国经济要再次增长，需要一个新的增长点。目前人们寄希望于新能源产业，但是一个产业的催生不是短期内可以完成的。很可能的情形是，未来几年美国经济没有新的增长点，从而维持低速增长的阶段。

总之，在一系列刺激政策作用下，始于2007年底的美国经济衰退可能已于

2009年年中结束，下半年经济出现较强劲的反弹。展望2010年，美国经济将呈前高后低的增长态势。2010年上半年在财政政策、补充库存和消费者信心反弹的基础上将延续2009年下半年的反弹趋势。2010年下半年，由于经济低谷反弹动力的减弱，环比增速将比上半年有所回落，但经济复苏的态势不会改变，2010年美国经济温和增长2.5%左右。美联储的定量宽松货币政策可能引发通胀预期上升，但是失业率高企和工业产能利用率低下等因素有助于抑制通胀率，通胀前景取决于这两种力量的博弈。在这一背景下，美联储能否功成身退，根据经济金融状况让货币政策回到常规轨道，成为美联储面临的严峻考验。

参考文献

Ben S. Bernanke, 2009a, Reflections on a Year of Crisis, Speech Delivered At the Brookings Institution's Conference on "A Year of Turmoil," Washington, D. C., September 15.

Ben S. Bernanke, 2009b, The Crisis and the Policy Response, Speech Delivered At the Stamp Lecture, London School of Economics, London, England, January 13.

Daniel L. Thornton, 2009, Would Quantitative Easing Sooner Have Tempered the Financial Crisis and Economic Recession? August 17.

Glick, Reuven, and Kevin J. Lansing. 2009. "U. S. Household Deleveraging and Future Consumption Growth." FRBSF Economic Letter 2009 - 16, May 15.

Jon D. Greenlee, 2009, Commercial Real Estate, Speech before the Joint Economic Committee, U. S. Congress, Washington, D. C. July 9.

Reinhart, Carmen M., and Kenneth S. Rogoff. 2009. "The Aftermath of Financial Crises." American Economic Review Papers and Proceedings May 2.

Yellen, Janet L., 2009, The Outlook for Recovery in the U. S. Economy, Presentation to the San Francisco Society of Certified Financial Analysts San Francisco, September 14.

US Economy: From Bottom to Rebound

Tan Xiaofen

Abstract: Since the mid -2009, the U. S. retail and manufacturing sectors show signs of recovery, automobile and housing sector stop falling, investors risk appetite is improving, systemic financial risks subdues, the overall economic activities have been stabilized, the U. S. economy go through sharp contraction in the past year, now begin to rebound. However, U. S. economy still confronts with risks in 2010, and economic growth will be relatively slow: high unemployment, household wealth shrinking, household deleveraging and the credit crunch, make consumer spending grow slowly; small banks and commercial real estate market is still fragile, credit conditions remain tight; stock market is difficult to restore to the previous scale, and are subject to more strict regulation, its support to economic growth decline; a large number of vacant rooms suppress housing investment to rebound cyclically; inflation expectations face upside risks, the time to increases interest rate may be earlier than that people expected; high deficit will squeeze the space of fiscal expansion. The annual growth rate of U. S. economy is estimated to be around 2. 5% .

Key Words: Commercial Real Estate Market; Credit Market; Dollar Exchange Rate; Exit Strategy

欧元区经济：结束衰退

姚枝仲*

摘　要： 受益于快速的金融稳定措施、持续的货币扩张政策和各国的财政刺激方案，欧元区经济随着外部需求的逐渐回升将在2010年结束衰退。但是，仍然有许多因素在阻止欧元区经济的进一步复苏，这些因素包括：高失业率和经济的不确定性提高对消费增长具有抑制作用；货币银行机构对实体部门的金融支持减弱、产能利用率过低等将会抑制投资增长；财政赤字的急剧上升限制了欧元区各国进一步刺激经济的财政能力。

关键词： 欧元区　欧洲中央银行　经济前景

欧元区经济自2008年第2季度出现实际GDP下降以来，到2009年第2季度，已经连续5个季度出现GDP负增长。本黄皮书上年度报告认为：2009年的欧元区经济将笼罩在衰退的阴影之中。这一看法比当时欧洲中央银行和国际货币基金组织的看法都要更为悲观。欧洲中央银行当时预计2009年欧元区GDP增长率将下滑至0.6%～1.8%①；国际货币基金组织当时预计2009年欧元区GDP增长率将下滑至0.2%②。但事实证明，欧元区经济不是"下滑"，而是真正的"衰退"。2009年初，欧洲中央银行和国际货币基金组织已经分别调低预期。最近，这两个机构对2009年欧元区GDP增长率的预期分别为－4.4%～－3.8%③和－4.2%④。

---

* 姚枝仲，经济学博士，中国社会科学院世界经济与政治研究所副研究员，主要研究方向为宏观经济学和国际经济学。

① 数据来自ECB，*Monthly Bulletin*，September 2008。

② 数据来自IMF，*World Economic Outlook*，October 2008。

③ 如无特别说明，本文所引用的数据均来自ECB，*Monthly Bulletin*，September 2009。相关历史数据来自ECB以前月份的*Monthly Bulletin*。

④ 数据来自IMF，*World Economic Outlook*，October 2009。

虽然欧元区的经济衰退已经得到确认，但是受欧盟、欧洲中央银行和欧洲各国政府的经济刺激政策的影响，以及德国等国家出口形势的好转，欧元区经济有望在2009年底至2010年结束衰退。欧洲中央银行预计2010年欧元区GDP将有-0.5%~0.9%的增长；国际国币基金组织也预计2010年欧元区GDP将有0.3%的增长[①]。不过，目前就认为欧元区经济在衰退结束以后，将于2010年立即进入经济复苏，可能还为时尚早，欧元区经济还存在许多使其经济进入萧条时期而不是复苏时期的因素。欧元区经济形势的变化将在很大程度上取决于欧洲经济刺激计划的进一步演变和世界经济形势的整体变化。

以下分五个部分来讨论欧元区2009年度至2010年度的经济形势。第一部分为2009年欧元区的总体经济状况。这一部分主要讨论欧元区的GDP增长率、失业率、通货膨胀率等最主要的宏观经济指标的变化情况。第二部分讨论欧元区的货币和金融状况。第三部分主要讨论欧元汇率与欧元区的对外贸易和国际收支状况。第四部分讨论欧洲的财政政策及已经引起关注的政策“退出”问题。第五部分是对欧元区经济前景的一个简要判断。

一　2009年总体经济状况

2008年底和2009年初欧元区GDP增长率和通货膨胀率双双下降，这是受到负向总需求冲击的典型表现。总需求冲击主要来自金融危机引起的信贷收缩和世界经济衰退引起的出口下降。这种情况下，总需求管理政策也将是比较有效的。通过快速的货币扩张和财政刺激，欧元区经济在2009年第2季度出现了明显的好转，经济快速衰退得到遏制，并且有结束衰退的迹象。

2009年第1季度欧元区实际GDP环比下降2.5%，这是自2008年第2季度以来最大幅度的衰退[②]。如果按年率计算，其GDP下降幅度更是达到了4.9%（见表1，有关主要宏观经济指标的季度年率增长率均可参见表1）。2009年第2季度GDP增长率按年率计算仍然下降了4.7%，但是环比下降幅度显著缩小，仅为下降0.5%，降幅比第1季度缩小2个百分点。这表明欧元区经济可能正在走出衰退。

---

① 数据来自IMF，*World Economic Outlook*，October 2009。

② 本文所引用的季度数据均为经过季节调整后的数据。

表1　欧元区主要宏观经济指标

单位：%

		2008Q2	2008Q3	2008Q4	2009Q1	2009Q2	2009M7
GDP 增长率		1.5	0.5	-1.7	-4.9	-4.7	
按支出	政府消费	2.3	2.3	2.5	2.6	2.2	
	居民消费	0.5	0.0	-0.7	-1.4	-0.8	
	固定资本形成	1.1	-1.0	-5.5	-11.0	-10.9	
	出口	4.0	1.4	-6.7	-16.6	-17.1	
	进口	2.6	1.1	-3.8	-12.9	-14.4	
净出口/GDP		1.4	0.7	0.5	0.4	0.9	
物　价	消费价格指数	3.6	3.8	2.3	1.0	0.2	-0.7
	工业生产价格指数	7.0	8.4	3.4	-2.0	-5.7	-8.5
失业率		7.4	7.6	8.0	8.8	9.3	9.5
M_3 增长率		9.6	8.7	7.5	5.1	3.6	3.0

注：除净出口/GDP 数据外，其他数据均为按年率的增长率。

资料来源：ECB，*Monthly Bulletin*，September 2009；ECB，*Statistics Pocket Book*，September 2009。

从支出构成来看，私人消费已经逐渐趋于稳定。2009 年第 1 季度私人消费相对于上一季度还有 0.5% 的下降，但是第 2 季度比第 1 季度已经有了 0.2% 的增长。从同比来看，2009 年第 1 季度按年率计算的私人消费增长率为 -1.4%，第 2 季度回升到了 -0.8%。私人消费的波动幅度并不大，也不是引起欧元区经济变动的最主要因素，但是，私人消费在欧元区 GDP 中约占 56% 的比例，因此，私人消费的稳定在整个欧元区经济稳定中的作用还是至关重要的。尤其是，除了德国等少数国家比较依赖出口之外，欧元区大部分国家主要还是国内消费驱动型的经济。私人消费的稳定和增长对投资有重大影响，而正是投资的大幅度变动引起经济大幅度波动。私人消费的变动也反映在消费者信心指数上。消费者信心指数从 2009 年 4 月开始有了一定的回升，扭转了自 2007 年 8 月以来的下降趋势。但是，私人消费的增长还面临两个制约因素。一是劳动市场条件恶化，失业率居高不下，这必然影响到居民的就业预期和工资增长预期，二是金融市场和宏观经济的不确定性提高，财富缩水。前者不仅影响居民可支配收入的增长，而且抑制居民的消费倾向，增加其储蓄倾向，后者主要降低居民的消费率，提高其储蓄率。这两个因素都是制约欧元区经济复苏的关键问题，如果这两个问题不解决，欧元区经济很有可能陷入萧条之中。

欧元区的政府消费依然呈现反周期现象。2009 年第 1 季度，政府消费比上一季度增长 0.7%，第 2 季度比上一季度则增长了 0.4%。从同比来看，2009 年第 1 季度政府消费按年率计算的增长率为 2.6%，第 2 季度的增长率则为 2.2%。欧元区政府消费主要受自动稳定政策的影响，其反周期的变动趋势能在一定程度上抵消经济波动。当经济受到较大的负面冲击时，自动稳定器的效果就不足以维持经济稳定，临时的财政刺激计划就显得非常必要了。欧元区的财政政策确实在这一轮反衰退斗争中发挥了重要作用。但是众所周知，欧元区和欧盟国家在财政计划方面是受到很大约束的，为了评估欧元区国家财政政策的效果和下一步的潜力，本文将在第四部分以财政政策作为专题进行重点讨论。

欧元区固定资产投资自 2008 年第 2 季度突然下降以来，降幅不断扩大，2009 年第 1 季度相对于上一季度的下降幅度已经达 5.3%，按年率计算，其下降幅度更是高达 11.0%。不过，这一趋势从 2009 年第 2 季度开始出现了变化。2009 年第 2 季度的固定资产投资比第 1 季度仅下降了 1.3%，降幅缩小 4 个百分点。这是一个非常积极的变化。另外，存货的变动周期显示，欧元区的存货投资也将进入上升阶段。投资波动一直是本文判断欧元区经济的一个重要指标，也是反映欧元区经济周期和经济活力的最可靠指标。投资的这种积极变化，正是欧元区经济将走出衰退的最可靠证据。

出口变动也是欧元区这一轮经济波动的重要影响因素。2009 年第 1 季度欧元区出口比 2008 年第 4 季度下降了 8.8%，按年率计算，更是下降了 16.6%。不过，出口的降幅已经在第 2 季度显著缩小。2009 年第 2 季度欧元区出口比第 1 季度仅下降 1.1%，降幅缩小 7.7 个百分点。虽然从年率看，欧元区出口降幅仍然高达 17.1%，但这主要是因为计算基数造成。环比降幅缩小更能反映欧元区的外部需求环境正在逐渐改善。从国别来看，德国的出口回升是最主要的。德国在欧元区中是比较依赖外需的，也是规模最大的经济体，因此德国的出口回升对于整个欧元区经济走出衰退都是非常有利的。出口降幅缩小也导致欧元区在 2009 年第 2 季度实现了 194 亿欧元的净出口，比第 1 季度多 110 亿欧元，从而扭转了 2007 年第 3 季度以来净出口不断缩小的趋势。

消费、投资和外需变化，均说明欧元区经济开始出现积极变化，欧元区的衰退可能很快结束。从增加值的角度来看，各个行业也都出现了同样的迹象。

工业增加值增长率从 2007 年第 4 季度以来持续下降，其环比数据在 2008 年第2季度出现了负增长，且负增长的幅度逐渐扩大，2009年第1季度已达-8.2%。按年率计算的增长率2009年第1季度为-16.3%，比上一季度降幅扩大了8.6个百分点。不过2009年第2季度的环比增长率已经回升到-2.0%。建筑业增加值的增长率也是从2008年第2季度出现环比负增长，只是并没有呈现负增长幅度逐渐扩大的趋势，反而是从2008年第3季度就开始逐渐缩小降幅，到2009年第2季度，建筑业增加值的环比增长率已经回升至-0.5%。一般来说，建筑业的活跃程度反映了投资活动的活跃程度。不过，在这一轮经济波动中，建筑业的变动在一定程度上是由财政政策引起的，暂时还不能作为反映欧元区经济景气状况的重要指标。另外，工业信心指数、建筑业信心指数和制造业的经理人采购指数也在2009年第2季度出现了回升。这是一个很重要的信号。这些指数的回升有可能导致固定资产投资和存货投资的回升。考虑到欧元区产能利用率的持续下降，工业、建筑业信心指数以及经理人采购指数的回升对存货投资的影响可能大于对固定资产投资的影响。欧元区的产能利用率是从2007年第3季度开始下降的，到2009年第2季度，欧元区的产能利用率已经下降到了69.9%，7月份更是进一步下降到了69.5%。产能利用率的下降不利于欧元区的投资增长，因此，也不利于欧元区的经济复苏。

占欧元区增加值70%左右的服务业也在2009年出现了积极变化。其中，商品流通、维修、旅馆、餐饮、运输以及通讯服务业的增加值在2009年第2季度出现了0.1%的环比增长率，扭转了2008年第2季度以来的负增长趋势；金融、房地产以及租赁等服务业增加值也在2009年第2季度实现了0.1%的环比增长率，扭转了从2007年第4季度以来的持续下降趋势；公共服务部门的增加值在经历了2008年第4季度和2009年第1季度的增长率下降以后，也在2009年第2季度开始出现了增长率的回升。另外，服务业信心指数，零售信心指数，商业服务活动指数等也均在2009年第2季度出现了回升。服务业的稳定是欧元区的经济稳定中最重要的组成部分，也是欧元区经济走出衰退的直接证据。

欧元区经济在2009年的另一个重要现象是就业状况持续恶化，即使其他所有实体指标都在第2季度好转了，失业率依然在继续上升。2009年第2季度，欧元区的失业率已经高达9.3%，比第1季度又上升了0.4个百分点，7月份更是进一步上升到了9.5%。这是自欧元区成立以来最高的失业率。2009年第2季度欧元区失业人数相对于上一季度增加88.3万人，总失业人口达1474.5万人。

其中25岁及25岁以上的成年失业人口增加71.6万人；25岁以下的青年失业人口增加16.7万人。男性失业人口增加54.9万人，女性失业人口增加33.4万人。欧元区失业人口的增加和失业率的上升是制约欧元区经济复苏的一个重要因素。

2009年欧元区的通货膨胀率迅速下降，并出现了一定程度的通货紧缩现象，这是总需求不足的明显表现。消费价格协调指数自2008年第4季度开始下降以来，到2009年第2季度，其增长率已经只有0.2%了，6月份更是下降到-0.1%，7月份继续下降到-0.7%。好在8月份有一定的回升，增长率上升到-0.2%。工业生产价格指数仍然有大幅下降，7月份增长率已经下降到-8.5%。需要说明的是，欧元区的物价下降还是在欧洲中央银行不断实行货币扩张的情况下出现的，关于货币扩张的效果将在下一部分进一步讨论。欧元区的物价形势说明，欧元区经济还没有脱离总需求不足的基本格局，因而离真正的结束衰退还有一定距离。不过，欧元区的物价形势也给欧洲中央银行继续实行低利率和数量宽松政策提供了政策空间。同时，也说明欧元区如果过早地退出货币扩张和财政扩张政策，对欧元区经济复苏将是极为不利的。

二 货币与金融状况

欧元区货币与金融的总体形势是金融部门和金融市场已经基本趋于稳定，但是整个经济中去杠杆化的过程并没有完全结束。去杠杆化的过程也是一个不断吸收流动性的过程，这一过程使得欧洲中央银行虽然实行了其成立以来最为宽松的货币政策，并通过数量宽松政策不断注入流动性，但是欧元区的广义货币供应量（M_3）增长率依然不断下降。欧洲中央银行是从2008年10月开始降息的，经过连续7次降息后，其基准利率（主要是再融资操作利率）从2008年10月之前的4.25%降到了2009年5月的1%。此后，欧洲中央银行通过再融资操作和购买担保债券（Covered Bond）继续注入流动性。其中，再融资（再贷款和再贴现）的资产余额到2009年9月已经比2008年多出400亿欧元；欧洲中央银行还从2009年7月6日开始启动担保债券购买计划，并以平均每天2.2亿欧元的速度进行购买，到9月2日，其担保债券购买额已达96亿欧元。然而，M_3的增长率却从2008年1月11.6%的历史高点上开始下降，至2009年7月，M_3增长率已经下降到3.0%的水平。

从 M_3 的各组成部分来看，可以发现，M_3 的增长率下降主要是短期存款（M_2-M_1）和可交易工具（M_3-M_2）的增长率下降引起的，而 M_1（包括流通中货币和隔夜存款）的增长率则是从 2008 年第 4 季度以来呈不断上升的趋势。至 2009 年 7 月，M_1 的增长率已经高达 12.2%。这种变动趋势的结果就是 M_1 在 M_3 中的比重上升，而其他货币形式的比重下降。这一结果与欧元区的货币金融形势是完全吻合的。金融市场较大的不确定性和去杠杆化的需要使得私人部门更加偏好于以通货和隔夜存款的形式来持有货币资产，同时，欧洲中央银行的低利率政策也使得持有通货和隔夜存款的机会成本大幅度下降。

从货币金融机构的资产方来看，货币金融机构对其他金融机构和非金融企业的贷款、债券持有以及股份和股权持有的增长率均呈不断下降趋势，而政府债券持有额的增长率则不断上升，同时，对住户的贷款虽然有微弱的增长，但是借贷活动并不活跃。货币金融机构的谨慎行为说明金融危机虽然结束了，但是危机的影响还没有完全消除，欧洲中央银行的货币扩张并没有完全体现在货币金融机构的资产扩张上，也没有完全体现在对实体部门的金融支持上。

欧元区的债券发行增长率从 2008 年 10 月以后有所上升，但主要是由政府债券发行增长率上升引起的。货币金融机构作为欧元区债券市场上的另一个主要债券发行主体，其债券发行额的增长率从 2009 年 3 月以后有下降倾向，尤其是到 7 月份，其净发行额已经为 -230 亿欧元。在利率较低的情况下，货币金融机构的债券发行下降主要是因为其对资产业务的谨慎态度降低了自身的资金需求。但与此同时，其谨慎行为也减少了对其他金融机构和非金融企业的资金供给，因而也增加了其他金融机构和非金融机构的债券发行增长率。其中其他金融机构的债券发行增长率从 2008 年 10 月的 21.1% 上升到 2009 年 7 月的 30.0%，非金融企业的债券发行增长率从 2008 年 10 月的 4.3% 上升到 2009 年 7 月的 11.3%。不过，对于非金融企业来说，从货币金融机构获得的贷款要远远大于从债券市场获得的资金。尽管非金融企业的债券发行增长率有所提高，但由于其获得的贷款增长率在下降，因而其获得的总的金融支持是在下降的。

欧元区股票发行的增长仍然维持在非常低的水平，欧元区的经济活力主要是靠债务融资而不是股权融资来支持的。不过，欧元区股票市场价格指数却从 2009 年 3 月开始了一波上升行情。道琼斯 EURO STOXX 指数从 2009 年 3 月的 185.6 点上涨到了 8 月份的 250.7 点，上涨幅度高达 35%。欧元区股市与全球股市基本同步运动，美国的标准普尔500指数同期上涨了33%，日经指数同期上涨了34%。这种情况一方面反映了全球经济的增长预期正在改善，另一方面也说明金融危机以来的过度风险规避态度也正在逐渐改善。这对于全球金融市场和欧元区金融市场的信心恢复和功能发挥是有积极意义的。不过也需要谨防在过度宽松货币政策下股票市场产生新一轮的泡沫。

综合来看，通过宽松的货币政策、政府债券的大量发行和股票市场的重新活跃，欧元区的货币与金融市场正在逐渐趋于稳定，但是，欧元区金融部门对实体经济部门的支持力度还不够，实体经济部门从金融市场和金融机构所获得的总体融资额的增长率还在下降。过早的退出扩张性的货币政策可能是有害的，同时也需要谨防宽松的货币政策引发的新一轮的股市泡沫。

三 汇率、贸易与国际收支

2008年10月以来欧元汇率经历了一个剧烈波动的阶段，不管是对美元、日元等主要货币的双边汇率，还是其名义有效汇率和实际有效汇率，均处于不断的大幅度贬值与升值过程中。欧元汇率的剧烈波动是由全球金融危机引起的金融市场动荡和不确定性提高造成的。当金融混乱逐渐消除以后，欧元汇率也开始趋于稳定。自2009年5月29日之后，欧元汇率的变动趋势就比较明显了。从2009年6月到9月，欧元对美元有小幅升值，而对日元和欧盟的非欧元区国家货币有小幅贬值，有效汇率则基本维持不变。欧元汇率的稳定对于降低欧元区经济的不确定性、发展对外贸易是非常有利的。

欧元区的对外贸易在全球经济危机中急剧萎缩，这一点和世界各国的对外贸易是一样的。所不同的是，欧元区由一个商品贸易大额顺差地区变成了逆差地区。到2009年6月，其12个月的累计商品贸易逆差达96亿欧元，而在2008年同期，欧元区的商品贸易有247亿欧元的顺差，在2007年同期，更是有505亿欧元的顺差。如果不是还有289亿欧元的服务贸易顺差，欧元区2009年6月累计12个月的整体对外贸易也可能出现逆差。

另外，由于金融危机使得欧元区的对外投资出现大量损失，收入回流大幅度减少，以及对外经常转移大幅度增加，欧元区的经常账户也从2007年以前的顺差到2008年变为了逆差，并且逆差规模在2009年迅速扩大。到2009年6月，欧元区累计12个月的经常账户逆差高达1226亿欧元，占同期GDP的1.3%。这在欧元区是一个创纪录的逆差水平。不过，随着世界主要经济体逐渐走出衰退，世界贸易逐渐恢复增长，欧元区的出口降幅开始缩小，并且有望逐渐恢复增长，其商品贸易在2009年6月当月已经实现了25亿欧元的顺差。随着世界经济趋于稳定，欧元区的对外收入流动和经常转移也将逐渐趋于稳定，因此，欧元区经常账户继续恶化的可能性不太大。

从资本与金融账户来看，2009年欧元区通过直接投资净流出资金和通过组合投资净流入资金的基本格局并没有改变。不过，2009年上半年，欧元区虽然通过直接投资净流出467亿欧元，但这不是欧元区对外直接投资增加造成的，而是欧元区对外直接投资和外部经济对欧元区的直接投资同时减少的基础上实现的，只不过欧元区对外直接投资减少得更少而已。欧元区的直接投资流入流出额减少与全球对外直接投资下降的趋势是一致的。另外，欧元区通过组合投资净流入的资金也创了历史纪录。到2009年6月，累计12个月净流入的组合投资资金高达5994亿欧元。这些资金主要进入了欧元区的债券和货币市场，而不是股票市场。其中净流入货币市场中的资金为2872亿欧元，净流入长期债券和票据市场的资金为3140亿欧元。欧元区组合投资资金的净流入主要是欧元区居民对外投资的资金回流和非居民对欧投资减少或者资金撤回造成的。这种情况主要是由居民在金融危机的背景下，在资金配置方面的本土偏好和风险规避行为造成的，也有一部分是因为国际资本在资本配置方面放弃美元、增持欧元造成的。

欧元区的上述国际收支格局对于欧元的国际货币竞争在短期内和长期内都是有利的。在短期内，欧元区利用了美国金融危机和美元地位动摇所带来的机会，通过大量发行债券和货币市场工具吸引了资本流入，增加了欧元作为国际储备货币的地位。随着金融市场逐渐趋于稳定，这种短期利益将逐渐减弱。比如，2009年第1季度，欧元区组合投资的资金净流入比2008年第4季度减少了248亿欧元，2009年第2季度又比第1季度减少了851亿欧元。不过，可以预见，随着国际社会对美元作为主要国际货币的体制的担忧日益加深，尤其是最近关于要放弃将美元作为石油结算货币的倡议，将进一步动摇美元的地位，并可能加强欧元的地位，也增加国际资本通过债券和货币市场进入欧元区的净流入量。在长期内，欧元区对外直接投资净额和净头寸的增加，有利于未来欧元区在投资收益项中获得更大的净流入量，从而有利于其用更大的经常账户不平衡来满足世界各国将欧元作为储备货币的需要。

四　财政政策与预算计划

欧元区反危机的财政政策主要包括三个部分，一是对金融部门的政府支持政策，二是经济系统内在的自动稳定政策，三是反衰退的财政刺激政策。这三个方面的政策均会增加欧元区各国政府的财政赤字，或者增加其隐性负债。欧元区的财政状况受欧盟范围内《稳定与增长公约》的制约，各国政府的赤字规模和债务的可持续性不仅仅取决于本国经济状况，更要受到所有欧盟成员国和欧盟委员会的限制，因此，考察欧元区的财政政策与财政状况对于了解欧元区未来支持经济复苏的财政能力会有较大的帮助。

2008 年 9 月的金融风暴以后，除意大利以外的 11 个原欧元区成员国均对金融部门采取了一系列的政府支持政策。这些政策包括对银行负债进行担保、资本注入和有毒资产购买等。其中以负债担保最为普遍，11 个原欧元区成员国均实行了这一政策，只是担保范围有所差异而已。按照欧洲中央银行的估计，这些担保所产生的或有负债占 2009 年欧元区 GDP 的 7.5%。另一个普遍使用的政策是资本注入。欧元区有八个国家（除西班牙、意大利、葡萄牙和芬兰之外的原欧元区成员国）通过直接注入资本金或者通过政府贷款的方式向金融系统注入了大量资本，其中荷兰注入的资本占其 GDP 的 14.1%，卢森堡注入的资本占其 GDP 的 8.3%，法国 3.6%，德国 1.3%。另外，德国、西班牙和荷兰还通过购买有毒资产向金融系统提供财政支持。其中德国的购买额相当于其 GDP 的 1.7%，西班牙的购买额相当于其 GDP 的 1.8%，荷兰的购买额相当于其 GDP 的 3.9%。按照欧洲中央银行的估计，欧元区各国政府的资本注入和购买有毒资产等措施为欧元区增加的政府债务相当于欧元区 2009 年 GDP 的 3.3%①。考虑到欧盟各国的赤字上限为 3%，可以发现，欧元区各国政府为了维持金融稳定所耗费的财政资源已经极大地限制了其通过财政政策来刺激经济复苏的能力。

欧元区各国的自动稳定政策主要包括失业救济、社会保险、其他社会福利以

① 这一段的相关数据引自 ECB, *Monthly Bulletin*, July 2009，第 68 页。

及累进收入税等。这些政策在经济衰退时能自动增加财政支出，减少财政收入。由于缺乏相应的数据，这里暂时无法准确评估自动稳定政策对欧元区各国财政状况的影响。不过从2008年的财政收支中仍然可以大致看到这些自动稳定器的力度。2008年相对于2007年欧元区的GDP增长率下降了2个百分点，与此同时，欧元区各国总体的财政经常支出占GDP的比例上升了0.6个百分点，经常收入占GDP的比例下降了0.8个百分点。欧元区各国的财政刺激计划基本上是从2009年开始的，2008年财政经常收入支出比例与GDP的反向变动主要是由自动稳定政策引起的。由此，大致可以认为，欧元区的自动稳定政策，将在欧元区GDP下降1个百分点的时候，使其财政收支净额占GDP的比例下降0.7个百分点。2009年欧元区GDP增长率的下降幅度预计达4个百分点以上，因此，自动稳定政策所产生的财政赤字可能高达GDP的2.8%。

欧元区另一个重大的财政政策是反衰退的经济刺激计划。欧洲的财政刺激方案包括欧盟层面上的刺激措施和成员国的刺激措施。欧盟委员会于2008年11月26日批准的一项涵盖欧盟27个成员国、总额达2000亿欧元（约占欧盟GDP的1.5%）的经济激励计划中，就有300亿欧元来自欧盟预算和1700亿欧元来自各成员国预算。欧元区各国的财政刺激措施主要包括增加政府投资、减税、对弱势群体的补贴以及对战略产业的资金投资等几个方面。比如德国2009年1月12日公布的500亿欧元的经济刺激方案中就涵盖了上述前三个方面，其具体措施包括：投入170亿欧元用于基础设施建设以及教育等事业；将个人所得税起征点由7664欧元上升至8004欧元，起征税率由15%下降到14%；将健康保险税率则由此前的15.5%下降到14.9%；对每个孩子补助100欧元。法国则以降低增值税，削减低收入人群的收入税为主，并专门建立了一个200亿欧元的“战略投资基金”，主要用于对能源、汽车、航空和防务等战略企业的投资与入股，以刺激经济。实际上，德国和法国的财政赤字占GDP的比例在2008年就已经超过3%，分别达到5.0%和3.4%。另外西班牙和意大利的财政赤字也分别达到3.8%和2.7%。然而，2009年追加的财政刺激计划将进一步恶化欧元区各国的财政状况。德国政府预计其财政赤字将于2010年达到GDP的6%，法国政府预计其财政赤字将于2010年达到GDP的7%～7.5%，意大利预计为5%，西班牙预计2009年将达到9.5%。

尽管欧盟委员会已经在2008年10月7日宣布允许各成员国在经济衰退时采

取灵活的财政政策，并将考虑适用《稳定与增长公约》中关于在特殊情况下灵活对待财政约束的条款，即允许各国临时突破3%的赤字上限，但是欧元区主要经济体的财政赤字如此快速的增长还是给欧洲经济的进一步发展带来了隐忧。欧盟委员会已经要求各国开始着手制定改善预算的计划，欧洲内部也出现了一些要求在经济复苏以前就应该调整财政收支的呼声。欧元区各国财政部在2009年7月公布的财政计划中也纷纷公布了预算改善计划。其中德国计划从2011年开始，将财政赤字占GDP的比例逐年降低1个百分点，这样就可以在2013年将赤字控制在3%以内。法国则计划在2012年将赤字比例降低至5%～5.5%。意大利计划在2011年将赤字比例降低0.4个百分点，并在2012年和2013年每年再降低1.2个百分点。西班牙还没有明确公布其赤字削减计划。

需要说明的是，欧元区各国乃至欧盟各国的赤字削减和预算改善计划不仅取决于本国的行动，也取决于欧盟各国的协同行动，因此在欧盟范围内的讨论和协调是非常关键的。这些协调措施在长期内虽然有助于欧盟的内部稳定，但是在短期内实际上是在制约各国的经济复苏。同时应该看到，欧元区各国的财政赤字在2010年均将达到较高的水平，预算改善压力也将逐渐加大，如果欧元区经济并没有如期进入复苏阶段，而是陷入了萧条的泥潭，欧元区的预算计划就将陷入进退两难的地步，《稳定与增长公约》的约束力也将受到前所未有的挑战。

五　经济增长前景

2009年欧元区GDP虽然会有较大幅度的负增长，但是从2008年第2季度开始的经济衰退将结束于在2009年下半年和2010年。欧元区经济将结束衰退的理由包括：世界经济快速衰退的趋势已经得到遏制，欧元区的外需和出口已经呈现增长迹象；消费者信心和企业信心开始恢复，企业将进入存货增加期，存货投资将在一定程度拉动经济，GDP也开始有了正的增长预期；另外，金融市场已经基本稳定，虽然去杠杆化的过程还没有结束，但是过度风险规避行为已经开始得到扭转，而且通货膨胀率非常低，维持低利率和继续使用数量宽松的货币政策的空间较大。

但是，目前还难以判断欧元区经济是否能在2010年立即进入新一轮的经济复苏期。首先，欧元区的私人消费增长还面临两个制约因素：失业率居高不下和经济不确定性提高。这两个因素不仅影响居民可支配收入的增长，而且抑制居民的消费倾向，增加其储蓄倾向。其次，欧元区的金融系统尤其是货币银行机构对实体经济的金融支持并没有大的起色，私人信贷增长率还在继续下降，这将在很大程度制约欧元区经济的复苏。再次，欧元区的固定资产投资虽有一定程度的反弹，但是欧元区的产能利用率已经降到了非常低的水平，这将在很大程度上降低欧元区的投资需求。最后，欧元区各国的财政赤字在 2009 年和 2010 年将达到较高的水平，其进一步的财政刺激计划受到《稳定与增长公约》的较大制约，这非常不利于欧元区的经济复苏。

The Euro Area Economy：Out of Recession

Yao Zhizhong

Abstract：The recession of the Euro area economy will come to an end in 2010 as result of the expansionary monetary and fiscal policy, as well as the pick-up of the export. However, there are some factors impeding the recovery of the Euro area economy. Unemployment rate is still high and consumption may remain sluggish, the financial markets are still trembling and fail to support the real economy, low capacity utilization will further restrict investment, and the rapid increase of fiscal deficit will constrain the ability of governments to stimulate economic growth.

Key Words：Euro Area；European Central Bank；Economic Outlook

日本经济：外需与政府支出带动下的微弱回升

李众敏*

摘　要： 2008～2009 年，受美国金融危机影响，日本经济衰退的程度大大出乎外界的预料。在金融危机冲击下，日本在 2008～2009 年间连续 4 个季度 GDP 出现负增长，2009 年第 1 季度出现复苏的迹象。我们认为，受外需和国内消费拉动，日本经济的复苏是可持续的，但是复苏的力度将会非常微弱，而且，经济复苏与就业形势恶化将会同时存在。在短期内，考虑到民主党政权强力刺激经济的可能性，日本经济可能会出现一个短暂的增长。此外，日本经济还可能在短暂的通缩之后，出现通胀压力。日本政府应当关注就业状况恶化、产业空洞化的问题，亚洲国家之间在贸易和投资上的竞争可能会加剧。

关键词： 日本经济　外需　经济刺激　复苏

在 2008～2009 年间，日本经历了长达 4 个季度的负增长，成为美国金融危机冲击下，经济衰退最为严重的地区。但是，最新的数据显示，最困难的时期也许已经过去，2009 年第 2 季度，受出口的拉动，日本的 GDP 出现了危机之后的首次正增长（增长 0.6%）。同时，日本政坛也发生了巨大的变化，民主党在 2009 年 8 月底的大选取得了压倒性胜利，导致自民党在国会长达半个多世纪的第一大党地位旁落。可以说，下一个年度是日本政治和经济迅速变化的一年，是金融稳定与经济增长充满变数的一年，日本经济的走势、政治的更替，以及两者之间的相互作用，将成为决定下一年度日本经济的主要力量。

---

* 李众敏，经济学博士，中国社会科学院世界经济与政治研究所副研究员，主要研究开放宏观经济学、中国对外投资、日本经济等问题。

一　经济增长触底反弹

在上一期的报告中，我们曾经预测日本的住宅投资、外需会出现较快增长，而私人消费和机械设备投资将非常不乐观，受前者带动，2009 年日本不会出现衰退，会有 0.5% 的微弱增长。从 2008 年底、2009 年初日本经济的运行情况来看，上一年的预测是过于乐观了，但是有些基本判断仍然是较为准确的：首先，对 2008 年下半年、2009 年的经济增长预测过于乐观，主要是因为低估了美国金融危机的影响，受美国金融危机的影响，日本出口下滑的速度超乎预期，同时，整体经济活动都因为危机的拖累陷入不景气。其次，对于住宅投资较快增长的判断是基本成立的，这主要是考虑到受行政管制的影响，2007 年第 3 季度和第 4 季度住宅投资严重萎缩，因此我们预计 2008 年第 3 季度和第 4 季度的住宅投资会出现较快的增长，实际情况也是这样的，2008 年第 3 季度和第 4 季度日本的住宅投资分别增长 3.5% 和 2.6%，是 GDP 各项构成中增长最快的。最后，关于私人消费拉动乏力和机械设备投资萎缩的判断也与实际情况吻合。

回顾 2008 年下半年、2009 年上半年日本经济的运行情况，可以用一句话来加以概括，那就是：衰退得最严重，恢复得最早。这也是由日本经济的自身特点决定的：一是由于外需拉动占据非常重要的地位，日本经济比较容易受到外部冲击的影响。二是日本经济面对冲击时反应较快，能够快速调整，这也是日本经济的一大优势。后者在第二次石油危机期间也有所表现，并且得到了世界各国的认可。

2008 年第 3 季度和第 4 季度，日本经济继续出现负增长，分别负增长 1.8% 和 1.5%，这一状况一直保持到 2009 年第 1 季度。不仅如此，日本的国民总收入也与 GDP 一样，连续出现了 4 个季度的负增长。但是，2009 年第 2 季度，日本经济出现了微弱的复苏迹象，GDP 增长 0.9 个百分点（见表 1）。

对过去 1 年日本 GDP 的各个组成部分进行分解，可以看出，日本经济的衰退与反弹有以下几个较为明显的特点（见表 2）。

1. 引致衰退的原因各不相同

在 2008 年第 3 季度，主要是因为资本形成迅速下滑，导致了 GDP 的负增长，当季资本形成对 GDP 增长的贡献是 -1.8 个百分点，不仅没有起到拉动的作用，反而抵消了其他部分的正面拉动效果。到了第 4 季度，则主要是因为外需的

表1　2007～2009年日本GDP及各部分增长率（环比，经季节调整）

单位：%

类　别	2007年				2008年				2009年	
	第1季度	第2季度	第3季度	第4季度	第1季度	第2季度	第3季度	第4季度	第1季度	第2季度
GNI增长率	1.6	-0.3	-0.8	0.6	0.6	-2.0	-1.8	-1.5	-1.5	0.6
GDP增长率	1.4	-0.2	-0.1	0.8	1.0	-1.1	-1.0	-3.5	-3.1	0.9
私人最终消费	0.0	0.3	-0.3	0.2	1.3	-1.0	0.1	-0.7	-1.2	0.8
政府最终消费	0.4	1.7	-0.5	1.7	-0.3	-0.7	-0.2	1.3	0.1	-0.3
固定资本形成	—	—	—	—	—	—	—	—	—	—
私人住宅	-1.3	-2.0	-8.4	-12.4	4.6	0.0	3.5	2.6	-5.7	-9.5
机械设备	4.6	-3.1	0.1	1.0	1.3	-1.7	-4.9	-7.1	-8.5	-4.3
国有资本形成	-0.0	-3.5	-0.9	0.1	-3.4	-5.1	1.7	2.2	2.6	8.1
出口	4.1	1.0	1.2	3.1	6.0	-4.1	-0.8	-13.6	-22.5	6.3
进口	1.6	1.4	-1.4	-0.2	3.0	-3.1	0.2	2.5	-14.9	-5.1

数据来源：日本总务省统计局。

表2　GDP各构成部分对日本经济增长的贡献

单位：%

类　别	2008年				2009年	
	第1季度	第2季度	第3季度	第4季度	第1季度	第2季度
GDP增长率	1.0	-1.1	-1.0	-3.5	-3.1	0.9
其中:私人最终消费	0.7	-0.5	0.1	-0.4	-0.7	0.5
政府最终消费	-0.1	-0.1	-0.0	0.2	0.0	-0.1
资本形成	-0.2	-0.2	-1.8	-0.4	-1.5	-1.1
净出口	0.6	-0.3	-0.2	-2.9	-0.9	1.6
其中:出口	1.1	-0.8	-0.1	-2.5	-3.6	0.8
进口	-0.5	0.5	-0.0	-0.4	2.7	0.8

数据来源：日本总务省统计局。

下滑，当季GDP增长为-3.5%，其中外需贡献了-2.5个百分点。2009年第1季度，外需下滑的影响看似得到了缓解，这主要是由于进口下降给GDP增长带来了正面拉动的效果，而当季出口下滑的速度达到了历史新高。

2. 拉动经济反弹的原因

2009年第2季度，日本的经济增长触底反弹，导致经济反弹的主要原因是内外需同时出现微弱复苏，国内私人消费贡献了0.5个百分点，净出口贡献了1.6个百分点。与2009年第1季度一样，外需的拉动源自出口的上升与进口的下降，两者各贡献0.8个百分点。

3. 资本形成值得关注

资本形成项目是 GDP 构成中非常重要的指标，也是具有前瞻性的指标，在过去 1 年中，日本的资本形成变化非常值得关注。在日本经济衰退时期，资本形成一直是负增长，而在 2009 年第 2 季度，当日本经济出现反弹时，资本形成的贡献仍然为负，当季贡献 -1.1 个百分点。

二　企业复苏与就业难题

2008 年底、2009 年初，日本企业景气指数与 GDP 的走势相同，2008 年下半年，企业景气指数与制造业生产指数维持上半年的下滑趋势，但是，下滑速度要明显快于上半年，显现直线下滑趋势。非常奇特的是，在 2008 年 7 月之前，日本中小企业销售指数（制造企业）一直保持上升的趋势，到 7 月以后，才开始出现下滑。究其原因，可能与日本中小企业主要是面向国内消费者有关，在 2008 年第 3 季度，日本国内私人消费仍然保持 0.1% 的微弱增长，而同期出口增长速度为 -0.8%。也就是说，受外需下滑、内需微弱增长的影响，中小企业销售景气状况恶化得比大型企业要晚一些。由于日本经济面临的主要是外部冲击，所以以外需为导向的大型企业受影响会早一些，这也是可以理解的。同时，从景气指数走势可以看出的另外一个问题是中小企业的不稳定，虽然中小企业下滑比其他企业早，但是却比其他企业恶化得更为严重。

到 2009 年 2~3 月，各项景气指数几乎同时反弹，企业景气指数作为经济增长的先行指标率先反弹（见图 1），这与日本 GDP 第 2 季度反弹是比较一致的。因此，可以肯定的是，日本经济的反弹是有微观基础的，企业景气支撑了日本经济的反弹。

但是，日本就业的状况仍然没有任何复苏的迹象，这与经济反弹、企业景气回升形成较大的反差。2009 年 2~3 月，日本企业的景气就已经恢复，而且日本经济在 2009 年第 2 季度已经出现了正的增长，但是，日本的失业率一直在上升，到 2009 年 6 月，已经上升到了 5.2%。从结构上看，有两个较为明显的特点：一是 15~24 岁年轻人就业状况已经渡过了低点，在 2009 年 3 月，15~24 岁年轻人的失业率一度达到了 11.3% 的水平，此后，失业率有所下降，到 2009 年 6 月，已经降到了与 2009 年 3 月之前持平的水平（8.7%）。二是 25~44 岁劳动力的就

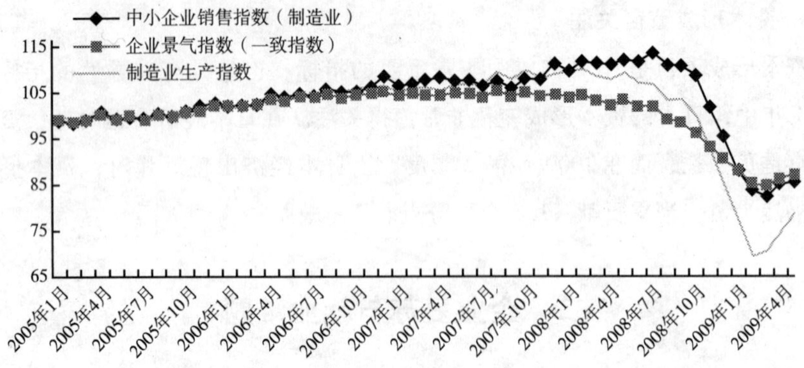

图1　2005～2009年日本企业景气指数变化（2005年=100）

数据来源：日本内务省统计局。

业状况出现恶化，其中25～34岁劳动力的失业率上升到了6.6%，而35～44岁劳动力的失业率上升到了5.1%（见表3）。

表3　2001～2009年日本分年龄层失业率

单位：%

	总体	15～24岁	25～34岁	35～44岁	45～54岁	55～64岁	65岁以上
2001年	5.0	9.6	6.0	3.6	3.4	5.7	2.4
2002年	5.4	9.9	6.4	4.1	4.0	5.9	2.3
2003年	5.3	10.1	6.3	4.1	3.7	5.6	2.5
2004年	4.7	9.5	5.7	3.9	3.4	4.5	2.0
2005年	4.4	8.7	5.6	3.8	3.0	4.1	2.0
2006年	4.1	8.0	5.2	3.4	2.9	3.9	2.1
2007年	3.9	7.7	4.9	3.4	2.8	3.4	1.8
2008年	4.0	7.2	5.2	3.4	2.9	3.6	2.1
2008年7月	3.8	7.5	5.2	3.3	2.7	3.4	1.9
2008年8月	4.1	7.9	5.6	3.4	2.8	3.6	2.1
2008年9月	4.1	8.4	5.4	3.3	2.9	3.7	1.8
2008年10月	3.8	6.7	5.1	3.6	2.9	3.3	2.1
2008年11月	3.9	7.0	4.9	3.4	2.9	3.5	2.3
2008年12月	4.1	6.4	5.2	3.6	3.3	4.2	1.6
2009年1月	4.2	7.4	5.6	4.0	3.3	3.5	1.8
2009年2月	4.6	8.9	5.9	4.2	3.5	3.8	2.0
2009年3月	5.1	11.3	6.1	4.5	3.8	4.4	2.6
2009年4月	5.2	9.6	6.1	4.7	4.0	4.8	3.0
2009年5月	5.2	9.0	6.2	5.1	4.0	4.9	2.3
2009年6月	5.2	8.7	6.6	5.1	3.7	5.0	2.7

数据来源：日本内务省统计局。

从日本就业市场的状况可以看出，日本经济与企业仍然受到美国金融危机的影响，目前的反弹除了来自外需、国内消费的拉动之外，在微观层面上，还取决于企业缩减雇佣人数等经营效率上的改善。在最年轻的15～24岁劳动力被压缩之后，更为年长的（25～34岁）劳动力也开始受到了波及。因此，需要关注的是，尽管日本经济和企业景气都出现了反弹，但是日本的就业状况可能很难在短期内改观。

三 通货膨胀走势分析

在美国金融危机之前，由于流动性过剩的问题，全球主要经济体担心的主要是通货膨胀问题，危机之后，通货膨胀的风险迅速消失，尽管现在关于美国通货膨胀的讨论很多，但是在全球范围内，通货膨胀的压力已经远不如危机之前。在2008年上半年，日本的通货膨胀压力也是不断上升的，但是到了下半年，受国际能源和资源价格下跌的影响，日本的通货膨胀率也开始下降，到2009年6月，日本已经连续6个月CPI在1%以下，当月日本的CPI为0.4%（见图2）。

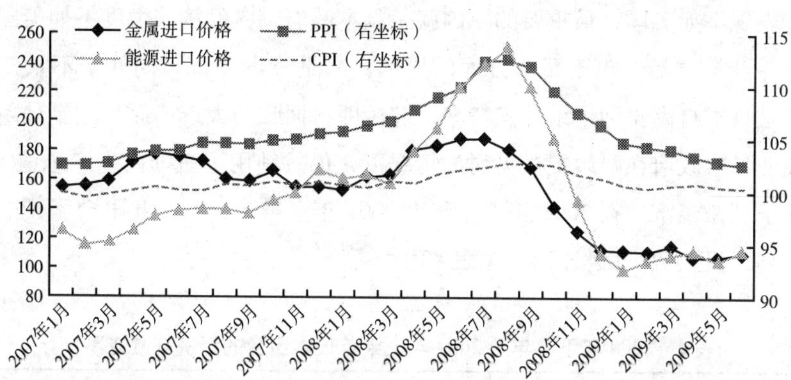

图2 2007～2009年日本主要价格指数变化（2005=100）

数据来源：日本内务省统计局。

我们认为，尽管日本的通货膨胀问题已经消失，但是日本也许会迎来更为麻烦的通货紧缩问题。从日本能源和资源进口价格、PPI、CPI的走势看，能源和资源进口价格下跌并没有完全在CPI和PPI上反映出来，因此，虽然前者已经触底反弹，而CPI仍然可能继续走低，甚至出现通缩的局面。我们的判断是，受能源和资源价格下跌的影响，日本 CPI 会出现负增长。但是，考虑到新上台的日本民主党已经承诺要出台刺激经济的措施，民主党也积极筹划在国会通过经济刺激计划，因此，在下一个年度中，日本政府扩大财政支出的可能性非常大。假如日本政府成功出台了刺激经济的计划，则日本的 CPI 负增长不会持续太长时间，所以，最有可能的是，日本会出现一个较为短暂的通缩。在对 2010 年的日本经济进行展望时，我们将对这一问题展开更为深入的分析。

四　金融危机的影响与日本政府的应对措施

美国金融危机给日本经济造成了巨大的冲击，但也在某些方面提供了机遇。下面，我们将从三个方面分析金融危机对日本经济产生的影响，以及日本政府应对美国金融危机的主要措施。

1. 日本政府应对危机的措施

受泡沫破灭以及“失去的十年”影响，日本已经成为发达国家中财政状况最差的国家，导致日本政府在刺激经济上难以有所作为，在 2008 年上半年，日本经济表现不如美国，最重要的原因就是日本政府刺激经济的力度不如美国。在 2008 年下半年之后，出于两个方面的原因：一是日本经济长期处于不景气的状况，二是日本自民党为了维持支持率，迎接即将面临的大选，而且主要是因为后者，促使日本政府在财政捉襟见肘的情况下，仍然动用了占国内生产总值 5% 的力量用于刺激经济。在 2008 年下半年至 2009 年上半年，日本共出台了 4 个经济刺激计划，投入 75 万亿日元（见表 4）。

表 4　2008 年下半年至 2009 年上半年日本出台的经济刺激方案

出台时间	规模	支出方向
2008 年 8 月 29 日	11.7 万亿日元	其中 9.1 万亿日元用于协助企业和个人应对高物价，并通过政府担保帮助中小企业获得贷款
2008 年 10 月 31 日	5 万亿日元	其中 2 万亿日元(204 亿美元)用于向全国家庭发放补贴
2009 年 3 月 13 日	20 万亿日元（估计值）	高速铁路建设工程、学校建筑防震项目、环境保护措施和儿童与老人护理等社会福利计划
2009 年 4 月 10 日	15.4 万亿日元	同时提供最多为 50 万亿日元的担保，用于处理异常市况

数据来源：根据公布报道整理。

除了上述4个经济刺激计划之外，日本政府还在财政、货币和产业等三个领域出台新的政策（见表5）。并重新提出发展东京国际金融中心的战略，通过出台有利于吸引外资的政策，提高东京在全球金融市场的地位。同时，日本选择了商业航天市场、信息技术应用、新型汽车、低碳产业、医疗与护理、文化旅游、新能源（太阳能）等产业加以扶持，期待在这些领域提高日本的竞争力。

表5　日本出台的其他刺激经济措施

财政政策	1. 就业扩大计划。在医疗护理、环保、旅游等领域创造140万~200万个就业机会；计划列支1.5万亿日元，提供失业培训等；花3年的时间，动用10万亿日元扶持就业市场。 2. 拨款和收购金融资产。拨款37万亿日元，帮助受信贷紧缩冲击的企业；设立一家公共机构，购买股票上市交易基金等多种股票；使用公共资金买入坏账或其他金融资产，规模可能达10万亿日元左右；扩大提供低利率贷款和收购商业票据的基金，从3万亿日元上升到4.5万亿日元。 3. 税制调整。对证券价值损失实施税收减免。
产业政策	2008年6月27日，出台新规，避免外国资产管理公司和对冲基金受到双重课税。 2009年1月7日，不再对通过基金投资日本的企业征收资本利得税，以鼓励在日投资。 2009年1月23日，当日发射8颗卫星，欲与欧美、俄罗斯、中国、印度争夺航天市场。 2009年2月19日，对签约国主权基金，免除其所持债券、存款和贷款的利息税。 2009年3月2日，出台为期3年的信息技术（IT）紧急计划，目标为官民共同增加投资3万亿日元，新增40万~50万个工作岗位，侧重于促进IT技术在医疗、行政等领域的应用。 2009年4月9日，新增长策略（配合第四次经济刺激计划），发展方向为环保型汽车、电力汽车、低碳排放、医疗与护理、文化旅游业、太阳能发电等。
货币政策	1. 减息。2008年10月31日，利率从0.5%降至0.3%，为7年来首次降息；2008年12月19日，减息至0.1%。 2. 买断日债。2008年12月19日，将月买断金额从1.2万亿日元扩大到1.4万亿日元（157亿美元）；2009年3月18日，每月买断规模提高29%，达到1.8万亿日元。 3. 暂时性买断商业票据。2009年1月15日，日本银行宣布考虑购买2万亿日元商业票据（日本票据市场规模为14万亿日元，此次购买占14%）。 4. 增加放贷与注资。2008年12月2日，公布3万亿日元（320亿美元）计划，扩大公司债作为担保品的范围，用于协助银行对企业放贷；2009年3月13日，向三家银行注资12亿美元；2009年4月1日，将日本政策投资（DBJ）紧急放款计划资金规模从1万亿日元提高到10万亿日元（1010亿美元），DBJ主要面对中大型企业放贷。 5. 收购股份。2009年1月27日，通过收购股份，向中小企业提供1.5万亿日元（167亿美元）资金；2009年2月4日，宣布将从地方银行收购1万亿日元（111.2亿美元）的企业股份，收购计划持续到2010年4月。 6. 为海外投资企业提供援助。国际协力银行联合中小企业金融公库，对在海外投资中遭遇流动性困境的中小企业提供援助。

数据来源：根据公开报道整理。

2. 对日本对外投资的影响

当然，美国金融危机给日本带来的不仅是负面的影响，也有积极的一面。日本20世纪80年代末、90年代初的经济危机，给许多海外投资的日本企业提供了丰富的经验，因此，在美国金融危机期间，也更容易捕捉更多的“抄底”时机。2008年，受危机影响，全球FDI流出下降了9.4%，跨境并购也下降了29.1%，几乎所有的发达国家FDI流出和跨境并购都是下降的。相反，日本的对外投资却得到了迅速的发展，2008年日本FDI流出达到1274亿美元，比2007年增长了73.2%，同时，跨境并购也从388亿美元上升到了643亿美元，增长了65.6%。目前，要判断日本企业在危机中的“抄底”行为是否成功为时过早，但可以肯定的是，在美国金融危机中，日本企业找到了更多的对外投资机会，而且，大部分日本企业对海外的并购几乎是在外界毫不知情的情况下完成的，在操作层面上显然比上一轮的海外投资热潮要成熟得多。从这一点看，中国企业应该能够从中寻找到许多有价值的经验（见表6）。

表6　2007～2008年各地区FDI流出与跨境并购

单位：十亿美元，%

地　区	FDI流出			跨境并购		
	2007年	2008年	增长率	2007年	2008年	增长率
全球	2063.4	1868.9	-9.4	1699.8	1205.4	-29.1
发达经济体	1743.4	1536.4	-11.9	1447.6	986.0	-31.9
欧洲	1270.7	990.3	-22.1	856.0	647.5	-24.4
美国	313.8	298.6	-4.8	402.6	166.5	-58.7
日本	73.5	127.4	73.2	38.8	64.3	65.6
发展中经济体	268.8	274.1	2.0	199.4	181.1	-9.1
转型经济体	51.2	58.3	13.9	25.2	25.0	-0.5

数据来源：UNCTAD，World Investment Prospects Survey 2009－2011。

3. 日本的出口转型

受美国金融危机的影响，日本外需拉动型的经济增长受到了严重的挑战，在美国市场上高端产品需求低迷的情况下，给日本的出口造成了很大的打击，这是美国金融危机影响日本经济最为直接的机制。但是，如果仔细分析日本经济复苏的动力时，不难发现，外需增长却成为日本经济复苏的主要动力。在分析日本经济总体走势时，我们曾经指出，日本经济面对冲击时反应较为迅速，这也是日本能够在2009年第2季度出现正增长的原因。日本经济的正增长，外需的恢复起到了重要的作用。在外需恢复的背后，是日本出口结构的转型，所谓“西边不亮东边亮”，在美国市场出现负增长的情况下，日本的出口越来越依赖于亚洲市场，尤其是中国市场（见表7）。

表7　2006～2008年日本出口地区结构的变化

单位：%

	各地区占比		增长率	各地区对增长的贡献
	2006年	2008年	2006～2008年	2006～2008年
美国	22.8	17.8	-2.9	-6.3
中国	14.3	16	16.0	23.9
韩国	7.8	7.6	8.8	6.8
其他亚洲国家	6.8	5.9	2.3	1.5
中国香港	5.6	5.2	5.2	2.9
泰国	3.5	3.8	13.4	4.8
德国	3.2	3.1	8.3	2.6
新加坡	3.0	3.4	17.3	5.4
英国	2.4	2.1	4.0	0.9
荷兰	2.3	2.7	19.6	4.7
前10位合计	71.7	67.4	6.6	47.3
世界合计	100	100	9.9	100

数据来源：联合国Comtrade数据库。

表7列出了2006～2008年间，日本出口目的地的前10位，虽然美国仍然是日本出口的首要地区，但是，在2006～2008年间，日本对美国出口的增长下降了2.9个百分点，出口美国对日本出口增长的贡献为-6.3%。与此同时，日本对亚洲地区的出口却在迅速增长，日本对中国、泰国、新加坡出口的增长率分别达到16.0%、13.4%和17.3%，上述三个地区对日本出口增长分别贡献了23.9%、4.8%和5.4%。

也就是说，在美国经济不景气、美国需求下降的情况下，日本出口之所以能够出现正的增长，主要是因为日本的出口目的地有所转型，可以预见的是，在未来的3~5年间，日本企业仍然会加大对亚洲（尤其是中国）的出口力度，与之相伴的是，日本对华的直接投资也将会上升，因此，中国与日本的经贸关系将有所升温，但是，两国企业也将面临更为严峻的竞争态势。

五　2010年经济形势展望

展望日本经济的发展趋势，在2009年下半年与2010年上半年，对于日本经济而言，最为关键的问题是：目前出现的复苏是否可持续？考虑到日本出口在恢复，而且出口的区域转型表明日本的外需增长是有着长期基础的，同时，日本国内机械设备投资虽然仍为负增长，但是下滑的速度已有所减缓，因此，我们认为，日本经济的恢复是可持续的。当然，考虑到日本经济的内质仍然非常脆弱，缺乏保障长期、稳定增长的机制，我们认为日本经济的复苏将是缓慢、微弱以及不稳定的。

表8是日本经济研究中心对日本2009年下半年以及2010年全年经济增长的预测，对于其总体的判断，我们是比较一致的，但是我们认为这一预测对于2010年第1~2季度的“国有固定资本形成”估计过低，没有考虑到民主党政权上台的影响，如果综合考虑到民主党上台后出台大规模经济刺激方案的话，日本2010年第1~2季度的经济增长率应当要比预测的要高一些，因此，我们估计，

表8　日本经济研究中心关于日本经济的预测结果（环比）

单位：%

类　别	2009年		2010年				全年预测	
	第3季度	第4季度	第1季度	第2季度	第3季度	第4季度	2009年	2010年
GDP增长率	0.2	0.7	0.5	0.1	0.3	0.3	-3.0	1.4
私人消费	0.1	0.1	0.4	-0.2	0.3	0.2	-0.2	0.5
私人住宅	-5.8	-3.4	-0.1	0.6	1.4	2.0	-16.9	-0.5
机械设备	-3.5	0.2	-0.1	1.4	1.5	1.7	-17.2	3.1
国有固定资本形成	2.3	0.5	-2.2	-3.8	-5.2	-2.4	13.4	-9.7
内需对GDP的贡献	0.2	0.5	0.1	0.1	0.1	0.2	-2.3	0.7
外需对GDP的贡献	0.0	0.2	0.4	0.0	0.2	0.1	-0.7	0.7

数据来源：日本経済研究センター，第139回短期経済予测（2009年7~9月期至2011年1~3月期）。

在2010年日本经济的增长率应该高于目前的预测，在1.5%～2%之间①。需要强调的是，我们并不认为日本2010年的经济增长具有参考价值，考虑到政策作用的不可持续性，日本经济在2010年会出现一个增长的高点，但无法改变此后经济增长回落到0.5%左右的大趋势。同时，在下一年度中，以下几个问题特别值得关注。

1. 民主党的经济政策

在2009年8月底的大选中，民主党以压倒性优势获胜，给日本未来的政治、经济和外交政策带来了很大的变数。根据民主党的政策导向以及民主党在竞选期间做出的承诺，民主党执政期间日本的经济政策可能会出现以下变化。

第一，可能会有更多的刺激政策出台。在民主党的支持群体中，农民和低收入层的劳工居大多数，因此，民主党上台之后，不可避免地要出台大规模的经济刺激方案，民主党上台之后的许多调整也已经给出了明确的信号。但是，非常不确定的是，民主党如何筹得经济刺激方案所需的资金，到目前为止，并没有很好的解决办法。

第二，财政刺激可能带来短暂的增长。在加大财政投入的经济政策下，日本经济可能在2010年会出现一个短暂的增长，但是，在2010年之后，不可避免要重新陷入微弱增长。因为新的经济刺激方案将会加重日本的财政负担，增加日本财政部还息的压力，因此，刺激方案不可能持续，在政府不再刺激经济之后，经济将会回落。

第三，财政刺激可能导致通胀压力。由于全球范围内能源、资源价格下跌的影响，日本在美国金融危机爆发之后，通胀压力有所缓解，并且出现了通缩的压力。预计2009年的能源、资源下跌，会给日本带来一个短暂的通缩时期。但是，在短暂的通缩之后，日本将面临通胀压力。因为民主党大力刺激经济并没有相应的税收来保障财源，因此，我们估计，在2010年，日本政府将会再度启动数量宽松的货币政策，日本银行会加大购买国债的规模，这会造成日本国内的通货膨胀。

2. 日本与东亚区域合作

民主党上台以后的另一个较大的动作，是加强在亚洲区域内的合作，同时，

① 相对于日本经济研究中心的预测，IMF的预测要悲观很多，IMF预测2009年和2010年日本经济增长率为-6.2%和0.5%。

与美国的传统联盟关系出现裂痕。正是在这一背景下，鸠山由纪夫在2009年9月底提出了“东亚共同体”的设想。需要注意的是，鸠山的这一提议包括两个目的，一是减轻对美国的依赖，二是加强与中国的关系。而且，鸠山的提议不只是建立自由贸易区，而且包括使用单一货币，是一种类似于“亚盟”的提议。根据鸠山公开的提议可以看出，日本民主党政权减轻对美国依赖的意愿似乎比预想的要强烈得多，而且更加公开化。但是，由于多种复杂的原因，我们认为鸠山的提议最终难以得到更为广泛的认同或者执行。

首先，民主党的行为直接引发了美国的担忧。在大选之前，民主党就有表态要减轻对美国的依赖，而当时国际社会以及日本国内的学者普遍认为这是一种为了选举需要的政治表态，不会有实质行动。但是，鸠山由纪夫事后的行动表明民主党准备有更为实质的行动，这最终触动了美国敏感的神经，考虑到东亚合作进程对于中国未来全球地位的影响，美国政府对此颇为关注。事实上，是否让美国参与已经成为了浮出水面的第一个争议，日本和澳大利亚的版本中最大的差异就是日本的方案中不包括美国，而澳大利亚的方案则包括美国。

其次，日本的提案更像是在建“乌托邦”。东亚区域合作多年来并不顺利，各国合作的起点是相互的信任，在这一点上，中日、韩日之间还难以协同。即使各国建立了基本的信任，类似于“亚盟”的提议也要从贸易自由化开始，逐步走向货币一体化，基于亚洲各国目前的状态，鸠山的提议更像是“乌托邦”式的理想主义。

最后，日本的政局尚不足以支撑如此巨大的设想。众所周知，民主党之所以能够顺利上台，更多的是建立在日本民众对自民党的失望之上的，长期在野的民主党并没有足够的经历来证明自身的执政能力。当前日本在经济、政治、外交领域面临的种种弊端，民主党也很难根本扭转，基于这一点判断，民主党能够在民意中维持多长时间，实在是一件非常不确定的事情。因此，以民主党尚未稳住脚跟的局面，来支撑一个需要10年以上的时间来推进的计划，两者之间非常不相称。

3. 日本国内产业空洞化与就业状况恶化

根据数据显示，日本国内机械设备投资已经连续5个季度出现负增长，而且近4个季度的下滑速度都在-4%到-8%之间。与此形成鲜明对照的是，日本的对外投资迅速增长，在2008年，日本对外投资和海外并购分别上升了73.2%和

65.5%。依照这两点来判断，日本国内的产业空洞化问题将会变得空前严重，而且，为了应对危机，日本的企业纷纷实施“减员增效”，两者合在一起，将会对日本的就业造成严重的压力，在经济反弹的同时，日本的就业恐怕很难得到恢复。

4. 亚洲区域内的贸易与投资竞争将会加剧

日本的出口转型和对外投资激增，其中很大的一部分是将出口和投资押宝在亚洲，从日本政府到企业都有明确的战略。民主党在竞选过程中，已经提出了要加强与亚洲国家之间的关系，不再以美国为中心，同时，日本的企业也在加大向亚洲区域出口的力度。受危机影响，整个亚洲地区的外需都会出现萎缩，亚洲各国出口与投资也将会更加集中到本区域，这都将会加大亚洲区域各国之间在贸易与投资领域上的竞争。

Japanese Economy: Weak Growth Led by External Demand and Government Stimulus

Li Zhongmin

Abstract: During 2008 - 2009, Japanese economy fell into recession for 4 continuous quarters suffering from the American financial crisis. However, the trend seems to be changed in the first quarter of 2009, when Japan achieved a weak growth. In 2010, we predict the recovery will be sustainable mainly driven by the external demand growth and government stimulus policy, though it may remain very weak. Also, economic recovery and high unemployment will co-exist. In the short term, under the aggressive fiscal stimulus policy by DPJ, there may be a relatively strong growth in a very short period. In 2010, Japan may have to face up with inflationary pressure after deflation, worsening employment condition, hollowing-out of its manufacturing sector. Also, competition among Asian economies will become even more fierce in the near future.

Key Words: Japan Economy; Oversea Demand; Economic Stimulus; Recovery

俄罗斯经济：从衰退转向复苏

米军　刘坤*

摘　要： 2008年俄罗斯经济增幅有所放缓。2009年受美国次贷危机演变为世界性金融危机的严重影响，历经9年经济增长的俄罗斯经济遭受严重冲击。俄罗斯经济主要受到油价崩溃和资本流动突然逆转的双重打击而受到重创，进而联动引发了国内需求的突然收缩。2009年俄经济持续下滑，投资和最终消费均大幅收缩导致内需快速走弱；石油、天然气以及其他原材料等出口价格的初步回升对经济恶化有所抑制，但并未扭转整体经济的衰退势头。2010年是俄罗斯经济从衰退转向复苏的关键之年。

关键词： 俄罗斯经济　复苏

一　2008年俄罗斯经济形势回顾

2008年俄罗斯经济继续增长但增幅有所减缓。2008年上半年，在有利的外部经济环境下俄罗斯经济保持了快速增长；下半年，随着全球金融危机的发展和深化，俄罗斯经济遭受了石油价格急剧下跌和资本流动突然逆转的沉重打击，第4季度经济急速下滑。

2008年俄罗斯主要经济指标仍然保持增长。GDP增长率为5.6%，相当于

* 米军，世界经济学博士，浙江师范大学工商管理学院，俄罗斯非洲投资研究中心主任，高聘教授，中国社会科学院世界经济与政治研究所博士后，主要研究世界经济、俄罗斯金融、比较金融等问题；刘坤，东北财经大学世界经济学博士生，浙江师范大学俄罗斯非洲投资研究中心研究人员，主要研究国际金融。
感谢中国社会科学院世界经济与政治研究所何帆研究员对本文提出的修改意见和建议，当然文责自负。

2001～2002年的水平。全年经济增长的季度性波动幅度大，特别是在下半年增速下滑明显。全年固定资产投资增长9.1%，零售贸易总额增长13.0%，居民实际收入增长2.7%，实际工资增长9.7%，工业生产增长2.1%。对外贸易高速增长，出口额同比增长33%，进口额增长31%。通货膨胀压力较大，全年增长13.3%。到2008年底外汇储备为4271亿美元，仍居世界第三位。

受国际金融危机的影响，2008年下半年俄罗斯经济形势逆转。石油价格波动仍然是俄罗斯经济的主要外部冲击，特别是油价大跌导致了卢布贬值、外汇储备减少、金融资产缩水、资本外逃、经济增长下滑以及宏观经济政策的调整。俄产原油价格从2008年夏天冲破每桶140美元关口后便一路下行，这一变化加剧了国际金融危机对俄经济的冲击。俄罗斯的股市从2008年5月19日达到高峰到年底一路大跌，跌幅超过70%，居世界之首。从2008年11月至2009年1月，卢布贬值幅度达35%。由于在第4季度出口急剧下滑，资本外逃，出现了外汇储备自1998年以来的大幅减少。国内企业经营恶化、大量企业破产倒闭，经济出现了大幅度的下滑。在危机时期，新债无处可借，旧债无力偿还，外债偿还问题成为最为严重的威胁。这次危机使贫困人口在2008年增加了约110万人，俄罗斯多年来致力于消除贫困的成果部分被抵消。到2008年9月中旬，俄金融市场动荡已经演化为本国21世纪以来最严重的流动性危机和信心危机。此时政府才真正高度重视并采取了多轮反危机措施，重点是为受外债困扰的银行和企业提供金融援助，同时采取有管理的汇率政策让卢布逐步贬值，推出税收刺激计划，但对家庭的支持政策非常有限。总之，2008年是俄罗斯经济形势由长期增长开始走向衰退之年。它反映了俄罗斯经济发展存在着极大的脆弱性。由于国内经济结构长期失衡、严重依赖国际市场，加之国内金融市场不发达，外部环境的急剧变化，通过贸易、投资以及汇率传导，最终引发了俄罗斯货币危机、股市危机、银行危机以及生产危机。

通过回顾2008年俄罗斯经济形势，可以看到：我们在《世界经济形势分析与预测（2009）》中对俄罗斯经济总体走势的分析过于乐观，造成部分指标的预测值高于实际值，这主要是因为对全球金融危机影响俄罗斯经济的严重性估计不足。

二　2009年俄罗斯经济形势分析

2009年俄罗斯经济持续衰退，这是内部需求与外部需求同时紧缩的结果。

2009 年投资和最终消费大幅收缩导致内需快速走弱，全球经济衰退导致外需增长乏力。尽管石油、天然气以及其他原材料等出口商品价格的初步回升对经济恶化有所抑制，但并未扭转整体经济的衰退势头。

（一）2009 年俄罗斯宏观经济的特点

1. 2009 年俄罗斯经济持续衰退

根据俄经济发展部统计，2009 年上半年固定资产投资和工业生产双双急剧下降，分别同比下降了 18.2% 和 14.8%，加工工业衰退最深，前 6 个月产出同比下降了 21.3%（见表 1），其他如采掘业同比下降了 3.4%，电、水、气部门同比下降了 5.6%。上半年俄经济同比下降 10.1%。第 1 季度 GDP 与上季度相比下降 7.6%，第 2 季度与上季度相比下降 0.3%。尽管第 3 季度的某些经济指标

表 1　俄罗斯 2008～2009 年主要经济指标增长率对比

单位：%

	2008 年				2009 年		
	第 1 季度	第 2 季度	上半年	全年	第 1 季度	第 2 季度	上半年
GDP	8.7	7.5	8.1	5.6	-9.8	-10.4	-10.1
本期末消费品价格指数（相对于上期末比值）	4.8	3.8	8.7	13.3	5.4	1.9	7.4
工业生产指数	6.2	5.5	5.8	2.1	-14.3	-15.4	-14.8
加工业生产指数	8.7	8.1	8.4	3.2	-20.8	-21.6	-21.3
农业产值指数	5.5	6.9	6.4	10.8	2.1	0.3	0.9
固定资产投资	23.6	17.4	19.9	9.8	-15.6	-20	-18.2
建筑工程	28.9	18.2	22.4	12.8	-19.3	-19.3	-19.3
住宅建筑投资	7.6	-1.2	2.7	4.6	2.4	-2.8	-0.3
居民实际可支配收入	8.0	6.2	7.1	2.9	-0.2	0.2	0
实际工资收入	13.4	12.5	12.9	11.5	-0.8	-4.6	-2.8
零售贸易额	17.2	14.9	16	13.5	-0.1	-5.6	-3
居民有偿服务额	7.4	5.4	6.3	4.8	-0.9	-5.7	-3.4
商品出口（亿美元）（括号中为同比增长率）	110.1	126.7	236.8	471.6	574	681	1255（-47%）
商品进口（亿美元）（括号中为同比增长率）	60.2	75.4	135.7	291.9	384	438	822（-39%）

资料来源：http://www.economy.gov.ru/。

仍不乐观，但第3季度GDP比第2季度增长0.6%，这是俄经济自2008年第2季度以来首次出现环比增长，表明随着全球对石油等大宗商品的需求逐渐恢复，俄经济开始出现复苏迹象。预计第4季度GDP会比第3季度增长2%，全年GDP预计下降8%～8.5%。

2. 卢布升值压力增强，但汇率波动幅度大

由于石油及其他出口商品价格下跌以及全球信贷危机导致投资者从俄市场撤出，仅仅在2009年1月份，卢布相对美元贬值了20%，这是自1998年以来贬值幅度最大的一个月。从2月初开始，受油价回稳及利好经济数据的鼓舞，投资者买入卢布，卢布对美元总体呈现升值趋势。尤其至9月份，美元兑卢布汇率已从2月份的1比36.34跌至1比29.13，进入10月份又跌至1比28.95。与此同时，卢布汇率波动浮动很大。4月初，卢布对美元达到33.6，贬值回到了1月中期水平，7月初，卢布汇率由于石油价格下跌，又大幅贬值，随后由于央行的干预和油价重新上涨而反弹。目前，石油价格因素在卢布汇率稳定以及升值中起了重要作用。

3. 外汇储备趋于增长

石油价格的驱动也使得外汇储备由剧减趋向相对稳定。金融危机使俄罗斯的外汇储备从2008年中期的5960亿美元急减到2月26日的3820亿美元。由于2009年以来油价的攀升推动卢布升值，俄央行增加了外汇储备。自2009年3月，投资者预期近期卢布将会升值，从而卖出美元，央行已经买入300亿美元。在5月份，当石油价格超过每桶60美元的时候，这种现象更明显。由于货币市场上形势的改善，在6月中旬，外汇储备从3月份的3805亿美元的较低水平增加到4070亿美元。

4. 经济衰退使通货膨胀有所减缓，但反通胀压力依然较大

2009年上半年，俄罗斯通货膨胀率达到7.4%，同比下降了1.3个百分点。通货膨胀放缓的主要原因是年初基础货币M_2的减少，尤其是金融危机后俄第1季度投资热潮的突然中止对缓解通胀压力发挥了很大作用。根据俄罗斯过渡经济研究所7月份报告，2009年1～5月份，基础货币下降了4.7%，而上年同期增加了3.4%。价格总水平的下降还与全球农产品市场价格下跌以及几个月来卢布对美元与欧元汇率的走强有关。当然，由于经常账户盈余以及资本的流入，2009年下半年基础货币预计仍将增长。根据俄经济发展部预测，2009年基础货币M_2

增长率在9%～10%范围内。另一方面，政府实施反危机计划，预算资金在下半年相继流入[①]。因此，俄政府未来反通胀的压力依然较大。2009年俄通货膨胀率将低于2008年水平，预计全年通胀率在10%～11%。

5. 对外贸易大幅下滑，仍然保持顺差

俄罗斯国家统计局的数据显示，2009年上半年俄罗斯的外贸总额为2083亿美元，比2008年同期下降44.1%。其中，出口1260亿美元，同比下降46.8%；进口823亿美元，同比下降39.3%；外贸顺差为436亿美元，而2008年同期的外贸顺差为1011亿美元。出口下滑主要是由于石油和其他初级商品价格下跌。当然，卢布的贬值也有助于改善出口部门的价格条件，未来几个月俄罗斯外贸可能显示出微弱回升的趋势。俄经济发展部预期，2009年俄将实现外贸额4642亿美元，其中出口2742亿美元，进口1900亿美元，外贸顺差将达到842亿美元。

6. 财政预算8年来首次出现赤字

2009年4月15日，俄罗斯国家杜马投票通过了新的2009年联邦预算案，这是俄罗斯8年来第一份出现赤字的预算案。根据这份预算案，2009年俄联邦预算收入预计为6.7万亿卢布，支出预计为9.7万亿卢布，预算赤字为3万亿卢布，相当于俄国内生产总值的7.4%。2009年前5个月政府（包括地方政府）预算收入占GDP百分比与上年同期相比下降了6.2%，支出同比增加了8.3%。俄财政部估计，受到商品需求下降影响，俄罗斯2009年的能源出口收入可能下降1/3，从而使得全年出现十年来的首次预算赤字，赤字可能占到GDP的9.4%。

7. 金融市场基本稳定，但形势依然严峻

2009年初，俄罗斯面临全面的经济危机，不仅影响金融部门，而且扩展到实体经济。金融部门的脆弱性，大量外部风险敞口，限制了应对危机的政策。截止到2009年7月，俄罗斯银行系统形势依然严峻，贷款风险依然很高，相应地，贷款利率也很高。由于生产积极性下降和债务人财务状况恶化，对贷款的需求呈减少的趋势。据俄罗斯过渡经济研究所2009年5月发布的俄金融稳定预警指标体系检测报告表明，在2009年下半年，俄罗斯金融体系出现新问题的概率较高[②]。

---

① Экономико политическая ситуация в России в ИЮЛЕ 2009，rhttp：//www. iet. ru/ru/ekonomiko-politicheskaya-situaciya-v-rossii-v-iyule-2009-g. html.

② 俄罗斯过渡经济研究所：《2009/5 金融稳定性监测报告》。http：//www. iet. ru/ru/monitoring-finansovoi-stabilnosti-v-rf-strana-s-pere-odnoi-ekonomikoi-i-razvivayuschi-sya-strana-i-kvartal－2009. html。

例如，危机开始时俄罗斯只有2%～3%的不良贷款，现在升至10%，银行业不良贷款率在最坏情况下高达20%。随着银行业不良贷款危机的日益加深，可能引发俄罗斯的第二波危机。2009年7月份，俄罗斯经济发展部在谈到第二波危机时也指出“不一定到来，但由于部分企业可能无法按期偿还贷款，2010年初经济预计会遭遇一些麻烦”①。当然，在政府采取大规模注资措施的情况下，俄罗斯大型银行未出现倒闭，从目前来看，银行部门形势略有稳定，预计下半年信贷紧缩将有所减缓。一方面，逾期贷款的问题略有改善。自4月份以来，不良贷款的增长速度有所减缓。6月份逾期贷款的增长率持续下降到5.9%，而在第1季度达到了9%～12%涨幅。另一方面，居民存款形势得到改善。家庭存款数额在2009年前4个月增加了6.6%。俄中央银行数据显示，家庭存款2009年第1季度增长了10%，略低于2008年第1季度，存款的趋势表明，对银行部门的信心没有发生大的改变。② 不过，俄罗斯国内银行在得到一次次的注资之后并没有将其投入到实体经济。据俄央行资料显示，2009年5月银行放贷继续减少，银行向非金融机构的贷款5月下降1.5%，6月下降1.4%（4月增加0.5%）。这些资金成为央行的存款，央行存款5～6月增长6倍，已经超过7500亿卢布。③

2009年上半年俄罗斯股票市场在石油价格回升的支撑下总体呈强劲反弹势头。2008年全球金融恐慌，俄罗斯股票市场在那个时候表现最差。油价大跌造成了对俄罗斯市场特有的预期。过去几个月油价上涨，石油主导的俄罗斯市场已经反弹。截至6月中旬，RTS指数从2009年2月中旬的最低点上涨了85%，现在它表现得比其他国家要好，超过了MSCI新兴市场指数的36%。在石油价格回升的情况下，国际资本流出有所减弱；随着石油价格的回升，投资者信心也有所增强。

（二）2009年俄罗斯经济衰退的主要因素分析

2009年俄罗斯经济的持续衰退受出口需求减少、投资下降以及消费需求的萎缩等诸多因素的影响。

---

① 2009年8月4～11日《远东经贸导报》第30期，第2版。

② Bank of Finland · Institute for Economies in Transition，BOFIT Weekly 35，28.8.2009.

③ http：//finance.ifeng.com/opinion/hqgc/20090828/1161828.shtml.

1. 消费需求的快速萎缩导致经济持续下滑

消费需求包括居民最终消费需求和政府最终消费需求。近年来家庭消费是俄罗斯经济增长的主要来源。2009 年俄消费需求下降态势显著，尤其是家庭消费增长出现明显逆转。这主要表现在零售贸易的下降方面。根据俄罗斯经济发展部资料，俄罗斯商品零售额在上半年同比下降 3%，居民有偿服务额下降 3.4%。在第 1 季度零售业和服务部门的营业额较上年同期跌幅还没有那么明显（分别为 0.1% 和 0.9%），然而在第 2 季度跌幅显著（分别下降 5.6% 和 5.7%），其中在 6 月分别下降 6.5% 和 8%，到 7 月份商品零售额下降幅度为近 10 年来之最，达到 8.2%。究其原因：其一，失业率的急剧上升，消费者信心恶化，消费贷款难以获得，使得俄罗斯家庭削减了开支。截至 6 月底，俄罗斯银行对居民贷款存量在上半年减少了 8%[①]；根据世界银行资料，2009 年 1 ~ 5 月，失业和工资拖欠特别显著，预计 2009 年俄罗斯总失业率将达到 13%，这严重影响居民的收入和消费信心。其二，政府刺激消费并没有像设想的那样发挥应有作用。2009 年财政大量拨款，上半年人均居民可支配的实际收入与上年同期持平。由于持续攀升的失业和严峻的就业形势，使得收入并没有转化为居民的消费需求，而是变成存款，国家的社会福利性支出对最终需求的影响力很小。8 月份，IMF 在一份针对俄罗斯经济的评估报告中指出，考虑到未来收入的较大不确定性，俄罗斯计划中的财政刺激措施可能无法有效刺激民间消费。

政府社会支持支出的增长以及由此带动的居民最终消费还是在一定程度上阻止了 GDP 的进一步下滑。2009 年第 1 季度，居民最终消费在 GDP 中所占比重达到了 80.3%（2008 同期水平为 67.0%）。但是，相比于其他国家，俄罗斯消费需求可能更迅速地反弹。这是因为：俄罗斯家庭负债处于低至中等水平；俄罗斯人拥有股票的人数较少，因而没有受到股市下跌 80% 的直接影响；抵押贷款在国内生产总值的比例较小；储蓄水平良好以及存在灰色经济为消费者提供了缓冲。[②]

2. 投资积极性降低导致经济持续下滑

2009 年俄罗斯国内投资呈持续下降的趋势，尤其是出现了企业大量投资海

---

① Bank of Finland · Institute for Economies in Transition, BOFIT Weekly 35, 2009.

② *The Russian business outlook 2009*, Daniel Thorniley, The Economist Intelligence Unit Ltd.

外的势头，更加剧了该年国内投资的不景气。据俄罗斯经济发展部资料显示，2009 年上半年固定资产投资同比降低 18.2%，其中，在第 2 季度主要领域投资同比下滑超过 20%，在 5 月份跌幅进一步下滑到 23.1%，所有指标均大大超过此前的预期。据估算，投资的减少使经济下降 30% ~40% 幅度。主要原因是各企业不得不偿还外债，导致企业投资计划大量压缩；国家反危机计划对投资重视不足，银行体系贷款不畅，国内消费需求萎缩，导致企业投资信心不足。不仅如此，在 2009 年上半年，外国直接投资下降幅度较大。6 月份外国投资与 5 月份相比下降了 1.5%，全年预计下降 20.1%。经济发展部估计，2009 年下半年外国直接投资将为零。由于投资积极性降低，主要行业陷入衰退。首先，房地产业的萎缩对经济的影响较大。2009 年上半年，居民住房建设总量减少 19.3%。由于开发商所获融资减少、未完工建设量增加的影响以及市场缺少对房屋有支付能力的需求，俄 6 月份房地产市场缩小 13%（俄国家统计局）。在以往对房地产业最有利的 6 月份创了历史新低，住房建设量首次低于 1998 年金融危机。据不动产市场参与方评估，建筑市场实际降幅远高于官方公布的 13%，他们认为房地产业的实际年降幅将近 40%。[①] 其次，机械制造业和轻工业的衰退仍在继续。加工业上半年下降 21.3%。上半年降幅最大的是电气设备、电子和光学设备（60.1%），交通工具和设备（60.9%），机械设备（65.4%），其他非金属矿产制品（68.5%）。

当然，由于国家反危机计划的实施和部分外需行业的景气，增长迹象开始显现，同 5 月相比，6 月 GDP 增长 0.1%。同样，6 月工业生产与 5 月份相比增长 0.8%（5 月与 4 月相比增长 0.5%）。得益于石油价格的上涨，出口行业的活跃促进了 6 月经济积极增长。农产品出口需求支持着原材料生产。根据俄罗斯经济发展部预计，工业领域下半年会出现微增的趋势。第 3 季度的工业生产会比第 2 季度增长 1%，第 4 季度则会比第 3 季度增长 0.8%。

3. 俄罗斯经济大幅下滑与过分依赖国际商品市场和资本市场高度相关

俄罗斯经济变化与外贸情况、国际资本流动都有较强的相关性。更为重要的是这两个外部拉动因素还与俄国内需求形成较强的联动作用。全球金融危机之后，俄罗斯经济受到油价崩溃和资本流动突然逆转的双重打击，进而引发了国内

---

① 2009 年 8 月 4 ~11 日《远东经贸导报》，第 4 版。

需求的突然收缩。2008 年底至 2009 年初 GDP 降幅中的近 40% 是出口减少引起的；[①] 而2009 年上半年得益于石油和原材料价格的上涨，出口行情的好转在一定程度上遏制了 GDP 的进一步下滑。同样由于出口收入增加，外部资金从流出变为流入。据俄罗斯央行资料，2009 年第 2 季度流入俄罗斯经济的私人资本为 72 亿美元，外国直接投资流入 90 亿美元。目前尽管石油价格出现中度上涨和新资本的微弱流入对卢布提供了一些支持，但是无法扭转整个经济持续衰退趋势。

总体上外部需求的下降和世界商品市场价格下跌影响了俄罗斯出口状况。2009 年上半年能源和原材料的价格与上年同期相比多数指标是下跌的。例如，2009 年 6 月份与上年同期相比，铝的价格下降了 46.8%，铜下降了 39.2%，镍下降了 33.7%。2009 年上半年，出口到欧盟、独联体、亚太地区的产品均呈现不同幅度的减少。商品价格下跌是出口总值下滑的主要原因。当然，部分商品的出口量也减少了，如上半年天然气出口量同比减少了 1.8 倍，木材和木材加工业、化学制品、有色金属等下降了 20% ~25%。俄罗斯出口商品价格的下降和进口商品价格的相对上涨导致了俄罗斯对其他国家贸易条件的严重恶化。在 2009 年出口商品仍以资源类商品为主。其中，燃料能源商品出口额同比减少 50.3%，俄原油出口量虽然与上年同期水平相近，但出口额却同比减少 52.4%。当然，与 2009 年初相比，第 2 季度的大部分外贸指标都表现良好，这主要得益于外贸行情改善。其一，2009 年初以来，由于市场预期全球经济将回升和 5 月份欧佩克决定维持当前销售水平，推动了石油价格的上升；其二，由于发达国家增加对金属商品的储备以及投资者重新返回市场，金属价格上半年的几个月呈现持续上涨。

另外，俄罗斯的经济衰退与国际资本市场高度相关。俄罗斯经济发展的资金在很大程度上来源于外国金融机构。俄罗斯是国际资本自由流动程度比较高的国家，国内资金的匮乏也使俄罗斯成为依赖外部融资程度非常高的国家，金融机构及各类实体经济对外部资金需求呈现出日益增长的趋势。据俄央行粗略统计，到 2009 年 3 月底，俄罗斯外债总额仍有 4540 亿美元，其中，银行部门的外债达到 1480 亿美元，其他企业达到 2750 亿美元。国际资本的流入对俄罗斯经济的推进

---

① 新华网，2009 年 8 月《经济参考报》，http：//jjckb. xinhuanet. com/gjxw/2009 - 08/28/content_177647. htm。

作用是显而易见的，但国际资本的流出对俄经济和金融冲击十分巨大。俄目前的经济衰退很大程度上是由私有部门过度借债导致的私有部门的危机。2008 年俄背负高额的外债，其中短期债务又占有较大比例。由于外债中的近一半要在 2009 年底前偿还，而银行和公司大都失去了偿债能力，又无法借到新债，这严重地影响企业投资再生产，使得大量企业陷入倒闭、半停产状态，推进了整个国家经济的衰退。据俄罗斯央行的资料，2008 年俄罗斯资本净流出达到 500 亿美元，2009 年可能达到 1000 亿美元。资金撤离的规模和速度随着油价下跌和全球危机深化而不断放大和加快。即使如此，俄财长库德林 2009 年 3 月称，"不打算采取任何措施限制资本流动"。库德林强调，保持资本自由流动对俄罗斯走出危机应发挥重要作用。

4. 政府的反危机措施未能有效推进经济复苏

俄罗斯政府越来越清醒地认识到危机的影响可能持续 1～2 年或者更长的时间，因而认真考虑应对措施。2008 年的救助措施虽然很大程度上避免了私人部门债务违约，但也花费了大量储备。2009 年俄政府反危机措施未能有效推进经济复苏。

其一，政府反危机的资金投向重心在社会保障、地区经济补贴援助等民生领域和维护金融业稳定，旨在保持社会经济稳定，增强消费者、投资者信心。这种预算支出结构弱化预算支出效果，对于经济衰退的抑制效果显然是有限的。由于国内外经济的不确定性预期，未能刺激起国内消费需求和私人投资，预算政策缺乏应有的拉动经济效应，而对基础设施等国家投资项目的削减无形中加速了经济衰退。2009 年 4 月俄通过的新版联邦预算案主要是消除国际金融危机对俄罗斯社会和经济造成的影响，预算资金优先投向教育、卫生、退休金等民生领域，用于对地区经济援助的支出占预算总支出的 35.7%，地区补贴相对于 2008 年 11 月预算增加了 16%，大部分支出用于传统上由地方预算提供的社会计划和工资、养老金支付等项目。而向实体经济领域划拨的预算资金占预算总支出的 17.5%；最大的削减项目依次是基础设施、国防和执法等方面的支出。同时，在 6 月份俄罗斯政府推出规模达 3 万亿卢布（约 900 亿美元）的新经济刺激计划，重点从为企业和银行直接提供援助转向四个领域：社会政策、国有企业、中小企业和银行。其中，金融稳定仍被政府视为优先关键事项，银行受益最大，但有一些附带条件：发放抵押贷款、对农业和国防工业的低利率贷款等；其次是加强失业补助、创造就业以及养老金等方面的社会支出，以履行国家对民众的社会保障义务并开发个人潜能。

其二，反危机政策执行不力，无法有效发挥推进作用。2009 年上半年，预算支出尽管增长很快，但执行缓慢。在前 5 个月，2009 年联邦预算法案提供的资金中仅有 31% 被花费。尤其是一些重要财政项目，如国家对经济项目和住房项目执行得很慢，只分别执行了年计划的 27% 和 16.5%。总体而言，预算执行速度要比上年稍低。如果这种趋势继续下去，在年底将有很大一部分政府支出将要花费，而这对于 2009 年的经济形势已经不会产生重要影响。[①]

三　2009 年后俄罗斯经济形势展望

2009 年以来，俄罗斯面临二战以来最恶劣的国际经济环境，世界经济陷入衰退，经济增长前景依然面临很大的不确定性。微弱的国际需求和国际融资环境以及石油中等价位的形势决定了经济恢复过程可能是缓慢的。2009 年俄罗斯经济持续下滑，衰退势头无法逆转。世界银行预测俄罗斯经济 2009 年将缩减 7.9%，IMF 预测可能萎缩 6.5%；俄经济部预测 2009 年下滑 8% ~8.5%。根据世界银行乐观预测，俄罗斯实际 GDP 水平有可能在 2012 出现明显增长。[②] 按照俄罗斯经济发展部 2009 年 9 月份公布的预测方案，俄罗斯经济的复苏从 2010 年开始，按照最保守的估计，2010 年可能出现 0.9% 的微弱增长，2011 年上升为 1.1%；按照乐观的估计，2010 年 GDP 增长达到 1.6%，若全年石油均价保持在 70 美元的水平，2010 年 GDP 上升到 3.0%。综合各方面因素，我们以为，2010 年俄罗斯经济增长预计在 2% 左右的水平。

目前，俄罗斯宏观经济指标预测的不同方案，主要是围绕国家预算投资和支持计划幅度、国家反危机政策执行效力、全球需求变化等因素展开的。俄经济从衰退、复苏直至增长，出现转机的时间和强度，很大程度上取决于目前国家反危机政策执行结果以及 2010 ~2011 年通过额外反危机措施的速度和成效，以及世

① Экономико политическая ситуация в России в ИЮЛЕ 2009, http: //www.iet.ru/ru/ekonomiko-politicheskaya-situaciya-v-rossii-v-iyule-2009-g.html.

② World Bank, Russian Economic Report No 19, June 2009.

界经济的复苏尤其是世界石油价格的上升强度。基于此，俄罗斯经济发展部提出了3套预测方案（见表2），具体表现为以下几个方面。

表2　2009～2012年俄罗斯经济发展主要预测指标

	2009年	2010年	2011年	2012年
乌拉尔牌油价(美元/每桶)				
1a	57	58	59	60
2a				
2b		68	74	81
GDP增长率(%)				
1a	8.5	0.9	1.1	3.1
2a		1.6	3.0	4.3
2b		3.0	3.6	4.9
工业产值指数				
1a	11.4	0.9	1.5	3.0
2a		1.9	2.6	4.4
2b		3.3	3.8	4.9
固定资产投资指数				
1a	20.0	0.6	3.6	8.6
2a		1.0	7.2	10.4
2b		4.5	9.5	12.0
实际工资指数				
1a	4.6	1.1	0.3	1.6
2a		0.6	2.4	3.1
2b		0.0	2.7	3.5
零售贸易额指数				
1a	6.0	0.4	1.6	3.0
2a		1.5	3.4	3.8
2b		3.3	4.0	5.0
出口(10亿美元)				
1a	285.0	303.6	312.3	322.7
2a		306.6	316.5	328.8
2b		342.6	379.2	418.9
进口(10亿美元)				
1a	190.3	197.2	206.6	219.7
2a		199.6	214.7	231.4
2b		215.1	245.9	283.1

注：1a为保守方案，2a为温和乐观方案，2b为补充性石油方案。

资料来源：http：//www.economy.gov.ru/。

保守方案（1a）主要是考虑到乌拉尔牌石油均价处于中低水平（不超过60美元）、国家预算的压缩和银行信贷疲弱，认为包括国家公共投资在内的投资需求持续下降，同时消费需求和库存量增长缓慢。温和乐观的方案（2a）在考虑到乌拉尔牌石油均价处于中低水平（不超过60美元）同时，认为2010年银行信贷适度增长已经恢复，自然垄断行业投资计划和国家支持内需投资计划政策实施。国家需求提高和银行信贷扩张，将促进私人投资和消费需求的增长。方案1a和2a差别，首先是在2010～2012年，国家优先支持社会经济发展程度上不同，表现在联邦预算赤字规模大小。方案1a体现为紧缩的财政政策，2010年的联邦预算赤字严格限于国内生产总值的5.5%的水平，之后下降到占GDP的3%和2%。方案2a将联邦预算赤字限制在国内生产总值的6.5%的水平，然后逐步下降到占GDP的4%和3%。方案2a与方案1a相比，国家对公共投资削减不太明显，这一方案首先是有助于交通、教育、医疗保健等预算资金比例高的固定资本投资活动的积极发展。此外，如果未来几年全球经济复苏加快尤其是石油价格上涨幅度提高，俄罗斯官方还制定出了补充性的石油方案（2b），该方案主要是考虑到2010年石油价格超出预期涨幅，可能对俄国内生产总值所产生的额外贡献。

可见，在对经济发展预测时，石油价格仍然是重点考虑的因素。在石油保持在每桶58～60美元的中低价位时，2010年国内生产总值增长率预计为0.9%～1.6%，在2011年为1%～3%，加强反危机政策预算执行和提高其效力，并促进国内私人投资和消费提高，可能达到增长的上限。当2010～2012年乌拉尔牌石油价格每桶变化轨迹为68～81美元时，国内生产总值和居民收入增长可能比基础方案的预测额外高出0.6～1.4个百分点。

预测方案重点考虑的是从衰退转向复苏和俄罗斯的经济增长。然而，该方案也指出了经济发展存在的风险，它可能导致2010～2011年俄罗斯经济的停滞，甚至国内生产总值进一步下降。如果世界石油价格下降为每桶30～40美元，必将导致卢布汇率下降和通胀进一步加剧；财政预算对经济的刺激力度不够或使用效率低下，国家需求萎缩，经济的不确定性增加；银行信贷继续停滞不前等诸多不利情况出现。

2010年俄罗斯能否有效恢复经济增长，下列因素依然影响今后的经济发展：世界经济走出危机的速度和主要原材料价格的变化；俄罗斯公司和银行适应危机的效力和提高其竞争力的潜力，以及基础设施类公司的投资项目的进程；国家反危机政策措施对经济的影响，以及2010～2011年额外的反危机措施。当前经济发展的主要风险是原材料价格保持较低变化的风险和国家反危机计划缺乏有效的执行。当然，全球金融危机的深度和持续时间的不确定性意味着俄存在着各种潜在的可能性风险。面对未来收入的很大不确定性，财政刺激计划可能无法刺激私人消费。此外，如果没有更坚定的国家干预政策，银行将继续调整资产负债表，抑制信贷扩张，阻碍经济复苏。特别是由于2009年和2010年俄罗斯大量外债将到期，一旦全球风险指数再次飙升，将对银行流动性带来压力，企业面临着融资压力，增长速度可能会降低。[①] 因此，2010年俄罗斯能否从衰退转向复苏，所采取的反危机措施的效果又至关重要，我们预测2010年俄罗斯复苏主要考虑了俄罗斯当局强大的反周期的财政政策，当然还有未来三年世界经济积极趋势的显现促进俄石油、金融资产价格上涨以及销售总量增长将导致出口增长等因素。

在2010年，俄政府的一项主要任务依然是加强养老金保障，实现国家社会经济的稳定。预计在2010年联邦预算资金转移到养老金项目上将增加到GDP的5.3%，在2011～2012年增加到GDP的4.4%～4.6%。[②] 从2010年起将提高退休人员的物质福利，劳动者的平均养老金和名义月平均工资的比率将上升至40%，相当于达到国际标准的养老保障水平。根据相关决议，从2010年1月1日起，在2002年前退休的居民退休金预计额外增长10个百分点。1991年以前的工龄每年额外增加1%，这样在苏联时期工作过的人们将会得到公正的劳动收入。因此2010年养老金平均规模将比现在大约增加0.5倍。总体上，2009～2012年劳动者的养老金平均规模增加1倍。

政府采取适当的应对措施刺激需求和推进对实体经济的投资是2010年工作的重点。国家不仅要将经济力量放在救急和改善社会福利上，还要通过多种形式更多地关注实体经济的投资，刺激建筑业和基础设施的建设，支持大公司的投资项目，同时打造一个更加多样化和有自筹资金能力的经济。为了推进对实体经济的投资，2010年俄将继续加强银行部门和证券市场，畅通融资渠道，同

① IMF，Russian Federation：Staff Report for the 2009 Article IV Consultation，August 2009.

② Merrill Lynch Research Emerging Markets Economics Emerging EMEA Russia's Looming Pension Crisis 28 August 2009.

时重点发行基础设施建设债券，支持基础建设等大项目投资。根据最新资料，俄罗斯从 2010 年开始将加大扶植中小企业的力度，将原来扶植小企业的措施扩展到中型企业，享受利率补贴、提供担保等优惠。另一方面，由于俄罗斯经济太依赖能源产业，使国家经济面临严重的风险，俄罗斯必须进行深层次改革才能改善其经济前景，改变以资源出口为导向模式，提高本国商品竞争力，发展创新型经济、实现经济现代化是俄罗斯最高层领导人达成的共识，是今后一个时期俄罗斯发展战略的主要方向。为实现本国经济从资源型向创新型转变，2010 年在节能、核技术、航天、医疗和战略信息技术等领域仍将最大限度地保留投入，单独落实相关计划。目前俄罗斯还无法形成新的经济发展路线，它或许要在摆脱危机之后。

控制通货膨胀依然是 2010 年政府工作的优先目标。俄罗斯计划在 2010 年实行严格的反通货膨胀措施，政府计划将 2010 年国内通胀率控制在 10% 或更低的水平，将 2011 年的通胀率降至 5% ~7% 。此举除了保障民众稳定的收入，刺激国内需求外，还可以降低实体经济的贷款成本。研究表明，一国在保持国际收支顺差的条件下，控制或降低本国通胀水平，应该实施浮动汇率制度。2010 年，俄将会把汇率稳定的目标继续放在次要的位置，主要目标还是稳定物价，让卢布对一篮子货币在目标区间适度升值或实行更加灵活浮动汇率制度，以使通胀渐进下降，官方利率将有可能再次下调，俄将继续执行宽松的货币政策。

可持续发展与一国经济增长和经济社会发展问题有密切的相关性。在目前的情况下，一旦危机消退，政策的优先事项应主要面向中期和长期目标。这些措施包括：重新关注财政政策中的非石油赤字，政策目标应该是长期可持续的；重新调整货币政策，控制通货膨胀，执行灵活的汇率政策；加强结构性改革，特别是公共管理和公务员制度改革、司法改革，争取早日加入世贸组织。

Russian Economy：From Recession to Recovery

Mi Jun, Liu Kun

Abstract： In 2008, Russia's economic growth moderated under the Medvedev-Putin tandem. After 9 years'growth Russian economy has been hard hit by the dual shocks of declining oil prices and capital flow reversals under the severe impact of the global financial crisis triggered by the US subprime mortgage crisis. The Russian economy continued to decline as domestic demand weakened sharply due to large contraction of investment and final consumption in 2009. The recent rise in the prices of oil, gas and other raw materials has helped mitigate the economic deterioration, but haven't stopped the recession of the overall economy. The year of 2010 is vital for the Russian economy to recover from recession.

Key Words: Russian Economy; Recovery

亚洲经济：缓慢回升

刘秀莲*

摘　要：受全球金融危机的影响，2009 年亚洲地区经济仍延续 2008 年年末的下降趋势。对此，亚洲开发银行 2009 年 9 月 22 日发布的《2009 年亚洲发展报告》（修订版）预测，2009 年该地区经济增长率将达到 3.9%，比 2008 年下降 2 个百分点，如果全球经济得到恢复，2010 年将回升至 6.4%。该预测均高于亚洲开发银行 2009 年 3 月份《2009 年亚洲发展展望报告》公布的 3.4% 和 6.0%。但在很大程度上，亚洲经济的恢复增长仍依赖于欧美国家经济是否好转，以及亚洲经济发展模式的改革与转型。

关键词：亚洲经济　恢复

一　2008 年简要回顾

2008 年上半年，受全球食品、能源等大宗商品价格持续上涨和美国次贷危机的影响，亚洲经济增长速度放缓，第 4 季度出口增速普遍下滑，通货膨胀高涨为亚洲经济的最大风险，一些国家通货膨胀率达到 2 位数。进入 9 月份以后，随着美国次贷危机影响的深入，引发了全球性的经济危机，亚洲发展中经济体同样受到了不同程度的影响，特别是以出口导向型经济为主的国家受其影响巨大，2008 年亚洲部分国家和地区出口占 GDP 的份额为：新加坡 195.9%；中国香港 169.4%；马来西亚 89.9%；越南 67.9%；中国台湾 65.3%；泰国 65.1%；韩国 45.4%；中国 33.0%；菲律宾 29.1%；印度尼西亚 26.9%。①

---

* 刘秀莲，中国社会科学院世界经济与政治研究所副研究员，主要研究领域是：亚洲经济、东亚地区经济合作和产业发展研究。

① Asia Economic Monitor July 2009，www.adb.org/new//30.7.2009.

出口一直是拉动绝大多数亚洲国家经济增长的最重要动力，由于美国等发达国家受金融危机的影响导致需求减少，严重影响到亚洲部分国家的出口，见表1，从而使2008年亚洲发展中地区经济增长率从2007年的近20年高点9.5%下滑至6.3%。东亚从6.6%下降到3.6%，东南亚从6.3%下降到4.3%。① 其中，中国从2007年的13.0%下降至9.0%，马来西亚从6.2%下降至4.6%，泰国从4.9%下降至2.6%，菲律宾从7.1%下降至3.8%，越南从8.4%下降至6.2%，新加坡从7.8%下降至1.1%，韩国从5.1%下降至2.2%。②

表1　亚洲部分国家2007年以来出口增长率变化

单位：%

	2007年	2008年				2009年
		第1季度	第2季度	第3季度	第4季度	第1季度
世　界	15.1	22.1	25.2	21.0	-9.5	-29.1
中　国	25.7	21.4	22.4	23.0	4.4	-19.1
印　度	21.5	37.6	37.1	25.5	-12.8	-24.1
马来西亚	2.7	9.9	20.8	16.8	-7.5	-22.2
泰　国	7.4	13.5	16.5	23.7	-9.7	-16.2
菲律宾	6.4	2.8	6.5	4.1	-22.3	-39.9
越　南	23.8	28.7	31.8	37.6	5.7	3.4
柬埔寨	14.1	97.2	45.8	5.3	-3.3	—
老　挝	12.1	36.2	15.7	42.7	4.9	—
孟加拉国	11.1	17.5	8.6	19.3	12.5	10.6
巴基斯坦	2.9	20.9	25.9	19.0	1.7	-17.9
斯里兰卡	18.0	9.3	6.8	5.4	-3.5	-10.7

说明：表格中的“—”表示没有数据，以下各表同。

资料来源：Aid for Trade in the Asia and the Pacific：An Update，www. adb. org /Documets/Books/ADO/defaut. asp //14. 7. 2009。

但是，2008年下半年与上半年有所不同的是，由于石油价格和大宗商品价格的逐渐回落，使各国通货膨胀的压力明显减轻，③ 由于通货膨胀压力有所减

① Aid for Trade in the Asia and the Pacific ：An Update，www. adb. org/Documets/Books/ADO/defaut. asp//14. 7. 2009.

② Asia Economic Monitor July 2009，www. adb. org/new//30. 7. 2009.

③ 只有越南消费物价指数（CPI）在2008年中增长22.97%，为1991年以来最高，http：//www. moneydj. com/KMDJ/News/NewsViewer. aspx？ a =838dcec4 -5cf7 -43ea -96c7 -4dd34e51d869。

弱，亚洲大部分国家实体经济受金融危机影响出现减产、裁员等压力，自2008年9月中旬以来，亚洲各主要经济体纷纷将调控重心由此前的抑制通胀转移到刺激经济增长上来，以稳定金融市场，恢复投资者信心，促进经济增长。

二　2009年上半年基本情况

（一）主要经济指标

GDP增长速度下滑趋势有所减缓：2009年第1季度，由于全球金融危机影响的延续，亚洲部分国家和地区GDP增长率呈下降趋势，新加坡为-9.6%，中国香港为-7.8%，马来西亚为-6.2%，中国台湾为-10.2%，泰国为-7.1%，韩国为-4.2%。只有印度尼西亚增长4.4%，越南增长3.1%，菲律宾增长0.4%。第2季度，一些国家GDP增长速度下滑趋势有所减缓，泰国、韩国、越南第2季度GDP增长都超过了第1季度，分别为2.3%、2.6%和4.5%。[①] 中国和印度仍是该地区经济增长最快的国家，继续成为地区经济增长的引擎。中国上半年GDP增长7.1%；据印度统计局公布的数字，2009年第1季度印度经济发展速度为5.1%，第2季度形势更好，增速达到6.1%。[②]

出口形势虽有好转，但仍不乐观：2009年第1季度东亚部分国家出口增长率仍在不同程度地下降，中国、马来西亚、泰国、菲律宾、印度出口下降幅度较大，分别为-19.1%，-22.2%，-16.2%，-39.9%，-24.1%，见表1。但是，部分国家进出口仍取得了贸易顺差。例如，根据泰国商务部在2009年7月20日公布的最新贸易数据显示，2009年上半年出口总额为682.07亿美元，萎缩23.5%，而进口总额为572.16亿美元，萎缩35.4%，贸易余额从2008年的赤字8.12亿美元转为顺差109.91亿美元。马来西亚出口也在4月份取得4.1%的增长率。[③] 韩国知识经济部2009年7月1日表示，6月份出口额与2008年同期相

---

① 参阅泰国国家经济和社会发展委员会2009年8月24日，韩联社2009年9月2日，2009年8月27日《上海证券报》。

② 人民网，2009年8月31日。

③ www.cnfol.com//2007年6月4日。

比减少11.3%，达到330亿美元，进出口减幅也比5月份（分别为40.3%和28.5%）大幅减少。[①] 中国和印度等国家的出口形势也有不同程度的好转。但是，亚洲大部分国家的出口仍在很大程度上依赖于欧美国家的需求是否好转。

国内需求缓慢回升：2008年底以来，随着全球需求急剧下滑，亚洲国家工业生产也出现急剧下降趋势，致使国内投资大幅下降，国内需求也在收缩，例如，新型工业化经济体（韩国、新加坡、中国香港和中国台湾）国内投资2008年第1季度增长2.9%，2009年第1季度下降至-15.3%；国内消费需求增长率从2008年第1季度的2.4%下滑至2009年第1季度的-2.3%。东盟四国（泰国、马来西亚、印度尼西亚、菲律宾）国内投资增长率从2008年第3季度的6.9%下降至2009年第1季度的-5.3%；国内需求增长率从2008年第3季度的5.5%下降到2009年第1季度的2.6%。[②] 由于各国采取的扩大内需刺激政策逐渐显效，消费者信心有所回升，第2季度以后国内需求下降趋势得到缓解或止跌回升。

通货膨胀率低位徘徊：2009年上半年亚洲各国通货膨胀率普遍呈下降趋势，中国国家统计局公布的数据显示，4月份CPI（居民消费物价指数）较上年同期下降1.5%，[③] 连续第三个月出现下降，越南则从2008年的20%以上下降到2009年6月份的3.9%，马来西亚从2008年第3季度的9.6%降至2009年5月的0.4%。[④] 泰国中央银行金融政策部助理部长帕布预测，全年的通货膨胀率将位于1.4%，不过，泰华农民研究中心分析，通货膨胀率降幅放缓，由于政府实施惠民措施，将使国内通货膨胀率在今后的2~3个月缓慢上升。

（二）主要国家经济走势

印度：尽管2008年遭受了全球金融危机的猛烈冲击，但由于其经济主要以国内需求为主，出口只占其国内生产总值的15%，因此金融危机对印度经济的实际影响不大。此外，由于印度金融业基本上由国家控制，外汇受到严格管制，外国投资的合资企业中，印资必须占51%以上，也使印度经济受到的冲击比较

① 参阅2009年7月2日《朝鲜日报》。

② Asia Economic Monitor July 2009，www.adb.org/new//30.7.2009.

③ http：//www.news.com.au/11.5.2009.

④ Asia Economic Monitor July 2009，www.adb.org/new//30.7.2009.

有限。印度自2008年10月份推出了三个财政刺激方案，已初步遏制了经济的下滑。数据显示，尽管印度出口在2009年4、5月份仍分别比上年同期下滑了28%和26%，但国内850家大企业第1季度的利润仍比上年增长了13%。据印度统计局公布的数字，2009年第1季度GDP增长速度为5.1%，第2季度增速达到6.1%。印度经济界人士指出，工业发展情况比较好，但农业情况不好。2009年第2季度农业增速为2.4%，2008年同期为3%。[①] 由于印度一半的人口依靠农业，2009年的干旱将会影响印度经济的发展。

印度财政部长表示，在过去的3年内，印度经济增速平均为9%，尽管受全球经济影响，2008年经济增速也达到了6.7%（2008年3月~2009年3月），预计到2010年3月结束的财政年度内，经济增速会达到6%以上。但是，印度政府目前面临的挑战是如何应对扩张性政策的副作用。目前银行系统充斥着流动性，油价和原材料价格再度上涨，通货膨胀压力正在缓慢升高。有评级机构警告称，由于印度债务增加、预算赤字扩大，本财政年度的财政赤字占国内生产总值的比例可能高达10%以上，政府庞大的开支已经引起了企业界和国际投资者的关注。但印度总理曼莫汉·辛格似乎并没有缩减支出的打算，他最近表示，政府将加大公共开支以刺激经济。印度政府2009年7月6日在议会宣布本财政年度预算时，把财政重点放在加大对农业和贫困人口福利措施的投入上。由此可见，印度政府已经意识到要发展经济就必须解决经济结构和社会问题。

韩国：由于遭受金融危机的影响，2009年第1季度经济下滑严重，但是，在国内消费和投资拉动下，2009年第2季度经济较前一季度增长2.6%，好于先前公布的2.3%。第2季度出口环比增长14.7%，企业投资增长10.1%，建筑业增长1.7%，政府开支增长1.1%，个人消费增长3.6%。[②] 2009年6月份，韩国的贸易收支顺差达到74.4亿美元，创下历史最高纪录。2009年上半年贸易顺差达到216亿美元，也刷新了之前的最高纪录（1998年上半年，199亿美元）。[③] 韩国国策研究机构——韩国开发研究院（KDI）2009年9月8日公布《经济预测修订报告》称：“韩国经济在第2季度后呈现比预期更快的好转趋势，下半年复

① 人民网，2009年8月31日；中国经济信息网，2009年7月29日。

② 韩国银行，2009年9月3日。

③ 参阅2009年7月2日《朝鲜日报》。

苏趋势将持续下去，因此把2009年经济增长预测从5月发布的负2.3%上调至负0.7%。”KDI预计，韩国经济继第2季度环比增长2.6%后，第3季度和第4季度将环比分别增长1.4%和0.7%，继续保持正增长。KDI还表示，2010年得益于世界经济全面复苏，韩国经济的出口和内需将逐步恢复正常，经济增长率达到4.2%。随着原材料价格趋于稳定和出口迅速恢复，2009年的经常项目收支将实现311亿美元的顺差。

为刺激经济复苏，韩国政府从2008年10月至2009年2月累计下调基准利率3.25个百分点，目前韩国基准利率为2%。此外，韩国政府已保证启动一项约540亿美元的经济刺激计划。政府计划在下半年仍然力促民间消费和投资，继续维持宽松的政策基调，大力援助绿色产业等新型增长动力产业，并对研发项目提供新的税制优惠。韩国企划财政部长官尹增铉表示，在经济步入加快恢复轨道前，将继续维持积极的财政政策基调。但今后根据景气恢复程度，将适当调整财政支出规模。①

新加坡：全球信贷危机对新加坡金融服务业及核心制造业造成严重打击。但是，面向中国的出口回暖以及规模占本地生产总值（GDP）近8%的财政刺激计划，均带动了新加坡经济的发展。贸工部发表的第2季度经济调查报告显示，上半年经济萎缩6.5%，与2008年同期比较，第2季度GDP萎缩3.5%，这比第1季度萎缩9.5%要好。贸工部发表的预估数据显示，第2季度服务业表现依然疲弱，同第1季度一样萎缩5.1%，而建筑业的增长则在第2季度减缓，年比增长为18.3%，较第1季度的24.4%要少。② 受食品和能源价格下跌以及产出缺口不断扩大的影响，2009年的通货膨胀率将会降至近乎于零的水平，2010年的通货膨胀率可能升至1.3%。新加坡金管局定于10月份再次召开会议，许多分析师预计，金管局届时将维持现有货币政策不变。贸工部预测，全年经济萎缩幅度将在4%到6%之间。③ 但是，贸工部表示要调高经济增长预测，主要是考虑到第1季度的经济表现比预期来得理想，加上第2季度经济表现因生物医药制造业产值激增和电子业补充存货所带动而有所改善。尽管如此，贸工部强调，经济基本面

① 参阅韩联社首尔，2009年9月2日电。

② 参阅中国金融网，2009年7月16日。

③ 参阅新加坡2009年8月11日《联合早报》。

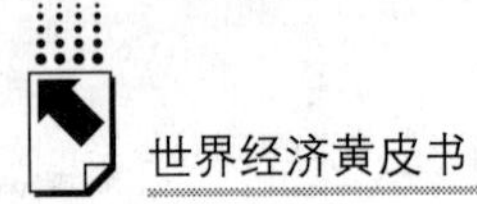

依然脆弱，下半年的经济展望大致保持不变，复苏时依然会面对下跌风险。

越南：2009 年上半年进出口的特点有两个。一是出口降幅扩大，前 8 个月出口 373 亿美元，同比下降 14.2%。主要出口商品出口额均大幅下降。农林渔业出口同比下降 9.4%；原料及矿产品下降 43.2%；工业制成品下降 4.3%。二是进口降幅进一步收窄。7 月份出口环比增长 1.68%，8 月份进口环比增长 3%。前 7 个月越南进口同比下降 34%，至 8 月份为同比下降 28.2%；预计 2009 年越南贸易逆差将达 110 亿美元。[①] 此外，外国投资锐减。越南计划投资部 2009 年 8 月 26 日发布的初步统计数据显示，前 8 个月，越南吸引外国直接投资 104 亿美元，同比锐减 81.6%，

越南经济 2009 年第 1 季度增长 3.1%，第 2 季度增长 4.5%。越南政府预计，放松银根和刺激经济一揽子计划将进一步发挥效应，经济发展将有更大起色，2009 年经济将增长 5%。预计全年工业增长 4.6% ~5.2%，农业增长 3.4% ~3.7%，服务业增长 4.9% ~5.8%。全年消费者价格指数（CPI）将上涨约 7.5%。下半年越南出口仍然面临诸多困难，如果世界经济继续保持目前出现的一些积极迹象，则 2009 年越南出口可达 627 亿美元，与 2008 年持平。如世界经济复苏滞缓，出口市场困难增大，则越南出口将只有 610 亿美元，比 2008 年下降 2.7%。由于继续采取经济刺激政策，下半年进口将有所增加，预计全年进口总额将达 730 亿美元，同比下降 9.5%。[②]

为保持经济稳定增长，越南政府必须集中解决五个宏观政策问题，一是刺激经济措施的受益者比预期少，对老百姓和企业产生的效应太慢，落实这些措施的手续烦琐，这是目前最大的障碍；二是为刺激经济增长，政府投入了巨额资金，上半年财政赤字增长 8%，商业信贷增长 25% ~30%，给通货膨胀造成很大压力；三是为应对金融危机，各国都采取措施保护本国产业，因此，有学者认为，越南也应考虑制定灵活有效的技术保护措施；四是加强对财政支出的监管，要把钱用在合适的地方，既要保持经济稳定增长，又要抑制通货膨胀；五是国家在短期内投入巨额资金，各级部门在人员配备、组织落实和行政管理等方面跟不上，检查和监督工作被忽略，须防止因投资泛滥而造成浪费。

---

① 参阅 2009 年 8 月 8 日《越南经济时报》。

② 中国商务部网站，2009 年 8 月 20 日。

印度尼西亚：虽然近期需求减弱，但中国和美国采取的刺激举措有助于稳定印尼的出口业并推动其经济增长。受到商品价格上涨的刺激，加上印尼总统选举未出现大的社会动荡，刺激了消费开支和投资欲望，消费开支较一年前增长了4.8%，而政府开支在同期亦增长了17%；交通和通讯获得较高增长，第2季度较第1季度增长了17.5%。经济增长在东南亚地区中最为强劲，第1季度为4.4%。第2季度增长4%。虽然消费者信心正在改善，但反映国内需求的其他指标却依然疲弱：4月份汽车销售较上年同期骤降33%，3月份为下降26.7%；而4月份摩托车销量的降幅几乎是此前的三倍。印尼总统苏西诺在上周发表预算案时预计，经济增长在2010年将会加速至5%以上，而其后的增长率可能进一步增加。

2009年8月19日，印度尼西亚现任总统苏西诺在出席地方代表理事会特别全体会议上宣布了6项旨在致力于实现“共同发展”的国家基础发展战略。这6项基础发展战略包括：维护印尼多元社会的公平和正义；将地方发展问题引入“共同发展”框架；在全球化时代建立综合性国民经济；以发展全国性国民经济为目的发展地方经济；追求发展与公平之间的和谐与平衡；注重提高人民福利水平。苏西诺说，国家在发展过程中不能忽视任何人群的利益，必须全面加强能够促使印尼实现全国繁荣统一的各个环节，实现“共同发展”。9月初在公布2010年财政预算案时，苏西洛表示，政府的预算开支将优先用在扶贫、教育、卫生、基础设施和政府机构改革上。要提高人力资源素质，增加人民收入，改善人民生活环境。①

泰国：泰国社会及经济发展委员会2009年8月24日公布的数据显示，第2季度GDP下降4.9%，上半年GDP负增长6%。但是，得益于政府推出刺激经济政策，第2季度民间消费开始复苏，6月份消费品日常开支比5月份增加2.6%。第2季度政府开支和投资分别增加5.9%和9.6%，均高于第1季度。第2季度工业生产也有所好转，工业GDP降幅从首季度的14.4%缩小至8.4%。泰国商业部估计，2009年出口总值同比将萎缩10%～18%，在众多商品中，农产品出口降低23.3%，重要工业品滑落22%，其他商品减少31.1%。不过，部分工业品出口增加，包括珠宝首饰增加25.5%、药品及医疗用具提高3.2%、饲料提高

① 参阅《人民日报》，雅加达2009年8月20日电。

1.3%。出口呈现滑落的商品包括电子及电器、汽车及零配件、塑料制品、建筑物资、家具等。第2季度的通货膨胀率为-2.8%。[①] 泰国社会及经济发展委员会预测第3季度的GDP降幅可能缩小，第4季度将恢复正增长。泰国促进投资委员会办事处（BOI）秘书长安差卡表示，受全球经济复苏带动，下半年投资趋势好转。政府出国招商效益将展现，可望大幅提升国外投资者来泰投资信心，预计2009年投资额将达到4000亿铢目标。政局动乱对旅游业的影响仍不容乐观，第2季度游客数量仅300万人次，同比减少16.1%。全球甲型流感快速蔓延也直接影响到旅游业收入。

针对出口下滑趋势，泰政府采取措施积极开拓出口市场。由于多国贸易伙伴国的经济已出现好转信号，包括欧盟、日本、中国、美国及东盟，预测今后几个月的月均出口总值可望超过130亿美元，促使全年的出口总值萎缩幅度低于原预期的20%。

马来西亚：2009年上半年，马来西亚经济仍处于10年来最严重的衰退之中，第1季度经济较2008年同期萎缩6.2%，为1998年第4季度以来最大降幅，而央行预计第2季度经济亦会有类似下滑幅度，马来西亚2009年全年GDP增长率会萎缩3%～4%（当地政府预计降幅为4%～5%）。马政府认为，其针对2009年和2010年而推出的两套财政刺激方案将足以推动经济复苏。这两套刺激计划的总规模为670亿林吉特（约合191.8亿美元），约占其GDP的9%。[②]

马来西亚经济是高度依赖对外贸易的出口型经济。根据数据显示，目前电子及电器产品占马来西亚总出口的50%，制造领域则占经济体系的30%。在2009年上半年对中国市场的出口增加为其经济复苏起到一定的推动作用。同时，在私人消费适度增长及公共开支有较大幅度提高的支持下，马来西亚第2季度经济可能仅萎缩3.9%，远好于官方预计的萎缩6.2%的程度。根据目前的情况分析，第3季度经济增长会有所改善，下滑幅度会进一步收窄，第4季度可能会出现正增长，全年的经济萎缩程度将会有所减弱。

菲律宾：2009年第1季度经济仅增长0.4%，为1997年亚洲金融危机以来经济增长最为缓慢的一个季度，第2季度经济恢复增长，GDP季比增长2.4%，

---

① 中国商务部网站，2009年8月26日。

② 参见北部湾旅游经济网，2009年9月11日。

年比增长1.5%，增幅均高于预期。但是政府数据显示，第2季度制造业仍持续低迷，同比萎缩4.81%。菲上半年出口到其第二大贸易伙伴日本的出口量下降了34.1%，仅为29亿美元，而上年同期则是43亿美元。[①]

虽然第1季度国内生产总值较前一季度下降2.3%，但菲律宾作为行业领头羊的购物中心运营商鞋庄控股（SM Prime Holdings Inc.，SMPH. PH）及快餐公司快乐蜂（Jollibee Foods Co.，JFC. PH）的收益均实现上升；政府投资的建设项目大幅增加，即便是一些路况较好的公路也进行维修。虽然海外务工人员的资金汇回仅呈个位数增长，但由于比索在2009年贬值，因此以美元计价的汇回资金数额实际被放大。菲律宾4月份失业率较1月份下降，而且出游度假人数暴增。第1季度国内航线客运量增长21%。菲律宾政府高级官员奥古斯托·桑托斯说，政府实施的财政刺激计划启动了大批基础设施工程，大幅增加了投资和就业，这些措施对帮助菲律宾经济远离衰退发挥了正面效应。

三　2009年下半年至2010年亚洲经济预测

2009年亚洲大多数国家经济降幅收窄，缓慢回升，全年GDP增长率在3.9%左右，但是，亚洲地区出口恢复仍在很大程度上取决于发达国家的经济是否好转。不过，由于各国相继采取的刺激经济的财政货币政策已经逐渐显效，消费者信心不断增强，2009年下半年国内需求将会逐渐提高，使得2010年经济仍有可能回升至6.4%。以上数字高于亚洲开发银行2009年3月份《2009年亚洲发展展望报告》公布的3.4%和6.0%，见表2和表3。亚洲开发银行认为，中国和东南亚地区经济的增长支持了亚洲整体经济的恢复。

亚行2009年9月22日发布的《2009年亚洲发展报告》（修订版）对2009年东亚地区的经济增长预测，从3.6%上调至4.4%。对中国的预测也提升到8.2%，2010年达到8.9%，分别高于3月份预计的7%和8%。由于亚行对南亚次区域8国中的5个国家的经济前景预测均有所调整，与《2009年亚洲发展展望》中4.8%的预期相比，预计2009年南亚地区的增长率将达到5.6%。该地区对贸易的有限依赖性在一定程度上保护了这些经济体免受全球经济衰退的负面影响。

① 中国商务部网站，2009年8月26日。

表 2　亚洲部分国家和地区 2006～2010 年 GDP 增长情况与预测

单位：%

年　份	2006	2007	2008	2009		2010	
				3 月预测	9 月预测	3 月预测	9 月预测
亚洲	8.9	9.5	6.1	3.4	3.9	6.0	6.4
中亚	13.3	12.0	5.7	3.9	0.5	4.8	3.6
东亚	9.4	10.5	6.5	3.6	4.4	6.5	7.1
中国	11.6	13.0	9.0	7.0	8.2	8.0	8.9
中国香港	7.0	6.4	2.4	-2.0	-4.0	3.0	3.0
韩国	5.2	5.1	2.2	-3.0	-2.0	4.0	4.0
中国台湾	4.8	5.7	0.1	-4.0	-4.9	2.4	2.4
南亚	9.0	8.6	6.3	4.8	5.6	6.1	6.4
孟加拉	6.6	6.4	6.2	5.6	5.3	5.2	5.2
印度	9.7	9.0	6.7	5.0	6.0	6.5	7.0
巴基斯坦	5.8	6.8	4.1	2.8	2.0	4.0	3.0
斯里兰卡	7.7	6.8	6.0	4.5	4.0	6.0	6.0
东南亚	6.1	6.4	4.1	0.7	0.1	4.2	4.3
印度尼西亚	5.5	6.3	6.1	3.6	4.3	5.0	5.4
老挝	8.7	7.8	7.2	5.5	5.5	5.7	5.7
马来西亚	5.8	6.2	4.6	-0.2	-3.1	4.4	4.2
菲律宾	5.3	7.1	3.8	2.5	1.6	3.5	3.3
新加坡	8.4	7.8	1.1	-5.0	-5.0	3.5	3.5
泰国	5.2	4.9	2.2	-2.0	-3.2	3.0	3.0
越南	9.2	8.5	6.2	4.5	4.7	6.5	6.5

资料来源：Asian Development Outlook 2009 Update：Broadening Openness for a Resilient，http：//www. adb. org/Documents/Books/ADO/2009/update/default. asp/22. 9. 2009。

亚行将印度 2009 年的经济增长率预测从 3 月份的 5% 提高到 6.0%，主要是因为印度私营工商业出现了信心恢复的新迹象，以及 2009 年 7 月预算中宣布的连续性大规模财政刺激政策。2009 年，东南亚地区的总体增长率预计将放缓至 0.1%，而《2009 年亚洲发展展望》中的预期增幅为 0.7%。尽管印尼和越南的增长前景比较乐观，但仍无法抵消该区域开放程度较高的经济体（马来西亚及泰国）和较小的经济体（文莱及柬埔寨）不断恶化的经济前景。

表 3　东亚新兴市场国家和地区 2004 ~ 2010 年经济增长情况与预测

单位：%

年　份	2003 ~ 2007	2004	2005	2006	2007	2008	2009/第 1 季度	2009/第 2 季度	2009/3 月预测	2010/3 月预测	走势/2009
东亚国家	7.6	8.0	7.7	8.7	9.7	6.1	1.2	—	3.0	6.0	上升
东盟	5.4	6.5	5.7	6.0	6.4	4.2	-1.9	—	0.7	4.2	下降
文莱	2.3	0.5	0.4	4.4	0.6	-2.7	—	—	-0.4	2.3	不变
柬埔寨	9.5	10.3	13.3	10.8	10.2	6.5	—	—	2.5	4.0	不变
印尼	5.0	5.0	5.7	5.5	6.3	6.1	4.4	—	3.6	5.0	上升
老挝	6.7	7.0	6.8	8.7	7.8	7.2	—	—	5.5	5.7	不变
马来西亚	5.6	6.8	5.3	5.8	6.2	4.6	-6.2	—	-0.2	4.4	下降
缅甸	12.9	13.6	13.6	13.1	11.9	—	—	—	—	—	—
菲律宾	5.1	6.4	5.0	5.3	7.1	3.8	0.4	—	2.5	3.5	下降
泰国	5.1	6.3	4.6	5.2	4.9	2.6	-7.1	—	-2.3	3.0	下降
越南	7.6	7.8	8.5	8.2	8.4	6.2	3.1	4.4	4.5	4.6	不变
新型工业化经济体	4.9	5.9	4.7	5.6	5.6	1.6	-6.6	—	-3.3	3.5	不变
中国香港	5.3	8.5	7.1	7.0	6.4	2.4	-7.8	—	-2.0	3.0	不变
韩国	5.2	4.6	4.0	5.2	5.1	2.2	-4.2	—	-3.0	4.0	不变
新加坡	6.0	9.3	7.3	8.4	7.8	1.1	-9.6	-3.7	-5.0	3.5	下降
中国台湾	4.1	6.2	4.2	4.8	5.7	0.1	-10.2	—	-4.0	2.4	下降
中国	10.1	10.1	10.4	11.6	13.0	9.0	6.1	7.9	7.0	8.0	上升

资料来源：Asia Economic Monitor 2009，www. adb. org/ new //30. 7. 2009。

亚洲开发银行首席经济学家李钟和在接受新华社记者专访时表示，亚洲经济已出现复苏迹象，但重回高速增长轨道尚需时日。而亚洲开发银行 2009 年 7 月报告表示，与 1997～1998 年相比，亚洲在当前这场危机中所处地位更为有利，这主要得益于该地区拥有庞大的外汇储备，外汇制度现在已较 10 年前更为灵活，与此同时通货膨胀率不断下滑。亚洲开发银行预计，2009 年和 2010 年亚洲发展中经济体通货膨胀率将为 2.4%，远低于 2008 年的 6.9%。总体而言，亚洲发展中经济体经济增长前景是好的，整体较主要工业化国家更具备较早走出危机的希望。

然而，亚洲发展中国家经济面临的困难和风险依然严峻。

第一，由国际市场大宗商品价格上涨引发的通货膨胀压力依然存在，由于亚洲发展中经济体大多需要进口石油、粮食等大宗商品来满足国内需求，国际市场价格攀升无疑将提高经济活动的成本。

第二，结构性改革面临巨大压力，必须采取一系列政策支持国内需求和提高资源利用效率，夯实社会保障体系，改善劳动力市场结构，并提高最低工资标准，增加住房、卫生和教育投资，改善人力资本现状。①

第三，过度依赖外部需求的增长危害经济持续发展。亚洲开发银行 2009 年 7 月 13 日指出，虽然亚洲发展中经济体向世界七大工业化国家的直接出口比例由 1990 年的 49% 下降至 2007 年的 32%，但深层次分析显示，2007 年亚洲发展中经济体 60% 的出口产品最终都被七大工业国市场消化。近年来，发展迅速的亚洲区域内贸易集中于货物半成品交易，模式为亚洲各发展中经济体分别生产优势部件，集中组装后运往欧美市场，因此即便亚洲各经济体直接出口欧美的货物比例下降，亚洲作为一个整体高度依赖欧美工业化国家市场的情况并没有改变。报告说，亚洲出口贸易对欧美市场高度依赖是 2000 年以来源于美国的经济动荡迅速传导至亚洲的主要原因之一。

第四，经济下滑，失业问题严重。失业率上升可能会催生社会不稳定的状况，从而进一步打击私营领域投资，加重经济下滑。

经济危机促使许多亚洲经济体陆续推出经济振兴措施。亚洲开发银行行长黑

---

① 〔美〕布赖恩·P. 克莱因：《亚洲经济模式要进行结构型改革》，载美国《外交》杂志 2009 年 7～8 号。

田东彦对此表示，这是否奏效主要取决于投资用途。他认为最有效的方法是将资金用在即将竣工的基础设施项目、中小企业、农村经济以及社会安全网上。同时，各国政府也必须关注中期和长期的财政赤字及国债，确保振兴措施不会影响国家财政的可持续性。

此外，国际社会普遍认为，国际金融危机对亚洲经济造成了很大冲击，虽然目前已经出现一些回暖的迹象，但还不能过于乐观。亚洲国家应继续加强区域内的经济技术合作，反对贸易保护主义，抓住机遇加快基础设施建设，缩小贫富差距，在应对危机的同时，谋求长远的发展。

参考文献

Will East Asia suffer the US slowdown?, www. world. bank//2008 年 2 月 27 日。

Asia Economic Monitor 2009, www. adb. org//30. 7/2009.

Aid for Trade in the Asia and the Pacific: An Update, Report to the Second Global Review on Aid for Trade, Prepared by the Asian Development Bank July 2009.

Asia's Recovery from the Global Financial Crisis-What It Takes and What Could ADB Do?, www. adb. org//22, June 2009.

Asian Capital Markets Stabilizing, But Recovery Could Be Lengthy -ADB Report, 21 April 2009 www. adb. org.

Crises in Asia: Historical Perspectives and Implications, www. adb. org//No. 152, April 2009.

《韩国在线》，2009。

中国商务部网站，2009。

新加坡《联合早报》，2009。

《华尔街日报》中文版，2009。

《东亚经济评论》，2009。

Asian Economies: Slow Recovery

Liu Xiulian

Abstract: Under the influence of the financial crisis, 2009 Asian economy continues to decline. The Asian development bank 2009 September 22 issued by 2009, the Asian development report yearly report on revision, 2009 the regional economic growth rate will reach 3.9%, 2% lower than in 2008. If the global economy will recover, back to 6.4% in 2010. The Asian development bank are higher than the March 2009 Asian development outlook report 6.0% and 3.4%. But Asia's economic recovery depends to a great extent on the economic performance of the US and Europe, as well as the reform and the transformation of the Asian economic development model.

Key Words: Asian Economy; Recovery

拉美经济：危机与反危机

江时学*

摘　要：国际金融危机导致拉美国家的GDP增长率大幅度下降，贸易条件恶化，侨汇收入减少，旅游业收入减少。为应对危机，拉美国家采取了多方面的措施：(1) 货币与金融政策领域的反危机措施主要是通过直接提供资金或回购票据和债券等形式向国民经济注资，降低利率，限制资金外流，使央行在接管或拯救陷入困境的银行时拥有更大的权力，降低法定存款准备金率。(2) 财政政策领域的反危机措施主要是减税，向企业提供补贴，扩大公共开支。(3) 外贸和外汇领域的反危机措施主要是限制进口，鼓励出口，实施灵活的汇率政策。(4) 部门政策领域的反危机措施主要是救助受国际金融危机影响较大的工业、农业、房地产业以及中小企业。(5) 劳动力市场和社会政策领域的反危机措施主要是加薪或提高最低工资，扩大失业保险的覆盖面。(6) 积极寻求国际金融机构的援助。

2010年的拉美经济形势将取决于一系列内外因素。外部因素主要是指世界经济（尤其是美国经济）形势能否快速复苏，内部因素主要是拉美国家能否进一步完善2009年实施的各种反危机措施，能否在鼓励出口的同时防止保护主义政策抬头，能否更有力地推进区域经济一体化，能否消除经济刺激计划对财政平衡造成的负面影响。

关键词：拉美经济形势　反危机措施　前景预测

一　2008年拉美经济形势回顾

2008年，拉美国家的国内生产总值（GDP）增长了4.2%。[①] 这意味着在

* 江时学，中国社会科学院研究员、中国拉美学会副会长，研究领域为拉美问题。

① 除注明外，本文数据均引自ECLAC，*Economic Survey of Latin America and the Caribbean*，*2005－2006*，August 2006；*Economic Survey of Latin America and the Caribbean*，*2008－2009*，July 2009。

2003～2008 年期间，拉美经济连续 6 年保持较高的增长率，其中 2004 年、2006 年和 2007 年的增长率一度高达 6% 左右（见图 1）。就国别而言，2008 年秘鲁和巴拿马的 GDP 增长率超过了 9%，乌拉圭接近 9%，阿根廷、厄瓜多尔和玻利维亚也在 6%～7% 之间（见表 1）。

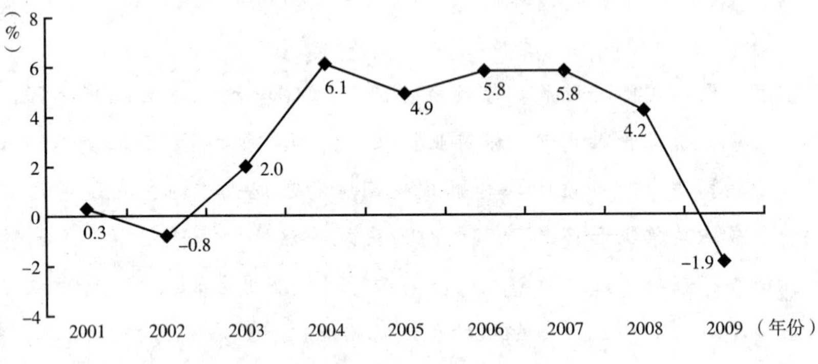

图 1　2001～2009 年拉美经济增长率

资料来源：ECLAC，*Economic Survey of Latin America and the Caribbean*，*2005－2006*，August 2006；*Economic Survey of Latin America and the Caribbean*，*2008－2009*，July 2009。

表 1　2008～2010 年拉美主要国家 GDP 增长率及预测

单位：%

年　份	2008	2009	2010	年　份	2008	2009	2010
阿根廷	7.0	1.5	3.0	洪都拉斯	4.0	－2.5	2.5
玻利维亚	6.1	2.5	3.5	墨西哥	1.3	－7.0	2.5
巴西	5.1	－0.8	3.5	尼加拉瓜	3.2	－1.0	2.5
智利	3.2	－1.0	3.5	巴拿马	9.2	2.5	5.0
哥伦比亚	2.6	0.6	3.5	巴拉圭	5.8	－3.0	3.0
哥斯达黎加	2.6	－3.0	3.0	秘鲁	9.8	2.0	5.0
古巴	4.3	1.0	3.0	多米尼加	5.3	1.0	2.0
厄瓜多尔	6.5	1.0	2.5	乌拉圭	8.9	1.0	3.5
萨尔瓦多	2.5	－2.0	2.5	委内瑞拉	4.8	0.3	3.5
危地马拉	4.0	－1.0	2.5	拉美	4.2	－1.9	3.1
海地	1.3	－2.5	2.0				

资料来源：ECLAC，*Economic Survey of Latin America and the Caribbean*，*2008－2009*，July 2009。

虽然 2008 年拉美的 GDP 增长率低于 2007 年，但失业率则继续保持下降的趋势。城市公开失业率从 2002 年和 2003 年的 11% 左右下降到 2007 年的 7.9%，

2008 年则进一步下降为 7.4%。最近几年失业率的下降是贫困问题得到减缓的主要原因之一。

消费品价格从 2007 年的 6.4% 上升到 2008 年的 8.4%。有 8 个国家的消费品价格上涨率为两位数，其中委内瑞拉高达 31.9%，居拉美之首。

2008 年，拉美商品和服务贸易的进出口总额均首次超过 1 万亿美元（分别为 10044 亿美元和 10180 亿美元），但是顺差仅为 136 亿美元，小于 2007 年的 471 亿美元。由于经常项目中的收益项目为逆差（1079 亿美元），因此 2008 年的经常项目出现了逆差（269 亿美元）。而在 2006 年和 2007 年，经常项目顺差分别为 509 亿美元和 167 亿美元。但是，由于 2008 年的资本项目保持了 642 亿美元的顺差（2007 年的顺差为 1076 亿美元），因此国际收支仍然保持顺差（373 亿美元），但大大低于 2007 年的顺差（1243 亿美元）。

一些加勒比国家的经常项目逆差相当于 GDP 的比重仍然居高不下。2008 年，格林纳达、圣文森特和格林纳丁斯以及安提瓜和巴布达的这一比重分别为 45.3%、36.5% 和 31.3%，多米尼克、圭亚那、圣基茨和尼维斯以及牙买加分别为 30.8%、25.8%、24.2% 和 22.5%。

美国次贷危机并没有影响 2008 年外国直接投资（FDI）进入拉美的数量。FDI 净流入量从 2006 年的 307 亿美元增加到 2007 年的 862 亿美元，2008 年上升到 922 亿美元。但拉美国家在国际市场上发行的债券则从 2007 年的 411 亿美元大幅度下降到 185 亿美元。

拉美的外债总额从 2007 年的 7521 亿美元增加到 2008 年的 7782 亿美元，但外债负担则在减轻。外债相当于 GDP 的比重从 2003 年的 40.4% 下降到 2007 年的 20.5%，2008 年进一步下降为 18.0%；外债偿债率也随之下降，外债相当于商品和服务出口收入的比重从 2001 年的 181% 下降到 2007 年的 84%，2008 年为 75%。

二　2009 年拉美经济形势

在 2007 年 8 月美国次贷危机爆发后的约一年时间内，拉美国家受到危机的影响不大。因此许多拉美经济学家认为，拉美经济与美国经济之间出现了一种所谓经济增长率“走势分离”（de-coupling）的现象。但是，当次贷危机在 2008 年下半年进一步恶化并最终演变为国际金融危机后，拉美国家终于受到了较大的影响。

国际金融危机对拉美的影响主要体现在以下几个方面。

一是导致 GDP 增长率大幅度下降。据联合国拉美经委会预计，2009 年拉美国家的 GDP 增长率将是 -1.9%。这意味着过去 40 年中持续时间长达 6 年（2003~2008 年）的快速增长期终于告一段落（见图 1）。

二是贸易条件开始恶化。全球性的经济衰退和国际贸易的萎缩使国际市场上多种初级产品的价格受到了不良影响，从而使拉美的贸易条件下跌了 10.8%。委内瑞拉是一个尤为典型的国家。由于石油占委内瑞拉出口收入的 90% 和政府财政收入的约 50%，因此，石油价格的大幅度下跌对委内瑞拉经济产生了重大的负面影响。① 如在 2009 年第 2 季度，委内瑞拉石油出口额仅为 137.56 亿美元，与 2008 年第 2 季度相比减少了 50.8%。② 联合国拉美经委会认为，拉美出口贸易的下降幅度是 70 年以来最大的，进口贸易下降幅度是 27 年以来最大的。③ 其中，矿产品、石油和工业制成品的出口贸易下降幅度更大。

三是侨汇收入减少。长期以来，侨汇收入一直是支撑拉美国内消费的主要力量，为拉美国家弥补资本不足作出了重要贡献。美国在次贷危机爆发后进一步加强了对拉美移民的限制。此外，房地产泡沫破裂后，美国的建筑业不再景气，对拉美移民劳动力的需求下降。而在其他行业保住了就业机会的拉美工人则常常面临减薪的困境。因此，拉美国家获得的侨汇收入大幅度减少。世界银行预测，由于美国建筑业不景气导致拉美劳务输出减少，2009 年拉美获得的侨汇收入将减少 6.9%。④ 美洲开发银行预测，2009 年拉美仅将获得 620 亿美元的侨汇收入，比 2008 年下降 11%。来自欧洲的侨汇收入下降幅度将高达 14%，来自美国的将减少 11%，来自其他地区的则下降 4.5%。⑤

四是旅游业收入减少。旅游业是许多拉美国家（尤其是加勒比国家）获取外汇收入的主要来源。国际金融危机使发达国家居民的实际收入下降，也使商业

---

① 石油占委内瑞拉出口收入的比重已从 1998 年的 64% 上升到 2008 年的 92%。

② http://ve.mofcom.gov.cn/aarticle/ztdy/200909/20090906494435.html.

③ ECLAC, *Latin America and the Caribbean in the World Economy 2008 - 2009*, August 2009.

④ http://news.xinhuanet.com/english/2009-07/13/content_11703425.htm.

⑤ http://www.iadb.org/news/detail.cfm?id=5550.

银行不愿意向旅游者提供更多的旅游贷款。其结果是，拉美国家的旅游业受到了很大的影响。加勒比开发银行行长伯恩预计，2009 年加勒比国家的旅游业收入将减少 7% ~10% 。[①] 秘鲁旅馆协会在 2009 年初发表的统计数字显示，由于受到国际金融危机的影响，秘鲁主要旅馆的客房预订率下降了 30% 。[②]

三 拉美国家的反危机措施

拉美国家应对国际金融危机的措施可为以下六个方面。[③]

1. 在货币与金融政策领域，拉美国家采取的反危机措施

（1）通过直接提供资金或回购票据和债券等形式向国民经济注资。例如，巴西财政部向国家经济社会发展银行（BNDES）提供了 437. 3 亿美元的资金，以扩大其放贷能力。此外，有些国家（如智利）还为增加国库券的吸引力而调整了税收政策，有些国家（如秘鲁）则延长了央行提供给金融机构的信贷的偿还期限。（2）降低利率。例如，墨西哥将货币政策目标利率从 2009 年初的 8. 25% 下调到 7 月的 4. 5% 。智利将货币政策利率从 2009 年 1 月的 8. 25% 下调到 7 月的 0. 5% 。哥伦比亚将干预利率从 2008 年 12 月的 10. 0% 降低到 2009 年 6 月的 4. 5% 。有些国家甚至多次降低利率。例如，巴西央行在 2009 年 1 月 21 日将基准利率从 13. 75% 下调到 12. 75% 之后，又于 3 月 11 日再次降低到 11. 25% 。巴西国家经济社会发展银行也将其贷款利率从 6. 25% 下降到 6% 。秘鲁在 2009 年 2 月将基准利率下调到 6. 26% （下调了 0. 25 个百分点）。这是 2003 年以来的首次下调。此后又有两次下调。至 2009 年 7 月，秘鲁的基准利率已下降到 2% 。智利、巴西和哥伦比亚的利率已降低到前所未有的最低水平。（3）限制资金外流。例如，阿根廷联邦税收管理局、央行和国家证券委员会共同制定了一系列规定，严格限制个人和企业的资金流向“避税天堂”。（4）使央行在接管或拯救陷入困境的银行时拥有更大的权力。（5）降低法定存款准备金。

---

① http：//bb. mofcom. gov. cn/aarticle/jmxw/200906/20090606341734. html.

② http：//tickerforum. org/cgi-ticker/akcs-www？ post = 80401.

③ 除注明外，本节资料和数据引自 ECLAC，“The Reactions of Latin American and Caribbean Governments to the International Crisis：an Overview of Policy Measures up to 20 February 2009”，February 2009。

2. 在财政政策领域，拉美反危机措施的主要内容

（1）减税或向企业提供补贴。巴西的减税总额达 7.3 亿美元。作为对政府减税的回报，汽车工业的企业承诺不裁员。一些国家还延长了公司纳税的时间，以减轻其现金周转量不足的压力。哥伦比亚的个人所得税税率从 2008 年的 34% 下降到 2009 年的 33%，印花税从 1.0% 下降到 0.5%，财富税的种类从 3 种减少为 2 种。据估计，包括上述措施在内的减税政策将使纳税人获得约 9.6 亿美元的额外收入。哥斯达黎加政府在 2009 年财政预算中将 140 万美元用于渔业用燃料的价格补贴。阿根廷中央政府将大豆出口税的 30% 下拨各省，由各省用于不同的目的。（2）扩大公共开支。巴西政府宣布了多个增加公共投资的计划，总额达数百亿美元。智利的财政刺激计划总额为 40 亿美元，相当于 GDP 的 2.8%。2009 年玻利维亚的政府投资将比 2008 年增长 20.6%。

在扩大公共开支的过程中，拉美国家优先考虑的是完善基础设施。例如，巴西在 2009 年 2 月决定为 2007 年制定的“加速发展计划”（PAC）增资 621.4 亿美元，其中大部分用于基础设施领域，包括铺设一条从里约热内卢至圣保罗的铁路。哥伦比亚成立了一个总额为 5 亿美元的基础设施基金。此外，哥伦比亚政府还对修建高速公路、完善供水系统和扩大农业灌溉设施等基础设施领域扩大投资（预计 2009 年的投资额为 24 亿美元）。

社会福利是许多拉美国家在扩大公共开支时优先考虑的另一个领域。墨西哥在 2009 年 1 月制定了“全国各界关于促进家庭经济和就业的契约”。该契约由 5 部分组成，共 25 项措施，其中包括：扩大就业，扩大社会保险覆盖范围，下调液化石油气价格，对购买低能耗家电的消费者提供补贴和信贷，对购买普通住房的低收入者提供更多的贷款支持等。玻利维亚实施了“母婴奖励计划”。根据这一计划的规定，自 2009 年 5 月起，孕妇如能做完 4 次产前检查，每次能得到约合 17 美元的现金奖励；如能在指定的医院分娩并做一次产后检查，也能得到约合 17 美元的现金奖励。2 周岁以下的儿童如能每月去医院检查身体，每月能获得约合 18 美元的现金奖励。智利政府向贫困家庭提供每月 60 美元的现金补助。哥斯达黎加政府在 2009 年 2 月制定了一个名为“保护计划”（Plan Escudo）的社会发展项目。其内容包括：扩大基础设施建设、为中小企业的发展提供资金援助以及豁免 2100 户低收入家庭的抵押贷款。多米尼加政府为“民以食为天”计划提供的资金增加了 27%。

3. 在外贸和外汇领域，拉美国家采取的措施

（1）限制进口。[①] 阿根廷政府提高了纺织品、鞋、金属制品、大型家用电器和摩托车的进口税，此外还对这些产品的进口提高了非关税壁垒。委内瑞拉政府将3015种进口产品列入限制进口的清单，要求进口商在进口这些产品时必须提供国内不能生产或生产不足的证明，否则无法以官方汇率获得外汇。[②] 自2008年下半年开始，智利政府对涉及17个生产部门的产品（如小麦、塑料制品、铜、氧化铝、铁、电机产品、汽车配件和交通运输工具）实施了进口限制措施（主要是提高其非关税壁垒）。巴西提高了非关税壁垒，要求17个部门的进口商在进口之前必须获得进口许可证。[③]（2）鼓励出口。2009年7月31日，阿根廷政府取消了始于2008年6月的禁止出口玉米和小麦的禁令，并将小麦的出口税从28%下降到23%，玉米的出口税从25%下调到20%，所有水果和蔬菜在出口时可享受预扣税税率降低50%的优惠。智利政府为鼓励农产品出口而向出口商提供了多方面的税收优惠。巴西向出口商提供大规模的资金支持和出口补贴，并取消了一些商品的出口税。哥伦比亚利用美洲开发银行提供的一笔贷款，向外贸银行（Bancoldex）注资6.5亿美元。巴拉圭设立了一个数额为5000万美元的出口基金，以缓解出口商资金不足的问题。（3）实施灵活的汇率政策。例如，阿根廷与中国签署了相当于100亿美元的货币互换框架协议，[④] 与巴西达成了相当于15亿美元的货币互换协议。巴西与美国达成了300亿美元的货币互换协议。墨西哥与美国建立了一个数额达300亿美元的货币互换机制。巴西为解决进口商缺乏外汇的困境而重新开展外汇拍卖活动，并用30亿美元的外汇储备来满足企业的资金需求。哥伦比亚取消了对外国间接投资的几乎所有限制。为了对外部环境的变化做出快速的反应，哥斯达黎加在2009年1月对汇率机制进行了调整，使本国货币对美元的浮动上限从原来的0.06科朗提高到0.20科朗。

4. 在部门政策领域，拉美国家采取的反危机措施

主要是救助受国际金融危机影响较大的工业、农业、房地产业以及中小企

---

① 但也有一些拉美国家出于多种因素的考虑而降低关税。例如，尼加拉瓜为遏制通货膨胀压力而降低或取消了食用油、粮食等进口商品的关税。为帮助中小企业增强应对外部冲击的能力，尼加拉瓜还允许其在进口原料、中间产品或资本货时享受税收优惠。

② http://www.liuxuehome.com/staticnews/29709.html.

③ 受这一规定影响的进口商品包括小麦、塑料制品、铜、铝、铁、资本货、电机产品和汽车零件等。

④ 这是迄今为止拉美国家与中国开展的最大规模的金融合作。

业。阿根廷政府将总额达16亿美元的社会保障基金投入房地产业，并为扶持汽车工业和其他耐用消费品工业而出资36.8亿美元。智利将低收入家庭购买经济适用房的首付款比重从20%降低到10%，并且还为中等收入的家庭提供更多的住房贷款。智利的国营生产发展公司（CORFO）向三文鱼养殖业提供了1.2亿美元的信贷。此外，政府还为国家银行（Banco Estado）注资5亿美元，为团结与社会投资基金（FOSIS）注资250万美元，为国营技术服务公司（SERCOTEC）注资830万美元，以扩大其向中小企业提供信贷的能力。墨西哥政府设立了一个总额达5.5亿美元的住房信贷计划，为低收入阶层购房提供便利。为扶持中小企业，政府还将20%的政府采购份额分配给中小企业。巴西政府为扶持中小银行而为其注资310亿美元，向农业部门提供了64.7亿美元的信贷，设立了一个数额为17.5亿美元的中小企业发展基金，以缓解中小企业资金短缺的局面。为刺激房地产业，巴西政府实施了一个名为“我的生活在我家”（Minha casa minha vida）的住房计划。该计划预计将动用148.7亿美元的资金。此外，政府还设立了一个为公务员提供住房贷款的信贷基金。矿业在玻利维亚国民经济中处于举足轻重的地位。锌是玻利维亚的主要矿产品之一。受全球金融危机影响，国际市场上锌的价格从最高时的每磅1.5美元下跌到每磅0.5美元。这使得玻利维亚全国10人左右的小型锌矿公司被迫减产，3300个矿的工人被裁员，有些甚至已经倒闭。为减少国际金融危机对矿业生产的影响，2008年10月，莫拉莱斯签署总统行政令，决定向小型锌矿提供5亿美元的资金援助，以维持小矿企的生产规模，避免更多的矿业工人失业。

5. 在劳动力市场和社会政策领域，拉美国家采取的反危机措施

（1）加薪或提高最低工资。根据第4868号法令，哥伦比亚将最低工资提高7.67%。阿根廷在2009年6月和8月两次为公务员提薪，涨幅分别为8%和7%。玻利维亚将全国最低工资提高12%，将文教卫生部门的工资提高14%。危地马拉的最低工资提高了10.7%。墨西哥将最低工资提高了4.6%。（2）扩大失业保险的覆盖面。巴西政府规定，2008年12月以前失业的工人可获得更多的失业保险。智利政府为不同部门制定了失业率警戒线。当失业率超过这一警戒线后，政府就会向企业提供资金援助，以鼓励其雇佣更多的工人。对于那些被迫减少生产规模的企业，政府则用提供税收优惠的方法，鼓励其培训工人。根据有关规定，工人可在为期6个月的时间内减薪留职，接受技术培训。哥伦比亚政府还向全国学徒服务中心（SENA）提供1.3亿美元资金，以便使该中心为16岁至26岁的青年工人开设更多的技术培训班。2009年2月，墨西哥开始实施“就业保护计划”。政府为该计划出资1.4亿美元，约50万工人能因此避免失业。哥伦比亚的2009年财政预算为社会发展计划出资12.9亿美元，其中一部分资金用于救济失业工人。哥斯达黎加将失业工人及其家庭成员享受的社会保障从3个月延长到6个月，并对失业工人购买的食品、汽油和公共交通等商品和服务提供价格补贴。

6. 积极寻求国际金融机构的援助

例如，阿根廷获得了世界银行提供的4.5亿美元的资金，用于2009~2011年期间实施的有关社会保障计划。哥斯达黎加获得了美洲开发银行提供的13.5亿美元的信贷，用于完善基础设施。此外，哥斯达黎加还与国际货币基金组织达成了协议。根据这一协议，哥斯达黎加如能按照国际货币基金组织的要求实施特定的财政金融政策，就能在必要时获得该机构总额为3500万美元的援助。多米尼加获得了美洲开发银行提供的3.6亿美元的信贷，其中3亿美元用于向商业银行注资，0.6亿美元用于财政预算融资。此外，安第斯开发公司也向多米尼加提供了信贷，以帮助这个加勒比国家改善基础设施。拉美储备基金向厄瓜多尔提供了4.8亿美元信贷（期限为3年）。萨尔瓦多从世界银行和美洲开发银行那里获得了多笔信贷，用于重新安排债券和实施社会发展计划。墨西哥获得了世界银行和美洲开发银行共计达71亿美元的信贷。此外，为了提升投资者信心和维系汇率稳定，墨西哥还获得了国际货币基金组织的数额高达470亿美元的信贷额度，以应对国际金融危机进一步恶化的挑战。国际货币基金组织官员表示，这是该组织有史以来提供的最大一笔信贷额度。①

上述反危机措施的积极成效是较为显著的。虽然2009年拉美经济为负增长，但总的说来拉美经济并没有出现当初预料的那种“崩溃”。无怪乎世界银行行长佐立克在2009年7月6日说：“人们都在谈论中国（的成功），但我认为拉美也是成功的。”②

联合国拉美经委会认为，拉美国家之所以能较好地应对国际金融危机，主要

① http：//finance. jrj. com. cn/2009/04/1811284161664. shtml.

② http：//web. worldbank. org/WBSITE/EXTERNAL/NEWS/0，contentMDK：22238812 - pagePK：34370 - piPK：34424 - theSitePK：4607，00. html.

是因为：第一，拉美经济实力在 2003 ~ 2007 年期间大大增强，从而增强了抵御外部冲击的能力。第二，最近几年，拉美国家的宏观经济形势较好，外汇储备较为充足，从而使各国能顺利地实施反周期经济政策。第三，中国经济的快速发展以及由此而来的对资源的巨大需求，使南美洲国家的经济受益匪浅。①

四　拉美国家领导人对国际金融危机的评论

巴西总统卢拉说："我满怀伤感地观察美国的危机。过去，那些非常重要的银行告诉我们应该做什么，不应该做什么；它们评估我们的风险，对投资者说巴西是不是一个值得投资的国家。正是这些银行，现在却倒闭了。这些银行所做的不是在让资本自由流通，创造就业机会和财富，而是在从事投机活动。它们把金融体系中的一些部门变为赌场。"②

卢拉认为，当前的金融危机是国际金融体系中"不负责任的赌博行为"造成的后果。新兴市场经济体所做的一切都是正确的，它们不应该成为美国银行家赌博行为的受害者。他说："有人问我金融危机的问题，我说你们别问我，去问布什总统，因为这是美国的危机，不是巴西的危机。我的工作是如何使巴西少受美国金融危机的影响。"

卢拉还说，美国金融危机的爆发有助于奥巴马当选。③ 奥巴马有义务解决当前的危机。他的责任要比世界上其他国家的领导人多出 60%。④ 如果奥巴马在他上台一年后还不能解决危机，他的政治资本就会荡然无存。

关于 2008 年 11 月在华盛顿召开的二十国集团金融首脑会议，卢拉认为，会议的召开是提升发展中国家地位的"重要的一步"。在赴华盛顿出席二十国集团金融首脑会议时，卢拉说："今天是具有历史意义的一天。我断定，世界政治版图正将发生改变。"⑤ 他认为，国际社会应该建立一个透明的、不受投机者冲击

---

① ECLAC, *Latin America and the Caribbean in the World Economy 2008 - 2009*, August 2009.

② 转引自 2008 年 10 月 6 日《格拉玛报》，http://www.granma.cu/INGLES/2008/octubre/lun6/40crisisal-ing.html。

③ http://news.qq.com/a/20081023/002819.htm.

④ http://www.france24.com/en/20081223-last-day-sarkozy-last-tour-eu-president-france-brazil-lula.

⑤ http://www.earthtimes.org/articles/show/247269, president-lula-remains-strong-amidst-global-finance-crisis.html.

的国际体系。在建立这一国际体系的过程中，发展中国家应该发挥更大的作用。

卢拉对巴西抵御美国金融危机的影响充满信心。他说，成千上万的人，尤其是那些弱势群体，期待着我们对危机做出正确的应对。我们不能失败。他说，巴西知道如何应对危机，而且已做好了准备。“如果倒退十年，美国打喷嚏，巴西就会患肺炎。（今天）巴西有2000亿美元的外汇储备，因此巴西有能力抵御美国金融危机的影响。”①

卢拉认为，危机的爆发为我们提供了一个反思“华盛顿共识”以来所犯错误的机会。“我们要重新构建一种共识，在这一新的共识中，经济活动的基础应该是工人、实体经济和科技，不是投机。”② 他还说，危机的解决还必须依靠政治手段。世界领袖不应该听市场分析人士的话，而是应该听从研究社会问题和社会发展问题的专家的忠告。

墨西哥总统卡尔德隆认为，国际金融危机的根源是：（1）全球经济长期失衡，导致流动性过剩。与此同时，投资者为获取高额利润而愿意承担越来越大的风险。（2）政府对金融体系的监管不力。（3）国际金融机构监督国际金融体系的能力有限。卡尔德隆指出，这一危机不是起源于发展中国家。相反，正是新兴经济体的活力，才使得全球经济的动力得以维系。

卡尔德隆说，为了克服危机，当务之急是发达国家要遏制危机的进一步恶化。此外，发达国家和发展中国家都应该采取反周期经济政策。除了改革国际金融体系以外，各国还应该改革国内金融体系，并要避免出现新的贸易保护主义。

卡尔德隆认为，面对当前的金融危机，各国不应该各自为战，而是要协调立场，采取快速而有力的措施。他说，华盛顿金融首脑会议通过的行动纲领不仅是克服危机的良好开端，而且还是改革国际金融体系的“第一步”。

卡尔德隆说，市场这一只“看不见的手”已失效，我们现在应该发挥国家这一只“看得见的手”。但这并不意味着市场经济死亡了，也并不意味着全球经济体系不复存在。相反，我们需要更大的出口市场、更强劲的全球经济、更多的贸易和更多的投资。③

---

① http://www.monstersandcritics.com/news/business/news/article_1431998.php/Lula_insists_financial_crisis_is_Bushs_problem_not_Brazils_.

② http://news.xinhuanet.com/english/2008-11/11/content_10339497.htm.

③ http://banderasnews.com/0811/nz-calderong20.htm.

在2008年10月的一次全国电视计划中，卡尔德隆说，为了应对国际金融危机，墨西哥政府已制定了“刺激增长和扩大就业计划”。他还希望墨西哥人民在面对严峻的外部形势时保持镇静，提升信心。他说，在过去的危机中，墨西哥政府可支配的资金极为有限，因此只能让人民作出牺牲。而在今天，墨西哥的外汇储备高达900亿美元，因此墨西哥完全有能力应对危机。①

委内瑞拉总统查韦斯认为，美国金融危机的爆发充分说明，资本主义模式正在崩溃，“华盛顿共识”已彻底失败。他还批评美国总统布什未能有效地遏制危机的蔓延。

2008年9月21～27日，查韦斯先后访问了古巴、中国、俄罗斯、白俄罗斯、法国和葡萄牙。在访问中国时，他在记者招待会上说，新自由主义全球化正在崩溃，美国模式正在倒塌。在访问俄罗斯时，查韦斯总统对梅德韦杰夫总统说：“我们是幸运的，没有受到金融危机的影响。这个危机不会连累我们。”在访问法国时，查韦斯总统说，美国仅仅希望用不值钱的美元来统治世界，但美国没有能力解决金融危机。

针对美国政府推出的“救市计划”，查韦斯总统说：“如果委内瑞拉出现类似美国危机的事情，我不会给银行一分钱，我会把它们收归国有。这一点你们不要有丝毫怀疑。”他说他不理解为什么发达国家不愿意在扶贫方面承担责任，却把巨额资金用来帮助银行。

查韦斯说，雷曼兄弟公司和美林公司过去发表了许多不利于委内瑞拉的研究报告，要求投资者不要在委内瑞拉投资。他说：“多么可笑啊！投资者不要去投资的国家居然是美国。”

查韦斯总统认为，二十国集团在华盛顿举行的金融首脑会议没有听取小国家的呼声，没有小国家利益的代表。因此，2008年11月26日，查韦斯总统邀请“美洲玻利瓦尔替代计划”的其他5个缔约国（玻利维亚、古巴、多米尼加、洪都拉斯和尼加拉瓜）的领导人或代表聚首加拉加斯，讨论美国金融危机及国际金融形势。观察员国厄瓜多尔总统科雷亚也出席了会议。会议发表的联合声明指出，“美洲玻利瓦尔替代计划”成员国应加强团结，积极应对美国金融危机的影响，并为建立

① http://www.zibb.com/article/4145392/President + Calderon + says + Mexico + to + overcome + difficult + moments + of + crisis.

一个新的国际金融体系而努力。在这一会议上，查韦斯说，他坚决拥护科雷亚总统提出的在“美洲玻利瓦尔替代计划”成员国内部建立一个货币区的设想。他说：“我们不能再浪费时间了，不能等国际货币基金组织和世界银行来解决我们的问题，不能等这些机构来解决百年不遇的经济危机、金融危机和粮食危机。”

哥伦比亚总统乌里韦认为，美国金融危机之所以发生，是因为投机性资本没有得到管制。“美国的投机性资本变成了一匹脱缰的野马，对世界经济造成了巨大损害”。因此，哥伦比亚如要预防类似的金融危机，就必须管制投机性资本。但在2008年10月8日，哥伦比亚却取消了始于2007年5月的对短期外资流入的限制。乌里韦说，采取这一措施的目的是为了加快经济发展，减少失业，强化民众的信心。①

乌里韦希望美国尽快克服危机。他说：当前的金融危机是令人担忧的。“过去全世界曾为美国提供资金，现在美国应该报答全世界。”②

乌里韦说，国际金融危机减少了外资的流入，影响了哥伦比亚的出口，减少了政府的财政收入，从而使一些基础设施项目无法如期完工。但是，哥伦比亚拥有足够的外汇储备，能克服国际金融危机对哥伦比亚产生的负面影响。

五　2010年拉美经济发展前景预测

根据联合国拉美经委会的预测，2010年拉美经济增长率将回升到3.1%，巴拿马和秘鲁的增长率能高达5%。其他国家均在3%左右。

2010年拉美经济形势将取决于一系列内外因素。外部因素主要是指世界经济（尤其是美国经济）形势能否快速复苏，因为拉美国家出口的初级产品在世界市场上能否获得较高的价格，该地区的资本流入（包括侨汇收入）能否保持在较高的水平上，都与世界经济形势密切相关。就内部因素而言，最重要的就是拉美国家能否进一步完善2009年实施的各种反危机措施。此外，拉美国家还应该加大鼓励出口贸易的力度，防止保护主义政策抬头，更有力地推进区域经济一体化，并应该最大限度地消除经济刺激计划对财政平衡造成的负面影响。

---

① http：//www.reuters.com/article/usDollarRpt/idUSN0826042720081009.

② http：//www.msnbc.msn.com/id/26962762/.

参考文献

ECLAC, *The Reactions of Latin American and Caribbean Governments to the International Crisis: an Overview of Policy Measures up to 20 February 2009*, February 2009.

ECLAC, *Economic Survey of Latin America and the Caribbean, 2008 – 2009*, July 2009.

ECLAC, *Latin America and the Caribbean in the World Economy 2008 – 2009*, August 2009.

Latin American Economies: Crisis and Anti-crisis

Jiang Shixue

Abstract: The international financial crisis has generated negative impact upon the economies of the Latin American countries by hindering GDP growth rate, deteriorating terms of trade, and reducing inflows of remittance and tourism incomes. The region's anti-crisis measures include: (1) in the monetary and financial policy area, injecting liquidity in the economy, lowering interest rate, limiting capital outflow, empowering the central bank with more authority, and reducing legal reserve requirement; (2) in the fiscal policy area, cutting tax rate, providing the firms with subsidy and expanding public expenditures; (3) in the exchange-rate and foreign trade policy area, restricting imports, encouraging exports and adopting a more flexible exchange rate; (4) in the sectoral policy area, offering more assistance for the badly-hit sectors like manufacturing, agriculture, real estate and medium-and small-business; (5) in the labor and social policy area, raising wages, widening the scope of coverage for unemployment benefits; and (6) seeking financial aid from the international financial institutions.

Economic situation of Latin America in 2010 will depend on whether the world economy can soon recover dynamically and whether the region can maintain the momentum of the anti-crisis policies, encourage exports and restrain from protectionism, promote regional integration and minimize the negative impact of fiscal imbalance.

Key Words: Economic Situation of Latin America; Anti-crisis Measure; Future Forecast

中东经济：应对危机

刘　明*

摘　要：随着国际金融危机对中东国家的影响逐渐显现，在2009年，中东国家的经济政策重心是根据受冲击的程度调整经济政策、推进金融体系改革和稳定国内市场，全力应对金融危机。2010年中东经济能否复苏不唯取决于油价，还受到世界经济和国际金融危机变化"大环境"以及中东地区和各国经济调整的内在因素影响和推动。

关键词：中东经济　石油　应对危机

一　2008年中东[①]经济回顾

从2008年全年看，中东国家的经济增长仍属强劲，GDP增长率为5.4%。这主要是缘于上半年石油天然气价格飙升，以及近年来经济多元化促使非石油部门发展形成的出口活跃、劳务侨汇收入、旅游收入、外国直接投资和国外援助流入持续增强，加之各国的国内消费需求不断扩张，投资者对本地区经济保持较大

---

* 刘明，中国社会科学院世界经济与政治研究所副研究员，主要研究国际石油经济、中东经济等问题。

① "中东"在这里已经不仅是个地理概念，而且是一个集政治、经济、宗教、文化、地理于一身的区域划分。本文根据国际货币基金组织和联合国西亚经社委员会的分组惯例，将西亚和北非地区各国纳入中东概念，并基于数据和信息的采集以及分析的需要，将它们分为"石油出口国"、"石油进口国"、"海湾合作委员会（GCC）成员国"、"多样化经济国家"、"马格里布国家"等国家群类。这些国家群在分类时通常还会出现交叉，同时，也会与有关非洲地区经济形势的分析和预测发生重叠现象，但是，都不会产生实质性的影响。历年来，《世界经济形势分析与预测》在"国家与地区篇"栏目中有关"中东经济"的专论，都是以此概念定义的。可参见国际货币基金组织的 *Regional Economic Outlook Middle East and Central Asia* 中"Country and Regional Groupings"部分，May 2009，第vii页。

信心。

尽管欧佩克油价从2008年7月的峰值140.73美元/桶陡降至年底的33.36美元/桶低谷（2004年6月以来的最低价），但全年均价仍为94.45美元/桶，是历年最高。① 因此，2008年中东产油国的石油收入为6700亿美元。② 另据统计，2003～2008年的6年中，海湾合作委员会（海合会，GCC）国家石油收入累计达2万亿美元，同时，其海外资产总额也有2万亿美元左右。③ 这些国家政府财政预算中的石油价格仅为50美元/桶，因此，2008年中东国家经常项目顺差仍高达3453亿美元，是历史最高，比上年增长了30.4%，占同年GDP的18.3%（见表1）。

表1　2008～2010年主要中东国家基本经济状况比较

单位：%

	实际GDP			消费物价指数			经常项目占GDP比率		
	2008年	2009年*	2010年**	2008年	2009年*	2010年**	2008年	2009年*	2010年**
中东地区#	5.4	2.0	4.2	15.0	8.3	6.6	18.3	2.6	7.9
阿尔及利亚	3.0	2.1	3.7	4.5	4.6	3.4	23.2	2.7	7.3
埃及	7.2	4.7	4.5	11.7	16.2	8.5	0.5	-2.4	-2.8
伊朗	2.5	1.5	2.2	25.4	12.0	10.0	6.7	3.0	3.6
约旦	7.9	3.0	4.0	14.9	0.2	4.0	-11.3	-10.0	-8.8
科威特	6.3	-1.5	3.3	10.5	4.6	4.4	44.7	29.4	35.3
沙特阿拉伯	4.4	-0.9	4.0	9.9	4.5	4.0	28.6	4.1	11.4
叙利亚	5.2	3.0	4.2	15.2	7.5	6.0	-4.0	-3.2	-4.3
阿联酋	7.4	-0.2	2.4	12.3	2.5	3.3	15.7	-1.6	-5.2

*为估计数据。**为预测数据。

#包括该区的阿拉伯联盟成员国和伊朗共19个国家，见IMF，*World Economic Outlook*统计附录的国家分类，有时按地区细分类为“中东和北非”国家类，即MENA。

数据来源：IMF，*World Economic Outlook*，October 2009，table2.7 Selected Middle Eastern Economies：Real GDP Consumer Prices And Current Account Balance，第88页；Statistical Appendix TableA4、TableA 7、TableA12。

---

① 参见欧佩克秘书处公布的油价信息，http：//www.opec.org/home/basket.aspx。

② 世界银行，Global Development Finance Charting a Global Recovery中的Appendix：Regional Outlooks，2009，第126页。

③《沙特公报》2008年10月16日，信息来源，中华人民共和国商务部驻沙特阿拉伯经商参处网站，http：//sa.mofcom.gov.cn。

从2008年全年的情况看，国际金融危机对中东经济和金融业的影响还比较有限。作为一个整体看，中东国家2008年私人资本净流量总额相当于前6年总和，达589亿美元，其中流入量占55.5%；官方资本净流量1102亿美元；外汇储备增量比上年减少，但仍增加了1303亿美元，外汇储备总量达到了8259亿美元。[①] 2008年埃及、摩洛哥、突尼斯、约旦和黎巴嫩等“多样化经济”国家，通过其出口旅游和商业服务、劳务侨汇收入和FDI的强劲流入（主要来自欧洲和GCC国家），支持了国际收支平衡，并推动了国内私营和公共部门的资本支出。

2008年中东国家经济呈现多变性和差别性特征。由于各国经济结构不同、金融业发展水平不同、对外金融联系的强度不同，因此，金融业、房地产业、能源、基础设施、建筑、旅游以及工业等部门受到的直接和间接影响程度各异。在金融领域，信贷危机对中东地区的冲击主要是通过股市波动影响企业融资，导致家庭和企业的财富大规模亏损。2008年全年海合会国家主权财富基金损了27%，其中，大量投资于新兴市场和私募股票的主权财富基金损失高达40%。[②]

2008年12月出版的《2009年世界经济形势分析与预测》中的《中东经济：面临挑战》一文，对2008年中东经济的分析和预测基本上符合实际发展情况。笔者在阐明中东国家面临的通货膨胀压力、油价剧烈动荡以及深化财政和金融货币政策等挑战的同时，指出了国际金融危机的影响将会逐渐增大。从目前的情况看，这种影响在2009年更强烈，并将持续较长一段时间。

二　2009年中东国家经济受金融危机影响

2009年，中东各国政府的主要工作就是全力应对金融危机，根据本国的受冲击程度进行经济政策调整、推进金融体系改革和稳定国内市场。

（一）全球金融危机对中东国家经济的影响

鉴于全球性金融危机的蔓延和恶化，世界主要国家经济进入衰退，世界需求

① 国际货币基金组织，*World Economic Outlook*（WEO），October 2009，Statistical Appendix TableA13、TableA 15。

② 世界银行，Global Development Finance Charting a Global Recovery 中的 Appendix：Regional Outlooks，2009，第126～127页。

萎缩等愈渐严峻的外部环境，以及中东国家自身存在的经济和金融脆弱性，预计2009年中东的经济增长率将减速，降至7年来的最低水平，只有2.0%。

海合会国家与全球金融市场一体化联系紧密，高度杠杆化和依赖外资信贷的状况使它们受金融危机的影响相对于其他中东国家更直接。其中有些国家GDP已经呈现负增长，如阿联酋-0.2%，沙特阿拉伯-0.9%，科威特-1.5%。

国际金融危机对中东经济的影响，首当其冲的是石油产业。中东产油国为保持油价处于可接受的“底价”水平，削减石油生产和供应量。2009年上半年中东产油国（不含伊拉克）石油日均产量为1980万桶，环比减少了158万桶；即使下半年产量开始有所增加，但估计仍将低于2008年平均日产2206万桶的水平。[①] 中东产油大国沙特阿拉伯的原油出口下降，5月份向美国出口石油日均不足100万桶，为21年来最低。另外，海合会国家向日本的原油出口减少，加上油价的下降，使这些国家上半年向日本的原油出口收入大跌55%。[②]

总之，国际金融危机的影响主要呈现在几个方面。

（1）石油收入下降，财政赤字增加。世界经济疲弱、石油需求萎缩和持续低油价，致使中东产油国石油出口下降，石油收入减少。预计海合会国家2009年全年的石油收入将比2008年至少下降58%，仅为2800亿美元，相当于这些国家国内生产总值的38%；其他中东石油出口国如阿尔及利亚、伊拉克、伊朗、也门等非海合会国家，其财政收入总和将从3200亿美元下降到1400亿美元。[③] 作为一个整体，中东产油国的经常项目，将从2008年的4000亿美元顺差，转为100亿美元逆差。[④] 由于收入减少，财政支出继续增加，导致各国财政盈余大幅下降，从2008年的3157亿美元降至206亿美元。

（2）投资大幅缩减，建设项目停顿。世界石油和石化产品需求的减少造成了石化项目和产业停止扩张，大型建设项目减少，使经济增长步伐减慢，造成失业率上升。以海合会国家为例，2009年前5个月其建设项目减少了46%，停建

---

① 数据来源：欧佩克，*Monthly Oil Market Report*，2009年第1~9期，http://www.opec.org/home。

② 《伊朗日报》2009年9月14日，信息来源，中华人民共和国商务部驻伊朗经商参处网站，http://ir.mofcom.gov.cn。

③ 世界银行，*Global Development Finance Charting a Global Recovery* 中的 Appendix：Regional Outlooks，2009，第126页。

④ 国际货币基金组织，*Regional Economic Outlook*：*Middle East and Central Asia*，May 2009，第5页。

和缓建的项目总额达3870亿美元。中东产油国，特别是海合会国家对外投资将从2008年的3076亿美元降至560亿美元，其主权财富基金投资亦将继续减少，从而减少了向地区内石油进口国的投资量。

（3）外贸及非石油部门受牵连。欧元区和美国对中东国家的进口需求明显减少，导致该地区对外贸易受损，加之中东国家国内经济增长下降，进出口均大幅压缩。如科威特全年贸易进口总额预计将减少10%。中东非产油国在2008年9月至2009年5月期间，名义出口量和出口额都分别下降了35%。中东国家工业产出下降了5%。此外，埃及、约旦、突尼斯、摩洛哥、黎巴嫩等国家的旅游收入减少。2009年中东国家的侨汇总额预计从310亿美元下降至290亿美元，降幅虽小，但这项收入对于有些国家和对有些普通家庭来说几乎是国家财政和家庭收入来源的重要支柱。

（4）资金流动减缓，进少出多，金融市场出现混乱。金融危机导致政府开支和境外资本流入大幅降低，金融机构审慎发放贷款等，造成该地区需求下降，抑制了近年来快速增长的海湾经济。中东石油进口国的FDI曾经从2003年的93亿美元增加到2008年的316亿美元，但预计2009年这一资本流入将会降至110美元。① 因区域资金流入的减少，加之大量外资出逃，造成中东国家金融业出现混乱，如外国热钱从阿联酋撤资造成银行资金缺口达1100亿迪尔汗（1美元折合3.76迪尔汗）。

虽然与美国金融动荡的直接接触非常有限，但是全球性的去杠杆化行动，导致与世界金融市场已经在很大程度上实现了一体化的海合会国家信用严重紧缩。这些国家实行高度杠杆化，并依赖外资银行信贷，因此，它们的金融业所受的负面影响尤为突出。①各金融市场指数动荡、下跌。如科威特自美国雷曼兄弟公司倒闭以来，金融系统受到冲击，科威特债券交易市场指数下跌50%，大多数投资公司、房地产公司股指下降。②仅从2008年9月15日到2009年3月12日的近半年时间里，以美元计算的海合会国家股票价格下降了58%，同期阿联酋的股票价格直线下降达70%。③银行盈利减少。这在银行业发展较迅速的海合会国家尤其明显，2009年上半年盈利下降超过10亿美元。如科威特2009年上半年

① 国际货币基金组织，*Regional Economic Outlook Middle East and Central Asia*，May 2009，Box 4，第19页。

银行盈利同比减少了63%。其主要原因在于：银行资金大量冻结、[①] 房地产投资贷款减少、银行借贷款利息下降、大型开发项目停建缓建、政府采购削减等。

（二）应对金融危机和世界经济低迷的政策措施

中东国家各国的情况不同，受危机和衰退影响的程度不同，因此采取的应对措施侧重点也有不同（见表2）。多数国家通过降低银行贷款利率，鼓励非石油企业发展，控制通货膨胀等财政金融政策和措施来应对危机影响。

表2　中东石油出口国危机应对措施概览

国　别	金融领域				宏观经济	
	存款担保*	流动性支持	资本注入	购买股票	放松货币	财政刺激
海合会国家						
巴林		√			√	
科威特	√	√	√	√	√	
阿曼		√		√	√	
卡塔尔		√	√	√		
沙特阿拉伯	√	√			√	√
阿联酋	√	√	√		√	
其他国家						
阿尔及利亚					√	√
伊朗		√				
利比亚					√	√
也门					√	

注释：＊包括零售存款保险和大规模的负债担保。

本表制作参考国际货币基金组织，*Regional Economic Outlook Middle East and Central Asia*，2009年5月，Table 1. Middle Eastern Oil Exporters: Summary of Crisis Response Measures，第7页。

资料来源：各国政府机构。

（1）稳定金融体系。中东国家的应对措施主要是：①进行汇率体制改革，增强汇率机制的弹性。除科威特外的海合会国家实施钉住美元的汇率制度，为保持本国货币与美元的平衡，各国央行实行稳定货币计划，下调其政策利率。约旦

---

① 根据央行的要求，各银行被迫冻结资金以预防或应对金融危机可能对企业造成的冲击或突发事件。参见《科威特金融业2009年上半年盈利减少63%》一文，中华人民共和国商务部驻科威特经商参处，http：//kw. mofcom. gov. cn/index. shtml。

央行允许对美元的利率差距继续扩大，以防止任何国际收支恶化。随着通货膨胀急剧下降，银行信贷放缓，又转而实行谨慎的放松货币政策。②依据通货膨胀、银行信贷和国际收支发展状况，适时确定国内同业银行拆借利率下降幅度，以保持国内货币市场充足的流动性。③采取稳定国内银行同业市场和恢复流动性的有力回应行动，放宽贷款条件，如为了改善非石油企业发展环境，减少发展成本，科威特央行限定银行贷款和存款利率为 25 个基点。④许多国家央行采取经济稳定措施，进一步放松货币供给，一些国家政府甚至向商业银行提供存款担保，支持国内资产价格，向银行注资，支持投资者的信心。⑤充分利用和发挥“主权财富基金”的作用，使政府财政和主权财富基金成为各银行部门的重要流动性供应者，增加国内投资。⑥各央行根据本国情况，采取多项货币稳定措施，包括提高商业银行准备金，通过公开市场运作和增强政府在银行部门存款比例等方式来吸收流动性。

（2）制定和颁布法令法规。面对外国热钱大量从中东银行撤资，各国政府出台一系列新的吸引境内外投资的政策法规。如阿联酋签署了一项联邦公司法的修订法令，取消了对在阿联酋成立有限责任公司（LLC）最少需要 15 万迪拉姆（约 4 万美元）启动资金的规定，并不再要求投资者提供银行证明等，旨在简化行政程序，帮助中小型企业走出困境。科威特内阁通过了“金融稳定法草案”（draft Financial Stability Law，FSL），并提交议会批准。该法适用于银行和投资公司，对重要的金融机构和实体进行重构，支持向生产性经济活动贷款，以保护金融系统的稳定。

（3）加强银行业监督。密切与国际金融机构的合作，实行“反危机行动计划”、“国家配置计划”、“金融部门评估规划”、“政府财政管理信息系统”、“新巴塞尔协议（Basel II）标准”、“公共开支审查”、“现有财政稳健性指标”、“数据公布特殊标准”及“数据公布一般标准”、建立“社会安全网”等一系列强化银行业监管和深化金融体系规定和标准，建立危机管理框架，实现对中东国家银行体系的改革，减少国际金融信贷的不良因素对中东地区的渗透和侵蚀。

（4）继续经济改革计划。包括促进多元化经济、强化税收和关税等财政管理、增加非石油部门财政收入等。如阿尔及利亚政府开始实施新的“五年行动计划”，具体内容包括：创造 3 万个就业机会、拨款 1 万亿第纳尔的公共援助用于农业活动、新建一个国家投资基金（资本为 1500 亿第纳尔，可以对战略项目或国家参与的项目提供超过 1 万亿第纳尔的信贷担保）、新建或维修铁路机场等基础设施、提供 100 万套新住房，以实现消除失业、促进农业发展、增加信贷投资、改善交通状况、提高居民生活水平等发展目标。

（5）财政扩张战略。中东国家政府实行财政扩张战略，加大对基础设施、能源和非石油部门的投资，通过货币渠道对金融和经济进行干预，增加中东地区的流动性，改进对地区资产价格的评估，支持商业信心反弹。各国政府还实施应急性计划，建立各种应急流动性基金，通过扩张性财政政策，增加政府支出以推动经济增长。如阿联酋政府通过增加对私营公用事业的财政支出，来降低外国和国内银行贷款下降的不利影响。

（6）促进地区统一行动应对危机。①海合会国家原定于 2010 年建立海湾货币联盟，国际金融危机的出现，是阻碍这一一体化进程的重要因素。阿曼和阿联酋退出，增加了实现目标的难度。但海合会秘书处正在敦促有关国家领导人，尽快批准成立货币联盟的主要协议，[①] 通过加快一体化进程，共同应对金融危机的影响。②中东国家在地区级会议上，强调需重新审视各自发展战略和计划，加强协调合作，采取措施促进彼此之间的贸易与投资，增强阿拉伯金融机构的实力，并继续加强对金融领域的监管，以集体应对国际金融危机带来的不利影响。③伊斯兰发展银行董事会决定成立由金融专家和金融业者组成的工作组，密切关注全球金融危机动向，协调伊斯兰国家立场，研判全球金融危机对伊斯兰国家的工业以及经济造成的影响。④阿拉伯银行联合会也成立一个专门委员会，关注并促使各国采取有力措施，加强危机预警，增加资本投入，增加投资业务，应对全球金融危机。

（7）企业并购。①科威特和卡塔尔等国政府推动企业（主要是国有企业）并购，鼓励企业通过资产重组，提高国有公司的效益，增强竞争力，保护投资者利益，抵御金融危机影响，从而促进国家经济的发展。②海合会国家房地产业掀起“产业整固浪潮”，伊马尔和迪拜控股公司、巴尔瓦及卡塔尔不动产投资公司等分别提出了“合并组合计划”。在金融危机威胁下实行重组的首要目标是在大部分地产开发商现金流紧缩、银行收紧放贷及产业购置者断供的情况下，集中资源，使企业渡过难关。

---

① 2009 年 6 月 7 日，沙特阿拉伯、科威特、卡塔尔和巴林四国签署了《统一货币联盟协定》，迈出了实现海湾地区经济一体化新的一步。

三　主要国家经济形势

（一）埃及：做长期应对金融危机的打算

全球金融危机对埃及经济带来的负面影响表现在2009财年（2008年7月1日~2009年6月31日）实际GDP增长4.8%，大大低于前两年7%以上的增长水平，快速增长势头开始减缓。该财年第2季度，石油、苏伊士运河、旅游等支柱性收入分别下滑了46.5%、2.9%和18.2%。该财年上半年经常账户赤字25亿美元，国际收支赤字5.5亿美元，外汇储备积累受到影响：从2008年6月末的346亿美元下降到2008年底的341亿美元，2009年下降速度继续加大，3月是金融危机以来降幅最大的月份（与2月环比下降了9亿美元），外汇储备降到322亿美元；截至2009年8月底，埃及的外汇储备虽升至329.1亿美元，比7月增加12.7亿美元，但比上年同期的348.2亿美元减少约20亿美元。虽然国内投资力度不减，总投资增长13.8%，但吸引外资大幅减少，外资净流入40亿美元，比上年同期下降48.2%。2009年5月股市出现大幅下挫，外国投资商大量抛售是重要原因。

埃及政府强调金融危机对经济的严重影响将逐渐显现，并延续较长时间；国际金融体系的恢复也需要2~3年。因此，政府必须正视这一形势，做长期应对的打算。金融危机初期埃及政府提出了总规模150亿埃镑的经济刺激计划，2009年初又提出了总额为300亿埃镑的投资计划。埃及政府各部门采取多项举措，如降低旅游费用以吸引游客，增加对中小企业贷款，降息增加资金流动性，增加出口补贴，加大吸引外资力度，投资基础设施以扩大就业等。埃及应对金融危机的主要措施包括如下几个方面。

（1）实施一揽子刺激经济发展规划。该方案主要集中于增加国内建设投资、吸引外资和扩大出口等方面。具体措施包括：①为政府经济和服务部门追加预算113亿埃镑用于基础设施建设，包括路桥建设、给排水、地方发展项目、基础卫生设施建设、校舍建设、三角洲地区工业区建设、铁路建设等。②鼓励企业增资、吸引外来投资。提供补贴，用于降低生产资料和中间产品进口关税，以及免除企业购买生产资料的销售税。③财政支付20亿埃镑补贴鼓励出口，以提高出

口产品竞争力。

（2）制定2009/2010新财年刺激计划。新预算目标是保持一定的投资率，创造更多就业，从而刺激国内经济。①提出新财政预算的4大优先重点：提高低收入居民生活水平，增加工人工资，振兴本地经济和创造新的就业，以保证经济增长率达到3%～4%。②确立私营部门作为拉动埃及国内投资的重要力量。在投资总额为2000亿埃镑的新财年投资计划中，私营部门投资将达到1150亿埃镑，占总投资的57%。③继续补贴政策，特别是对大饼、[①] 能源、石油产品和其他服务的补贴。

（3）加大扶持出口力度。政府拨出21亿埃镑专款用于支持石化、建材、医用敷料、工程机械和皮革等五大类产品的出口。

（4）通过相应的财政货币政策，增强应对金融危机的能力。财政部发放总额达330埃镑（约合60亿美元）的国债以补充政府财政不足。埃及央行多次降低存贷款利率和信贷贴现率，以激活低迷的股市，推动经济加快走出金融危机的阴影。

（5）强化金融监管，成立埃及金融监督管理局（Egyptian Financial Supervisory Authority，EFSA），取代埃及保险监督局、资本市场管理局、抵押贷款局。新建管理局负责监管非银行金融市场，包括资本市场、外汇、所有有关保险服务、抵押贷款、融资租赁、保理业务和证券化活动。其目的是：①稳定和健全非银行金融市场。②管理和发展非银行金融市场。③严格财政纪律，保护投资者的权利。④发行各种金融工具，制定制度和规则，以确保金融市场效率和透明度。

（6）埃及人民议会工业和能源委员会拟订一系列扶持中小企业措施，包括减税、政府帮助支付工人社保、鼓励出口、融资支持、建立中小企业园、支持中小企业与大企业的配套等，推动中小企业的发展，以支持其增强应对金融危机影响的实力。

（二）沙特阿拉伯：利用雄厚的国内资金填补赤字、应对危机

2008年沙特阿拉伯经济总体形势较好，主要得益于前期油价上涨和投资环境不断改善，当年经济增长创历史新高，石油收入达2933亿美元，进出口贸易双增长，实现贸易顺差2187亿美元，截止到2008年10月的外汇储备达4400亿美元。

---

① 大饼是埃及人日常生活中的主要食品之一。

但进入2009年以后，沙特阿拉伯经济明显放慢，GDP增长率下降了5个百分点，为-1%。石油日产量下降，1~8月的平均日产量为801万桶，比2008年减少了110万桶，有权威金融机构预测其2009年石油收入可能仅有1720亿美元，贸易顺差大大减少。[①] 根据其2009年政府财政预算案，年度支出1267亿美元，收入1093亿美元，自2002年以来首次出现赤字，总额173亿美元。自2009年初起沙特通货膨胀率出现明显下降，第1季度各项指标均显示沙特经济通胀压力持续减缓。到7月份通胀率已降至仅4.2%，为2007年7月以来的最低水平。初级商品价格的下跌和美元走强使沙特进口商品成本减少是其主要原因。

2009年沙特政府采取了以下措施应对金融危机，力争把金融危机的影响降到最低点。

1. 实行扩张性财政预算，通过高额预算支出刺激经济发展

新预算支持实施经济刺激计划（2009~2010年）并启动了价值4000亿美元的未来五年投资计划。预算支出中有600亿美元将用于在建项目，比上年增长36%。据沙特财政大臣透露，2009年第1季度，沙特新批准项目总投资额为1522亿美元，主要用于基础设施、公共服务、教育和卫生等非石油类项目，与2008年第1季度的750亿美元同比翻了一番。政府要求各部门认真执行预算，最大限度地保证各项目正常运行，目的就是要确保国家经济发展，提供更多的投资和就业机会。沙特政府坚持不通过向国外借贷方式填补可能出现的财政赤字，而是依靠本国银行履行义务能力和增强其盈利能力。

2. 实施更加开放的投资政策

政府把2009年看作吸引外资的重要年份，强调凭借其稳健的金融体系和雄厚的资本实力、低廉的能源价格、重要的地理位置来确保投资者对项目再融资的能力和低投资者生产成本。政府对外国投资者敞开大门，加大了吸收外资力度。如允许境外投资商通过“交换协议”（Swap Deal）间接获得沙特公司股权，使对沙特上市公司的投资呈现增长势头。

3. 采取一系列政策措施，保证国内金融市场稳定

①政府从2008年10月开始调低存贷款利率。②2009年初出台了放松借贷限

① 参见《2009年沙特经济增长将放慢》，中华人民共和国商务部驻沙特阿拉伯经商参处，http：//sa. mofcom. gov. cn/index. shtml。

制的政策。③央行增加政府在商业银行存款。④鼓励沙特国内银行的借贷行为，大幅提高了项目融资（向国内执行发展和工业项目的公司提供的融资）比例，从原来的30%提高到40%，偿还期限从15年延长到20年。此外，该政策将根据国际和沙特国内金融形势，每两年做出相应调整。⑤政府强调，不能利用外国热钱刺激本国股票市场，沙特将动用外汇储备，而非变卖境外资产，为沙特经济发展项目提供融资，刺激经济发展。⑥沙特政府将在2009年出台“房地产业贷款法”。

总之，截至2009年上半年，沙特经济经受了金融危机冲击的考验。在世界石油需求下降和国际油价回升迟缓的形势下，[①] 为了稳定市场和长期发展的需要，作为世界最大的石油国家，需要保证对石油产业投资，扩大和稳定其剩余产能。政府通过支持国内银行和金融市场的稳定发展等政策措施，使国内流动性资金出现上升，股市投资增加和政府财政支出增加。据其央行公布数据，4月中旬国内流动性总额为2617.3亿美元，到7月23日，国内流动性已达2724.8亿美元。凭借雄厚的资本、较低的不良贷款率及较强的盈利能力，沙特银行业能够成功抵御金融危机的冲击。

（三）伊朗：不能更多地依赖石油收入

2009年伊朗经济增长有所减缓，预计GDP增长率将比2008年下降1个百分点，为1.5%。2008年伊朗贸易顺差为261亿美元，2009年将出现38亿美元逆差。2009年伊朗出口将降到2004年以来的最低水平——563亿美元。2009财年头5个月（2009年3月21日~8月20日），伊朗石油产品出口下降，比上年同期减少了51%；因国际油价下跌及执行欧佩克限产，[②] 2009年1~8月伊朗石油出口收入下降为320亿美元。其非石油产品出口上半年增长明显，总额和出口总量分别较上年同期增长了12.2%和16.7%。[③] 伊朗在过去5年内外汇储备连续增

---

① 2009年世界石油消费下降，比2008年减少了150万桶/日；沙特阿拉伯轻油价格从2008年7月初的136.02美元/桶最高价，跌至2009年初的35.21美元/桶最低价，2009年（时至该年10月初）均价只上升至54.57美元/桶。所有数据参见国际能源机构，*Oil Market Report*，2009，第11期，Table1，第51页；以及美国能源情报署，*World Crude Oil Prices*，http://tonto.eia.doe.gov/dnav/pet/pet_pri_wco_k_w.htm。

② 2009年1~10月伊朗平均日产石油373万桶，比2008年减产16万桶。

③ 该财年头4个月，伊朗出口了44亿美元的水泥、硫黄、石灰等工矿业产品；另外石化产品出口半年创汇30亿美元。

加，2009 年外汇储备为 584 亿美元，比上年增加 60 亿美元。2008 年伊朗吸收外国直接投资达 9 亿美元，该指标在 2009 年以及未来几年内将保持上升势头。2009 财年上半年，伊朗央行在国外资产增加了 152.04 亿美元。

从整体经济状况和发展形势看，除油价下跌导致石油收入减少外，国际金融危机对伊朗经济的冲击相对比较小。

2009/2010 财年是伊朗开始实施《五五计划（2010～2015）》的第一年。新五年计划的目标是：平均经济增长率 8%，平均失业率 7%，平均利润增长 2.7%，平均通货膨胀率降至 12%。同时，政府强调，出口将成为新五年计划关注的重点。政府将继续实施其经济发展战略和一系列政策、计划，推动经济平稳增长，实现经济多元发展，以强大的经济实力，抵御金融危机的影响。

1. 扩大投资，推动经济增长

2009 年初伊朗政府宣布将启动一项历时 6 年的 1000 亿美元的投资计划，其中 600 亿美元用于国内投资项目。根据石油工业“五五计划”目标，制定切实可行的油气开采计划，提高油气田产量，为此，伊朗政府从石油稳定基金中提取 20 亿美元用于石油项目的开发，并将于 2010 年设立国家发展基金，把每年石油天然气销售收入的 20% 存入该基金，用于合作社和非国有企业的发展。

2. 努力改变依赖石油收入的局面

总统内贾德强调：伊朗的石油部门应当促进整个经济发展并创造就业，而不是简单的出口原油。伊朗应大力发展石化下游产业，减少原油出口。① 这表明伊朗政府发展经济的指导原则。预计在 2009/2010 财年将有 10 个新的石化项目投入使用，石化产品产量将达到 3900 万吨，石化产品出口总金额有望达到 58 亿美元。在实施《五五计划》第一年的 2009 财年，伊朗央行把促进实体经济的生产作为重中之重，银行的贷款额度中有 88% 的贷款是贷给实体经济，其中 35% 贷给工业和矿产品生产企业。

3. 继续实行“去美元”外汇管理

①考虑到美元对欧元持续贬值的现状，伊朗央行已将其外汇储备与美元完全脱钩，从而确保相关资产的利益最大化。进口伊朗石油的公司正使用其他硬通货

---

① 《德黑兰时报》2009 年 8 月 31 日报道。信息来源：中华人民共和国商务部驻伊朗经商参处，http：//ir. mofcom. gov. cn。

替代美元进行支付。目前，近85%的伊朗石油收入为非美元收入，其中大约65%为欧元，其余20%左右为日元。[①] ②伊朗正逐步将外汇储备转向黄金，以减少未来因为美元及其他国际货币贬值造成的损失。

4. 实行多元化融资政策

采用多种方式为国内能源和非石油项目进行海外融资。①伊朗《四五计划》的前4年对石油、天然气和石化工业共投资了669亿美元，其中约29%来自外国公司。② 2008年度，伊朗共吸纳了23亿美元外资用于石化项目建设，2009年度计划吸收33亿美元外资，并将在海外发行10亿美元石化债券，解决新项目资金困难。[②] ③伊朗货币与信贷理事会已同意发行价值40亿美元的债券，为正在进行的工程项目提供融资。④伊央行指定伊朗 Mellat 银行作为南帕尔斯项目融资债券的发行机构，债券将在伊朗境内外同期发行，总额达14亿美元。[③] 除大量吸引私营资本进入能源领域外，伊朗也在逐步放宽能源领域对外资的限制，随时准备与外国投资伙伴展开磋商。

5. 加快改革，扩大开放

①伊朗将与其他国家联合成立跨国合营公司，主要目的是进一步吸引外国投资，引进合伙的外国企业的先进经验，培育年轻的企业家和管理人才等。②8月初伊朗最大的国有企业通讯业巨头伊朗电信公司（TCI）在德黑兰证券交易所首次公开招股上市，私人将占到该公司51%的股份。③政府计划将石油、天然气、石化、通讯等工业领域的项目交私人投资者和私营公司承建。④政府外资政策将确保资本自由回收和投资收益自由转移，并能确保在投资期内免受政府征用和国有化的影响。⑤伊朗将继续降低政府对国民经济的干预，并于2014年前将政府在国民经济中所占份额从2003年的60%降至30%。⑥加强石油天然气产业对外开放与合作。近四年伊朗与外国公司签署了7个区块的石油勘探合同，涉及金额约3.5亿美元。⑦政府为投资伊朗能源行业的外国公司（如荷兰公司）提供主权担保。⑧议会通过了规范补贴措施提案，尤其是改革汽油补贴。为了促进经济发展，目前的高额燃料补贴难以为继，必须改变国民收入的1/3被用于补贴的状况。

---

① 伊朗于2007年10月开始现行的外汇政策。

② 据伊朗石油部副部长陶尔坎透露，2009年伊朗将在石油工业领域投资190亿美元，其中50%的资金由政府直接投入，其余50%的资金由国内的银行融资或利用国外的贷款。

③ 2009年伊朗多次发行了多种债券进行项目融资。不一一列举。

四 2010年形势预测

2010年中东经济形势的发展受世界经济和国际金融危机变化的“大环境”以及中东地区和各国经济调整的“小环境”（内在因素）的双重影响，预计中东经济将走出低增长或负增长的境况，整体GDP增长率回升至4.2%。当然，这还取决于很多因素，包括全球经济，特别是欧洲经济的复苏；世界石油需求的增加；全球应对危机的进展；国际金融体系改革和调整协调的初步效果；各国应对危机行动取得的成效，投资、信贷、消费市场信心的改善与提升等。

虽然全球经济在2009年下半年出现回暖迹象，但世界主要经济体，尤其是欧盟国家经济仍处于低迷状态，许多国家实体经济的复苏还未出现，过于乐观的形势还没到来。这必然影响到世界能源需求的增长。

据国际能源机构的最新预测，[①] 2010年世界石油需求比2009年增加140万桶，达到8620万桶/日。世界非欧佩克产油国的石油产量预计将增长80万桶，达5190万桶，余下的缺口则将由欧佩克提供，[②] 但估计在短期内仍存在供大于求的风险。此外，由于需求会随经济复苏的形势而变化，复苏又存在很多不确定因素（特别是世界主要经济体的实体经济开始恢复、失业率下降，但是消费和储蓄增加等局面并没有打开），所以世界石油需求的前景也充满了不确定性。

如果2010年在市场基本面保持正常发展的情况下，国际油价可以维持在2009年下半年的水平，即每桶60～75美元，且波动幅度较小，是欧佩克目前愿意接受的价位，[③] 中东产油国的石油收入将有所增加。

事实上，应对国际金融危机的措施和刺激经济的行动，以及全球金融系统改革，特别是金融监管改革将取得什么样的成效尚有待观察。因此，①金融（如股市、美元汇率）以及投机等因素，仍将影响国际油价振荡。②从当前全球金融资本流动和国际金融信贷市场的状况看，中东国家应对国际金融危机和实施金

---

① 国际能源机构：*Oil Market Report*，2009年第11期。

② 欧佩克2009年1～10月的日均产量约2880万桶，现有剩余产能540多万桶（不包括伊拉克、委内瑞拉和尼日利亚），能够在需要时尽快调整产量，增减市场供应量。

③ 沙特能源大臣阿里·纳伊米在2009年9月10日的欧佩克第154届部长会议期间就明确表示对当前国际油价非常满意，认为这一价格水平对生产、消费双方都有利。

融业改革的任务还很艰巨，并将持续较长时间。

2010 年中东国家经济复苏的进度可能仍将比较缓慢，但是非海合会国家经济的复苏将先行一步。中东国家应对危机和推动多元化经济发展的效果还取决于能否解决好长期存在的高失业率、高通货膨胀、基础设施和生产、消费投资需求瓶颈以及经济结构单一等一系列经济社会发展问题。

参考文献

世界银行：*Global Development Finance* 2009：*Charting a Global Recovery* 中的 Appendix：Regional Outlooks，第 126 ~ 132 页。

国际货币基金组织：*Regional Economic Outlook Middle East and Central Asia*，2009 年 5 月，第 5 ~ 22 页。

联合国西亚经社委员会：*Regional Economic Forecast*，December 2008。

国际货币基金组织：*World Economic Outlook*（*WEO*），October 2009。

欧佩克：*Monthly Oil Market Report*，2009 年第 1 ~ 11 期。

国际能源机构：*Oil Market Report*，2009 年第 1 ~ 11 期。

The Mid East Economies：Dealing with the Crisis

Liu Ming

Abstract：The impact of international financial crisis on economies of the Middle East has become increasingly apparent. Main measures taken by Middle East countries to cope with the financial crisis in 2009 include economic policy adjustment，financial system reforms，and internal market stabilization. The economic recovery in the Middle East in 2010 will depend not only on oil price，but also on the general environment of the world economy，the evolution of international financial crisis，and the economic adjustment within these countries in the region.

Key Words：Middle East Economy；Oil；Responding to the Crises

非洲经济：低速增长

姚桂梅*

摘　要：2008年下半年爆发的全球金融危机中断了非洲经济保持多年的持续快速增长态势，非洲经济增长率从2007年的6%下降到2008年的5.1%。金融危机的蔓延恶化了非洲经济增长的外部环境，加大了经济下行的风险。出口和外资流入减少，财政赤字和经常项目逆差加剧，失业率随之攀升，贫困状况更加严重。为此，非洲经济进入了低速增长期，预计2009年非洲经济将回落到2%～3%。随着世界经济的逐步复苏，2010年非洲经济增长也将有所加快。预计反弹到4.5%。

关键词：金融危机　非洲经济　低速增长

一　2008年非洲经济：增长放慢

2008年是非洲经济持续增长的第十三个年头，但受全球金融危机拖累，非洲经济增速放缓。联合国非洲经济委员会《非洲经济报告》显示，非洲经济增长率从2007年的6%下降到5.1%。[①] 非洲开发银行的数据也显示，非洲经济从6.1%下降到5.7%，见表1。

2008年非洲经济在全球金融危机爆发背景下之所以没有出现大幅下滑，仍然维持5%的增长速度，有着多种原因。第一，2008年上半年，国际市场上的原油、贵重金属的价格高企，产品出口成为拉动非洲经济增长的主要因素；第二，

---

* 姚桂梅，经济学学士，中国社会科学院西亚非洲研究所研究员，主要研究非洲宏观经济、中非经贸合作等问题。

① UNECA, *Economic Report on Africa 2009*: *Developing African Agriculture Through Regional Value Chains*, Addis Ababa, Ethiopia, April 2009.

表1　2000～2008年非洲宏观经济指标统计

年　份	2000	2005	2007	2008
按现价计算的GDP(亿美元)	5885	9764	13087	15652
按2000年价格计算的GDP(亿美元)	5885	7347	8213	8700
实际GDP增长率(%)	3.7	5.7	6.1	5.7
实际人均GDP增长率(%)	1.3	3.3	3.8	3.4
通货膨胀率(%)	9.4	7.1	7.5	11.6
财政余额/GDP(%)	0.0	2.8	1.9	2.8
贸易条件变化*	13.3	15.0	3.0	15.6
经常账户余额(亿美元)	147	340	282	515
外债/GDP(%)	54.5	33.5	23.6	20.4
净官方发展援助(亿美元)	151	340	363	—
外国直接投资流入量(亿美元)	97	295	530	619

注释：*贸易条件指价格贸易条件，即一国出口与进口的交换比价。这里的数据是引用非洲开发银行每年贸易条件变化的环比数据。

资料来源：AFDB，*Statistics Pocketbook 2009*，Vol. XI，pp. 1－2；

AFDB，*Impact of the Global Financial and Economic Crisis on Africa*，March 2009，p. 11.

许多非洲国家继续改革，加大政府治理的力度，制度环境的改善促进私人资本的流入；第三，多边框架内的减贫举措为非洲国家提供了增加公共投资的机遇；第四，许多国家加大基础设施建设的投资力度，政府投资和私人消费共同成为推动非洲经济增长的主要动力；第五，非洲国家政局稳定，团结协作为经济发展营造了良好的外部环境；第六，2008年下半年金融危机的直接冲击对金融业普遍不发达、市场规模小、介入国际金融体系少的非洲国家影响范围和力度有限。

（一）经济基本面大体稳定

1. 粮、油价格双高，通胀压力加大

与2007年相比，非洲国家的通货膨胀率普遍抬头，据非洲开发银行统计，2008年非洲国家的通货膨胀率从2007年的7.5%升至11.6%。在可获数据的51个非洲国家中，除津巴布韦的恶性通货膨胀外，埃塞俄比亚的通货膨胀率高达41%，几内亚、圣多美和普林西比、肯尼亚3国的通货膨胀率也都超过25%；安哥拉、埃及、苏丹等19个国家的通货膨胀率在10%～20%之间，摩洛哥、突尼斯等23个国家的通胀率在5%～10%之间，而中非、科摩罗、科特迪瓦3个国

家则低于5%。①

2. 经常项目和财政状况继续保持盈余

从非洲大陆整体开看，2008 年全非财政余额继续维持盈余状况，而且财政盈余占GDP的比重从2007年的1.9%提高到2.8%。石油收入仍是非洲大陆财政状况改善的重要支撑因素；官方发展援助保持稳定为某些非产油国提供雄厚的财政支持。但具体到不同类型的非洲国家则是冰火两重天。一方面，非洲石油出口国的经常项目和财政收支状况随着石油价格的飙升而进一步改善。撒哈拉以南非洲石油出口国的经常项目余额占 GDP 的比重从2007 年的6.6%上升到2008 年的8%；财政余额占 GDP 的比重从3.4%猛增到7.8%。另一方面，石油进口国却面临着粮、油价格双高带来的巨大压力，撒哈拉以南非洲地区石油进口国的财政状况也由于进口付汇增加、政策性支出增加和收入减少而导致财政赤字占 GDP 的比重从2007 年的0.3%上升至2008 年的1.7%；经常项目余额占 GDP 的比重从2007 年的 -6.1%上升到2008 年的 -7.5%。②

3. 储蓄率和投资率略有提高

虽然非洲人均GDP 增长率从2007 年的3.8%下降到2008 年的3.4%，但由于非洲储蓄意识的提高，非洲大陆的储蓄率从2007 年的26.2%增至28.4%，与此同时，非洲国家的投资率也从24.3%微增至24.6%。但是总体来看，由于非洲国家金融业普遍落后，金融工具少，相对于旺盛的国内投资需求而言非洲国家内部融资能力仍显得低效，资金缺口仍需大量的外部资金弥补。

4. 非洲成为投资热土

非洲商业和投资环境的日益改善、债务减免以及外援增多吸引了更多的外资流入非洲，根据联合国贸发会数据，2007 年非洲吸引的外资达到创纪录的530亿美元，占到全球FDI 总量的2.9%。2008 年的全球金融危机导致全球外国直接投资下降了21%，但流入非洲的 FDI 却高达619 亿美元，比上年增加16.8%，占全球的4.3%。尽管从全球来看，非洲吸引的外资规模仍然十分有限，但是从投资对非洲经济增长的贡献率来看，正在逐年扩大。2007 年流入非洲的 FDI 对

① UNECA, *Economic Report on Africa 2009: Developing African Agriculture through Regional Value Chains*, Addis Ababa, Ethiopia, April 2009.

② IMF, Regional Economic Outlook Sub-Saharan Africa, April 2009, p. 6.

非洲大陆固定资本形成的贡献率达到21.3%，比2006年提高1.3个百分点；非洲吸引的外国直接投资存量达到3930亿美元，其占GDP的比重已经从2000年的25.2%提高到2007年的31%，高于发展中国家的平均水平。但是，值得注意的是，FDI流入的国别分布不均衡，仅南非和埃及就占非洲FDI流入额的37%，其中2008年南非外国直接投资流入为120亿美元，比上年增长了111.2%。①

5. 外援减少，外债依然沉重

近年来，在国际社会各种债务减免计划安排下，流入非洲的官方发展援助从2005年的340亿美元增至2007年的363亿美元，但距非洲国家每年需要的720亿美元仍有很大差距。2008年，尽管发达国家官方发展援助创历史新高，但流入非洲大陆的官方发展援助仅为260亿美元，比2007年减少17%，仅占全球的1/5。若不包括债务减免，流向撒哈拉以南非洲国家的官方发展援助却增长10%。② 2008年7月，非洲又有19个国家获得官方债务减免，但由于银行贷款和私人债务增加较快，使得非洲国家的债务负担依然沉重。2008年非洲外债总额为3193亿美元，负债率降到20.4%，偿债率降到4.7%。

6. 主要股指纷纷下挫

股市是经济的晴雨表。2002年以来，非洲股市表现抢眼，主要股指普遍攀升，交易日趋活跃，收益率也大幅增加，然而，2008年的全球金融危机导致资本外逃，股指下挫、交易低迷。埃及、南非、尼日利亚和肯尼亚等国的股市指数均大幅下跌。2008年底，埃及亚历山大证券交易所股指已累计下挫50%。截至12月12日，非洲最大证券市场南非约翰内斯堡股市综合指数较2007年底下降了28%。截至2008年12月上旬，尼日利亚拉各斯股市的综合指数较2008年第一个交易日暴跌47%左右。肯尼亚内罗毕证交所20种股票指数在一年内大幅下挫40%。与股票价格大幅下跌相对应的是公司资产的大幅缩水，从而导致投资者财产蒙受巨额损失。

（二）地区和国别经济继续不平衡增长

非洲大陆共有53个国家，无论是经济发展水平还是经济增长速度都存在较

---

① AFDB, *Impact of the Global Financial and Economic Crisis on Africa*, March 2009, p. 11.

② Moin Siddiqi, Aid Flows to Africa under Threat as World Recession Bites, *African Business*, June 1, 2009.

大的差距，不平衡发展特征凸显。2008 年，在可获数据的 51 个非洲国家中，人均 GDP 超过中国平均值（2460 美元）的有 12 个国家。它们是利比亚（10804 美元）、塞舌尔（8852 美元）、赤道几内亚（7895 美元）、博茨瓦纳（7270 美元）、加蓬（7218 美元）、南非（5724 美元）、毛里求斯（5572 美元）、安哥拉（3738 美元）、阿尔及利亚（3702 美元）、突尼斯（3313 美元）、纳米比亚（3248 美元）、佛得角（2766 美元）。而布隆迪、刚果（金）、利比里亚、几内亚比绍、埃塞俄比亚、冈比亚、马拉维、塞拉里昂、厄立特里亚人均 GDP 低于 300 美元，列入世界最穷国家之列。从经济增长速度来看，非洲石油出口国经济增速为 5.9%，明显快于石油进口国的 4.4%。2008 年非洲石油出口国对非洲大陆 GDP 和 GDP 增长速度的贡献率分别为 53.3% 和 61.4%。

从非洲的 5 个地区来看，有 3 个地区的经济增长速度是下降的。其中，南部非洲从 2007 年的 6.2% 下降到 4.2%，东部非洲从 6.3% 下降到 5.7%，北部非洲从 5.9% 下降到 5.4%。同期，西部非洲和中部非洲却分别从 2007 年的 5.2%、3.9% 增长到 5.4% 和 4.9%。

北非地区是非洲大陆经济发展水平较高的地区，2008 年占全非 GDP 的 39.1%。埃及（6.5%）、利比亚（6.2%）、苏丹（6%）、摩洛哥（5.1%）均保持着较快的增长活力。在北部非洲的大多数国家，除了石油和矿产品出口强劲增长推动公共部门和私人消费增长外，地区农业产出的回升以及因旅游业和居民住房建设的需求增加而导致建筑业的兴旺，也成为拉动经济增长的重要力量。但是，突尼斯经济的减速主要是食品和石油成本的上升以及欧盟对其进口需求的减弱所致，苏丹石油产量下降则成为经济增长放慢的主要诱因。

在撒哈拉以南非洲地区，国内生产总值从 2007 年的增长 6.9% 下降到 5.5%。非洲经济巨人——南非经济增速减缓比较显著。外部需求和商品价格的下降，私人消费的收缩，导致南非经济增长从 2007 年的 5.1% 下降到 2008 年的 3.1%。而南非经济下滑还迅速地传导到莱索托、纳米比亚、斯威士兰等周边国家。非洲第一人口和产油大国尼日利亚，由于石油产量、价格的提升，以及非石油部门经济的强劲增长，拉动经济增长 6.1%。在日产原油跃居非洲首位的安哥拉，经济增速高达 12.9%，成为非洲大陆经济增长最快的国家。而津巴布韦继续在政治经济危机中挣扎，成为非洲大陆唯一负增长的国家。

在东部非洲，埃塞俄比亚（8%）、坦桑尼亚（6.8%）、塞舌尔（6.2%）是增速最快的三个国家。这些国家经济增长的主要因素包括农业、园艺以及包括金融业、电信、建筑业在内的服务业的扩张。然而，东非强国肯尼亚却由于总统大选引发的骚乱波及旅游业，经济从 2007 年的 6.1% 下降到 2008 年 3.5%。

在中部非洲，赤道几内亚（9%）、刚果（7.8）受益于石油美元以及基础设施的投资，经济强势增长。

二 2009 年非洲经济：明显下滑

2009 年上半年，全球金融危机的蔓延恶化了非洲经济增长的外部环境，非洲国家受到间接冲击的范围与强度明显高于金融危机带来的直接冲击。国际需求锐减和大宗商品价格下降导致非洲出口收入缩减，经常项目逆差加剧，贸易条件恶化，外汇储备减少，外部资本流入减少，加大了非洲经济下行的风险。5 月，非洲开发银行将年初对非洲经济增长的预期从 2.8% 下调到 2.3%；而国际货币基金组织 10 月 3 日发布的最新预测，2009 年非洲经济增长将回落到 1.7%；联合国甚至估计非洲的人均收入将出现自 1994 年以来的首次下降，贫困加剧。

（一）非洲宏观经济形势明显恶化

1. 通货膨胀率小幅回落

国际货币基金组织预测，2009 年由于食品和燃料价格有所回落，预计全非通货膨胀率将微降到 9%，撒哈拉以南非洲通货膨胀率为 10.4%，但东非国家埃塞俄比亚的通货膨胀率仍将高达 42.2%。

2. 非洲货币大幅度贬值

在多数非洲国家，国际商品价格的下跌和外汇储备的减少导致非洲本币对美元或欧元的大幅波动。2007 年 7 月 31 日到 2009 年 6 月 12 日，除索马里外的所有非洲国家货币对美元都有所贬值，大部分贬值 10% 以上；少数国家，如津巴布韦、刚果（金）、塞舌尔和赞比亚的货币均贬值 30% 以上。

3. 贸易条件、经常项目和财政状况继续恶化

2009 年全球贸易将出现 10% 左右的负增长。尤其是发达国家进口需求的减少，将对非洲国家的对外贸易产生严重的冲击。非洲出口将从 2008 年的增长

10.6%下降到3.6%，进口将从2008年的增长15.2%下降到10.5%。为此，非洲出口收入将减少45.4%。① 由于出口收入无法支撑进口用汇，贸易逆差加剧，外汇储备大幅下降。联合国非洲经济委员会预计，非洲出口商品价格下跌及西方国家对非商品需求减少造成非洲财政预算赤字加大，预计2009年非洲财政赤字将从2008年的3.4%增至5.5%。其中石油出口国比石油进口国的恶化趋势更加明显。见表2、表3。

表2　非洲国家主要宏观经济指标

单位：%

	实际GDP增长率			通货膨胀率			经常项目余额/GDP		
	2007年	2008年	2009年	2007年	2008年	2009年	2007年	2008年	2009年
非洲	6.2	5.2	2.0	6.3	10.1	9.0	1.0	1.0	-6.5
马格里布地区	3.5	4.0	3.0	3.0	4.4	3.9	12.1	10.6	-2.1
阿尔及利亚	3.0	3.0	2.1	3.6	4.5	4.6	22.6	23.2	-1.7
摩洛哥	2.7	5.4	4.4	2.0	3.9	3.0	0.2	-5.6	-2.5
突尼斯	6.3	4.5	3.3	3.1	5.0	3.2	-2.6	-4.5	-2.9
撒哈拉以南非洲	6.9	5.5	1.7	7.2	11.7	10.4	-2.2	-1.8	-7.7
南非	5.1	3.1	-0.3	7.1	11.5	6.1	-7.3	-7.4	-5.8
非洲之角	10.7	8.9	5.1	11.3	18.9	22.1	-10.3	-8.6	-9.4
埃塞俄比亚	11.5	11.6	6.5	15.8	25.3	42.2	-4.5	-5.8	-5.8
苏丹	10.2	6.8	4.0	8.0	14.3	9.0	-12.5	-9.3	-11.6
大湖地区	7.3	6.1	4.3	9.1	11.9	13.1	-4.8	-8.1	-8.6
肯尼亚	7.0	2.0	3.0	9.8	13.1	8.3	-4.1	-6.7	-3.6
乌干达	8.6	9.5	6.2	6.8	7.3	13.7	-3.1	-3.2	-6.2
南部非洲	11.8	9.4	-1.7	10.1	11.6	10.3	7.0	8.1	-8.5
安哥拉	20.3	14.8	-3.6	12.2	12.5	12.1	15.9	21.2	-8.1
毛里求斯	4.2	6.6	2.1	9.1	8.8	7.3	-8.0	-8.7	-11.2
中西部非洲	5.6	4.9	2.8	4.7	10.0	10.0	1.0	0.9	-8.2
加纳	6.1	7.2	4.5	10.7	16.5	14.6	-11.7	-18.2	-10.9
尼日利亚	6.4	5.3	2.9	5.5	11.2	14.2	5.8	4.5	-9.0
非洲法郎区	4.6	4.1	2.6	1.5	7.0	3.9	-3.3	-1.1	-6.8
喀麦隆	3.5	3.4	2.4	1.1	5.3	2.3	0.8	0.4	-5.8
科特迪瓦	1.6	2.3	3.7	1.9	6.3	5.9	-0.7	2.4	1.6

注：1. 2009年数据为估计值；2. 表中数据不包括津巴布韦。

资料来源：IMF，*World Economic Outlook*，April 2009，p. 94。

① AfDB，*Impact of the Global Financial and Economic Crisis on Africa*，March 2009，p. 10.

表 3 撒哈拉以南非洲主要经济指标占 GDP 比重的变动情况

单位：%

年　　份	2007	2008	2009	2010
商品和服务出口/GDP	38.9	40.8	32.1	33.1
商品和服务进口/GDP	37.3	38.5	38.0	37.6
国内总储蓄/GDP	23.6	24.5	17.6	18.7
国内总投资/GDP	22.2	22.4	23.7	23.3
财政余额(包括捐赠)/GDP	1.0	2.1	-4.8	-3.1
其中:石油出口国	3.4	7.8	-7.5	-2.5
石油进口国	-0.3	-1.7	-3.4	-3.4
经常项目余额(包括捐赠)/GDP	-1.6	-1.3	-7.5	-5.5
其中:石油出口国	6.6	8.0	-8.4	-2.3
石油进口国	-6.1	-7.5	-7.0	-7.4

注：1. 2008 年为估计值；2009、2010 年为预测值；2. 石油出口国包括：安哥拉、喀麦隆、乍得、刚果（布）、赤道几内亚、加蓬、尼日利亚；3. 表中数据不包括津巴布韦，因而与表 2 中撒哈拉以南非洲地区的数据有出入。

资料来源：IMF，*Regional Economic Outlook Sub-Saharan Africa*，April，2009，p. 6。

4. 资金链紧张、矿业低迷

2009 年第 1 季度，全球外国直接投资流入量和跨国兼并均出现明显下滑，分别比上年同期下降了 54% 和 77%。预计 2009 年下半年仍将维持低水平。[①] 短期来说，2009 年随着全球 FDI 继续下滑，流入非洲的 FDI 也将趋于减少。事实上，国际市场上大宗矿产品价格的暴跌，已经导致一些非洲国家的矿业因资金短缺陷入不景气。在赞比亚，铜价在不到半年时间从每吨 8000 美元下跌到 3100 美元，迫使外资经营的卢安夏铜矿及其旗下经营的谦比西金属公司和巴卢巴铜矿于 2008 年 11 月停工；投资 3.54 亿美元、预计到 2010 年投产的穆莱亚西铜矿项目被迫延期。金刚石价格下跌，迫使南非著名的德比尔斯矿业公司压缩在本国的开采量，暂停在博茨瓦纳的开采。[②] 而且，刚果（金）、利比里亚、几内亚等国家的矿业项目投资总额面临大规模缩减。非洲开发银行在利比里亚的铜矿项目以及几内亚的铁矿项目的投资总额都较原计划减少了一半以上。

---

① http：//www. unctad. org/Templates/webflyer. asp？ docid = 11666&intItemID = 1528&lang = 1BBB.

② 高秋福：《国际金融危机冲击非洲》，载《半月谈》2009 年 3 月。

5. 旅游业受冲击

金融危机爆发以来，非洲旅游业增长势头明显放缓。据世界旅游组织统计，2008 年撒哈拉以南非洲国际游客人数同比增长 4.2%，明显低于 2007 年的 7.5%。[①] 进入 2009 年，非洲旅游业形势仍在恶化。在坦桑尼亚，2009 年上半年已有 30% ~50% 的外国游客取消了预订的旅游行程。据 IMF 预计，2009 年塞舌尔的旅游业收入将减少 25%，并因此拖累其 GDP 负增长。在卢旺达，尽管 2009 年第 1 季度旅游业收入达 2400 万美元，同比增长 11%，但旅游部门预计，未来三个季度该国旅游业增长将明显放缓。总体而言，国际旅游组织预计，2009 年赴非洲游客数量尽管仍将有所增长，但增速会减少到 2% ~3% 之间。[②] 不仅如此，旅游需求的减少也将给旅游相关的服务业，如餐饮、住宿、交通运输等带来明显的负面影响。

6. 侨汇收入减少

非洲的移民在欧美等国打工产生的外汇收入是不少非洲国家外汇收入的主要来源。尼日利亚、肯尼亚、苏丹、塞内加尔、乌干达和南非是撒哈拉以南非洲国家中对侨汇依赖程度最大的国家。而莱索托、科摩罗的汇款多达国内生产总值的 1/5 以上，成为国家经济赖以生存的“生命线”之一。[③] 然而，金融危机使得欧美发达国家的失业率上升，这些国家的侨汇收入骤然减少。世界银行《2009 年全球发展金融》显示，2009 年撒哈拉以南非洲地区的侨汇收入将减少 4.4%。在肯尼亚，2008 年肯尼亚侨汇收入比上年增长 6.6%，达 6.11 亿美元。但到 2009 年 1 月侨汇收入仅为 3950 万美元，与上年同期减少 36.5%。由于侨汇收入与其他的转移支付不同，它直接用于基本生活支出，如食品、教育和卫生等，侨汇收入的下降将对非洲国家居民的福利带来直接的负面影响，加大减贫难度。

7. 失业增加、贫困加剧

国际金融危机导致非洲国家失业人口增加，贫困加剧，生活水平下降。据南非统计局公布的数字，受全球经济危机影响，预计 2009 年南非至少将有 40 万人失去工作。2009 年 3 月，乌干达失业率攀升至 15.4%。2008 年 12 月开始，博茨

---

① African Development Bank, Africa and the Global Economic Crisis: Strategies for Preserving the Foundations of Long-term Growth, Dakar, Senegal: The 2009 Annual Meetings of the African Development Bank, May 13 ~14, 2009, p. 5.

② 刘颖：《非洲旅游业期待走出低谷》，新华网，2009 年 6 月 20 日。

③ IMF, Regional Economic Outlook Sub-Saharan Africa, April 2009, p. 17.

瓦纳大部分钻石矿不得不停产，已有4500余名工人失业。肯尼亚预计2009年将有一半以上公司裁员，1/3的园艺工人，即50万人面临失业。据国际货币基金组织和世界银行联合发布的《全球监测报告2009：发展的紧急状况》分析，2009年撒哈拉以南非洲地区将有30多个国家的贫穷人口趋升。

（二）地区和国别经济形势

根据非洲发展银行、世界经合组织和联合国非经委共同发布的2009年《非洲经济展望》，非洲5个地区除东非地区经济增长5.5%相对较快外，其他地区经济增长均大幅下滑。其中南部非洲增长下降0.2%，西部非洲增长降到4.2%，北部非洲增长降到3.3%，中部非洲降到2.8%。

在53个国家中，2009年非洲将有20个国家的GDP增长下滑超过2.5个百分点。其中，安哥拉经济增速下滑最为明显，预计GDP增长率将从2008年的12.8%，下降到2009年的-3.6%。赤道几内亚也将出现-5.4%的负增长。博茨瓦纳由于急剧下降的钻石需求而导致经济下滑，预计将出现-10.4%的负增长。与此同时，非洲将有17个国家的人均GDP出现负增长。其中下降幅度最大的国家是安哥拉，从2008年11.5%下降到2009年-6.4%，其次是赤道几内亚、博茨瓦纳、塞舌尔、尼日尔。2009年人均GDP下降幅度较大的国家还有卢旺达，从8.9%下降到3.4%，埃塞俄比亚从8.8%下降到3.8%。

从实体经济看，南非因经济开放程度较高、资本市场发达受危机冲击较严重。据南非统计局2009年5月底公布数据，南非经济进入17年来的首次经济衰退。继2008年第4季度下滑之后，2009年第1季度GDP增长率继续同比下滑6.4%，创下近25年来的最大降幅，其中制造业下滑22.1%，金融业下滑2.3%。[①] 据国际货币基金组织预计，南非GDP增长率从2008年的3.1%下降到2009年的-0.3%，人均GDP增长率从2008年的1.3%下降到-1.4%。南非标准银行预计该国将失去40万个就业岗位。非洲石油和人口大国尼日利亚受国际石油价格剧烈波动的影响，财政收入剧减，经济出现明显回落。英国经济学家情报部预测，2009年尼日利亚经济增长率将为2.5%，比2008年下降4个百分点。[②]

---

① http：//za.mofcom.gov.cn/aarticle/jmxw/200905/20090506288427.html.

② EIU，Country Report May 2009 Nigeria.

尽管多数非洲国家经济出现下滑，然而，非洲国家经济并非一团糟，2009年第1季度，有14个非洲国家增长超过5%，另有13个国家，如肯尼亚、乌干达、卢旺达、苏丹、坦桑尼亚、埃塞俄比亚、马达加斯加、马拉维、利比里亚、塞拉里昂、刚果（布）、加纳、科特迪瓦经济增长率超过了人口增长率。而且随着时间的推移，国际市场上部分商品价格出现回稳的信号，非洲经济最终将度过最艰难的时期。

三 非洲国家积极应对金融危机

2009年，应对全球金融危机、消除负面影响成为非洲国家经济政策的主旋律。增加国内投资、推动区域和南南合作、拓展新兴市场、促进多元化发展、提高自主发展能力、呼吁发达国家信守援助承诺是非洲国家抗击金融危机的主要措施。

第一，积极自救，力争维持国民经济稳定运行。埃及政府为缓解银行系统流动性紧张问题，宣布对个人的银行储蓄进行担保，以防止储户大规模挤兑而导致银行破产。阿尔及利亚政府为应对因石油价格暴跌而导致国际收支失衡的问题，动用了一个总额相当于GDP 40%的外汇储备调节基金来缓解资金紧张问题。突尼斯政府制订旨在增强国家经济竞争力的计划，加速发展基础和公共设施项目，鼓励出口，大力吸引外资，以求最大限度地减少这场危机对突尼斯经济发展的影响。苏丹政府采取减少政府开支，提高机动车进口关税和电信服务税等税收的办法来应对油价下跌而导致的财政收入缩水。乌干达政府采取包括调整税收、压缩政府开支、合并或兼并公司、有效管理财政、将问题企业收归国有和金融救市等措施应对金融危机对经济造成的影响。坦桑尼亚政府着手制订名为“B计划”的应急方案，对2008年6月通过的2008～2009财政年度预算计划进行修正，旨在通过加强政府对经济的干预，减少国际金融危机对坦桑尼亚经济的冲击。喀麦隆政府专门成立了抵御国际金融危机计划跟踪委员会，负责提出喀麦隆抵御金融危机影响的有效措施。这些措施包括：发展生产，特别是提高特定产品的生产力和购买力；政府计划大力投资发展基础设施建设和能源；拟成立一个支持高学历青年自主创业基金。[①]

① http://finance.ifeng.com/roll/20090424/576702.shtml.

第二，加强非洲经济一体化，改善宏观环境。非洲联盟和地区组织等有针对性地举行了一系列会议。2008 年 8 月 17 日，南部非洲发展共同体宣布自由贸易区正式启动。2008 年 12 月，西非国家经济共同体 15 个成员国举行峰会，决定积极参与国际行动，在能源、道路、航空、海运、铁路等方面加大投资力度，力争将本地区的国内生产总值增长保持在 5% 左右。10 月 22 日，南部非洲发展共同体、东南非共同市场和东非共同体举行三方首脑会议，决心建立涉及 26 个东部和南部非洲国家的统一的地区经济共同体，共同努力振兴经济，加快自主发展的能力。2009 年 2 月初，非盟第十二届首脑会议着重讨论非洲交通和能源领域基础设施建设、应对全球金融危机等议题。2009 年 4 月，南部非洲发展共同体、东南非共同市场和东非共同体联合宣布，计划用 5～10 年时间建成北起坦桑尼亚的达累斯萨拉姆港，南至南非的德班港的“非洲南北经济发展走廊”，力争打造出一条运输成本低、经济效益高、基础设施良好的交通大动脉，促进地区贸易合作和交流，提升非洲整体实力。据非洲联盟预测，该走廊建成后，非洲企业仅交通成本一项即可每年节省约 5000 万美元。2009 年 6 月 7 日，东南非共同市场宣布正式成立关税同盟，实现该地区对外贸易的高度统一。东非共同体将于 2009 年 11 月签署共同市场协议，以实现人员、货物、服务和资本的完全自由流通，预计共同市场有望在 2010 年初正式启动。

第三，呼吁发达国家信守援助承诺。不少非洲国家呼吁发达国家和世界银行、国际货币基金组织等国际金融机构加大对非洲的援助力度。2008 年 9 月 22 日，非盟主席、坦桑尼亚总统基奎特在联合国会议上表示，尽管当前金融危机可能会削减富国的援助预算，但希望发达国家履行援助穷国的道德义务，希望发达国家完成他们尚未兑现的承诺。基奎特指出，“当前许多非洲经济体强劲增长，需要建设运输网络并增加电力供应，以便产品输往国际市场，因此资金显得尤为重要……虽然非洲石油资源丰富，但许多尚未得到开发；我们会自己计划发展，但我们资源不足，计划实行不了，我们希望能够得到发达国家的协助。”① 2009 年 1 月，非洲十国同欧盟轮值主席国财政部长在南非举行会议，呼吁发达国家信守危机爆发前作出的承诺，继续援助非洲，增加投资，严防贸易保护主义抬头。

第四，加强“南南合作”，促进共同发展。20 世纪 90 年代中期以来，西方

① http：//gjs. mofcom. gov. cn/aarticle/feihuiyuan/200810/20081005840068. html.

大国基于战略利益和安全考虑纷纷加大对非关注力度，与不少非洲国家建立所谓的伙伴关系。一些非洲国家领导人也对依靠这些伙伴实现国家的发展抱着较大的希望。然而，2008 年全球金融危机的爆发和发达国家的自救措施则使非洲国家领导人和民众不得不质疑所谓的“伙伴关系”和“华盛顿共识”。西方发达国家在多年时间里未能履行对非发展援助承诺的事实与金融危机爆发后西方国家在短短的几周里就向金融系统进行巨额注资来减轻更多公司倒闭和失业的情形形成了鲜明的对比。这种大规模的紧急援助相当于 2007 年美国和欧盟承诺对外援助总额 910 亿美元的 45 倍。其中，美国政府对美国国际集团（AIG）提供的援助资金就高达 1520 亿美元，仅此一项就超过了美国的对外援助。在非洲国家呼吁减债与发达国家为抵御金融危机进行自救的时间跨度、资金规模形成巨大反差的情况下，非洲民众心理上感到莫大震惊与失落。非洲国家认为，不能再指望欧美发达国家这些所谓的传统发展伙伴了。为了今后的长远发展，必须在加强非洲地区经济合作的基础上，加强与亚洲的中国、印度、伊朗以及海湾国家的经贸联系。事实上，一些非洲国家正在越来越多地转向与包括中国在内的亚洲国家的合作。1995 ~2005 年间，南南贸易不断增长，从 5770 亿美元增加到 17000 亿美元。2008 年，中非贸易额达到 1068 亿美元，而且非洲处于顺差地位。上述数据说明，非洲国家可以通过发展与南方国家的经济和金融联系，来削弱传统合作伙伴的影响力。①

第五，重申经济多样化，探索发展新模式。非洲国家在油矿产品价格暴跌、粮食价格飞涨的剧烈冲击下，再次意识到单一依赖石油和矿业的危险性，从而下决心寻求一条国民经济多元化发展的道路。安哥拉政府调整了“2009 年经济发展计划”和“2008 ~2012 年中期发展规划”，鼓励国有和民营企业发展经济多元化项目。2009 年安哥拉政府计划投资 86 亿美元振兴工业。赤道几内亚政府正在执行的 2008 ~2020 年国家经济社会发展远景规划，在强化油气产业发展的同时，全面启动交通、通讯、电力和卫生等基础设施建设，优先发展农业、渔产品加工、旅游和金融服务业，推动经济多元化发展。苏丹政府努力改变财政严重依赖

① Demba Moussa Dembele (Senegal), The Global Financial Crisis: Lessons and Responses from Africa, *PAMBAZUKA NEWS*, March 19, 2009. http://www.pambazuka.org/en/category/features/54982. EAC Secretary General.

石油出口的情况，将发展农业作为长期战略。肯尼亚政府为确保粮食安全，加大农业投资力度，将在今后10年内斥资1200亿肯尼亚先令新建60座水库，使农田灌溉面积每年新增4万公顷。肯尼亚农业部还公布了一项国家大米发展战略计划，力争在2018年前实现大米自给自足。

更为重要的是，一些非洲国家政府和学者开始从理论的高度反思金融危机的根源，进而寻求非洲的发展之路。塞内加尔学者德姆巴·穆萨·德姆贝莱（Demba Moussa Dembele）是非洲改革论坛（Forum for African Alternatives）的所长，他在《全球金融危机：非洲的经验和教训》一文中指出，金融危机印证了世界银行、国际货币基金组织奉行的、完全依赖市场力量的新自由主义主张的失败；全球金融危机为非洲国家提供了摆脱新自由主义意识形态和国际金融机构控制的独特机会；非洲国家应该有勇气和政治意愿，在发展进程中担当重要角色，去探索替代政策，探索一个内源式的、以人为本的发展道路。① 一些非洲国家也认为，政府对市场适当的调控和干预是必要的。有迹象表明，非洲国家已开始加强政府对经济实体的参与力度。

四　2010年非洲经济：进入低速增长期

目前，国际货币基金组织、世界银行、非洲开发银行等国际组织纷纷预计全球各主要经济体将在2010年走出衰退。据2009年4月国际货币基金组织《世界经济展望》，随着全球经济的好转，2010年非洲经济将实现3.8%的增长。7月，国际货币基金组织将2010年非洲增长的预期从4月份的3.8%调升至4%。非洲发展银行、世界经合组织和联合国非经委共同发布的2009年《非洲经济展望》则预计2010年非洲经济增长4.5%。巴克莱银行认为非洲经济将在2010年第4季度触底反弹。

2009年《非洲经济展望》预测，2010年非洲5个地区除东非地区经济增长5.5%相对较快外，其他地区经济增长均大幅下滑。其中南部非洲反弹4.6%，西部非洲将恢复到4.6%，北部非洲增长下降到4.1%，中部非洲将恢

① Demba Moussa Dembele (Senegal), The Global Financial Crisis: Lessons and Responses from Africa, *PAMBAZUKA NEWS*, March 19, 2009. http://www.pambazuka.org/en/category/features/54982.

复到3.6%。①

综合上述国际组织关于非洲经济的预测，我们认为2010年非洲经济增长将在2009年低速增长的基础上有所恢复，但短期内还恢复不到几年前的强势增长态势，低速增长是未来几年非洲经济增长的主要特征，消除贫困、实现可持续发展的重任面临更加严峻的挑战。

对非洲经济形势的预判主要基于如下理由。

其一，国际金融危机并未结束，某些冲击正在逐步显现。由于形成本次金融危机的原因是深层次的、结构性的和全球范围的，其对世界经济带来的负面影响也必将是沉重的和长期的。即使是对世界经济走向持最乐观的态度，并且假设美国、英国、日本和欧盟采取的各项刺激经济复苏的政策措施能够得以顺利落实并取得预期效果，全球经济也要到2010年第2季度才有可能出现快速回暖。在经济全球化浪潮的推进中，非洲国家经济的发展与世界经济大环境的变化有着不可分割的关系。特别是由于非洲国家经济结构单一，整体呈现生产的（农矿初级产品）不消费、消费的（制成品）不能生产的格局。这种生产与消费严重脱节的经济结构必须通过国际贸易来实现运转，而国际市场产品价格的涨跌直接关系到非洲国家经济的兴衰。在全球金融危机的背景下，非洲经济还将面临以下挑战：流入非洲的外国直接投资将减少、发达国家对非援助将因自身困难而削减、非洲工业原材料出口将因外需减少而下降、非洲国家的侨汇收入将减少。另外，从占非洲经济总量一半的非洲四个大国——南非、尼日利亚、阿尔及利亚和埃及的近期经济运行情况来看，2010年非洲经济低速增长已成定势。

其二，非洲国家应对全球金融危机的措施将产生一定效果。相比发达国家来说，非洲国家为应对经济下滑所采取的政策措施种类相对较少，有效性也要弱许多。与绝大多数发达国家相比，撒哈拉以南非洲国家的财政乘数要低，金融约束程度更高，债务的偿付能力也受到较大约束，对货币供应的管理也导致货币政策在许多国家受到限制。因此，不能对非洲国家的反危机措施产生过高的期望。

其三，从有利的角度看，近五、六年非洲经济的强劲增长也为抵御外部冲击奠定了一定的基础。国内投资率和储蓄率的提高可以促进国内经济增长；如果非

① AFDB，UNECA，OECD：*African Economic Outlook 2009*. to see：http：//www.africaneconomicoutlook.org/en/outlook/macroeconomic-performances-in-africa/economic-growth/.

洲国家能够采取既增加政府收入又能创造有利投资环境的可持续财政政策，大力发展以信息通讯技术为主的基础设施建设，就可以为国内私营部门发展排除瓶颈，降低运营成本。

据此，未来几年非洲经济增长的涨跌幅度将与世界经济共兴衰，但时间上可能要比其他国家和地区稍微推迟一些。

African Economy：Slow Growth

Yao Guimei

Abstract：The financial crisis has interrupted the continuous growth of African countries which started around the beginning of the new century. Africa's GDP growth dropped from 6 per cent in 2007 to 5. 1 percent in 2008. In the year of 2009, the spread of global financial crisis worsened the international environment of African economic growth. The impacts of the global financial crisis for Africa include：a reduction in export and investment, worse fiscal conditions, higher unemployment, and more grievous poverty. Africa'GDP growth is expected to slash to 2 －3 percent, less than half of the average growth rate achieved in the past five years. Thus, African economy has entered a low-speed growth period. With the gradual recovery of the world economy in 2010, this might be expected to improve GDP growth rate to 4. 5 percent.

Key Words：Financial Crisis；African Economic；Slow Growth

专 题 篇

SPECIAL REPORTS

国际贸易形势回顾与展望

倪月菊*

摘 要：全球性金融危机引发了世界市场需求的急剧下滑，使国际贸易有可能出现二战以来最大的倒退。预计 2009 年国际贸易量（实际贸易增长）将出现 10% 左右的负增长，国际贸易额（名义贸易增长）增长 -18% 左右。如果世界经济能够在 2009 年底或 2010 年初开始企稳回升的话，2010 年世界贸易有望走出负增长的阴影。

关键词：国际贸易　金融危机　贸易保护主义

受金融危机持续蔓延的影响，世界市场需求特别是美、日、欧等发达国家的市场需求急剧下滑，导致世界各主要贸易体的外贸均呈现 20% 以上的负增长，

---

* 倪月菊，博士，中国社会科学院世界经济与政治研究所副研究员，主要研究国际贸易发展趋势、国际贸易政策和服务贸易。

近年来带动国际贸易增长的BRICs国家也出现不同程度的贸易下滑。世界经济能否尽快走出阴影、企稳回升成为目前人们关注的热门话题，也是判断2009年和2010年国际贸易增长状况的重要依据。从目前情况看，预计2009年的国际贸易实际增长率在-10%左右。如果世界经济能在2009年底或2010年初企稳回升的话，2010年国际贸易可能走出负增长的阴影。

一 2008年国际贸易形势回顾[①]

全球性金融危机的进一步恶化，给2008年的国际贸易带来了沉重打击。特别是自2008年9月以后，世界主要贸易体的进出口贸易流量均出现明显的下降。尽管国际商品价格的上涨和美元的贬值使2008年国际贸易名义增长率仍达到15%的增长水平，以美元计价的商品贸易额达到15.76万亿美元，但该年国际贸易的实际增长率（贸易量）仅为2%（见表1），明显低于上年6%的增速。

表1 2000~2008年世界贸易增长状况

单位：万亿美元，%

	贸易额	年增长率				
	2008年		2000~2008年	2006年	2007年	2008年
商品贸易	15.76	实际增长率	5.5	8.5	6.0	2
		名义增长率	12	16	16	15
服务贸易	3.73	名义增长率	12	13	19	11

资料来源：见世界贸易组织《2009年世界贸易报告》，2009年7月22日。

2008年国际贸易主要有以下特点。

第一，2000~2008年间，世界贸易额以年均12%的速度增长，但自2008年第4季度起世界贸易开始转入负增长，特别是发达国家间的贸易额下降了15.6%，发展中国家间的贸易额虽然增长了10.9%，但与2008年的前三个季度比，增长速度也大幅下滑。

第二，发展中国家在世界商品贸易中所占的比重再创新高，出口占世界商品

① 本部分资料主要来源于2009年7月22日WTO公布的《2009年世界贸易报告》，2008年8月25日日本贸易振兴会发布的《2009年版JETRO贸易投资白皮书》。

出口总额的比重达到38%，进口占34%。

第三，德国依然占据世界第一出口大国的宝座。德国在2008年的商品出口额为1.47万亿美元，略高于中国1.43万亿美元的出口总额，仍位居世界出口第一。

第四，一度超过德国成为世界第一出口大国的中国，之所以在2008年最后一个季度落后于德国，主要是由于第4季度办公和电子设备出口增速的下滑。在前三个季度，该类产品的平均出口增长率为17%，而第4季度的出口却比上年同期下降了7%。特别是对美国的出口下滑更快，前三季度该产品对美国的出口增长了10%，第4季度下降了13%。结果，2008年中国对美国的制成品出口仅增长1%（前三季度增长14%）。

第五，受金融危机打击比较大的产品是汽车。在2008年第4季度，日本对其他国家的汽车出口下降了18%，对美国的出口下降更高，降幅达到30%。

第六，全球性贸易量的减少，使对美国出口依存度很高的日本以及亚洲地区的贸易受到很大影响，特别是附加值较高的电子设备和运输机械的出口受到沉重打击。

二　2009年国际贸易的走势分析

（一）对2009年国际贸易形势的基本判断和原因分析

世界贸易组织7月22日公布的《2009年世界贸易报告》修正了对2009年全球贸易形势的预测，认为2009年全球贸易量将下降10%，降幅高于3月份预测的下降9%。2009年国际贸易出现大幅下挫的主要原因可以归结为以下几个方面。

一是世界性的需求下滑趋势日益明显，导致各国出口受到显著影响。2008年下半年起，全球实体经济遭受重创，工业生产和投资剧烈下滑，消费预期大幅恶化，商业贸易停滞不前。从投资看，2008年第4季度和2009年第1季度，美国国内投资分别下降23%和49%；欧盟固定资本形成分别下降5.8%和10.1%；日本分别下降14%和24.3%。从消费看，2008年第4季度和2009年第1季度美国私人消费分别增长-4.3%和1.4%，欧盟分别增长-0.6%和1.5%，日本分别增长-3.1%和4.2%。需求下降导致商品价格迅速从峰顶跌落谷底。可以说国际需求下降是导致贸易暴跌的重要因素之一。

二是全球一体化供应链引发连锁放大反应。一个产品的全球供应链往往涉及众多国家。当前全球40%以上的工业品产销与跨境供应链相关，亚洲区内的半成品贸易约占产品贸易流量的70%。一体化供应链具有需求变异放大的“牛鞭效应”①，最终需求下降往往会使整个供应链所受冲击成倍放大，上下游产品以及相关经济体都因此而受到连带冲击。

三是过度恐慌和贸易融资瓶颈。雷曼兄弟破产，信心危机从美国波及全球。美欧金融系统瘫痪，导致信贷冻结、信用风险大增、贸易融资干涸。出口信贷利率高出银行再融资利率约300至600个基点，是一年前的三倍多。IMF预测，世界贸易融资缺口达3000亿美元，实际可能远大于此数。据OECD调查，80%的进出口商因贸易融资短缺出现交易困难。自2008年9月中旬以来，中国出口订单年同比减少50%，其主要原因就是美国与其他地区的进口商的银行信贷被冻结。

四是美元升值及出口价格下降。美元在危机后一段时间内对日元以外的几乎所有世界货币升值，加剧了以美元计价的各国贸易额的下降。对一些本币贬值幅度大的国家来说，国际贸易量和以本币计价的国际贸易额实际下降并不大。如，1~4月韩元对美元贬值30%，同期韩国美元计价出口额下降23.4%，韩元计价增长10.6%。其他国家如墨西哥、巴西、智利等国，其货币贬值幅度与其出口下降程度也大致相同。

五是贸易保护主义抬头。金融危机是多年来全球经济失衡的一次强制性调整。同时，在经济衰退阶段，失业率上升，发达国家国内的贸易保护主义势力必然抬头。

总之，国际贸易剧降有需求下降的因素，也有外部贸易环境尤其是金融环境严重恶化的原因。在金融危机冲击下，恐慌导致的短期因素可能占很大比例，大大加剧了国际贸易降幅。

---

① 牛鞭效应，英文为Bullwhip effect，通常指营销过程中的需求变异放大现象。是指信息流从最终客户端向原始供应商端传递时，无法有效地实现信息的共享，使得信息扭曲而逐级放大，导致需求信息出现越来越大的波动，此信息扭曲的放大作用在图形上很像很一根甩起的牛鞭，因此被形象地称为牛鞭效应。可以将处于上游的供应方比作梢部，下游的用户比作根部，一旦根部抖动，传递到末梢端就会出现很大的波动。

（二）2009年上半年国际贸易的基本状况

第一，发达国家经济和贸易陷入全面衰退。受金融危机冲击，发达国家经济陷入全面衰退，这是二战后首次整体性负增长。据经合组织（OECD）预测，2009年其成员国经济增长率为-0.4%，收缩程度接近20世纪80年代。经济的全面衰退引发了贸易的大幅下滑。

据美国商务部统计，2009年1~6月，美国商品进出口额为12134.7亿美元，比上年同期下降29.2%。其中，出口4982.4亿美元，下降23.8%；进口7152.3亿美元，下降32.5%。

欧盟委员会9月17日公布了2009年1~7月欧盟的外贸状况。统计结果显示：欧盟27国和欧元区16国的外贸进出口额与上年同期相比分别下降了25%和20%。

日本商品贸易下降情况更为严重。据日本海关统计，2009年1~7月，日本商品进出口额为6011.5亿美元，比上年同期下降34.2%。其中，出口3022.5亿美元，下降35.9%；进口2989.0亿美元，下降32.4%。

以美欧日为首的发达国家和地区贸易的全面衰退，使2009年全球贸易的衰退成为必然。

第二，"金砖四国"受市场需求下降等因素的影响，贸易也陷入深度衰退。据巴西发展工业外贸部统计，1~8月，巴西进出口总额为1759.02亿美元，同比下降27.7%，其中，出口979.35亿美元，同比减少24.7%；进口779.67亿美元，同比减少31.1%；顺差199.68亿美元，同比增长18.7%。

印度第一财季（4~6月）的出口总额为354.32亿美元，进口总额为509.36亿美元，同比分别下降31.3%和36.5%。商工部商务秘书Rahul Khullar表示，目前的形势十分严峻，还不清楚什么时候能够恢复增长，新的外贸政策将是帮助出口商的最后机会。进口的连续下降说明总需求存在问题，目前任何期望通过进口来恢复投资都是有限的。

俄罗斯进出口下降幅度更大。俄联邦统计局公布的最新数据显示，1~7月份俄罗斯对外贸易额为2507亿美元，同比下降44.1%。其中，出口为1522亿美元，同比下降46.4%；进口为985亿美元，同比下降40.1%。

中国2009年上半年虽然占据了世界最大出口国的宝座，但与往年比进出口的表现也极为不佳，进出口下降幅度均超过20%。据中国海关统计，2009年1～8月，中国进出口总值为13386.5亿美元，同比下降22.4%，其中：出口7307.4亿美元，下降22.2%；进口6079.2亿美元，下降22.7%。

第三，全球经济衰退对亚洲出口影响很大。一向比较依赖世界市场的亚洲国家的贸易也受到金融危机的重创，进出口下跌幅度均在20%以上。韩国经济部9月1日公布的《2009年8月份进出口动向》显示，韩国2009年1～8月份进出口总额为4263.1亿美元，其中，出口2265.7亿美元，同比减少22.3%；进口1997.4亿美元，同比减少34.3%。

越南工贸部日前公布的统计数据显示，2009年前8个月越南出口372.55亿美元，同比下降14.2%，降幅较前7个月高1.4个百分点，如剔除黄金再出口，降幅高达20.1%。进口432.76亿美元，同比下降28.2%，贸易逆差51.21亿美元。

菲律宾国家统计局公布的数据显示，2009年上半年，菲律宾进出口总额为375.86亿美元，较2008年同期551.8亿美元下降32.8%，其中出口为172.21亿美元，下降32.8%，进口203.6亿美元，较2008年同期295.65亿美元下降31.1%。

2009年1～7月新加坡对外贸易进出口总额为2756.5亿美元（4097.3亿新元），同比下降26.9%。其中，进口1317.3亿美元，下降27.9%；出口1439.2亿美元，下降25.9%。

马来西亚国际贸易与工业部公布的7月份贸易数据显示，2009年1～7月份，马外贸总额为5316.8亿马币（1美元约为3.5马币），同比下跌23.9%。其中，7月份出口488.7亿马币，同比下跌22.8%。

第四，拉美和加勒比地区2009年的贸易将缩水13%。联合国拉丁美洲和加勒比地区经济委员会（CEPAL）近日公布了对该地区45个成员国2009年经济形势的预测。预计显示，整个拉美和加勒比地区2009年的贸易将缩水13%，高于全球贸易10%的衰退幅度。其中出口将大幅减少11%，创下自1937年以来的最大跌幅，进口也将锐减14%，为自1982年以来的最差纪录。世界金融危机对拉美地区经济的严重影响主要体现在外国直接投资下降、侨汇锐减、石油等原材料出口减少和商品贸易萎缩四个方面，此外服务业和旅游业损失也不容忽视。

从墨西哥的情况看，墨西哥2009年上半年对外贸易总额为2098.32亿美元，其中进口 1055.19 亿美元，出口 1043.13 亿美元，同比分别下降了 31% 和 30.2%，均创 1980 年以来同期最大降幅。其中，石油产品出口总额仅为 126.19 亿美元，降幅高达 56%，比上年同期减少 157.86 亿美元。制造业出口总额为 864.37 亿美元，同比下降 25.2%。进口方面，墨西哥上半年进口消费品、中间产品和资本产品总额分别下降 39%、30% 和 21%。

从 2009 年上半年世界主要国家和地区的贸易状况看，2009 年世界贸易大幅下跌趋势已成定局。至于 2009 年全年的最终跌幅究竟有多大，还要取决于下半年全球经济的走势。

（三）对 2009 年下半年贸易形势的基本估计

2009 年下半年的贸易走势取决于世界经济的复苏状况。种种迹象表明，2009 年下半年，世界经济和贸易有望走出最严重的衰退。

很多国际组织和经济学家均同意世界经济呈现好转迹象这一说法。OECD 经济部主任、经济学家 Jorgen Elmeskov 认为：促使当前经济回升的四个“发动机”表现趋好。金融方面，尽管风险依然存在，但投资萎缩局面已结束，资金已开始不断涌向收益稳定的国家级债券；世界贸易因某些新兴国家的拉动开始恢复；房地产市场显示触底回升迹象；产品库存上半年大量减少促使企业重新恢复生产。为此，OECD 对下半年经济前景保持乐观。

曾成功预言全球金融危机的纽约大学教授鲁比尼近日表示，世界经济正走出大萧条以来最严重的全球衰退和金融危机，但经过几个季度补充存货和恢复生产带动的增长后，可能至少数年内仍会低于趋势增长率。同时，他认为有两个原因可能导致世界经济呈 W 形走势：一是货币和财政刺激政策进退两难，迅速退出可能导致经济陷入“滞缩”，维持大规模又可能导致经济陷入滞胀；二是流动性过剩和投资导致石油、能源和粮食价格上涨过快，若油价超过 100 美元，世界经济将难以承受。

经济状况在某种程度上的好转，给国际贸易增长也带来了一丝希望。根据荷兰经济政策研究局（Bureau for Economic Policy Analysis）编制的数据，全球 6 月份贸易量较 5 月份增加 2.5%，是 2008 年 7 月以来最大的单月增幅。该机构称，5 月份贸易量较上月下滑 1.4%，但随着 6 月份贸易量的回升，4～6 月贸易量较上季度的跌幅仅仅下滑了 0.7%，远远小于第 1 季度 -11.2% 以及 2008 年第 4 季度-7.1%的跌幅。6月份世界贸易量增速大约是一年来最高的，因此有理由认为这是全球经济正走出最严重衰退的一个信号。

由此可以认为世界贸易最糟糕的阶段已经过去，下半年世界贸易降幅会大幅收窄。第一，恐慌情绪基本平息，全球经济信心开始向常态和积极的方向回归。第二，经济刺激计划逐步见效，发达国家实体经济和消费预期出现好转。第三，金融市场趋稳、流动性充足，贸易融资状况将大为缓解。第四，美国等去库存化进入尾声，一些行业和企业开始增加库存和订单。第五，贸易价格在上升。商品价格近期回升反映了市场情绪改善、美元贬值等因素。

综上所述，2009年下半年的世界贸易状况要好于上半年。预计，全年实际贸易增长-10%左右，名义贸易增长-18%左右。

三　金融危机下的新贸易保护主义

近来很多人关注的热点问题就是新贸易保护主义。在全球金融危机的影响之下，不少国家的经济增速放缓、就业形势严峻、产业发展萧条。在一系列压力之下，不少国家构筑贸易壁垒，购物只购本国货，裁员就裁外国人，新贸易保护主义重新抬头。

（一）新贸易保护主义的主要表现

经济形势恶化通常是滋生保护主义的温床。为保证本国企业渡过难关，一国政府很容易迫于国内政治压力采取保护主义做法，通过高筑贸易壁垒等手段限制他国商品进入本国市场。当全球经济因遭受金融危机而陷入困境时，保护主义情绪就会在一些国家蔓延。

尽管国际社会要求避免贸易保护主义的呼声很高，但是国际贸易保护现象并没有减少。事实上，随着国际金融危机的逐步加深，国际贸易保护现象也在逐渐增加，并有从贸易领域向金融、就业等领域发展的趋势。美国参议院通过的《2009年美国复兴与再投资议案》要求，对于使用财政刺激资金的项目和一些公共工程项目所需的产成品如钢材等，应“购买美国货”，甚至有议员主张美国企业应首先雇佣“美国人”；欧盟宣布对部分奶制品实施出口补贴；在英国，要求政府刺激计划受益行业和企业只能雇佣本国人的示威游行已经蔓延到全国；俄罗斯对汽车业实施补贴政策并提高汽车进口关税；“意大利人吃意大利食品”运动打着“维系传统，为文化保驾护航”的幌子，实际上在于保护本国食品产业；阿根廷对所谓部分敏感商品进口增加非自动进口许可要求；印度对中国玩具暂停进口 6 个月……可见，国际贸易保护现象有增无减。

据世贸组织报告，2008 年下半年以来，有 22 个世贸组织成员采取了奖励出口、限制进口的政策和措施，如提高关税等，支持国内产业发展。2009 年 3 月 17 日，世界银行发布了一份名为《贸易保护：初现端倪但趋势令人担忧》的报告，报告称：自 2008 年 11 月以来，G20 中的 17 个国家已经实行了 47 项措施，以牺牲其他国家为代价对贸易进行限制。加上已经生效的 47 项贸易限制措施，这 17 个国家的官员提出了约 78 项贸易措施，其中有 66 项有限制贸易的内容。

（二）新贸易保护主义的特点

新贸易保护主义不同于以往的贸易保护主义，其特点主要表现在以下几个方面。

1. 全球性

这次经济危机在某种程度上源于美国虚拟经济与实体经济的失衡。美国总统奥巴马上台后低调的表现和谨慎的表态，可看出“救市”的困难和摆脱经济危机的难度。20 世纪 90 年代以后，经济全球化把世界各国的市场日益融合在一起，美国的金融海啸正通过经济全球化的各种渠道向其他国家和地区发展。因此，这次贸易保护主义与以前贸易保护主义相比，具有明显的全球性。

2. 领域广

美政府出台的“购买美国货”的条款受到其他国家的一致反对，但随着金融危机的深化，由此引发的贸易保护倾向却不断发展，各国在谴责美国“自私条款”的同时，也各自出台相关法案大兴贸易保护，将贸易保护从商品领域扩展到商品生产、劳动力雇佣和金融领域，部分国家开始严格限制外籍工人。例如，美国参议院通过议案，要求接受政府救助的银行等金融机构在招聘时，首先考虑美国国籍的申请者，而外国雇员不得超过总员工的 15%，并禁止让持有 H－1B临时工作签证的外国人来取代美国人的工作。德国如宝马、西门子等大型企业正在进行裁员，裁员的首批对象，几乎全部是以外籍劳工为主的短期合同工。各国通过劳动力就业歧视政策，实现与过去贸易保护主义的相同目的。

3. 手段多

具体手段有：在货物贸易上，从关税措施到非关税措施，再到环保、社会责任措施；在服务行业，产品移动、人员流动、开业权等纷纷设置很多限制以及排外劳工等。一些国家鼓励本国银行为国内资产投资，把银行给国外的贷款调回国内，鼓励资本回流和排斥外资，出现了资本保护主义。在兴起的贸易保护主义面前，发展中国家由于科学技术、资金和检验能力的相对落后，必然处于被动和弱势地位。

4. 更隐蔽

在金融危机未见底的情况下，一国实行明显的贸易保护措施，其他国家很快就会采取反制措施，从而造成两败俱伤。因此，当前贸易保护的形式更加隐蔽，如限制进口产品进关、实行非自动许可制度、提高进口标准、加大行业补贴、利用区域性经济一体化集团实施新贸易保护等。例如，印度尼西亚要求服装、鞋、玩具、电子产品和食品饮料等五类商品，只能在丹绒普禄、丹绒埃玛斯、丹绒北腊、勿佬湾、苏加诺哈达机场、锡江哈沙努汀机场及泗水朱安达机场进关，并且这些货物须由注册立案进口商进口，以监督货物流通。此举延长了进口产品进关时间，间接阻止了产品进口。美国、日本以及欧盟、南美等在商品标准、技术法规和技术认证制度等方面设置了多种贸易技术壁垒。

（三）新贸易保护主义的危害

在全球经济一体化的大背景下，实行这种贸易保护不仅可能伤害出口国，很可能也会伤害那些本想保护自己的进口国。但很多国家仍然把贸易保护主义当做救命稻草，逻辑上好像可以用来当做良药，其实很多时候很可能是毒药。

2002 年 3 月，美国以欧盟、日本等 8 国出口的钢铁产品损害美国钢铁业为由，动用了“201 条款”，宣布对多种钢材加征为期 3 年的进口税，税率总水平达 30%。为报复美国提高进口钢材关税，同年 6 月，欧盟对美国部分商品征收 100% 的关税，墨西哥、日本、韩国等也纷纷提高关税或采取紧急保障措施。虽然世贸组织最终裁定美国违反规则，但钢铁贸易战给双方都带来了巨大的损失。据估计，单是欧盟 2002 年就损失高达 2.4 亿美元，而美国在承受数亿美元损失的同时，更导致了 7.4 万个钢铁消费者失业，弊大于利。而 2002 年的国际钢材价格并没有因为美国的贸易壁垒而大幅下跌，还是保持了平稳上涨的势头。

由此可见，贸易保护主义会对经济起到雪上加霜的消极作用。理论上讲，贸易保护主义肯定会大幅削减全球贸易额，各国产能将进一步过剩，从而导致大宗商品需求量减少，价格下滑。例如，20 世纪 20、30 年代美国经济大萧条时期，美国国会两个议员提出了关税保护的方案，对 2 万多种商品实行了高关税，结果导致全球贸易额从 1929 年 360 亿美元降到 1932 年的 120 亿美元。

尤其大受打击的是出口单一、对外依存度高的国家，例如中东一些产油国，这些国家为了维持国内正常运作，必定大量低价出口石油。而一些缺少粮食的国家则更容易被粮食出口大国操控，农产品价格还是会因为刚性需求而保持坚挺。贸易保护还能使已经形成的金融体系、全球性分工体系、生产体系和销售体系链条断裂，参与经济全球化的国家都要受害，尤其是发展中国家受害最大，使经济全球化逆转；多边贸易体制推动的贸易自由化受阻，世贸组织多哈回合谈判将久拖不决，还可能造成贸易摩擦增多，贸易争端加剧，把整个世界推向更加严重的经济危机，甚至出现社会动荡和政治危机。

（四）中国是新贸易保护主义的最大受害国

目前，全球贸易保护主义暗流涌动，中国则成为最大的受害国。截至 2008 年，中国已连续 14 年成为遭遇反倾销调查最多的成员，连续 3 年成为遭遇反补贴调查最多的成员。中国在这轮贸易保护主义风潮中也是最大的受害者。据伦敦经济中心的数据，目前各国政府正在计划、或准备实施的贸易保护措施还有 134 项，其中 77 项针对中国。商务部的最新统计显示，1～8 月共有 17 个国家和地区对中国发起 79 起贸易救济调查，涉案金额突破百亿美元，同比分别增长 16.2% 和 121.2%。

值得注意的是，在中国钢铁出口的产品中，钢管一直是国外反倾销反补贴调查的焦点。在过去两年来，美国已对 4 种中国出口的钢管类产品征收了反倾销和反补贴关税，分别是环形焊管、薄壁矩形管、小口径管线用管和焊接不锈钢压力管，可见包括钢管在内的钢铁产业成为中美贸易摩擦的重灾区。2009 年 10 月 7 日，美国商务部宣布，对从中国进口的无缝钢管发起反倾销和反补贴税调查，这意味着中国向美出口的钢管产品基本全部受限。美国国际贸易委员会将于 11 月初做出初裁，若该委员会做出同意裁决，美商务部将于 2009 年 12 月和 2010 年 2 月分别就反补贴税和反倾销税做出初裁。尽管目前对于此次贸易争端的初裁和终裁结果尚不明了，但我们知道贸易战本身就是一场没有赢家的战争。如果美欧胜诉，将会使中国无缝钢管生产企业雪上加霜，中国无缝钢管可能失去全球最大出口市场。至于美国，其钢铁工业高度依赖贸易保护措施求生，但贸易救济措施并不能促进美国钢铁工业的技术革新和生产效率提高，在采用先进的连铸法方面、生产效率方面、投资建设效率方面，美国大型联合钢铁企业均落后于所有其他主要西方国家同行。这次贸易争端如果他们胜诉，将让他们更加懒惰、更加缺乏竞争力。

中国作为贸易保护主义的最大受害者，今后可能面临更多的困难，遇到更多的贸易摩擦与争端。中国在面对贸易战的时候，要适当调整过去只依靠双边解决问题的传统做法，要敢于和善于在 WTO 法律框架下解决贸易争端。同时，要充分发挥中介组织在化解贸易摩擦中的作用，增强企业主动采取措施避免贸易摩擦的意识，进一步发挥企业应对贸易摩擦的主体作用。

（五）全球共同应对新贸易保护主义

面对新贸易保护主义的抬头，世界多国领导人和国际组织对此表示了担忧，并积极努力共同遏制贸易保护主义的发展。

在 4 月份伦敦 G20 峰会上，各国领导人承诺抵制保护主义，支持自由贸易，以加速推动经济复苏，避免 20 世纪 30 年代所犯的错误，并将此列为峰会的中心议题。在 7 月召开的 2009 亚太经合组织贸易部长会议上，21 个亚太经合组织成员的贸易部长达成共识：在当前世界经济不景气的情况下，各国将加强合作，谋求共同发展，同时坚决反对贸易保护主义。与会部长一致认为，可持续发展的贸易和投资是经济恢复和繁荣的前提，而这个前提正受到贸易保护主义重新抬头和多哈回合谈判被一再拖延的威胁。因此，在 2010 年之前完成多哈回合谈判将是反对贸易保护主义和加强多边贸易体系建设最有效的办法。会议一致同意，将 2008 年亚太经合组织峰会上达成的《利马宣言》中关于不再设置新的贸易壁垒的承诺延长至 2010 年底，并且有可能根据实际情况再次延长。此外，与会部长一致同意努力推动地区经济一体化，通过增强区域竞争力促进各国间的贸易往来，同时简化商品原产地证明手续，提高关税手续的透明度，并进一步取消对运输和物流的限制。

WTO 总干事拉米表示，尽管最近贸易活动不断下降的趋势出现放缓迹象，当前全球经济形势仍然非常严峻。在经济危机的形势下，各国政府面临采取贸易限制措施的压力，如采取反倾销措施、上调关税等。虽然这些措施不违反世贸组织协议，但如果处置不当，会严重助长贸易保护主义并破坏各国经济增长。各国政府为应对经济危机而采取的措施会对贸易下降幅度及其持续时间产生重要影响，因此应避免使对国内市场的短期保护成为未来经济发展的瓶颈和制约。虽然世贸组织协议允许各国为应对经济危机而采取一些紧急措施，但这些措施应该是有节制、有弹性的，并应在一定范围和程度内实施，绝不能滥用。拉米还强调了保持相关贸易措施透明度和对其实施进行有效监管的重要性。

可见，贸易保护主义已受到国际组织和国际社会的普遍谴责。只有世界各国联合起来，采取有力措施，把抬头的贸易保护主义压下去，才能避免巨大的危害。

四　2010 年国际贸易形势预测

全球性金融危机持续时间接近一年，很多国际权威机构和专家表示，全球经济已经或者即将出现企稳回升的迹象。IMF 首席经济学家布兰查德（Olivier Blanchard）在新闻发布会上表示，全球经济最糟糕的时候已经过去，复苏即将来临。他预计全球经济或于 2009 年底恢复增长，而不是之前预计的 2010 年初。IMF 称，全球经济正开始走出第二次世界大战以来前所未有的衰退，但稳定是不均衡的，复苏预计将较为迟缓。该组织预计 2010 年发达国家经济增长率为 0.6%，先前预期为零增长。预计美国经济在 2010 年增长 0.8%。这一预期要好于 4 月份所作的零增长的预期。日本经济也显示出企稳的迹象，积极的财政政策以及地区经济强势预计将为其提供进一步支撑。2010 年预期增长 1.7%，先前预期增长 0.5%。同时，欧元区预计将继续滞后于其他发达经济体在摆脱衰退中的表现。2010 年萎缩 0.3%，先前预期值为萎缩 0.4%。新兴经济总体预计仍保持增长，2010 年增幅为 4.7%，中国 2010 年预期值为 8.5%。

然而，联合国亚洲及太平洋经济社会委员会公布的联合国《2009 年贸易和发展报告》却提出了完全不同的观点。该报告认为，经济危机的严冬远未过去，全球经济不大可能实现早日复苏。报告说，当前的这场金融和经济危机在深度上和广度上都是前所未有的，全球经济体几乎无一幸免。在这一前提下，世界经济有可能在2010年恢复正增长，但增速很难超过1.6%。报告警告说，主要发达国家经济在未来几年内恢复到足以使世界经济重返危机前增长轨道的可能性微乎其微，其原因在于产能利用率极其低下，失业率不断攀升，消费或投资增长短期内难以出现明显复苏。

尽管人们对2010年起世界经济发展趋势的判断不尽相同，但在2010年世界经济将恢复正增长这一点上可以达成共识，分歧只在增长速度的快慢上。根据前面对2009年下半年国际贸易形势在个别月份可能有止跌回升迹象的判断，我们认为全球贸易将在2010年走出第二次世界大战以来前所未有的衰退，出现复苏迹象，但正增长的步伐会非常缓慢。

International Trade: Developments and Prospects

Ni Yueju

Abstract: The collapse in global demand brought on by the biggest economic downturn will drive exports down by roughly 10% in volume terms in 2009, down by 18% in dollar terms, the biggest such contraction since the Second World War. If world economic could recover in 2009 or 2010, global trade could slowly increase in 2010.

Key Words: International Trade; Financial Crisis; Trade Protectionism

国际金融市场回顾与展望

高海红　黄　薇*

摘　要： 在各国政府（机构）采取各种常规、非常规干预措施后，2009年的国际金融市场经历了触底恢复的过程。其主要表现为：市场显示出正常化信号，如风险容忍边际上升，风险贴水下降；金融市场价格开始趋于稳定，如债券收益率出现拐点，主要的股票市场触底回升；美元在持续长期贬值的趋势中出现短期调整；国际融资环境有所改善。未来国际金融市场走势将取决于各国政府刺激政策的退出策略安排、全球经济实际恢复状况以及投资者预期等多方面因素的影响。

关键词： 国际金融市场　金融危机　股市　汇率

以2008年9月15日雷曼兄弟破产为标志，这场始发于2007年7月的全球金融危机将全球金融市场信心拖至崩溃的边缘。庆幸的是，各国政府在应对这场危机中表现出高度的合作与及时的行动，阻止了金融体系的全面崩溃。各国中央银行、财政部、国际金融机构等联合起来，以常规的货币政策和财政政策，以及非常规的干预手段对金融机构和市场进行救助和干预，同时对包括国际货币基金组织和国际清算银行等国际金融机构的援助能力和监管力度给予强化，特别是2009年4月二十国集团伦敦峰会上所达成的各项协同救助方案，在相当程度上稳定了金融市场的信心。国际金融市场在谨慎的乐观中呈现回稳的势头，尽管这一势头仍没有构成强劲的复苏。对救助行动效果和对微弱经济复苏信号的市场反应将成为影响2010年的国际金融市场的重要因素。

---

* 高海红，研究员，中国社会科学院世界经济与政治研究所，主要研究领域：国际金融；黄薇，助理研究员，中国社会科学院世界经济与政治研究所，主要研究领域：国际金融。

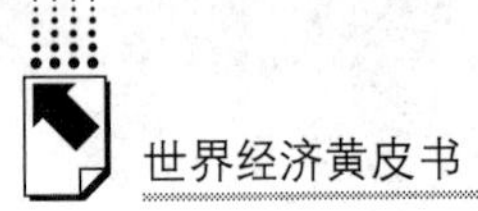

一　各国政府联合干预有效制止信用危机蔓延

2008 年 9 月 15 日雷曼兄弟的破产具有标志意义。在雷曼兄弟破产之前，危机主要表现为国际性大型金融机构普遍收缩信贷，市场流动性短缺，致使危机逐渐蔓延。与此同时，国际性金融机构资产出现大规模减记，金融机构以及为金融机构提供担保的一些金融担保公司纷纷出现问题，系统性风险加剧。为了阻止系统性风险的加深，美国、欧洲、日本以及澳大利亚等发达国家中央银行一改中立立场，纷纷向市场注资。美联储更于 2008 年 7 月对濒临倒闭的房利美和房地美这两家大型的房地产担保公司进行接管，期待以此缓解市场恐慌，消除系统性风险。

然而，各国政府的救助并没有扼制金融危机的蔓延。当拥有 158 年历史的雷曼兄弟岌岌可危之际，美国政府开始犹豫不决：尽管雷曼破产将给金融市场带来巨大冲击，但是如果对雷曼进行接管，以及对随后其他可能出现问题的金融机构进行救助，意味着美国政府将承担巨大的成本，而政府担保所带来的道德风险也将不可避免，这会破坏金融市场在中长期发展的健康的环境。而且雷曼的问题与贝尔斯登的问题不同，贝尔斯登的危机是突发的，而雷曼兄弟资产损失披露已经有一段时间，那些本来会因为雷曼破产而陷入困境的机构应该有足够的时间对冲风险，清理交易。在权衡干预与担保的成本和收益之后，美国政府决定放弃对雷曼兄弟的救援。但是，美国政府没有估计到，雷曼兄弟曾经是华尔街五大投资银行之一，在雷曼破产之前，华尔街尚未出现一家投行的破产。而且美国政府的这一做法低估了当时主要大型金融机构行业之间在衍生品市场上的联动性，美国投资银行在衍生品市场的相互渗透已经达到了相当高的水平。实际上雷曼破产后在金融机构中所引发的连锁反应影响巨大。

1. 继发的信心危机

雷曼兄弟的破产标志着金融危机演变为空前的大范围的信心危机，这种信心危机在金融市场上的表现是金融机构大幅度调整资产组合，主要是在美元货币基金市场大量抛售，投向相对安全的美国联邦资产。机构投资者，主要是拥有美元债权的欧洲金融机构，从雷曼公布破产之日开始，在美国货币基金市场上大规模兑现美元资产。在随后的两天里，机构投资者兑现了 1420 亿美元的资产，相当于总的货币基金机构持有资产的 16%，其中的 540 亿美元投向了美国联邦基金市场。货币基金市场的大幅度套现殃及商业票据（CP）和大额存单（CD）市场以及其他短期、中期金融市场的稳定性。尽管2008年1月开始商业票据市场资金已经呈现持续流出，而伴随着雷曼破产，从2008年9月10日至10月22日，商业票据市场资金流出额高达3250亿美元，占到市场总额的82%（BIS 2009a）。

信心危机导致的资产组合大幅度调整的直接结果是主要金融市场剧烈波动。图1a，图1b，图1c分别显示从2007年6月至2009年5月信贷市场、股票市场、衍生品互换期权市场波动性的变化状况。从图1a中可以看出，2008年9月之后，美国和欧元区信贷市场的波动性指标大幅度上升，直到2009年3月才开始下降。而包括标普500、道指欧元股指和日经225在内的主要股市（见图1b），以及包括美元、欧元和日元在内的主要货币互换期权市场的波动性也发生了类似的变化（见图1c）。

图1a　美国和欧元区信贷市场波动性指标

资料来源：国际清算银行第79期年度报告，2009年6月。

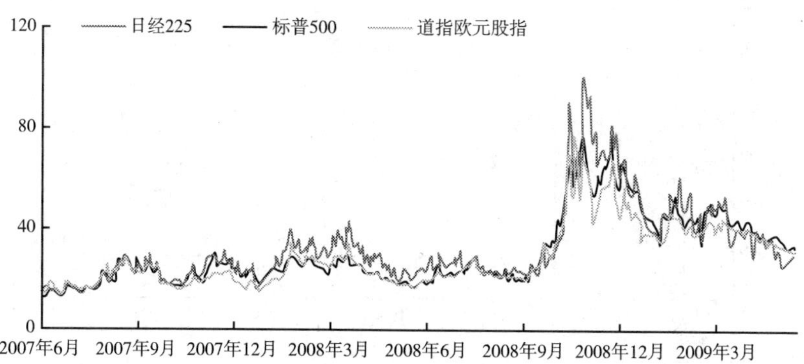

图1b　主要股票市场波动性指标

资料来源：国际清算银行第79期年度报告，2009年6月。

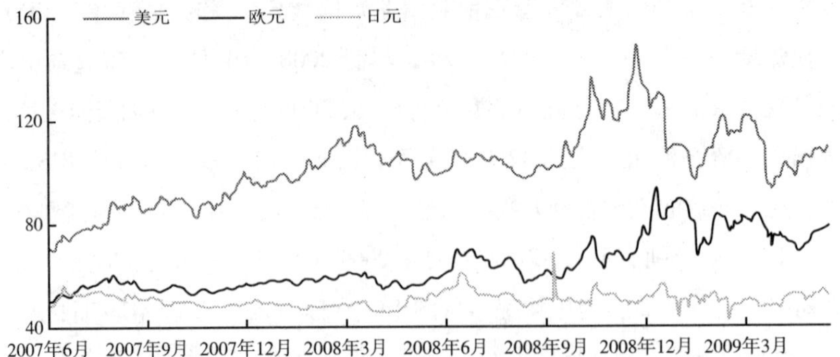

图 1c　主要货币互换期权市场波动性指标

资料来源：国际清算银行第 79 期年度报告，2009 年 6 月。

信心危机导致更多金融机构加入了可能破产的行列。图 2 显示在雷曼兄弟破产之后，美国、欧洲和日本金融机构贷款和证券减记额的变动情况。在雷曼破产后不久的 2008 年 10 月，美国金融机构资产的减记额为 14050 亿美元，而到了 2009 年 4 月，该数额增加了近一倍，达到 27140 亿美元。雷曼破产后，欧洲和日本等主要国家的金融机构也出现了巨额损失。到 2009 年 4 月，欧洲金融机构资产减记额为 11930 亿美元，日本金融机构资产减记额为 1490 亿美元。比较而言，美国金融机构的资产损失总额远远高于欧洲和日本。但是，以资产累计损失占总资产未偿额的比率（隐含的累计损失率）来看，由于美国金融机构资产总额要

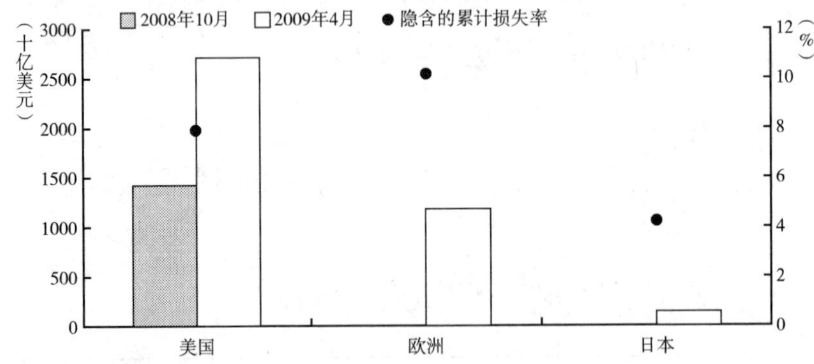

图 2　美国、欧洲、日本金融机构资产（贷款和证券）减记额和损失率

资料来源：见国际货币基金组织《金融市场稳定报告》，2009 年 6 月。

高于欧洲和日本，美国金融机构的损失要小于欧洲的金融机构。如图 2 所示，在 2009 年 4 月，欧洲金融机构隐含的累计损失率高达 10.2%，美国金融机构为 7.9%，日本为 4.3%。总之，到 2009 年 4 月，美、欧、日金融机构资产损失达 40403 亿美元，相当于资产总额的 7%（IMF 2009a）。

2. 坚定的干预立场

广泛的信心危机迫使各国政府坚定其联合干预的立场。政府干预的主要目标是通过提供流动性和担保迅速缓解金融市场的流动性短缺和心理恐慌，帮助金融机构清理资产负债表中的坏账，并且对有问题的机构进行重组。而实现这些目标的主要工具，首先是向市场注入资金，其次是提供担保，再次是放松货币和财政救援。另外，为了加大干预力度，主要发达国家经济体采用非常规的干预政策，比如信贷宽松和数量宽松等手段。2008 年 10 月的一轮注资、财政刺激和降息等干预措施并没有起到遏制危机的作用。而真正取得实质性进展是 2009 年 4 月在伦敦召开的 20 国集团峰会，各国政府协调一致，通过财政刺激和货币放松联合干预市场，同时通过增加资金等方式强化国际货币基金组织的救援能力。图 3 显示主要国家官方利率的变动情况。在雷曼倒闭之后，各国中央银行加大降息力度。从 2008 年 10 月到 2009 年 5 月，美联储 3 次降息，欧洲中央银行 7 次降息，英格兰银行先后 6 次降低利率，日本中央银行 2 次降息。一些主要国家的官方利率降到历史最低水平。其中，美联储联邦基金利率为 0.25%，欧洲中央银行再融资率为 1%，英格兰银行基本利率为 0.5%，日本银行隔夜利率为 0.1%。与此同时，各国纷纷推出财政刺激方案，预计 2009 年各国的财政刺激方案带来的财政刺激大幅度上升。与此同时，美国财政赤字将占 GDP 的 10.2%，日本、德国、法国、英国的预算赤字预计将分别为 6.8%、4.5%、6.6% 和 9.3%。财政刺激力度比较大的新兴市场国家，如中国和印度预算赤字也预计为 GDP 的 3% 和 7.2%（见图 4）。由于广泛有力的政府干预，2009 年以来银行间货币市场上的三个月 Libor 及隔夜指数掉期（OIS）利率已经下降到 2008 年 1 月之前的水平（BIS，2009b）。主要金融市场的波动性也基本恢复到雷曼兄弟破产前的水平。

3. 风险溢价波动

由于联合实施了财政与货币刺激措施，进一步衰退的风险已经下降，投资者行为已经从单纯地追求避险转向风险投资活动，风险容忍边际在上升。然而，美

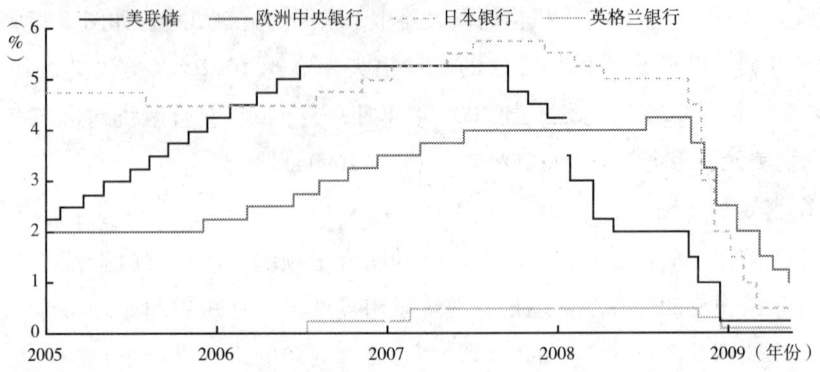

图 3　主要国家的官方利率变动（2005 年 1 月～2009 年 5 月）

资料来源：国际清算银行第 79 期年度报告，2009 年 6 月。

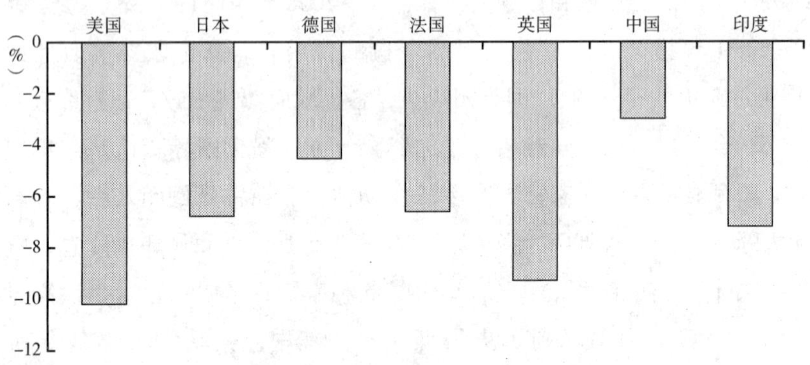

图 4　预算赤字占 GDP 比（2009 年预测数）

资料来源：国际清算银行第 79 期年度报告，2009 年 6 月。

国的债券市场收益率并没有像预期的那样恢复到前期水平，而是在走势相对平稳的同时呈现明显的波动特征。这些波动反映了市场对于经济前景和未来货币政策的态度。尽管越来越多的投资者认为最糟糕的经济时刻已经过去，但是这种复苏可能是渐进而脆弱的。同时，由于市场救助导致的政府债务规模的不断扩大，使得债券投资者重新权衡投资收益水平。例如，2008 年底以来债券收益率在经济向好消息的刺激下走强，但时不时传来的负面消息则将收益率向下拉。美国 10 年期联邦政府收益率在 2008 年 12 月探底，相比 2008 年 6 月下降了 168 个基点至 2.420%，随后逐步回升，2009 年 10 月达到 3.39%。欧元区长期债券收益率在经历了 2008 年 7 月的高点（4.815%）后，于 2008 年 12 月达到低点

(3.888%)，2009年10月相较前期高点下降了101个基点至3.801%。相较而言，日本长期国债的收益率相对稳定，尽管同样于2008年12月达到谷底1.165%，但2009年10月日本十年期长期国债相对于上年同期则仅下滑了7.5个基点至1.405%（见图5）。

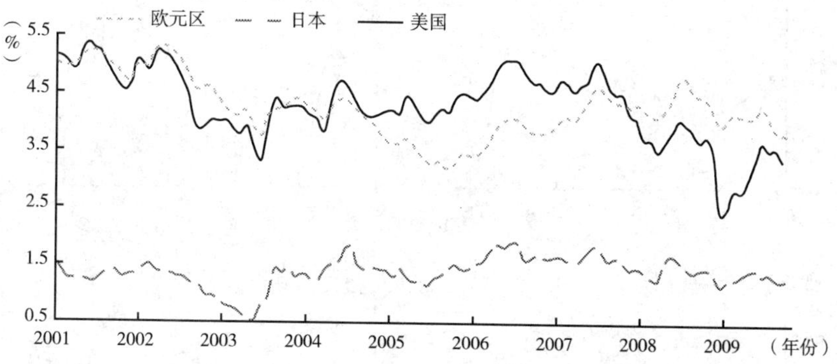

图5　美国、欧元区和日本10年期长期收益率
(2001年1月~2009年10月，月数据)

数据来源：CEIC。

未来金融市场的走势，将主要取决于各国政府刺激政策的退出策略是否能够平稳实施而不造成新的波动。公共债务水平的迅速上升导致市场对于各国财政可持续性的担心，低迷的利率水平以及超常规的数量宽松政策带来了未来通货膨胀的隐患。事实上主要国家的中央银行已经开始寻求退出策略。2009年8月12日，美联储金融救援计划满两周年，美联储宣布将在10月底前停止购买财政债券计划。该计划是为压低长期利率并间接减少家庭抵押贷款及公司借款费用所采用的措施之一。虽然，美联储不会很快停止大型紧急信贷项目，如抵押担保证券计划等。然而，此举可以认为是美联储已经进入观望期。

二　全球股市触底回升

从2008年底到2009年初，全球股市受以下几个因素的明显影响：全球经济进一步恶化且速度超出预期、公司盈利前景恶化、金融市场系统性风险加大、金融机构资产减记额迅速上升。全球股票市场延续2007年5月开始的跌势，进一步下跌。这一跌势一直延续到2009年2月。在此期间，美国标准普尔指数下跌了52%，欧元区道琼斯STOXX50指数下跌了56.2%，日本日经225指数下跌了57.7%，而新兴市场MSCI指数则下跌了50.8%（见图6）。

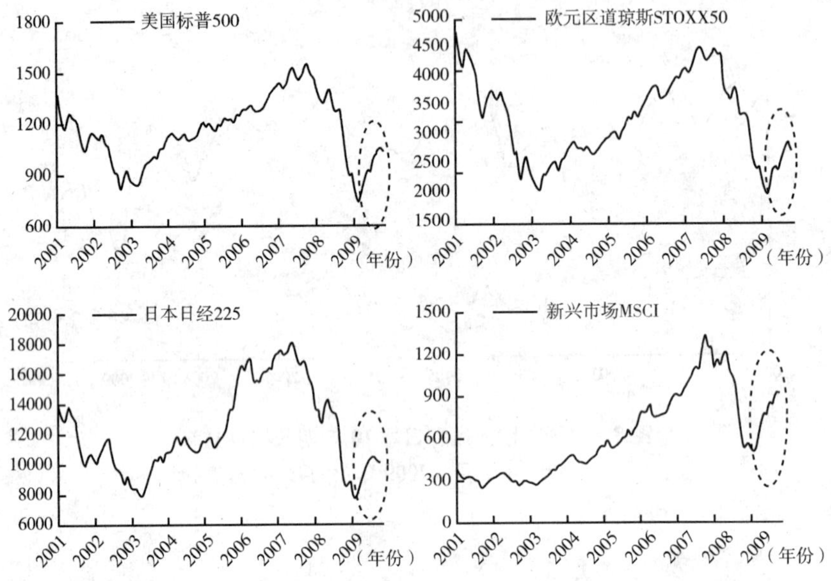

图6　美国、欧洲、日本和新兴国家证券市场走势
（2001年1月~2009年10月，月数据）

注：MSCI Emerging Markets Index（MSCI新兴市场指数）是一种自由浮动调整的市场资本化指数，包含25个新兴市场国家中最大和最具流通性企业的800多种领先证券，目前已经在芝加哥商业交易所（CME Group）挂牌交易（其在Reuters系统中代码为MSCIEF，在Bloomberg系统中代码为MXEF）。

数据来源：CEIC，mscibarra。

然而，2009年2月成为各主要指数走势的拐点，在随后的7个月中，主要的股票市场均出现持续的恢复。2009年10月相比同年2月，美国标普500指数上升了41%，接近2008年9月的水平。同期，欧元区道琼斯STOXX50与日本日经225分别上升了38.8%和32.6%。由于新兴市场受益于乐观的增长前景，风险投资者的投资意愿升高，使得股票市场价格迅速上升，8个月时间新兴市场MSCI指数上升了83.1%。

推动股指上行的主要原因，首先在于宏观层面经济恢复信号不断出现。其次，2009年第2季度企业盈利报告纷纷出现好转的迹象，而且主要金融机构在下一季度报表中依然会有优异的表现。正如之前金融机构的糟糕表现带领整个证券市场下行一样，现在整个市场也在金融机构的带领下上行。最后，从价格收益比率的走势可以看到，2008 年间，主要市场的指标都处于过去 20 年间最低水平，2009 年上半年有所回升，但仍低于 10 年前的水平（见图 7）。这表明这些股指代表的公司股票有很大的价格上升空间，成为推高股市的重要因素。

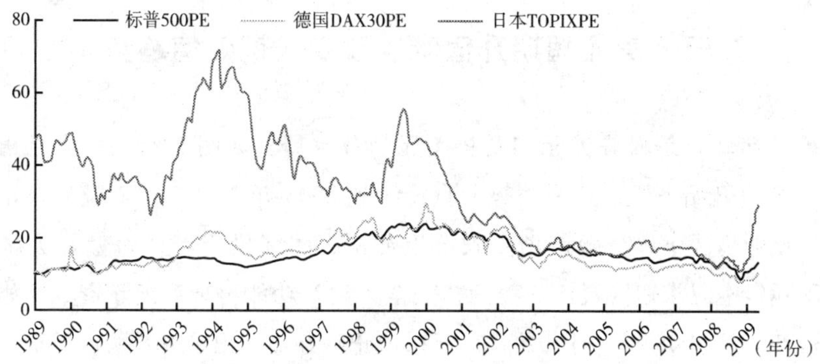

图 7　价格收益比率（P/E）（1989 年 1 月 ~ 2009 年 5 月）

资料来源：国际清算银行第 79 期年度报告，2009 年 6 月。

尽管目前证券市场近期表现乐观，但其触底后的反弹过程将会是脆弱而不稳定的。首先，全球经济是否从此步入全面复苏尚不可知，市场参与者对负面信号相当敏感。例如，在 2009 年 6、7 月间，由于公布的负面信息和数据而引致对经济复苏的质疑，主要的股票市场均出现了超常规的单日大幅下挫。由于经济复苏前景尚不明朗，投资者们对于市场前景的态度也出现了摇摆。其次，根据 BIS 的研究，主要的证券市场表现较之以前更多地受到中国经济信号的影响，因此中国经济的表现也对主要证券市场有着或正或负的影响，进一步增加了未来趋势判断的复杂性。最后，投资者对于刚刚遭受重创的银行业盈利能力的质量和持续性还存有疑虑。即使有正面信息出现，股市仍有可能给予负面的反应。例如，德意志银行 2009 年第 2 季度的净收入高出预期达到 11 亿欧元，但是由于其在上一季度的贷款准备金损失达到 10 亿欧元，该银行的股票在 7 月 28 日一天下跌了 11%。这一现象可能源于两方面的考虑：一方面银行业过去两个季度公布的收益很大程度上受到技术因素的影响，并不具有持续性，例如公允价值的变动等，还有部分收益实际上源于签单增加等；另一方面，投资者无法确定贷款准备金损失只是一

个短暂现象，还是可能意味着未来会面对更多的损失。

总之，金融机构、实业公司以及居民的资产负债失衡带来的调整仍在继续中，而股市的未来走势还将取决于全球经济复苏脚步。2009 年以来证券市场条件的改善，有助于金融机构重返市场，并降低了其对政府救助的需求。同时，主要股票市场恢复的同时也伴随着市场波动率的降低（BIS，2009b）。

三　美元短期升值难以改变长期贬值趋势

2002 年 2 月是强势美元和弱势美元的分水岭，如图 8 所示，美元指数从 2002 年 2 月开始下跌，这一跌势一直持续到 2008 年 3 月。在金融危机不断蔓延和深化的情况下，金融市场受到严重冲击，国际投资者风险偏好大幅度降低，国际资本寻求避险资产。美元“安全天堂”功能再现，国际资本开始驱逐美元资产。从 2008 年 3 月开始，美元币值止跌并显示出上升势头。然而，这种短期调整并没有改变美元长期贬值趋势。在美国大幅度推出财政刺激政策以及美联储采取数量宽松政策的影响下，美元币值从 2009 年 3 月开始再度掉头下跌。

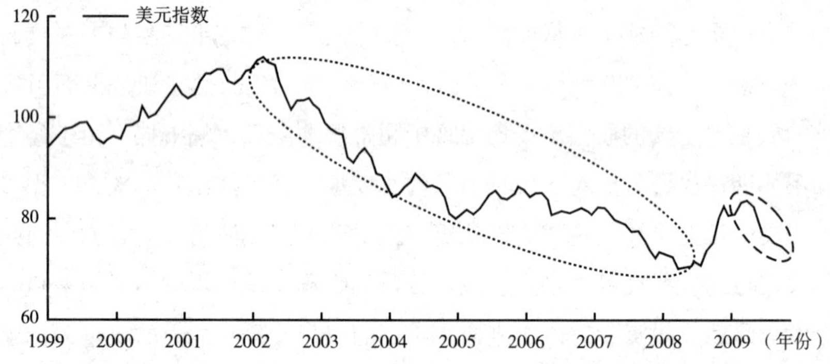

图 8　美元主要货币指数（1999 年 1 月～2009 年 10 月，1973 年 3 月＝100）

资料来源：美联储 FRB。

在对主要国际货币的双边名义汇率表现中，2008 年 7 月至 2009 年 3 月期间，美元避风港作用凸显，各国货币对美元都有不同程度的贬值，其中英镑贬值 40.4%。然而，从 2009 年 2 月份以来，欧元、日元、英镑相对美元均有不同程度的升值，这些币种在升值起始的时点上略有差异。其中，欧元对美元名义汇率升值开始于2009年2月（至2009年10月升值约13.7%），英镑对美元从2009年3月开始升值（至2009年10月升值约12.6%），而日元最后，其相对升值是在2009年4月开始（至2009年10月升值约8.6%）（见图9）。

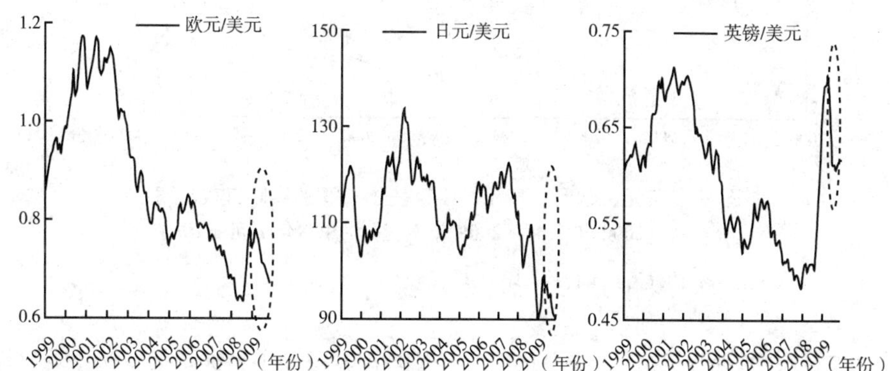

图9　欧元、日元、英镑对美元的双边名义汇率（1999年1月~2009年10月）

资料来源：http：//fx. sauder. ubc. ca。

参考多国名义汇率加权以及各国国内物价变动得到的实际有效汇率，可以更加清楚地体现不同国家相对购买力水平的变化。大体而言，在2002年之后美元与日元的实际有效汇率走势具有一定程度上的类似，2002~2008年均为贬值趋势。其中2002年2月至2008年4月美元贬值约25%，而日元同期贬值约14.6%。之后，两种货币均重拾强势，美元在2008年4月至2009年3月期间升值15.1%；而日元在2008年7月到2009年1月期间升值31.4%。2009年开始，则出现再次的回落趋势（见图10）。

英镑的实际有效汇率从2007年1月开始呈现颓势，一直到2009年3月重新有走强迹象。相对而言，欧元的表现较为强劲，从2000年10月开始到2008年4月，欧元升值36.6%，与这期间的美元和日元的表现形成强烈对比。尽管在2008年，欧元实际有效汇率略有起伏，但仍相对稳定。

金融危机引致的避险情绪成为短期美元走强的主要原因。由于经济增长前景持续恶化，2009年4月《全球金融稳定报告》预计，2007~2010年所有金融机构源于美国的资产减记数额约为2.7万亿美元，高于之前的预计，而全球风险暴

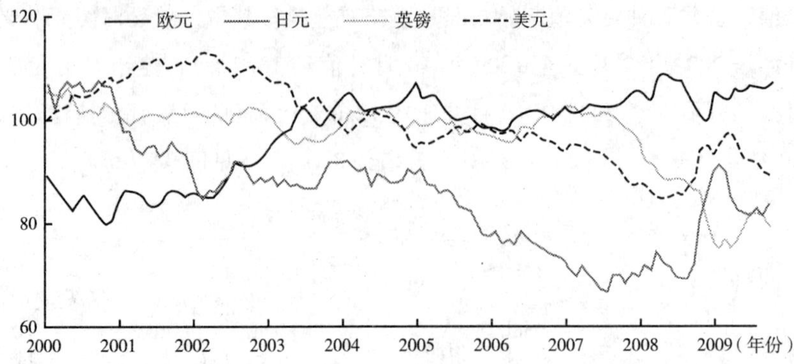

图 10　美元、欧元、日元、英镑基于 CPI 的实际有效汇率
（2000 年 1 月～2009 年 10 月，1999 年 1 月＝100）

资料来源：国际清算银行数据库。

露引致的预期减记总额约为 4 万亿美元（IMF 2009a）。不良资产的威胁以及机构清偿能力的不确定性使得私人资本纷纷出走，同时各地银行为避免新的风险而紧缩信贷，融资压力不断积累。由于外汇市场波动性明显增强，而主要经济体间的利差逐步减少，使得利差交易活跃程度明显下降。

然而，未来美元可能仍将继续长期的贬值趋势。首先，对于美元避险需求将逐步减弱。2009 年 3 月份以来，随着部分经济数据的回暖，投资者对于经济前景的预期逐渐发生改变，对于美元的避险需求下降使得美元重拾跌势。其次，对于美国政府的退出策略仍存在普遍的担心。为了应对此次危机，各国政府纷纷加大了对金融市场/体系的干涉程度。在雷曼倒下之后的四个月中，主要的发达国家经济体承诺了高达 40% 的 GDP 总量的救援计划（G20 国家平均承诺约 28%）（IMF 2009b）。而且，这些救援（干涉）的强度，推出速度，与救助形式之多样化都是前所未有的，尤其是美国政府对市场干涉力度大且速度快。这也使得投资者对于这些救市计划的退出策略心存疑虑，并对美元的长期走势显示出担忧。最后，作为世界主要的消费国美国在经历了此次危机后，居民和政府的行为决策发生了变化。这一方面体现在美国国民储蓄意愿的提高，另一方面，美国政府也在反思过去依赖高消费和金融服务业带来的问题。2005～2008 年美国的个人即期储蓄率为零，而 2009 年以来已经上升为 5% 左右。这一改变将意味着美国国民的消费水平在未来会有所抑制，而相关研究表明这种行为改变很可能将持续相当长的时间。同时，美国有可能向出口导向转变，从政策支持的角度而言，美元贬值显然是有利于这一转变的。因此，我们认为美元的总体趋势将会在长期内趋向走软。

四 国际融资规模收缩有所缓解

本次金融危机导致国际融资呈现大幅度收缩。银行资产负债表的普遍恶化，全球去杠杆化带来的信贷收缩，以及资产组合的大幅度调整等因素，极大地影响了国际资本的流动规模。

国际银行业在这场危机中深受冲击。国际银行信贷规模从 2008 年第 2 季度开始萎缩，在随后的时间里持续下降（见图 11）。到 2008 年第 4 季度，银行国际信贷未偿额从年初的 25.3 万亿美元降到 22.2 万亿美元。进入 2009 年，国际金融市场的紧张情绪有所缓解，银行资产负债表中的国际资产头寸萎缩幅度有所减小，特别是对非银行的贷款下降幅度减缓。2009 年第 1 季度，国际银行对非银行的债权比上个季度下降 2580 亿美元，减幅只是前一个季度的 25%（2008 年第 4 季度减幅为 1 万亿美元）。

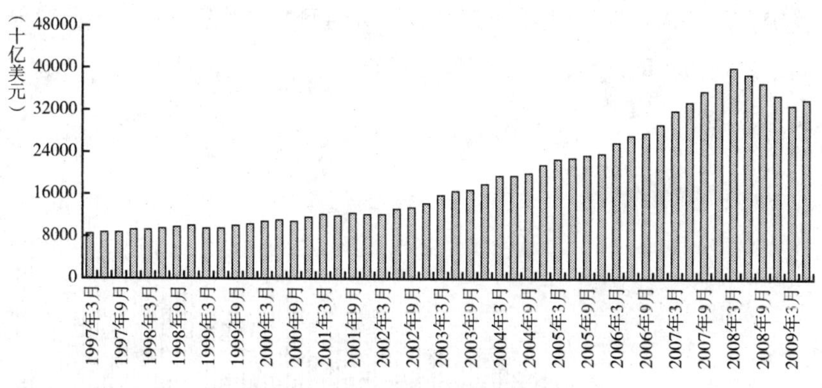

图 11 银行国际债权未清偿额

资料来源：国际清算银行数据库。

从银行贷款流向的地区分布看，国际银行债权在包括美国、英国、德国、法国、离岸市场和发展中国家在内的主要市场整体收缩（见图 12）。美国一直是国际银行债权流向的主要地区，但在危机初期，从 2007 年 9 月到 2008 年 6 月，英国曾超过美国成为国际银行债权主要流入地区。即便如此，到2009 年 3 月，只有发展中国家市场的银行债权流入恢复到2007 年 9 月的水平，国际银行对美国、欧洲和离岸市场的未清偿债权仍低于危机前的水平。

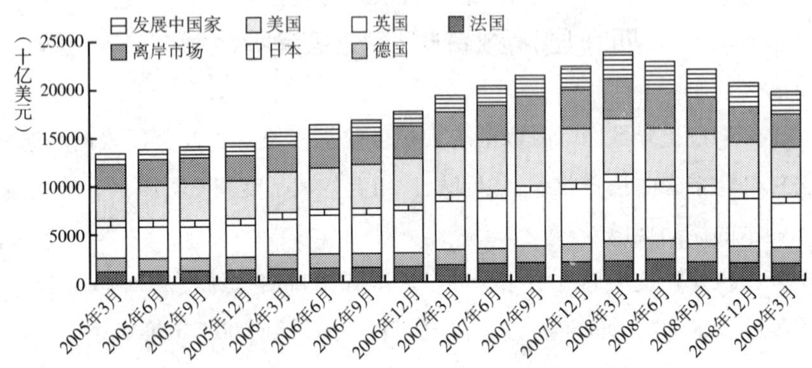

图 12　国际银行债权地区结构

资料来源：国际清算银行数据库。

国际负债证券融资额在 2008 年 6 月达到峰值，然而随着危机的蔓延和深化，在 2008 年第 3 季度出现大幅度下降。但在随后的几个月内负债证券融资额相对稳定，并且从 2009 年上半年开始有显著的回复（见图 13）。各国政府大规模的刺激计划和救助方案，在相当程度上刺激了国际负债证券市场的稳定和迅速恢复。

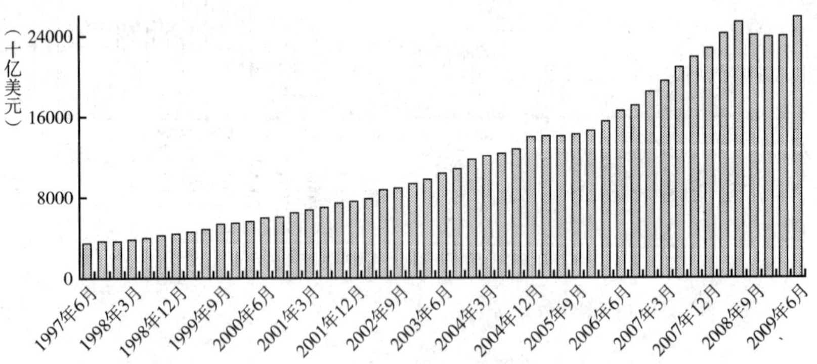

图 13　国际负债证券未清偿额

资料来源：国际清算银行数据库。

从部门构成看，金融机构一直是负债证券融资的主体，其次是公司部门，再次是政府机构，最后是国际组织。相比之下，如图 14 显示，金融部门负债证券融资恢复比其他部门要滞后一个季度。在 2009 年上半年，公司、政府和国际机构债权发行普遍开始增加。国际金融组织国际负债证券净发行在 2009 年上半年增加了一倍，成为带动国际负债证券市场复苏的重要动力。同时，政府债发行的增加，特别是在 2009 年第 2 季度中欧洲的希腊、西班牙、英国和法国政府发债的增加也带动了负债证券市场的恢复。金融机构负债证券发行在 2009 年第 2 季度也出现明显的增加，特别是欧洲金融机构的发行有显著的回升。

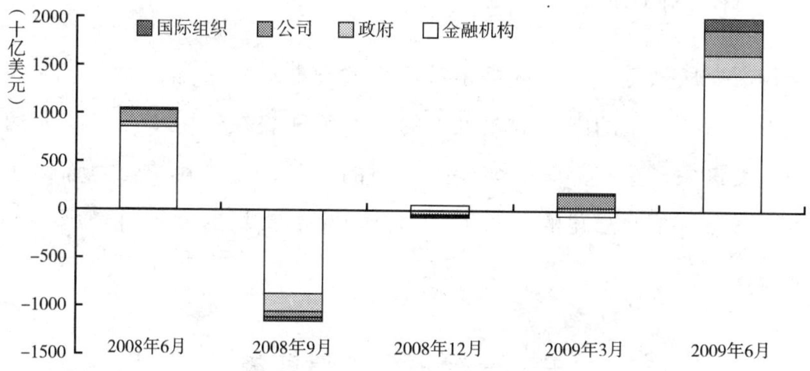

图 14　国际负债证券净发行部门构成

资料来源：国际清算银行数据库。

衍生品市场在持续多年的扩张之后于 2007 年第 4 季度开始出现大幅度波动（见图 15）。包括期货、期权和商品合约在内的金融衍生品周转额在 2007 年 9 月达到 2803 万亿美元，但是到 2007 年底，这一数额大幅度下降到 2378 万亿美元。在 2008 年一年中，衍生品市场大起大落，其主要产品交易的周转额曾在 2008 年 9 月达到 2894 万亿美元的峰值。但随着雷曼兄弟的破产，金融机构在衍生品市场上的高度关联交易发生连锁反应，衍生品市场周转额随之大幅度连续萎缩了两个季度，直到 2009 年第 2 季度才有所恢复，达到 2411 万亿美元。其中，与短期利率相关的衍生品以及与美元相关的利率产品增长较快。而利差交易在经历了低迷期后，于 2009 年第 2 季度在一些非美元货币中开始活跃。

衍生品市场的发展与金融危机进程密切相关。2009 年第 2 季度以来，由

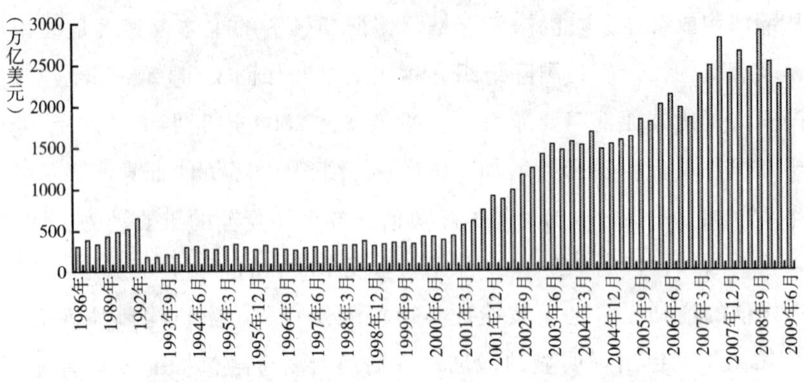

图 15　衍生品市场周转额（期货、期权和商品合约）

资料来源：国际清算银行数据库。

于市场信心有所恢复，经济危机止跌回稳的预期有所增加，加上在各国政府救助之下，一些大型的国际金融机构的资产负债表在经历了一定时期的调整后出现恢复迹象，这些都对市场风险偏好的回升产生了影响。然而，在全球范围内金融监管不断强化的背景下，预计衍生品市场的发展将经历一个不稳定阶段。

五　金融市场前景展望

在此次以次贷危机为导火索的全球性金融危机中，国际金融市场体现出如下几个基本特征：随着金融全球化的不断深入，金融市场间的全球性连锁反应明显增强；这种连锁反应使得全球金融市场变得愈加脆弱，市场过度反应带来的影响也更加严重；国际联合救助行动十分必要，而行动的反应速度和正确性将决定危机影响金融市场的深度和广度。

尽管在各种刺激措施下，国际金融市场已经展露出触底回升的态势，但这一恢复过程将会是敏感而不稳定的。首先，由于面临的挑战和刺激政策的区别，各国经济的恢复速度和程度充满了不确定性。作为世界主要的经济引擎，美国经济的复苏道路依然艰难曲折，过去长时期的透支消费积重难返。其次，如何确定合适的时点和方式，退出各种救市政策，将会是未来各国政府面临的严峻考验。过早退出可能会导致经济再度陷入衰退，过晚退出不仅增加政府成本，同时也会埋下严重通胀的隐患。最后，金融市场上影响投资者情绪的因素也越来越多样化。对经济前景的不同预期，对政策措施的不同判断，以及对于新兴市场不同的关注程度都决定了不同的投资策略和市场趋势。从目前的情况来看，金融机构的去杠杆化过程已经基本完成，① 投资者的风险偏好呈现回升趋势，但在中短期内很难恢复到危机发生前的水平。

参考文献

BIS (2009a), 79th Annual Report, June 2008.

BIS (2009b), Quarterly Review: International Banking and Financial Market Developments, September 2009.

IMF (2009a), Global Financial Stability Report, October 2009.

IMF (2009b), Fiscal Implications of the Global Economic and Financial Crisis, *IMF Staff Position Note*, June 2009, http://www.imf.org/external/pubs/ft/spn/2009/spn0913.pdf, and forthcoming IMF Occasional Paper.

刘奥琳、肖红：《美国去杠杆化完成了吗?》，CCIC 宏观经济报告（海外经济体），2009 年 9 月。

International Financial Market: Developments and Prospects

Gao Haihong, Huang Wei

Abstract: International financial markets appeared to be stabilized in 2009 by joint interventions of major governments and international organizations. Global financial crisis turned to be ended and confidence in the markets started to recover. In response to conventional and unconventional measures taken by the governments, markets finally showed positive signals, such as, investors' risk tolerance upwards, market risk

① 截至 2009 年第 2 季度末，金融部门杠杆率已从 2008 年初的峰值下降了 26%，回到 1979 年第 3 季度的水平，大幅低于 30 年历史平均杠杆率（刘奥琳、肖红，2009）。

premium receded, equity markets continued to recover and the US dollar appreciated in the short-term on foreign exchange markets. International banking, debt securities and derivative markets have been improved as well. The main forces behind the development of international financial market in the next year lie in the success of exit strategy of major countries' stimulus packages and the recovery of real economy.

Key Words: International Financial Market; Financial Crisis; Stock Market; Exchange Rate

国际直接投资形势回顾与展望

张金杰*

摘　要：受金融危机和世界经济衰退的影响，全球外国直接投资（FDI）流入规模在2009年降到了1.2万亿美元以下。为了吸引国际投资，有更多的国家实行对外国投资更加有利的政策。中国企业海外并购活动依然十分活跃。按照近年来中国企业对外投资速度显著加快和外商直接投资流入增速趋于放缓的状况，在未来几年中，中国FDI完全可能将第一次出现流出规模超过流入规模的情况。

关键词：外国直接投资　并购　跨国公司

在金融危机的影响下，全球外国直接投资（Foreign Direct Investment，FDI）规模在2003～2007年持续增长之后，从2008年起便开始不断下降。同时，全球企业并购交易规模也结束了多年连续增加的势头。这种形势一直延续到2009年。在国际直接投资规模下降的形势下，中国企业海外并购保持十分活跃的态势。

一　全球外国直接投资概况

（一）FDI流入规模连续两年呈现下降形势

2007年，全球FDI流入达到了1.98万亿美元的历史最大规模。但是，到了

* 张金杰，中国社会科学院世界经济与政治研究所副研究员，主要研究国际直接投资、企业并购等问题。

2008 年，连续多年的增长势头开始出现逆转。2008 年，全球 FDI 流入规模仅为 1.7 万亿美元，同比减少了 14%。进入 2009 年后，全球金融危机对国际直接投资的负面影响开始更加明显地体现出来，尤其是在第 1 季度。根据联合国贸发会议（UNCTAD）对 96 个国家的统计数据的跟踪，这些国家的 FDI 流入量比 2008 年同期下降了 44%。在这种背景下，无论是 UNCTAD 还是 OECD，均对 2009 年的国际直接投资做出了大幅降低的预测。预计这一年的全球 FDI 流入总规模将低于 1.2 万亿美元（见图 1）。①

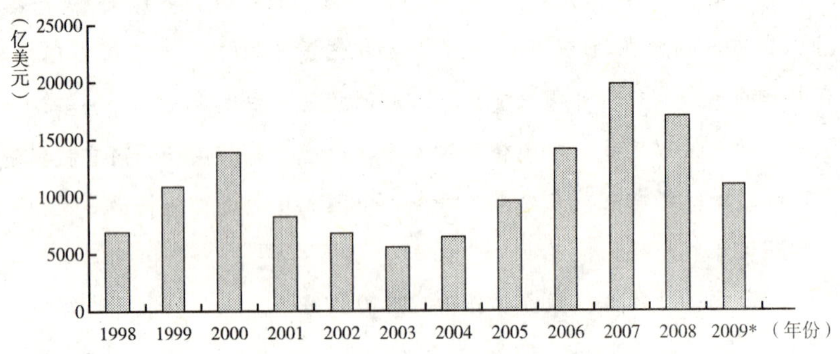

图 1　1998 ~ 2009 年全球 FDI 流入规模

* 2009 年为预计数。

资料来源：根据 UNCTAD 历年 *World Investment Report* 制作。

（二）发达国家的 FDI 流量减少是导致全球外国直接投资减少的直接原因

发达国家的国际资本流动经历数年的增长之后，在 2008 年开始发生变化。在这一年，以发达国家为主的 OECD 成员国，在总体上，无论是 FDI 的流入还是流出，都较上年有较大的减少（见表 1）。

2009 年，伴随着全球金融危机负面影响的继续扩大，作为危机源头的发达国家尤其是美国，FDI 流动规模更是进一步下降。在 2008 年底和 2009 年初的几个月，发达国家在 FDI 流入量的三个组成部分，即股本投资、其他资本（主要是公司内借贷）和再投资收益，均出现大幅下降态势。随着跨国并购的下降，股

① UNCTAD, *World Investment Report 2009*, p. 18.

表 1　2007～2008 年 OECD 主要成员国 FDI 流动状况

单位：10 亿美元

	流入			流出		
	2007 年	2008 年	变动(%)	2007 年	2008 年	变动(%)
澳大利亚	44	47	7	17	36	113
加拿大	108	45	-59	60	78	30
法国	104	97	-7	169	200	18
德国	56	25	-25	80	156	-13
意大利	40	17	-58	91	44	-58
日本	23	24	4	74	128	74
卢森堡	186	80	-57	251	104	-59
荷兰	118	-9	-100	29	53	83
西班牙	69	65	-5	139	77	-44
英国	183	96	-48	276	110	-60
美国	276	320	16	399	332	-17
OECD 总计	1583	1021	-35	2024	1631	-19

资料来源：UNCTAD。

本投资随之有所减少。而国外子公司的利润下降导致再投资收益下降，从而造成 2009 年第 1 季度发达国家 FDI 流出量下降 46%。图 2 显示 OECD 在过去 10 年中的变化趋势。按照已公布的官方统计数据，2008 年第 4 季度，流入美国的 FDI 规模尚为 920 亿美元，而到 2009 年第 1 季度则骤然降到 333 亿美元。①

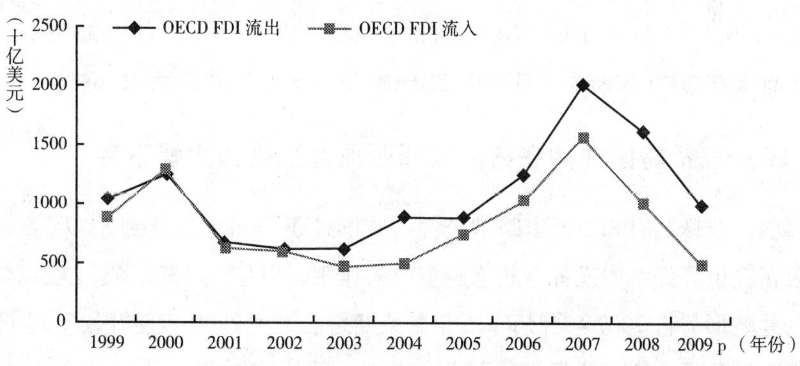

图 2　1999～2009 年间 OECD 外国直接投资流出入状况

① UNCTAD, *World Investment Report 2009*, p. 41.

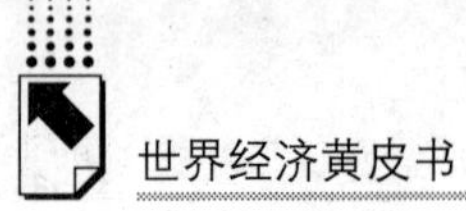

（三）发展中国家吸收 FDI 的多年增长趋势出现逆转

2008 年，金融危机使得国际直接投资格局发生很大的变化，尽管流入发达国家的 FDI 规模下降幅度很大，但发展中国家尤其是新兴经济体却成为一大亮点，吸收的 FDI 规模有一定的增长，在全球 FDI 流量中所占比例也有所上升。然而，随着金融危机滞后效应的逐步显现，2009 年，流入包括新兴经济体在内的发展中国家的 FDI 规模，同样也有很大程度的下降。

首先，作为多年来接受 FDI 最多的发展中国家，中国吸收的外商直接投资规模明显减少。2009 年上半年，我国实际利用 FDI 为 430 亿美元，同比下降 17.8%。直到 8 月份，中国吸收实际外国直接投资（FDI）才第一次实现年内首次单月增长，达到 74.99 亿美元，同比增长 7%。尽管如此，从全球国际投资形势和中国上半年 FDI 流入状况分析，2009 年全年吸收外国直接投资同比下降将是不争的事实。

其次，对于其他重要新兴经济国家而言，同样大都出现 FDI 流入下降的情况。例如，作为拉美最大的经济体，流入巴西的 FDI 在 2009 年 1～7 月仅为 140 亿美元，比上年同期减少 60%。按照巴西央行预测，2009 年全年巴西可能将吸收 250 亿美元外国直接投资，比上一年创下的 450 亿美元历史纪录减少 44.5%。①

此外，印度、越南、委内瑞拉等其他发展中国家吸收外资均在下降。例如，印度 2009 年 1～7 月 FDI 流入规模比上年同期下降 56.5%，仅为 35.2 亿美元。同样，越南在 2009 年前 8 个月吸引 FDI 104 亿美元，同比锐减 81.6%。

（四）包括跨国并购在内的全球企业并购规模大幅下降

目前，全球共有 8.2 万家跨国公司，其国外子公司也已达到 81 万家。这些跨国公司在世界经济中发挥着越来越重要的作用。但是，以跨国公司为主体的全球跨国并购形势自 2007 年经历了五年繁荣期之后，到 2008 年便开始呈现下降趋势，进而导致了全球 FDI 规模的下降。当然，不言而喻，在全球金融危机的大形势下，整个全球企业并购形势已经远不如过去几年那样活跃，全球企业并购规模

① 《巴西吸收外国直接投资下降》，新华网，2009 年 7 月 29 日。

也陷于总体下降的趋势之中。2009 年 1 ~ 8 月，全球宣布的并购交易额下滑到 1.4 万亿美元，较上年同期减少 32%。其中，作为全球最重要的并购市场，发生在美国的企业并购交易规模呈现明显减少的态势。据 Dealogic 的数据，2009 年 1 ~ 8 月，美国的交易额下降 35%，仅为 4482 亿美元。①

作为全球另一个重要的直接投资流出国家，日本虽然在 2008 年海外并购额达到创纪录的 760 亿美元，但这一增长趋势 2009 年却迅速出现了逆转。根据著名的并购咨询公司 Dealogic 公布的统计数据，日本企业 2009 年 1 ~ 7 月的海外并购额较上年同期下降 66%。②

当然，值得关注的是，伴随着 2009 年第 3 季度世界经济停止下滑的趋势日渐明朗和投资者信心在一定程度的恢复，发生在美国、欧洲的企业并购活动出现明显的活跃迹象，超过 10 亿美元的大宗并购交易开始有所增多。③ 但是，应该说，这些情况还不足以改变包括跨国并购在内的全球并购规模较 2008 年减少的趋势。

更值得关注的是，以资源寻求型为主的中国企业海外并购在 2009 年也进入了一个新的高潮，并日益引起国际社会的极大关注。这一点将在下文中详细介绍和分析。

（五）资源开发、金融、制药及城市服务业成为国际资本的主要投资领域

2009 年虽然国际直接投资及其跨国并购的总体规模不大，但不等于说并购交易陷于清淡。实际上，全球范围内的企业间分分合合是经常的事情。在很多领域，包括矿产资源开发、金融保险等领域，跨国并购活动依然十分活跃，有很多投资亮点引发国际关注，只不过这些个案大都远远小于过去动辄数百亿美元的交易规模而已。其中，2009 年 3 月，瑞士罗氏公司以 467 亿美元成功收购美国的 Genentech 公司，成为截至 2009 年上半年最大的跨国并购案（见表 2）。

---

① M&A Revival Seen In Three Recent Deals, By Jeffrey McCracken and Stephen Groce, *The Wall Street Journal*, Sept. 2, 2009.

② Japan's Domestic Bliss?, By Tor Ching Li, *The Wall Street Journal*, August 6, 2009.

③ Is M&A on a Slow Upswing?, By Ben Steverman, *Business Week*, August 31, 2009.

表 2　2009 年 1～6 月全球 10 大跨国并购交易案

时间	收购方			被收购方			交易额	收购
	企业名称	国别	所在行业	企业名称	国别	所在行业	(百万美元)	股权(%)
2009.3	罗氏制药	瑞士	制药	生物科技集团	美国	制药	46695	100.0
2009.1	Electricite de France SA	法国	公用设施	英国能源	英国	公用设施	15400	99.6
2009.6	Enel SpA	意大利	公用设施	Endesa SA	西班牙	公用设施	13470	92.1
2009.5	BNP Paribas SA	法国	金融	Fortis Bank SA/NV	比利时	金融	12765	54.6
2009.2	Macquarie Group, etc.	加拿大	金融	Puget Energy Inc U.S.	美国	公用设施	6717	100.0
2009.4	巴斯夫	德国	化学	Ciba Specialty Chemicals	瑞士	化学	4549	95.9
2009.3	Advanced Technology Investment	UAE	金融	Advanced Micro-Mnfg Facilities	美国	电子设备	36006	65.8
2009.5	ENI G&P Belgium Sp A	意大利	公用设施	Distrigaz	比利时	公用设施	3174	100.0
2009.3	NTT	日本	电信	塔塔电话服务	印度	电信	2655	26.0

资料来源：JETRO（2009），*JETRO White Paper on International Trade and Investment*。

由于金融危机造成的巨大冲击，在全球许多产业出现不景气的背景下，被迫将自身企业资产“贱卖”的情况可谓司空见惯，而多家投资者争相竞购一家企业的事例同样屡见不鲜。以金融业为例，2009 年 9 月，英国汇丰银行将出资 10 亿英镑竞购荷兰国际集团（ING）的私人业务；而新加坡星展银行和瑞士一家名为 Julus Bear 的私人银行也可能参与此次竞购。又如，2009 年 8 月，澳新银行宣布，该行将支付 5.5 亿美元，收购苏格兰皇家银行在新加坡、中国台湾、印尼、中国香港、菲律宾及越南的业务。①

在资源领域，包括中国企业在内的跨国公司在该领域的投资活动依然十分活跃，只不过由于国际能源市场价格和企业股票价格都远低于过去几年，故此这些并购交易的规模自然也相对较低。在其他领域，依然有一些值得关注的并购项目，如美国著名电脑企业戴尔公司宣布，将以每股 30 美元现金要约收购佩罗特

① 付碧莲：《全球金融业并购高涨》，2009 年 9 月 8 日《国际金融报》。

发行的全部A类普通股；又例如，德意志电信和法国电信计划合并英国的移动电话业务，合资企业将拥有英国37%的市场份额，并将创建英国最大的移动电话运营商，以缓解欧洲竞争最激烈的移动市场的压力。至于2009年9月美国食品业巨头卡夫公司（Kraft）宣布167亿美元报价收购著名英国食品公司（Cadbury）。无论这桩并购最终能否成功，但其至少对于投资者恢复并购信心起到一定的推动作用。①

二 国际直接投资中一些值得关注的现象

（一）世界经济形势迫使企业持谨慎的国际投资策略

在2007年以前的几年中，正是由于世界经济取得连续多年的稳健增长，才为各国企业从事跨国经营活动创造了扩大投资的良好环境。例如，美国作为世界经济的火车头，其在2002～2007年的五年中，主要经济指标都显示出其经济的相当稳健的增长。例如，其年均GDP增长3.1%，并实现了低通胀高就业（失业率仅为4.6%）。但是，次贷危机引发了世界经济陷于自20世纪30年代大萧条以来的最严重经济危机，国际直接投资环境从2007年下半年就开始有所转变。

2008年以来，美国的经济危机逐步蔓延至欧洲，继而扩展至发展中国家，并从全球的资本市场扩展到实体经济。可以说，在2008～2009年间，世界经济发展乃至国际直接投资都经受着严峻的考验。在低迷的经济和全球商品市场需求普遍下降的大背景下，即使是经营状况尚好的跨国公司也不得不先作壁上观，对海外的投资扩张持格外谨慎态度。在此情形下，全球FDI总规模的萎缩自然便是顺理成章的无奈结果了。

（二）全球企业整体盈利状况不佳

金融危机和世界经济衰退对全球各个产业以及各大企业都造成了严重影响。

---

① In Europe, Kraft Lifts M&A Rebound Hopes, by Barbara Kollmeyer, *The Wall Street Journal*, Sept. 21, 2009.

这种负面的严重影响体现在利润下降，撤资、裁员增加以及被迫重组等方面。根据联合国贸发会议的初步估计，2008 年大型跨国公司的国际化速度明显下降，其整体利润下降了 27%。[①]

在 2009 年第 2 季度，美国和欧洲企业与上年同期相比的业绩均表现得很不理想。其中，美国、英国和欧元区分别有 19%、21% 和 26% 的企业业绩不尽如人意，而德国甚至有 1/3 以上的企业第 2 季度业绩低于市场预期。[②]

企业整体经营业绩的下滑也直接导致资本市值的下降。英国《金融时报》发布的 2009 年全球 500 强企业排行榜显示，上榜企业的总市值从上年的 26.8 万亿美元锐减至 15.6 万亿美元，跌幅达 42%，而进入该排行榜的企业门槛也从 193 亿美元降至 101 亿美元。而从行业上看，损失最大的是金融领域。银行业总市值不仅缩水过半，而且有不少欧美金融类企业跌出榜外，包括美国国际集团 AIG、美林等。在下滑幅度较大的前 25 家企业中有 5 家银行和 5 家保险公司。[③]

正是由于全球性金融危机并由此产生的经济不景气，使得企业业绩大幅度下滑，进而才导致大企业特别是巨型跨国公司降低了对外直接投资的意愿和能力。例如，2009 年丰田（Toyota）已削减了本土一半的产能，随着美国汽车销量暴跌至 1976 年以来的最低水平，丰田计划关闭一条装配线，也是丰田 72 年历史上首次。

（三）一些国家纷纷出台有关 FDI 的新政策

近两年来，许多国家结合自身经济发展情况纷纷调整自身的外资政策。这当中，既有因 FDI 急遽减少导致国内经济下滑而制定鼓励外资流入新政策的，如降低 FDI 进入门槛、减征企业所得税等；也有出于国家经济安全等方面的考虑而出台投资保护主义措施的。不过，总体而言，国际总体趋势仍然是更加开放，包括降低外国直接投资的门槛和降低企业所得税。联合国贸发会议《关于外国直接投资的国家法律和法规改革年度调查》显示，2008 年全年颁布了 110 项有关外

---

① UNCTAD, *World Investment Report 2009*, p. 27.

② Eurozone Business Trails Us and Uk, By Richard Milne in London, *The Financial Times*, August 17, 2009.

③ *The Financial Times*, May 29, 2009.

国直接投资的新措施，与2007年相比，其中有85项更加有利于外国直接投资，而不太有利于外国直接投资的措施的比例保持不变（见表3）。

表3　2000～2008年国家FDI政策的变化

年　　份	2000	2001	2002	2003	2004	2005	2006	2007	2008
实行改革的国家数目	70	71	72	82	103	92	91	58	55
管理规定变化数目	150	207	246	242	270	203	177	98	110
更有利	147	193	234	218	234	162	142	74	85
更不利	3	14	12	24	36	41	35	24	25

资料来源：UNCTAD，*World Investment Report*，2009。

三　中国企业海外并购的机遇与风险

（一）2009年的海外投资状况

在金融危机和世界经济陷于低迷的背景下，由于大量企业因陷于经营困境而希望出售资产，所以并购对象正变得唾手可得，使得并购交易谈判变得比以往更加容易。在这种国际投资大环境下，有关中国企业在海外“抄底”的状况日益引起国际社会的广泛关注。

进入2009年后，与全球跨国并购规模增速骤减的大环境相反，中国企业海外并购的增长势头依然持续。同时，资源开发领域的并购活动不仅频繁而且因其交易规模较大（见表4），更是引起国际社会的广泛关注。可以肯定的是，以资源寻求型为主的中国海外直接投资规模在2009年可能将达到一个新的高峰。

在这一年中，尽管中国铝业公司在年初以195亿美元的报价收购力拓部分股权的方案未得实现，但以中石油、中石化、五矿集团为主的中国能源企业在国际市场频频出手并完成一些收购活动，例如，2009年8月，中石化宣布，以每股52.8加元的价格成功完成对Addax公司的要约收购，其交易总金额高达83.2亿加元（约合75.6亿美元）。该宗并购案不仅是迄今为止我国公司进行海外资产收购最大一笔成功交易，而且该并购案也是2009年第2季度全球国际能源领域的最大并购案。

表4　2009年中国企业宣布的海外并购主要交易案

时　间	并购方	被并购方	交易额（亿美元）	收购股权（%）	交易结果①
2009.2	五矿集团	OZ Minerals	13.86	100	已完成
2009.2	中国铝业公司	力拓公司（澳大利亚）	195	18	未完成
2009.5	吉恩镍业	Metallica（澳大利亚）	0.0397	19.95	已完成
2009.7	苏宁电器	LAOX公司（日本）	不详	27.36	待完成
2009.8	中石化	Addax公司（瑞士）②	75.6	不详	已完成
2009.9	中石油	新加坡石油有限公司	10.2	45.51%	已完成
2009.9	中石油	阿萨巴斯卡油砂公司（加拿大）	17	不详	待完成
2009.9	中化集团	埃默拉尔德能源公司③	8.76	100	待完成
2009.9	广东核电集团	Energy Metals（澳大利亚）	1.03	70%	待完成
2009.9	辽宁高科能源集团	EVATECH（日本）	0.499	100	已完成
2009.9	东软集团	SESCA（芬兰）三家子公司	0.18	100	已完成

注：①至2009年9月；

②该公司油气资产多集中在非洲等地；

③该公司为马恩岛注册的伦敦公司，其油气资源多分布于中东及拉美地区。

资料来源：中国并购交易网（www.mergers-china.com）及其他国内外主要媒体。

（二）中国企业海外投资规模增长的客观必然性

目前，中国对外直接投资发展路径，完全符合约翰·邓宁（John. Dunning）及内热拉（Narula）在过去30年中提出并完善起来的投资发展轨迹（Investment Development Path）理论。

按照投资发展轨迹理论，当一个国家进入经济发展的某一阶段后，其吸收的外来直接投资增长率开始放慢和对外直接投资增长率开始加速，并且对外直接投资规模接近并可能超过外国直接投资流入规模。应该说，这种理论所描述的一国直接投资演变正是中国改革开放至今30年的实际状况。在20世纪80年代，中国对外直接投资规模平均每年仅为4.53亿美元，而到了90年代平均每年为23.23亿美元。进入21世纪后，以中石油等能源公司为代表的中国企业近年来频频在国际市场出手，使得中国对外直接投资规模连年快速增长。具体而言，如果不包括金融业的海外投资，那么，中国FDI流出从2003年的28亿美元骤升至2004年的55亿美元，进而在2008年达到407亿美元。如果加上2008年115亿美元的金融业对外投资，那么，这一年的中国海外直接投资总额达到了522亿美元的历史最高纪录（见图3）。

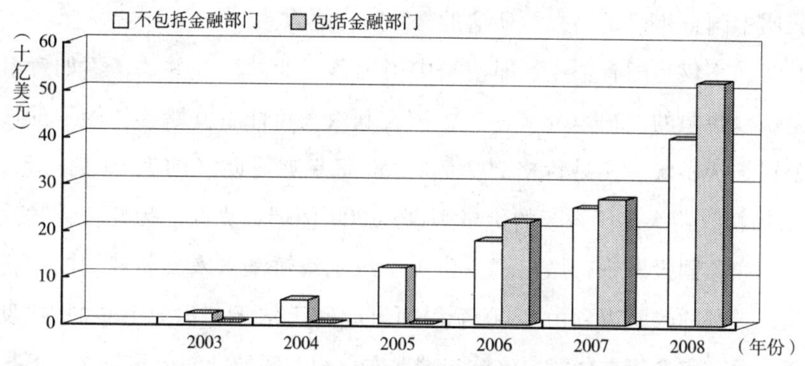

图3　2003～2008年中国海外直接投资规模

资料来源：OECD。

相比于FDI流出规模的快速增长，近年来中国吸收外商直接投资的规模增速却呈现下降态势。在这种趋势下，可以预见，在今后不长的时间里，对于中国的国际直接投资流动而言，对外直接投资规模完全可能第一次历史性地出现流出大于流入的状况。这也正是中国进入邓宁所阐述的经济发展进入第三阶段后应有的对外直接投资特征。

（三）中国企业海外投资的风险防范

中国经济多年来的快速发展，使得我国近年来对外直接投资呈现加速的趋势。许多西方企业在金融危机的巨大冲击下，开始面临经营困境，于是，纷纷向不受现金掣肘并密切关注国际投资市场的中国企业伸出橄榄枝。不容否认，金融危机给本来就将加速“走出去”的中国企业带来了更大的机遇。

但是，福兮祸所伏，祸兮福所倚。总体来看，在过去20多年特别是近年来的海外投资过程中，中国企业已经积累了很多经验教训。对于海外投资包括政治风险在内的国家风险而言，这是任何跨国公司都可能面临的问题，更何况对于来自新兴市场经济国家并有着独特的东方文化的中国企业，其海外投资风险之大是可想而知的。在中国对外直接投资总规模中，由于国有企业的投资额占绝大部分比重，使得一些国家政府及其社会对这些中国企业的政治背景、收购动机和公司治理结构等方面存有很大的担心，中国企业海外投资因此而遭遇挫折的案例已是屡见不鲜。从2005年中海油并购美国尤尼科的失败到2009年中铝并购力拓案，均已表明中国企业“走出去”所遇的国际阻力之大。

其实，不仅是国有企业，即使是中国民营企业的海外并购，不如意事情之多也是难以想象的。2009年8月，中国吉利汽车可能将并购福特旗下的瑞典沃尔沃公司，沃尔沃的交易价格200亿~250亿瑞典克朗（约为30亿美元），而10年前福特收购沃尔沃轿车的价格则高达500亿瑞典克朗。为此，吉利汽车还聘请了一家英国投资银行做出了一份关于沃尔沃轿车未来发展规划的报告。尽管如此，吉利的收购遭到由1800工程师组成的沃尔沃工程师工会的强烈反对。该工会表示，它希望本公司应该被与瑞典文化相关联的欧洲公司收购，而被中国企业收购将不利于公司从供应商那里获取关键技术。更关键的问题是，沃尔沃工程师工会的态度得到了瑞典政府的支持。[①] 因此，这桩民营企业巨资跨国并购最终达成交易的可能性不大，即使完成并购，其未来面临的经营风险也是不言而喻的。

如何认识中国企业海外并购所遇到的一些风险，是一个十分复杂的问题。曾经长期坚持执行海外扩张战略并取得很大成功的海尔集团，现已决定暂时停止海外收购活动。究其原因，张瑞敏的一席话可视为做了部分的诠释。张瑞敏说：“为什么我们现在变得更加谨慎？原因之一是，我们仍缺乏在跨国兼并之后整合两种不同文化的能力。”[②]

（四）难于界定的并购成功标准

受主客观因素的影响，中国海外投资进入了快速发展的新阶段。但是，历史机遇的到来还需有把握机遇的能力。过分夸大机遇的做法固不可取，而危言耸听地过分夸大风险并因此裹足不前的做法，同样不可取。

值得关注的是，由于近年来常常出现如四川腾中重工机械有限公司并购美国悍马（HUMMER）之类的“蛇吞象”案例，引发了国内学术界与媒体的广泛争议，甚至提出各种所谓的并购成功标准来衡量这类并购，借以作为品评这些案例的理论依据。

---

① 《沃尔沃轿车公司工会称不希望收购者来自中国》，2009年8月15日《北欧时报》。

② Haier to Focus on Marketing Instead of Takeovers, by Kathrin Hille, *The Financial Times*, Feb. 19, 2009.

从全球企业发展历史来看，跨国并购成功的比例很低，但这本身就不只是中国企业跨国并购才有的问题。并购如婚姻，是否成功实际上只有当事者最为清楚。如同图财者未必认为离婚就意味着其婚姻失败一样，并购企业究竟从被并购企业那里通过内部转移等手段获得了多少资金、技术等方面的收益，而这些收益又将对并购企业的未来发展产生多大的积极影响，这笔账可能也只有该企业的最高决策者心里最清楚。

有鉴于此，笔者认为，对于并购的成功标准是难于界定的。跨国投资如同行走于荆棘丛生的险地，这一点已是众所皆知的事情。应当承认，在中国海外投资发展的现阶段，在总体上，学者、媒体和企业家一样，对海外投资风险的知识水平实际上都处于同一层次，都亟待提高。过去发生的中国海外投资的许多教训，是上述各界共同的责任，自然也应成为共同借鉴的一笔财富。

四　对 2010 年国际直接投资形势的预测

世界银行、国际货币基金组织、OECD 等国际经济组织对 2010 年世界经济都做出了比较乐观的预测。事实上，从 2009 年下半年的形势看，美国、欧洲、日本、中国等主要国家和地区经济都已显现停止下滑并逐步回暖的势头，全球主要股票市场也都走出了低谷，投资者信心开始有所恢复。由于全球有可能在 2010 年实现 2% 以上的经济增长，所以，按照 UNCTAD 对数百家跨国公司的调查，跨国公司大都对 2010 年的国际直接投资环境表现出乐观的态度。因此，可以预计，在经历了 2008 ~ 2009 年全球 FDI 规模下降之后，国际直接投资形势将在 2010 年开始温和复苏，而且全球 FDI 流入规模将会超过 2009 年 1.2 万亿美元左右的总规模。同时，在国际资本的地区流向上，中国及其他亚洲新兴经济体将依然成为最具有吸引力的国家和地区。

参考文献

UNCTAD（2009），*World investment Report 2009*.

OECD（2009），*Investment News*，June 2009，Issue 10.

JETRO (2009), *JETRO White Paper on International Trade and Investment.*

JETRO (2008), *FDI into Japan Reaches Record High for Second Straight Year in 2008.*

International Direct Investment: Developments and Prospects

Zhang Jinjie

Abstract: Severely affected by the economic and financial crisis, the global FDI flows have experienced decrease, from USMYM1. 7 trillion in 2008 to below USMYM1. 2 trillion in 2009. More and more countries have adopted favorable policies towards FDI. In 2009, Chinese enterprises remained very active in overseas M&A. Given the fact that Chinese enterprises' outward investments have developed rapidly while the FDI inflows have slowed down, it's expected that China's FDI outflows may for the first time exceed its FDI inflows in the next few years.

Key Words: Foreign Direct Investment; Mergers and Acquisitions; Transnational Corporation

热 点 篇

HOT TOPICS

金融危机背景下加强东亚金融合作的意义

高海红*

摘　要： 东亚并非是这场全球性金融危机的发源地，东亚的金融部门遭受的损失也很有限。但是在危机面前，东亚国家的金融脆弱性却暴露无遗。东亚资本的区外流动、储备资产管理中的困境，以及对美元锚的依赖等使得东亚国家面临新的金融风险。危机调整阶段如何强化东亚金融合作是东亚应对危机克服金融脆弱性的需要，也是国际金融体系重组的重要组成部分。而如何针对现有区域金融合作的缺陷制定可行的区域合作措施，在制度建设、金融市场发展和汇率协调等方面推进区域金融合作，既是东亚国家决策者面临的现实紧迫任务，也是区域长期的战略选择。

关键词： 东亚金融脆弱性　东亚金融合作

* 高海红，中国社科院世界经济与政治研究所研究员，主要研究领域为国际金融。

在过去二十多年里，东亚国家经历了两次金融危机，1997 年的东亚金融危机和 2007 年爆发的全球金融危机。如果说前者是典型的源自东亚的、区域性的、局部的资本项目危机，本次危机则是全球范围的由金融部门引发的全面的经济危机。尽管这一次东亚并非危机的发源地，东亚国家金融体系和金融机构也没有受到严重的破坏，但在危机来临之时东亚国家经济的脆弱性却暴露无遗。一方面，由于东亚国家出口严重依赖区外市场，美欧国家的经济衰退对东亚实体经济的影响十分严重；另一方面，由于东亚资本主要在区外循环，金融危机带来全球风险重估，造成东亚资本流动的高度易变性和金融市场的羊群效应。更严重的是，在应对这场危机中，国际金融机构功能基本丧失。在新的形势下如何理解亚洲地区金融合作的必要性，如何审视现有区域金融合作的缺陷，如何为保证东亚区域金融稳定确立区域金融合作的方向，如何为实现目标制定可行的实施步骤，这些都成为东亚国家决策者面临的重要课题。

一　本次危机暴露出东亚金融脆弱性

全球金融危机的爆发暴露出东亚普遍存在的金融风险和金融脆弱性。

第一，危机根本原因是长期全球的收支失衡，而东亚在这一失衡版图中，一方面是世界市场商品的提供者，另一方面是发达市场的贷款人。这意味着，东亚国家普遍在运行经常项目顺差的同时，其资本却在区外流动，即投资具有较低的“本土倾向”。2006 年，亚洲区内股权资本流动占总股权资本流动的比例只有 12.1%，低于欧洲区内股权流动比例的 17.7%；亚洲区内债券投资占总债券投资的比例在 14.4% 左右，而欧洲区内债券流动比例达到 45.2%。这意味着，在资本流动方面，东亚国家充分暴露于全球市场。由于危机的爆发和金融去杠杆化过程，以及国际投资和投资风险偏好的调整，亚洲地区的国际资本流动不稳定性增大。

第二，东亚国家大量的外汇储备以美元资产持有。美国政府为应对危机采取的财政刺激和数量宽松政策所带来的最大风险是美元贬值，美元资产在未来损值的概率增大，这使大部分东亚国家面临这样的两难困境：继续持有将面临资产损值，而大幅度减持将导致美元快速深幅贬值，这将带来资本市场的动荡，损及东亚国家自身。储备货币多元化是必然趋势，这将给东亚国家提供更多的选择。但是，在多元格局没有形成之前，寻求比美元更安全的货币资产将是一个艰难的过程。因此，作为外汇储备最为充足的区域，如何管理外汇储备成为东亚国家面临的共同课题。

第三，东亚国家一直寻求货币锚，美元始终是东亚国家的首选。东亚国家普遍采取的管理浮动汇率制，在事实上却在货币篮子中给予美元以较高的权重，这就形成了一种非合作形式的集体的准钉住美元汇率安排。这种制度，一方面确保各国名义汇率的稳定，达到锁定汇率风险的目的，因为美元仍然是最主要的贸易和投资计价货币；而另一方面，由于这种相对固定的汇率安排，东亚各国货币政策不得不受制于美国货币政策的动向，因为钉住汇率放大美国货币政策外部性，当美联储放松货币政策时，那些钉住美元的国家通常都得跟进。这从另一个角度说明，对于存在资本管制的国家来说，将不得不应对理论上存在的所谓三元悖论。其实践意义在于，这种钉住汇率制约了这些国家资本项目开放的步伐。

第四，区内贸易被认为是减少对外部市场依赖、免受外部冲击的重要途径。但遗憾的是，亚洲国家的区内贸易在过去的十年中变化不大。1999 年，亚洲区内贸易占总贸易额的 46.6%，2007 年，这一数据为 49.7%，2008 年又回到 46.6%。而欧洲区内贸易比重在同一时期从 69.1% 上升为 73.5%。亚洲国家实体经济在本次危机中受到严重的冲击，其主要根源在于长期以来亚洲国家的出口导向战略，使得亚洲的经济增长和就业过度依赖美国等发达市场。从平均水平看，不包括日本，目前亚洲新兴经济体出口占 GDP 比重平均为 47%，十年前，这一数据为 37%。对贸易的过度依赖使得亚洲各经济体较容易受到外部需求变化的冲击。亚洲国家增长模式首先面临重大的调整，而通过加强区内投资和金融合作，促进区内贸易的发展，是亚洲国家在实体经济层面与发达市场脱钩的重要途径。

二　深化东亚金融合作是国际金融体系改革的组成部分

1973 年以来的国际金融体系有两大重要支柱：国际金融机构和美元。包括国际货币基金组织、国际清算银行等在内的国际金融机构扮演国际金融规则的执行者和监督者、全球范围内政策对话和经济监控机构，以及全球最后贷款人的角色。国际金融体系的另一个重要支柱是以美元为主导的国际储备货币，在现实中，表现为美元在储备、结算和计价等方面行使主要的国际货币职能，或者说美元具有国际货币体系的霸权地位。由美国次贷危机引发的全球金融危机暴露了国际金融体系的风险。一方面，全球金融监管远远滞后于金融全球化和金融创新的飞速发展，造成系统性风险的不断累积；另一方面，以保证国际金融稳定性为目标的国际金融机构在预防、应对和危机救助中功能基本丧失，令危机不断蔓延和深化。与此同时，国际金融体系赖以运转的以美元为主导的国际货币安排在危机形成中起到重要的催化作用。针对上述风险，国际金融体系在危机后面临重大的调整和改革，而加强东亚区域金融合作，应成为国际金融框架重组的重要组成部分。

第一，东亚区域金融合作是国际金融机构危机救助职能的有效补充。金融危机使国际金融机构职能和全球金融监管力度加强，国际的、多边的、区域的，以及双边的各种层次的合作同时推进。作为全球最重要的金融稳定机构，国际货币基金组织，也面临重大的改革。例如，国际货币基金组织得到二十国集团伦敦峰会的支持，将其基金额度扩充至7500亿美元，增强了基金可支配资源。与此同时，基金组织在治理结构、放宽贷款条件等方面也进行了积极的改革，这意味着基金组织在实施保证全球金融稳定中的作用正在强化，而新兴市场在国际金融机构中的作用开始真正受到关注。然而，在涉及发言权和规则制定问题时，欧美国家和新兴经济体之间仍然存在冲突。比如，在2008年基金组织份额改革实施后，发达国家投票权仍高达57.9%，发展中国家总体为42.1%。但是，前几位的国家的份额差距非常之大，处于第一位的美国占有高达16.77%的投票权，位居第二的日本只有6.13%，而第六位的中国投票权只占3.66%。东亚新兴市场国家要想在基金组织中得到更大的发言权，必须建立在美国和欧洲国家出让更多的份额和投票权基础之上，而让美国放弃其一票否决权将是一个十分艰难的过程。因此，东亚新兴经济体在国际金融机构中的权利的低估已经成为国际金融组织有效发挥危机救助功能的障碍。

在这种形势下，强化东亚现有的区域的救助机制，特别是清迈倡议多边机制，使之成为国际金融机构有效发挥救助职能的补充，理应成为全球金融治理调整的重要组成部分。国际金融机构改革需要东亚区域发挥积极的作用，而这一作用，一方面渗透在国际多边机构的调整当中，另一方面体现在东亚确保区域金融稳定的努力之中。

第二，加强东亚金融合作有助于国际储备货币多元化进程平稳发展。多年的美元霸权造成严重的国际金融不稳定性，后者在本次国际金融危机形成和深化中起重要作用。首先，以美国国家信誉为担保的美元霸权具有不可持续性。主权货币行使储备货币职能本身就存在着内在缺陷。在布雷顿森林体系下，美元与黄金挂钩，作为美元储备货币的发行国，美国需要不断通过经常项目逆差向世界提供流动性。而伴随美国逆差的累积，美元与黄金平价难以维持，从而动摇了固定汇率制度。这便是所谓的特里芬难题：储备货币发行国无法在运行经常项目逆差的同时保证汇率的稳定。其次，在浮动汇率下，国际储备货币的内在缺陷对储备货币发行国和非储备货币国家的影响是不对称的。由于美国不再承诺保持美元汇率的稳定，美国尽可以运行逆差，释放流动性，只要顺差国愿意接受并持有美元，流出美国的美元总可以以美元债务的形式流回美国。这正是过去多年来所发生的：美国一方面成为最大的贸易逆差国，另一方面也成为世界最大的债务国。但是，对那些包括东亚发展中国家在内的实行钉住美元汇率制度的国家来说，却面临新的两难：贸易顺差和保持汇率稳定的结果，是外汇市场干预过后美元储备的大规模累积。这一大笔美元财富，无论如何管理都如同一把双刃剑：继续持有并投资美元资产，在美国大规模财政刺激政策下将面临美元贬值风险；减持美元储备，一是会带来美元的进一步贬值，二是减持过后买什么，存在很大的争议。有人说这是“美元陷阱”。从这个意义上讲，在美元霸权下，东亚发展中国家曾经是美元本位的支持者，现如今成为美元本位风险的受害者。而东亚国家如何走出这一陷阱，同时又不会为国际货币体系带来巨大的破坏性冲击，是评估东亚财金合作意义的一个重要因素。

金融危机对以美元为中心的国际货币体系带来前所未有的冲击，美元主导地位受到严重质疑和挑战，储备货币多元化的时代即将到来。多元化趋势过程中的调整和变动将给东亚国家带来风险，也给东亚国家带来机遇。美国大规模经济刺激方案对美元中长期币值走势形成巨大贬值压力，新一轮的通胀将带来全球美元资产再度缩水，带来新的金融风险。在这种情况下，减持美元储备很可能是主要储备国的一项选择。而强化东亚财金合作，扩充区域储备库，建设以本币为交易主体的区域金融市场，扩大本地区货币在本区域贸易结算和金融资本交易计价等功能，将有助于国际储备货币多元化进程的平稳发展。

第三，东亚区域财金合作的“开放的区域主义”原则有利于全球金融稳定。

东亚地区在过去多年的增长活力来源于东亚以开放的姿态参与全球化进程。因此，在现阶段强化区域财金合作，并不意味着东亚国家迅速降低对全球化贸易金融参与的程度。东亚财金合作在现期仍然以“开放的区域主义”为指导原则，这一方面由于东亚国家重要的制造业仍然需要外部市场，另一方面脆弱狭小的区域金融市场制约了本地区高额储蓄有效转化成为本地的投资，充足的资本不得不依靠区外发达的市场再回流到区内。东亚国家深知区域化应该成为全球化的有效补充，这是东亚经济发展长期以来的动力所在。区域更为紧密的财金合作将确保区内稳定的经济金融环境，这也为国际金融市场的稳定和世界经济复苏发挥积极的作用。

三　东亚区域金融合作机制象征意义仍然大于实质性意义

2000 年由东盟、日本和韩国（东盟 +3）财政部长联合签署的清迈倡议成为东亚地区唯一的具有准机构性质的流动性救助机制。在过去近十年的时间中，清迈倡议成为东亚财金合作的重要平台，由初期的有限资金、双边协商，发展到目前的多边机制、共同储备库。2007 年发源于美国随后蔓延至全球的本次金融危机，成为对亚洲区域唯一的危机救助机制的首次测试。2009 年 2 月 22 日，在全球金融危机越演越烈的背景下，东盟 +3 财长在泰国普吉召开的特别会议上联合公布了《亚洲经济金融稳定行动计划》。随后在 5 月 3 日，中日韩对筹建中的区域外汇储备库的出资份额达成共识，中国承诺出资 384 亿美元，日本出资 384 亿美元，韩国出资 192 亿美元，分别占储备库总额的 32%、32% 和 16%。这些举措可以认为是东亚国家政府在应对金融危机中，以一种积极的姿态联手采取行动，这种在区域层面上的合作意愿，在稳定市场心理方面起到重要的作用。同时，也成为清迈倡议多边化建设新的起点。

然而值得关注的是，本次危机对清迈倡议的测试结果表明，清迈倡议的可用性仍受到成员国的怀疑。尽管本次危机的发源地不在亚洲，而且由于亚洲金融结构的特点，对国际金融衍生品市场的参与程度普遍较低，这种相对滞后的金融发展程度，以及一些东亚国家存在的资本管制，成为在本次危机中亚洲金融机构免于重大损失的“护身符”。因此，在东亚并没有发生大面积的流动性危机，这也成为清迈倡议在本次危机中无人问津的一个颇具说服力的理由。但是，就个体国家而言，例如韩国，其金融外部脆弱性显然大于其他国家，如韩国大量持有短期债务，持有美国长期证券中风险资产比例较高的资产，而且海外证券投资流入规模较大，这使韩国成为受危机冲击最大的亚洲经济体，韩国的银行业出现严重的流动性危机。耐人寻味的是，韩国是清迈倡议重要的发起人和推进者，通过双边和多边互换，与中国、日本等国家签署具有一定规模的救助协议。但是，在发生流动性困难时，韩国并没有寻求清迈倡议下流动性机制的帮助，而是转向美国和中国进行双边求助。这就再一次提出了清迈倡议的象征性问题。

第一，储备库分散管理增加了基金启动成本。目前，共同储备基金扩大到了1200亿美元，这大大提高了机制的基金规模。然而遗憾的是，在紧急救助流动性功能上，可用资金规模并不是决定资金可用性的唯一要素。另一个重要环节是资金启用的成本。事实上，清迈倡议长期受困于无效率的双边协商，其中，双边互换协议启动的歧视性原则增加协议启动的不确定性，而这种不确定性提高了互换启动成本，减弱了清迈倡议的有效性。清迈倡议多边化的一系列步骤，包括建立多面共同的决策机制和共同启动程序，建立自我管理的储备库，都在努力克服双边、分散管理带来的无效性。但是，就目前的储备库而言，由于储备基金分散管理，仍然没有从根本上解决基金的效率问题，储备基金分散管理的成本无疑大于统一管理的成本。在本次金融危机后的调整时期，国际金融机构的基金来源和监管能力在不断增强，比如IMF在经过二十国集团伦敦峰会之后其可用于贷款的资金规模从2500亿美元扩充到7500亿美元，原有的贷款条件也有所放松，国际清算银行也通过成立“金融稳定局”强化对全球金融机构的监管力度，而各种双边协议似乎在跨境危机救助中更有吸引力。在这种新的形势下，清迈倡议要想发挥作用，必须显示出区域救助机制的优势，而这种优势，在现阶段可以得到提升的途径是实现储备统一管理，从而降低储备基金使用的成本，提高储备库的效率。换言之，在目前阶段，储备基金启动成本高低在相当程度上决定了清迈倡议的方便性和可用性。

第二，政策对话和经济监控机制多重而无效。有效的政策对话和经济监控是区域财金合作的重要组成部分。由于金融危机往往具有区域传染性，有效的政策对话和经济监控对危机传染性的早期发现和预警，以及协调经济政策起到重要的作用。

在经济监控和政策对话方面，东亚存在多层次的论坛和机制，但多数缺乏完整的监控机制。到目前为止，亚洲仍然缺乏适合自身特点的早期预警系统，缺乏经济监控的共同目标，缺乏有约束力的各国经济政策协调机制，缺乏实施经济监控的常设实体。这些都将约束清迈倡议多边机制的有效实施。

第三，独立管理机构缺失。独立管理机构缺失是东亚财金合作的重要障碍。一方面，如果没有独立的管理机构，清迈倡议多边机制的储备库基金无法实现集中管理，而分散的储备基金管理意味着清迈倡议将停留在储备的自我管理阶段，这与真正的机构化的“基金”含义相去甚远，现有救助基金再充裕，由于监控实体的缺失，成员国也无法以有效的方式实施救助计划。另一方面，如果没有一个独立的常设实体，清迈倡议成员国将无法对金融冲击的严重性和金融危机爆发的可能性进行及时的预警，无法将援助计划付诸实施，更无法对受援国提供应对危机的政策建议。换言之，没有独立的管理实体，东亚国家建立真正有约束力的政策对话和经济监控机制将成为泡影。清迈倡议多边机制通过不断增资在财力上为清迈倡议下一步的推进做好了准备。如果说清迈倡议的中期目标是建成东亚区域的货币基金的话，那么成立监控实体则势在必行。

第四，对 IMF 的依赖。清迈倡议在过去多年中一直面对这样的问题：是对基金组织的补充还是重复？清迈倡议建立的动力之一是东亚国家对基金组织在 1997~1998 年金融危机救助中的失望和不满，希望通过建立自身的救助机制补充国际机构的不足；但是，在清迈倡议实施中，由于清迈倡议缺乏本地区有效的经济监控作保障，救助基金的启动不得不与基金组织的贷款条件在一定比例上挂钩，这将清迈倡议推向尴尬境地：一方面，储备基金的启动不得不在相当程度上依赖于 IMF，这是因为在成员国之间没有独立的监控机制，没有一套监控指标，没有危机预警体系，无法保证资金运用的有效性和合理性；而另一方面，对 IMF 的过度依赖本身有悖于清迈倡议成立的初衷，不能充分体现区域性融资安排的特性，影响危机援助的及时性。事实上，减少清迈倡议对 IMF 的过度依赖已经在成员国之间达成共识。2005 年 5 月，东盟 +3 财长会议已经将清迈倡议下互换资金的启动与 IMF 贷款条件性的联系，由原来的 90% 减少到 80%。清迈倡议如何走出这一困局，关键是东亚国家能否建立符合成员国经济现状和特点的贷款条件。贷款条件性是防止贷款使用中道德风险的有效手段，也是对出资国权益的基本保障。这是减少清迈倡议对国际货币基金高度依赖的核心步骤。清迈倡议的发

展，特别是随着决策机制的改革、机制多边化和机构化的建设，必将伴随对IMF贷款性联系程度的不断减弱，2009年2月公布的《亚洲经济金融稳定行动计划》已经发出了这一明确的信号。可以预见的是，清迈倡议区域货币基金性质越来越显著之日，即是其与IMF的关系有明确的界定之时。因此，从目前开始，如何协调与现有基金组织的关系是清迈倡议能否顺利发展成为东亚区域货币基金的关键。

第五，区域金融市场缺乏。这场金融危机充分暴露出东亚金融体系存在的一个重大脆弱性，即无法将本地区储蓄用于本地区投资。在1997~1998年亚洲金融危机之后，东亚各国就认识到发展本区域债券市场的重要性。然而到目前为止，东亚仍然缺乏具有一定规模和流动性的区域债券市场。目前运行的主要设施是东亚及太平洋地区中央银行行长会议于2003年推出的亚洲债券基金Ⅰ期（ABF1）和2005年推出的亚洲债券基金Ⅱ期（ABF2）。此外，针对发展亚洲债券市场各种倡议层出不穷。例如，在2003年2月东京“ASEAN+3加强亚洲债券市场”非正式副手会上，日本提出建立“ASEAN+3”工作组，提出一个建立亚洲债券市场的综合方案“亚洲债券市场倡议”（ABMI）。韩国也提出使用证券化和信贷担保的建议；泰国提出创造一种抵押债券工具（这种工具可以称为“亚洲债券”）以及建立一个亚洲信贷担保组织；新加坡也提议要建立一个亚洲信贷评级部门。

令人遗憾的是，尽管对各种建议的讨论十分热烈，但绝大部分建议尚缺乏可操作性。在实践中，东亚区域债券市场发展依然缓慢，主要原因是缺乏推动区域债券市场的真实动力。比如，东亚大部分发展中国家的国内金融市场不发达，在一些低收入国家还普遍存在资本管制。要在克服国内市场发展水平和资本管制约束的同时建设区域市场，这注定是个长期过程。而现实中东亚大规模的储备必须寻求投资市场，其中大部分外汇储备将首先投资于发达市场。如此看来，本地区金融市场的缺乏，是东亚国家无法将这一地区积累的大量外汇储备留存在本区域使用的根本原因，同时，由于缺乏一个有深度的、一体化的区域金融市场，以及良好的金融基础设施，微观市场基础与区内贸易投资的正向反馈作用也受到制约。

四　结论：强化东亚区域金融合作的要点

东亚财金合作应以保证东亚金融稳定为目标。实现这一目标，需要有三个要素的支持：区域金融合作机构、区域金融市场和区域汇率协调。从现阶段来看，可行的步骤是，利用储备库增资和清迈倡议多边化契机，将现有的区域流动性机制机构化，同时不排除建立区域货币基金的可能性；在可行的范围内展开区域金融基础设施建设，鼓励在区内贸易、投资和金融救助中使用本币；在中后期阶段，考虑建设区域汇率协调机制，将建设区域联动汇率机制设定为一个开放性的目标，同时以动态方式补充其他的可选方案。

第一，成立东盟+3储备基金管理实体。由于外汇储备大国都在东亚，这在一定时期内使得东亚储备基金的规模充足性问题不会成为困扰。但是，基金规模大小不等于基金使用效率高低。为降低资金启用的成本，东亚国家需要改变现有的储备基金分散管理的弊端。其可行的方式是成立储备管理实体。新成立的储备管理实体由东盟+3成员国财政部或中央银行直接管理。在初期阶段，可以成立临时小组，讨论储备基金管理实体的构建事宜，主要涉及治理结构、贷款和经济监控三个重要的职能。

第二，不排除中期建立东亚货币基金的可能性。在上述环节进展良好的条件下，在中期内建立东亚货币基金是完全可行的。东亚货币基金仍然以提供流动性支持为主要目标，以独立的机构化运作为形式，以共同制定的原则为基础。这种形式的基金相比分散的救助机制的优势，一是成员国有承诺的约束，会全力以赴投入运转；二是成员国的行为以规则为基础，不再具有双边和分散管理形式下的歧视性和滞后性；三是成员国之间有一定程度的经济政策的协调，这十分有助于区域经济的平稳发展，更容易保障区域金融的稳定性，实现区域财金合作的目标。

第三，鼓励本币在区内贸易和金融交易中作为计价、结算和支付货币。首先，鼓励东亚国家采用本地区强势、稳定币值的货币作为区内贸易结算货币。中国政府在2009年7月2日公布的《跨境贸易人民币结算试点管理办法》，决定在上海市和广东省内四城市开展跨境贸易人民币结算试点，通过香港银行办理人民币贸易结算业务，这是开始人民币跨境贸易结算的重要举措。这样，在东亚地区，除了传统的国际货币美元、欧元以及较小比重的日元，人民币也加入了贸易结算货币的行列，这为东亚国家贸易结算在币种选择上提供了新的选择。其次，鼓励跨国公司和国际金融机构到本国发行本币债券，同时鼓励东亚国家的政府在东亚市场发行本币政府债券，鼓励东亚国家的私人部门在东亚地区发行公司债券。再次，清迈倡议多边机制下储备基金库的使用，争取尽可能使用本地区货币，而减少使用美元。上述措施将推动本币在区域的需求，本币区域需求的增加将有助于本地区载体货币的形成，而本地区载体货币的形成将大大提高区域和各国国内金融市场的流动性，促进金融市场的发展，并同时从根本上减少亚洲对美元的依赖。

第四，东亚汇率机制在现阶段可以设定为一个开放性的目标。现阶段，东亚可以将建设区域联动汇率机制设定为一个开放性的目标。这一开放性的目标，是结合本币在本地区贸易结算和金融交易推广的程度，重新估计汇率变动带来的风险，以稳定区域内货币币值为核心，进行必要的汇率协调行动。比如，对于储备仍然快速累积和顺差不断扩大的国家来说，集体性升值所带来的对国内紧缩性冲击要远远小于单个升值带来的冲击。这种汇率政策的协调，可以纳入清迈倡议多边机制当中进行，经济监控部可以承担相应的操作职能。这种合作之所以是开放的，是各方不必要设定共同的汇率制度安排，各国在汇率制度选择上有完全的自主性。

中长期内，东亚货币合作形式的发展与全球金融体系重组息息相关。在经历本次危机之后，未来东亚汇率合作存在多重可能选择。一是考虑周小川提议的一个“与主权国家脱钩、并能保持币值长期稳定的国际储备货币”。尽管目前看这一倡议缺乏技术细节，但这是一项长期目标，是国际货币制度设计的理想状态。二是发展区域货币，形成对美元国际货币地位的竞争。三是实现人民币国际化。中国与东亚在贸易、投资和金融一体化方面不断增长，在东亚地区的影响力也在不断增强，这成为人民币在东亚地区存在需求的市场基础，人民币已经开始成为东亚国家在贸易中愿意接受的货币。

Asian Financial Cooperation in the Aftermath of Global Financial Crisis

Gao Haihong

Abstract: Asian financial sectors were generally escaped from severe impact of the financial collapse worldwide. However, that type of immunity doesn't give us an excuse to ignore the potential financial vulnerabilities that Asian economies have: capital flows are largely outside the region, foreign reserves management falls into dilemma, and Asia is over reliant on the US dollar over decades. Such vulnerabilities actually put Asia before tremendous financial risks. Therefore, it becomes an urgent task for policy makers in the region to decide how to strengthen regional financial cooperation in order to overcome the vulnerabilities in face of broad reform of global financial governance. Among many issues, the followings are critical: how to implement concrete steps to move forward the current regional liquidity mechanism, to develop regional financial market, and to carry out regional exchange rate cooperation.

Key Words: East Asian Financial Vulnerabilities; East Asian Financial Cooperation

金融危机背景下的国际金融体系改革*

张 明**

摘 要：本文从储备货币体系与国际金融机构这两个层面来讨论美国次贷危机背景下国际金融体系改革。美元本位制下缺乏对储备货币发行的约束，美国政府很难兼顾国际流动性需求与国内货币政策需求，相应造成的国际收支失衡在一定程度上推动了危机的爆发。以 IMF 为代表的国际金融机构在次贷危机爆发前已经事实上被边缘化。次贷危机爆发之后，在储备货币体系改革方面，提出了创建超主权储备货币以及多极储备货币体系的建议。次贷危机也推动了 IMF 改革的进程，尤其在增加 IMF 可利用资源以及 IMF 贷款职能改革这两个方面已经取得了重要进展。

关键词：次贷危机　国际金融体系　储备货币　IMF 改革

美国次贷危机的爆发与当前的国际金融体系有着密切的互动关系。一方面，进入 21 世纪以来，美元本位制下的国际收支失衡导致全球流动性过剩，使美国国内形成严重的房地产泡沫与衍生品泡沫，最终引爆了危机。另一方面，次贷危机爆发后，各国政府开始反思美元本位制的缺陷，并提出多种改良或取代美元本位制的全球储备货币方案。此外，以 IMF 为代表的国际金融机构改革也明显提速。本文试图从储备货币体系与国际金融机构改革两个层面来分析美国次贷危机背景下的国际金融体系改革。文章的结构安排如下：第一部分分析危机前国际金融体系的特征与缺陷，第二部分介绍、比较和评价未来国际金融体系的改革方向，最后一部分是结论。

---

* 本文系中国社会科学院 A 类重大课题“中国加入国际汇率政策合作机制研究”的一部分，在此对课题的资助表示感谢。

** 张明，经济学博士，中国社会科学院世界经济与政治研究所助理研究员，研究领域为国际金融与资本市场。

一　危机爆发前的国际金融体系

（一）美元本位制：单极信用储备货币体系

自布雷顿森林体系崩溃后，国际货币体系进入了浮动汇率时期。这一时期的国际货币体系被称为牙买加体系，该体系也被称为美元本位制（Dollar Standard）。在美元本位制下，美元是全球最重要的国际储备货币，行使着全球计价尺度、交易媒介与价值储存的功能。

与金本位制或布雷顿森林体系相比，美元本位制的最大特征是一种信用储备货币（Fiat Money）体系。在金本位制下，各国货币以固定比价与黄金挂钩，货币能够按照该比价与黄金自由兑换。在布雷顿森林体系下，黄金以固定比价与美元挂钩，美元再以固定比价与其他各国货币挂钩，美元能够按照该比价与黄金自由兑换。而在美元本位制下，美元币值不再与任何贵金属或者实体商品篮子挂钩。各国投资者之所以愿意使用美元，是对美元币值的稳定性具有信心。美元币值的稳定性一方面与美联储实施反通货膨胀货币政策的声誉有关，另一方面与美国经济的活力以及美国强大的政治军事实力有关。

美元本位制是一种中心—外围式的国际货币体系。美国处于该体系的中心，广大新兴市场国家与发展中国家处于该体系的外围。由于外围国家的本国货币不能用于国际支付，外围国家必须通过出口商品与服务或者吸引中心国家的投资来获得美元。反过来，美国可以通过购买商品与服务（即通过经常账户赤字）的方式输出美元，或者通过对外围国家的直接投资或证券投资（即通过资本账户赤字）的方式来输出美元。然而，由于美国金融市场是全球最大最宽最深的金融市场，该市场承担了为金融市场欠发达国家进行资金媒介与融通的功能，这就意味着美国将存在持续的资本账户盈余，而非资本账户赤字。因此，在美元本位制下美国主要通过经常账户赤字来输出美元。如图1所示，美国出现持续的经常账户赤字其实是20世纪80年代以来的事情。在1982～2008年这27年间，除1991年外，其他年份美国均存在经常账户赤字。在1992～2007年间，赤字规模不断扩大。

在美元本位制下，尽管发达国家大多实施浮动汇率制度，但对于很多新兴

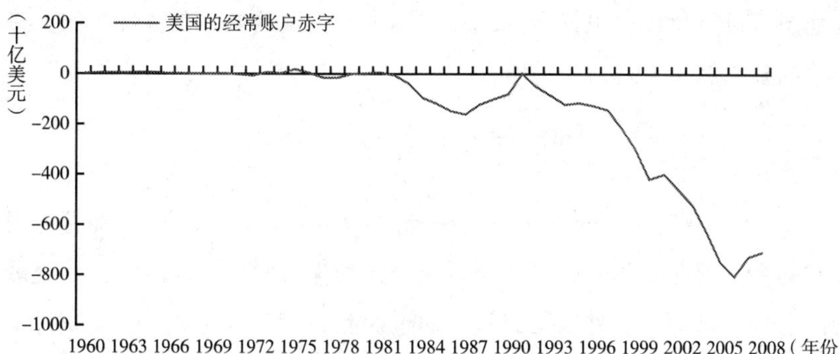

图1　美国经常账户赤字的绝对规模

资料来源：US Bureau of Economic Analysis（BEA）。

市场国家和发展中国家（尤其是东亚新兴市场经济体）来说，依然选择实施事实上（De Facto）的钉住美元汇率制。外围国家实施钉住美元汇率制的主要原因包括：第一，这类国家普遍实施出口导向的经济发展战略，为了降低汇率波动对出口商品价格竞争力的冲击，这些国家普遍选择了钉住主要国际计价货币（美元）的汇率制度。此外，为了提升本国产品贸易竞争力，这些国家存在普遍的本币汇率低估；第二，外围国家一般缺乏成熟的金融市场，这些国家既不能以本币对外借债，甚至在国内也难以获得长期贷款，因此这些国家的银行体系存在货币与期限的双重错配，即银行的负债方是美元短期借款，而资产方是本币长期贷款。这种金融体系的原罪（Original Sin）使得外围国家不愿意采用浮动汇率制度，因为汇率大幅波动可能导致银行体系的破产（Eichengreen 和 Hausmann，1999）。

根据国际经济学中的三元悖论，在资本自由流动条件下，既然外围国家选择了钉住美元的汇率制度，它们就不得不放弃独立自主的货币政策。例如，当美联储下调联邦基金利率时，为防止本币对美元升值，外围国家也必须相应调低基准利率。这就意味着，美国货币政策的变动给其他国家货币政策造成了显著的溢出效应（Spillover Effect）或者外部性（Externality）。Devereux 等（2003）分析了全球美元本位制下货币政策的制定。假定所有贸易品均由美元定价，这就产生了一种不对称性，即汇率变动对美国 CPI 的传递效应（Pass-through Effect）是零，而对其他国家 CPI 的传递效应为正。在这种环境下，美国在制定货币政策时就不必明显地考虑汇率的波动性，而其他国家必须给汇率波动性一个较高权重。在美国与其他国家进行货币政策博弈的纳什均衡中，美国的偏好是占优策略，最终均衡等于美国独立制定全球货币政策。

（二）不可持续的全球国际收支失衡

进入21世纪以来，全球国际收支失衡（Global Imbalance）日益成为困扰美元本位制的突出问题。随着经济与金融全球化的深入发展，外围国家对全球储备货币的需求日益增加，而外围国家只能通过商品与服务贸易的顺差来获得全球储备货币，其结果是，新兴市场国家与发展中国家形成了持续的经常账户盈余，而美国则形成了持续的经常账户赤字。如图2所示，在2001～2008年期间，美国存在持续的经常账户赤字，赤字规模在2006年达到占GDP 6.0%的峰值；亚洲新兴市场经济体与中东石油输出国存在持续的经常账户盈余，且中东国家经常账户失衡的程度远超过亚洲新兴市场经济体；尽管在欧元区内部，德国、荷兰等国家存在持续的经常账户盈余，西班牙、葡萄牙、希腊等国家存在持续的经常账户赤字，但欧元区从整体上而言处于经常账户基本平衡的状态。

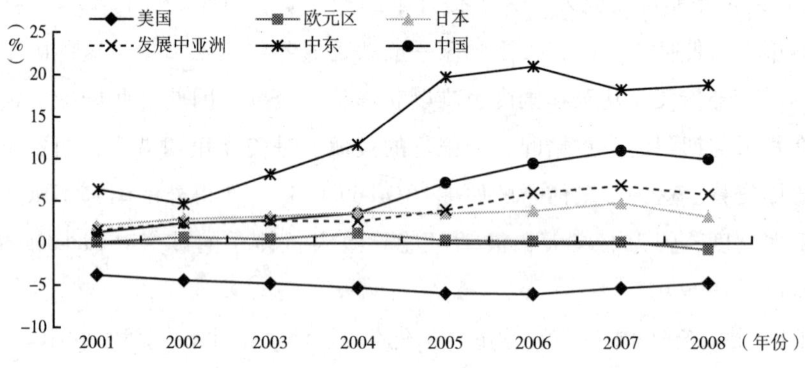

图2　全球国际收支失衡的分布状况

资料来源：IMF，*World Economic Outlook*，April 2009。

美国经常账户赤字的不断扩大引发了市场对于全球国际收支失衡可持续性的担忧。主流观点认为，美国持续的经常账户赤字是不能持续的。这种看法背后的逻辑是，持续的经常账户赤字必然造成美国国际投资头寸净负债的不断上升。而当美国对外净负债达到一定水平后，外国投资者开始对美国的偿债能力感到怀疑，从而拒绝继续通过购买美国资产的方式为美国经常账户赤字融资。最终美国必须通过美元名义汇率贬值或者国内结构性调整（通过压缩居民消费提高居民储蓄率，以及通过压缩财政赤字提高政府储蓄率）来改善经常账户赤字。如图3所示，20世纪80年代至今美国持续的经常账户赤字的确造成美国对外净资产演变为美国对外净负债，且负债规模逐渐上升。Eichengreen（2007）为美国经常账户的不可持续性提出了三点额外理由：第一，与布雷顿森林体系下的外围国家相比，当前体系下的外围国家异质性更强、更缺乏凝聚力。东亚国家缺乏共同的历史背景，因此很难形成恰当的集体行动机制来保障当前体系的稳定性；第二，在布雷顿森林体系时期美元的对手是垂死的英镑，但当前美国具有欧元这一强大对手。因此与70年代相比，退出美元本位制的成本要低得多；第三，与布雷顿森林体系下的美元与黄金可兑换性相比，当前中心国家维持币值稳定的承诺的可信度要低得多。事实上当前美国政府对美元汇率以及经常账户赤字采取了一种“善意忽略”（Benign Neglect）的态度。

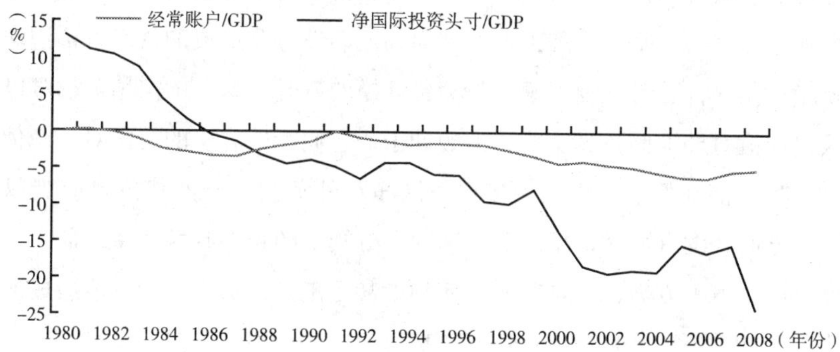

图3　美国的经常账户赤字与国际投资头寸

资料来源：US Bureau of Economic Analysis。

然而，也有不少经济学家认为当前的美元本位制以及国际收支失衡是能够长期持续的。一种代表性的观点认为，美元本位制实质上是一种复苏的布雷顿森林体系（Revived Bretton Woods System）（Dooley等，2003）。在该体系下，东亚国家取代了布雷顿森林体系下德国与日本的外围国家角色，采纳了以汇率低估、资本管制、积累中心国家金融资产、利用中心国家金融市场为本国资金流通提供媒介的出口导向发展战略。即使美国持续的经常账户赤字导致美元贬值的风险不断积累，外围国家依然将持续为美国提供融资以促进本国出口。由于外围国家认为

促进出口的重要性远高于外汇储备的保值增值，因此当前的美元本位制是非常稳定的。另一种代表性的观点认为，资产价格变动与汇率变动造成的估值效应（Valuation Effect）能够有效缓解持续经常账户赤字所造成的美国对外净负债的扩大（Gourinchas 和 Rey，2007）。一方面，在 2001 ~ 2007 年期间，外国股票价格的上涨幅度远高于美国股票价格，这增加了美国海外资产相对于海外负债的价值；另一方面，由于美国对外资产主要以外国货币计价，而美国对外负债主要以美元计价，而在 2002 年初至 2008 年中期，美元对世界主要货币贬值了大约 30%，这有效缓解了美国对外净负债的上升。作为估值效应的一大佐证，尽管 2002 ~ 2007 年间美国的经常账户赤字平均占 GDP 的 5.3%，但这 6 年间美国的净对外头寸基本上没有发生变化（Milesi-Ferretti，2008）。

尽管经济学界对当前国际收支失衡的可持续性存在争议，但我们倾向于认为，目前的国际收支失衡是不可持续的。首先，随着外围国家外汇储备的不断累积，外围国家通过冲销外汇占款从而将通胀压力维持在可控范围内的成本越来越高，而如果冲销不完全，外围国家就会面临流动性过剩造成的资产价格泡沫以及通货膨胀；其次，随着外围国家外汇储备规模的飙升，这些国家越来越难以承受美元大幅贬值对外汇储备真实购买力的冲击，它们能够容忍的美国对外净债务占 GDP 的比率可能降低了；再次，缓解美国净对外负债上升的估值效应难以持续存在。一方面，没有可靠证据表明，美国金融资产的长期收益率持续低于其他国家金融资产；另一方面，一旦美元汇率趋稳甚至走强，那么美元贬值造成的资产估值收益就会消失（Milesi-Ferretti，2008）。

一旦未来的全球国际收支失衡濒临崩溃，则美元本位制将面临重大冲击。引爆危机的大体机制是，随着外国储蓄由美国市场流向其他市场，其他国家的实际利率将会下降，而美国的实际利率将会上升。在长期实际利率变动的作用下，其他国家的房地产与其他资产价格将会上升，而美国的资产价格将会下降。利率变动与资产价格变动造成的不同的相对价格与财富效应将导致美国的国民储蓄率相对于其他国家的国民储蓄率上升。国民储蓄率的相对变动将会纠正美国的经常账户赤字。最终，为适应这一新的需求模式，美元的真实价值还应该贬值 40% 以上，从而使得美国的资源投向增加贸易品的生产以及减少贸易品的消费（Dooley 等，2009）。然而有趣的是，次贷危机并非是经济学家所预言的国际收支失衡调整的危机，而是由美国房地产泡沫与衍生产品泡沫崩溃而造成了全新的系统性危机。

（三）IMF——合法性与有效性存疑

国际货币基金组织（International Monetary Fund，IMF）在美元本位制下延续了其在布雷顿森林体系下核心金融机构的角色。在美元本位制下，国际货币基金组织有两大核心职能：一是向出现国际收支问题的成员国提供短期融资安排；二是对成员国宏观经济实施连续监测（Surveilance）。

在1997～1998年的东南亚金融危机中，IMF可谓名誉扫地。一方面，IMF没有能够对危机爆发进行提前预警，在危机爆发后的反应也较为迟钝；另一方面，作为提供贷款的前提，IMF的条件性（Conditionality）过于僵化与千篇一律，即要求借款者实施紧缩性财政货币政策以改善国际收支逆差、提高未来的偿债能力。当借款者宏观经济已经面临紧缩压力时，遵循IMF的贷款条件性无异于雪上加霜。东南亚金融危机后，IMF的合法性（Ligitimacy）开始受到以下三种现象的冲击：第一，亚洲与其他新兴市场经济体开始通过大规模积累外汇储备来防范未来金融危机的爆发，而对IMF敬而远之；第二，IMF最大的借款国（巴西、阿根廷、土耳其与菲律宾等）纷纷提前偿还借款，使得IMF依赖贷款利息收入的商业模式变得越来越不安全；第三，IMF没有能力应对诸如全球国际收支失衡之类的新问题（ODI，2007）。

目前全球范围内关于IMF合法性与有效性的疑虑主要集中于以下四个方面。

第一是IMF的治理结构（Governance），即IMF的份额（Quota）与投票权。目前最大的两个问题是，其一，新兴市场国家的份额与投票权与新兴市场国家在世界经济中的比重严重不符。相比之下，欧洲国家在IMF中的投票权普遍高于这些经济体在世界经济中的份额；其二，最贫穷国家在IMF中的声音过于微弱。围绕以上两个问题，IMF从2007年起也开展了名为“份额与声音”（Quota and Voice）的改革，意图增加新兴市场国家的份额，以及增加基本投票权在总投票权中的比重以扩大最贫穷国家的发言权。然而，在份额改革方面，新兴市场国家与欧美之间有严重的利益冲突。美国不愿意放弃自己一票否决的权利，这意味着美国能够出让的份额是有限的。欧洲国家虽然是总体份额最被高估的一个群体，但欧洲国家（特别是一些欧洲小国）并不甘心放弃任何比例的份额与投票权。

第二是IMF的监测（Surveilance）职能。监测是指IMF负责对成员国的宏观经济运行情况进行跟踪，在第四条款（Article IV）下定期对成员国的宏观经济状况提供评估报告，并以该报告作为是否对成员国提供贷款的评估标准。IMF 的监测功能对于维护各国宏观稳定以及 IMF 贷款质量而言至关重要。但目前 IMF 的监测功能存在两个重要缺陷：其一，IMF 的监测过于偏重双边监测——IMF 工作人员对各国宏观经济的监测，而忽视了多边监测——对世界经济与全球金融市场作为整体进行监测，以提前发现并应对全球系统性风险；其二，IMF 的监测对于不向 IMF 借款的国家没有任何约束力，尤其是对发达国家没有约束力。有些时候，发达国家甚至可以向 IMF 施压，反对 IMF 发布对自己不利的宏观经济监测报告。

第三是 IMF 的贷款（Lending）职能。IMF 在贷款方面存在的主要问题包括：其一，成员国获得的贷款规模有限，且 IMF 发放贷款的时间周期过长；其二，IMF 贷款具有严苛而僵硬的条件性（Conditionality），这种条件性通常要求借款国实施从紧的财政货币政策以改善国际收支，这种药方往往会进一步恶化危机国的经济金融状况，加深危机的负面影响。这也是近年来新兴市场国家和发展中国家不太愿意向 IMF 借款的根本原因之一。

第四是 IMF 的可动用资源（Resources）。一方面，IMF 可用于贷款的资源仅为 2500 亿美元左右，该资源规模难以应对全球系统性危机的融资需求；另一方面，由于近年来向 IMF 申请的贷款规模越来越小，造成贷款利息收入显著下降，IMF 目前面临无法平衡自身财务预算的困境。

二　危机爆发后国际金融体系的改革

（一）储备货币体系改革

1. 单一信用储备货币——美元

次贷危机的爆发给美元的国际储备货币地位造成了显著冲击。一方面，次贷危机源自美国金融市场上失控的金融创新（例如以 CDS、CDO 等为代表的金融衍生产品）。次贷危机的爆发损害了全球投资者对美国金融市场以及金融产品的信心，未来全球投资者资产组合中美国金融资产的比重可能因此下降；另一方面，美国政府用以稳定金融市场与刺激实体经济的扩张性财政货币政策，将会造成财政赤字扩大、国债市场上的供求失衡恶化并导致新发国债收益率的上扬、基础货币增发并最终埋下通货膨胀的种子。这也会削弱美元资产对全球投资者的吸引力。如果通过全球投资者购买美国金融资产的方式能够为美国经常账户赤字提供的融资规模大幅下降，那么美国就不能平衡当前的经常账户赤字，美国的国际收支以及美国居民的过度消费模式就必须进行调整。

然而，即使美元的国际储备货币地位在次贷危机后会开始衰落，美元衰落的速度也注定是非常缓慢的。次贷危机在重创了美国金融市场与实体经济的同时，也同样重创了美元的主要竞争对手所属经济体。欧元区与日本经济甚至先于美国经济陷入衰退，欧元区的德国以及日本由于实施出口导向发展战略，它们的经济复苏最终取决于美国进口需求的复苏。而且和美国相比，欧洲受到僵硬的社会保障制度的困扰，而日本则受制于过高的政府负债率以及急剧老化的人口年龄结构。对金砖四国的货币而言，首先成长为一种国际性货币是更为现实的目标。换句话说，由于次贷危机对各种国际性货币的冲击具有一定程度的对称性，因此当前美元本位制的更迭与嬗变将是一个缓慢而渐进的过程。此外，Cohen 和 Subacchi（2008）指出，作为一种成功的国际性货币需要两种关键力量，一种是自治力（Automony），这意味着本国货币政策的制定能够不受别国货币政策的影响；另一种是影响力（Influence），这意味着本国货币政策的制定能够影响别国的货币政策。从逻辑上而言，国际货币权力始于自治力，但自治力未必能自动转化为影响力。从这一角度来看，欧元的自治力没有问题，但影响力仍明显不足。其他国际性货币在自治力与影响力这两个方面都存在缺陷。因此当前的国际货币体系只有“一个半国际货币”（One and A Half Currency System），而美元霸权的衰落将是一个长期进程。

迄今为止的各种国际货币体系在储备货币方面均具有一个根本性缺陷。在金本位制下，国际储备货币的发行规模受制于黄金的规模，这意味着国际储备货币的增长速度受制于黄金开采增速，从而不能满足世界经济发展的需求。在布雷顿森林体系下，为满足世界经济发展对国际储备货币的需求，美国必须通过国际收支赤字（主要是资本与金融账户赤字）来输出美元。这将会导致美元与美国国内黄金储备的比率上升，当其他国家政府与投资者不再信任美国政府能够按照固定比率用黄金兑换美元时，全球范围内的汇兑狂潮迫使美国政府取消黄金与美元的自由兑换。这正是所谓的特里芬两难（Triffin Dilemma）。在当前的美元本位制下，同样存在特里芬两难。一方面，为满足世界经济对国际储备货币的需求，美国通过持续的经常账户赤字输出美元；另一方面，持续的经常账户赤字会造成美国对外净负债的不断上升。一旦其他国家投资者对美国在不制造通货膨胀前提下的偿债能力失去了信心，则这些投资者会抛售美元与美元资产，造成美元本位制难以为继。事实上，但凡以国别货币充当世界货币的国际货币体系，均不能克服特里芬两难，这是因为储备发行国不能平衡国内政策需要与世界经济发展需要。

除此之外，与金本位制或布雷顿森林体系相比，美元本位制还存在另一个根本缺陷，即作为一个信用货币储备体系，美元本位制缺乏对储备货币发行国货币发行数量的纪律约束。在金本位制下，一国基础货币的发行数量受制于该国央行拥有的黄金储量。在布雷顿森林体系下，美元的发行数量同样受制于美联储拥有的黄金储量，因为美联储必须维持将美元自由兑换为固定比率的黄金的承诺。然而在美元本位制下，美元币值不再与任何贵金属或者实体商品篮子挂钩，这就意味着对全球范围内的美元发行缺乏一种强制性的纪律约束。事实上，美国政府基本上是根据国内经济发展需要来制定货币政策，而非根据世界经济增长需要来制定美元发行数量。再考虑到美国存在持续的经常账户赤字，是世界上的最大债务人，客观上也存在通过增发货币制造美元贬值来稀释对外债务、转移负担的激励。因此，如果说金本位制天然会带来通货紧缩压力，那么美元本位制天然会带来通货膨胀压力。而本次次贷危机爆发的根源，在于美国国内宽松的货币政策导致全球流动性泛滥，全球流动性泛滥压低美国金融市场长期利率，从而出现罕见的房地产泡沫与衍生品泡沫。因此，“危机未必是储备货币发行当局的故意，但却是制度性的必然”（周小川，2009）。要从根本上解决特里芬难题，就必须创设一种超主权的国际储备货币。

2. 超主权储备货币——SDR 与替代账户

所谓超主权储备货币（Super-sovereign Reserve Currency），是指由一个超越主权国家的货币管理机构发行的用于国际范围内计价尺度、交换媒介与储藏手段的货币。自次贷危机爆发以来，全球范围内就涌现出改革当前国际货币体系的呼声。特别是自中国人民银行行长周小川在 2009 年 3 月提出创设一种超主权储备货币来替代美元，并得到俄罗斯、巴西等新兴市场大国政府的支持后，超主权储备货币成为一个热门话题。

在 2008 年成立的联合国大会主席关于国际货币金融体系改革的专家委员会（the Commission of Experts of the President of the UN General Assembly on Reforms of

the International Monetary and Financial System，简称斯蒂格利茨委员会）的报告指出，当前的国际货币体系改革应解决三个问题：第一，储备资产的积累必须与储备货币发行国的经常账户赤字相分离（以克服特里芬两难）；第二，对经常账户盈余国必须有所约束（这是凯恩斯提出的清算同盟的核心理念）；第三，应该提供一个比美元更加稳定的国际价值储存载体。而为了解决上述三个问题，一个最现实的方法是大量增加对特别提款权（Special Drawing Right，SDR）的发行与使用。周小川（2009）也认为，SDR 具有成长为超主权储备货币的特征与潜力，因此应特别考虑充分发挥 SDR 的作用、着力推动 SDR 的更加广泛的分配，以及拓宽 SDR 的使用范围。

SDR 是由 IMF 在 1969 年创设的，由目前在国际贸易与金融中使用的四种主要货币（美元、欧元、日元、英镑）组成的货币篮（Currency Basket）。目前美元、欧元、日元与英镑在 SDR 货币篮中的比重分别为44%、34%、11%与11%。SDR 的传统职能是，当成员国发生国际收支逆差时，可以用它向基金组织制定的其他成员国兑换外汇，以偿付国际收支逆差或归还基金组织贷款，此外 SDR 也构成了一国国际储备的一部分。然而，由于 SDR 仅是一种记账单位（Unit of Account），而不是一种真正的货币。因此 SDR 在使用时必须首先兑换为其他货币，而不能直接用于贸易或金融方面的支付。

相对于国别信用货币充当全球储备货币，用 SDR 来充当全球储备货币具有以下一些优点：第一，SDR 的定价基础是一篮子货币，因此 SDR 的汇率（或国际购买力）与国别信用货币相比更加稳定；第二，SDR 的发行是 IMF 根据世界经济的增长需求来自主制定的，与任何国家的经常账户赤字无关，因此就克服了储备货币发行国国内政策与全球范围对储备货币需求之间的冲突；第三，IMF 通过发行 SDR 而征收的全球铸币税可以更多地用于全球减贫或全球范围内公共产品的供给，从而增强全球经济增长的公平性与可持续性。

然而，要成长为一种真正的全球储备货币，SDR 还有很长的路要走。首先，IMF 的定值货币篮仅由四种货币构成，不能充分反映全球经济增长的相对格局。为了让 IMF 的定值货币篮更具代表性，至少应该将中国的人民币、俄罗斯的卢布、印度的卢比、巴西的雷亚尔等新兴市场大国的货币包含进来；其次，目前 IMF 仅适用于 IMF 成员国之间以及 IMF 成员国与 IMF 之间的清算。为提高 SDR 的吸引力，必须扩大 SDR 的适用范围。这包括建立起 SDR 与其他货币在官方与

私人部门交易的清算关系，使之成为在国际贸易与金融交易中公认的支付手段；积极推动在国际贸易、大宗商品定价、投资与企业记账中使用 SDR 计价；积极推动创立以 SDR 计值的金融资产等（周小川，2009）；再次，必须扩大 SDR 的发行规模。在 2009 年之前的 40 年里，SDR 只分配过两次，总体规模不过 300 多亿美元。斯蒂格利茨认为，每年增发 2000 亿美元的 SDR，无需美国维持经常项目逆差，就应该能满足全球经济对储备货币积累的需求（余永定，2009）。而在 2009 年 8 月 28 日以及 9 月 9 日，IMF 分别增发 2500 亿美元以及 330 亿美元的 SDR，这会使得 SDR 的总体规模增加近 10 倍（Gottselig，2009）。这无疑将显著扩大 SDR 的吸引力与影响力；最后，SDR 成长为全球储备货币的一大前提，是 SDR 的发行与管理机构 IMF 必须具有更广泛的代表性与合法性，这意味着 IMF 必须充分改革其治理机制与运行效率。

在如何处理 SDR 与美元之间的关系，以及防范美国债权人减持美元资产与美元贬值之间的恶性循环方面，以 Bergsten 为代表的一些国际经济学家开始重新提出替代账户（Substitution Account）的主张（Bergsten，2007）。

替代账户的基本思路是，在 IMF 内部建立一个账户，允许 IMF 成员国把不愿意持有的美元资产置换为替代账户中的 SDR 资产。IMF 将替代账户中的美元资金投资于美元计价资产，相关收益用来向该账户中的 SDR 资产持有国支付利息。如果美元贬值导致美元资产不足以支撑相应的 SDR 价值，IMF 还可以用自身拥有的 800 亿美元黄金储备提供额外价值支持。

替代账户并非一个全新事物。事实上，在 1978 ~ 1980 年期间，当其他国家开始考虑多元化外汇储备，美元面临大幅贬值风险之时，IMF 就对建立替代账户的建议进行了详细研究，而伯格斯坦本人就是 IMF 该项目的负责人。之所以替代账户建议最终未被采纳，一方面是因为美联储在 1979 ~ 1980 年采取的紧缩性货币政策推动美元汇率大幅上升，使得该账户的现实意义大为下降，另一方面是欧洲与美国就美元贬值造成的替代账户账面损失如何分担没有达成一致意见。而在当前的全球金融危机下，美元疲弱的基本面看不出任何改善的迹象，美联储较长时间内很难重新加息，美元大幅贬值的阴影将持续很长时间，因此建立替代账户以应对美元危机的必要性大增。

在当前的国际环境下，设立替代账户是一项多赢的制度创新（Bergsten，2009）。首先，对于以中国为代表的美元债权国而言，将一部分美元转换为 SDR，等于直接实施了储备货币多元化——因为SDR本身就是参照一篮子货币定价的——从而降低了美元贬值风险。替代账户也有助于降低美国主要债权国竞相减持美国国债，从而造成美国国债市场崩盘的风险。其次，对于储备货币发行国美国而言，替代账户的建立避免了将美元在市场上转换为其他国家货币，从而能够避免美元对其他货币大幅贬值，以及贬值后的通货膨胀与长期利率上升。再次，对于欧元区国家与日本而言，替代账户的建立能够避免新兴市场国家减持美元、转而持有欧元与日元资产而造成的欧元与日元对美元大幅升值，从而削弱欧元区与日本出口商品的竞争力。最后，对IMF而言，替代账户可以提升SDR作为国际储备资产的地位与作用，提高整个国际货币体系的稳定性，并通过集中外汇储备来加强全球的流动性管理（黄梅波、熊爱宗，2009）。

然而，创建并广泛使用替代账户仍有一个最大的制度性障碍，即由谁来承担替代账户中美元贬值的损失。如果新兴市场国家与发展中国家将外汇储备的20%存入替代账户，那么这一资金规模就高达约8500亿美元。如此大规模资产由于美元贬值而产生的损失，是IMF自身无法承担的（即使通过出售黄金储备）。而且，对一些国际收支基本平衡的国家而言，他们会觉得，通过由IMF成员国来共同承担替代账户发生的汇兑损益，是不公平的。正如在20世纪70年代末欧洲与美国就替代账户汇兑损益的分担存在分歧，从而导致替代账户计划流产一样，当前如果不能就替代账户的汇兑损益分担达成一致意见，那么替代账户依然不能付诸实施。我们认为，鉴于中国等全球主要外汇储备持有大国与美国是替代账户方案的最大受益者，那么这些债权人与美国应该来分担替代账户发生的汇兑损失。鉴于替代账户的创建有助于显著降低国际货币体系面临的潜在风险，各主要国家应该深入讨论并积极推动该方案的实施。

3. 储备货币多极化

我们认为，与继续由美元充当全球储备货币以及在SDR的基础上创建超主权储备货币相比，更加现实与更加合理的国际货币体系演进方向，可能是国际储备货币的多极化。在未来的国际货币体系下，可能出现美元、欧元与某种亚洲货币（它既可能是人民币，也可能是亚洲主要货币组成的一个货币篮）三足鼎立的局面，即Mundell所描绘的“全球金融稳定性三岛”（Mundell，2000）。美元将继续在全球范围内充当重要的国际性货币，但其势力范围可能会逐渐萎缩到北美洲、拉丁美洲以及其他一些区域。伴随着欧元区进一步东扩，整个欧洲甚至包括中东、北非一些国家开始更多地使用欧元。伴随着人民币国际化进程以及东亚货币金融合作进程的加速，人民币或者人民币在其中扮演着重要角色的某种亚洲货币篮将在东亚区域成为广泛使用的国际性货币。美元、欧元与亚洲货币之间最初实施汇率自由浮动，等时机成熟后（这可能经历很长一段时间），三大货币区之间改用固定汇率连接，这最终就构成了全球统一货币的雏形。

为什么储备货币多极化可能成为未来国际货币体系的演进方向呢？第一，历史经验显示，国际货币体系的演变是长期而渐进的过程。美元全面取代英镑的国际货币地位，至少花了半个世纪的时间。因此，美元衰落的过程是长期的，而超主权储备货币的诞生也必然是一个市场演进的过程，而非政策驱动的过程。更现实的情景是，在美元逐渐衰落的过程中，欧元以及亚洲货币开始逐渐成长为能够与美元分庭抗礼的竞争对手；第二，经济基础决定上层建筑。国际货币体系的多极化趋势，与世界经济的多极化趋势尤其是区域化趋势是相符的；第三，与美元本位制相比，多极化的国际货币体系具有一个重要优势，后者重新引入了约束储备货币发行的纪律。由于在美元、欧元与亚洲货币之间存在竞争与替代关系，因此除非三大货币发行当局存在共谋，否则每个货币发行当局都不得不约束货币发行，否则一种货币相对于其他货币的超发将注定导致本币贬值、通胀上升以及本国货币作为国际储备货币地位的下降。多极储备货币相互竞争的格局给储备货币发行铸造了新的约束机制，这有助于提高国际货币体系的可持续性，降低潜在货币危机的爆发以及限制潜在的资产价格波动。

（二）IMF 改革

进入 21 世纪以来，随着新兴市场大国对 IMF 总借款规模的下降，造成 IMF 对各成员国影响力的下滑，IMF 的合法性以及运营的可持续性均受到怀疑。IMF 没有能够对全球国际收支失衡问题作出任何实质性应对，也没有能够预测到次贷危机的爆发以及次贷危机的演变。在内外交困的环境下，IMF 不得不启动了针对其治理结构、贷款机制与融资规模的改革。目前这一改革仍在进行中。由于改革涉及 IMF 成员国之间的既得利益调整，改革的进程也难免会一波三折。

1. 治理结构改革

在治理结构方面，IMF 在 2006 年 9 月的新加坡年会上启动了名为“份额与声音”（Quota and Voice）的改革，旨在提高新兴市场国家在 IMF 中的份额，以及增强最不发达国家在IMF中的发言权。改革的主要内容包括：第一，对份额被严重低估的四个国家（中国、韩国、墨西哥、土耳其）进行首轮特别增资，这类增资目前已经完成；第二，根据新的评估成员国份额充分性的公式进行第二轮特别增资，这轮增资目前仍存在争议；第三，提高成员国的基本投票权（Basic Voting Power），以保证低收入国家能够享有更充分的话语权。在2008年4月，IMF执行董事会通过了一项在治理结构改革方面影响深远的新决议，其主要内容包括：第一，同意采纳一项新的份额分配公式；第二，在新公式的基础上，对54个国家进行第二轮特别增资；第三，将基本投票权扩大三倍，以增强欠发达国家的话语权；第四，在IMF执行董事会中给非洲国家增加两个董事席位；第五，IMF在未来将每5年对份额与投票权审议一次。于2009年9月4~5日在英国伦敦召开的二十国集团财长与央行行长会议再度敦促2008年国际金融机构治理改革方案的迅速实施，并将在2011年1月之前对IMF的配额进行新的审查。作为改革的一部分，新兴经济体和发展中经济体包括最贫穷国家的发言权和代表权必须得到大幅提高，以反映世界经济的变化。

尽管IMF的治理结构改革方案看似雄心勃勃，但一方面该方案受到了来自欧盟国家，特别是欧洲小型开放经济体国家的抵制，另一方面该方案也很难从根本上改变目前美欧主导IMF的格局。新的份额公式明显有利于经济增长率较高、名义汇率被明显低估的发展中大国，但这是以欧洲小型开放经济体的份额缩水为代价的。新的份额分配公式无疑会受到来自欧洲小型开放经济体的强大阻力。此外，在经历了首轮特别增资后，美国拥有16.79%的份额、欧盟拥有32.09%的份额（其中欧元区国家拥有22.57%的份额），相比之下，中国、俄罗斯、印度与巴西的份额分别仅为3.68%、2.70%、1.89%与1.39%。预期在经历第二轮特别增资后，美国的份额仅降至16.73%，中国与印度的份额仅增加到3.81%与2.34%。换句话说，即使新的份额分配公式能够被一致通过，改革后的IMF份额格局依然不能改变美国的一票否决权，以及美欧对IMF决策的主导权。针对这一问题，在2009年9月召开的“金砖四国”财长与央行行长会议提出，发达国家应在2011年前将IMF份额中的7%和世行股份的6%转让给新兴市场国家。至于基本投票权的扩大就更加无足轻重了。由于目前基本投票权只占IMF总投票权的2%，即使基本投票权扩大三倍，非洲国家能够获得的发言权也是极为有限的（Phillips，2006）。

因此，要让 IMF 的份额与投票权更多地向新兴市场国家倾斜，必须寻求更重大的制度创新。在这方面，Bordo 与 James（2008）的倡议值得关注。他们认为，由于 IMF 的传统职能处于不断消亡的过程中，IMF 必须在新时期内担当新的角色，而一个可行的角色是 IMF 为其成员国担任外汇储备投资基金经理人的角色，这样可以克服与主权财富基金（Sovereign Wealth Fund，SWF）投资如影随形的东道国的疑虑与抵制（不难看出，这其实与 Bergsten 的替代账户建议是暗合的）。而如果 IMF 要转变自己的职能，IMF 就必须显著地改变其治理机制。Bordo 与 James 给出的建议是，在 IMF 全新的投票权体系中，按照传统公式分配的投票权占一半，而另一半投票权则根据各成员国在 IMF 中的存款规模按比例分配。毫无疑问，如果实施这一投票权体系，则拥有大量外汇储备的新兴市场国家对 IMF 的影响力将显著上升。

2. 贷款职能改革

在 2009 年 4 月二十国集团伦敦峰会召开之前，IMF 执董会通过了对 IMF 贷款职能进行系统性改革的方案。该方案的核心思路是对处于不同经济形势以及不同外部环境下的成员国提供更大规模以及更加量体裁衣式的贷款。具体措施包括：第一，对贷款的条件性（Conditionality）进行了改革，使得贷款条件性更加符合不同成员国各自政策与经济基本面的基本状况。IMF 改革贷款条件性的前提是更多地依赖事先的资格审核而非传统的事后条件性约束；第二，推出了新的贷款机制——弹性贷款机制（Flexible Credit Line，FCL），该机制用来为具有非常健全的经济基本面与政策的成员国提供较大规模的快捷贷款。该贷款机制的弹性具体表现在：规模没有上限、还本付息的时间较长（3.25～5 年）、对贷款延期没有限制，以及既可以用于审慎性需求，也可以用于实际的国际收支需求；第三，增强了备用协定（Stand-By Arrangements，SBA）。对于那些不符合弹性贷款机制的成员国而言，IMF 的贷款改革也增强了相应的灵活性。这些国家可以将高获得性谨慎性备用协定（High Access Precautionary SBAs，HAPAs）作为一种常规的借款窗口。这种贷款协定也会充分考虑各国的特殊国情，同时也能根据一国政策与外部环境的情况决定是否提前支付；第四，将贷款限额提高了一倍。在新的机制下，成员国能够获得的年度贷款以及累计贷款的额度分别为份额的 2 倍与 6 倍；第五，为了吸引更多成员国从基金借款，基金简化了贷款的成本结构与到期日结构；第六，取消了一些不太常用的贷款机制，例如补充性储备协议（the

Supplimental Reserve Facility)、补充性融资协议（the Compensaroty Financing Facility），以及短期流动性协议（the Short-term Liquidity Facility）等；第七，改革了针对低收入国家的贷款协议，将会显著增强 IMF 提供减让性短期贷款与紧急融资的能力，至少会将 IMF 对低收入国家提供减让性贷款的能力提高一倍（IMF，2009a）。

我们认为，在比较充分地吸取了在东南亚金融危机时表现糟糕的教训的基础上，自次贷危机爆发以来，IMF 在贷款方面进行了大刀阔斧的改革，提高了贷款的反应速度以及贷款规模，并使得贷款的条件性变得更具弹性以及更加量体裁衣，在很大程度上回应了新兴市场国家对 IMF 贷款的批评，这是非常值得赞赏的。

自次贷危机爆发以来，IMF 已经给新兴市场国家提供了超过 500 亿美元的贷款，并且在新的弹性贷款机制下给墨西哥、波兰和哥伦比亚提供了贷款。不过，鉴于目前 IMF 能够动用的信贷资源仅为 2500 亿美元，这一规模远远不足以支付为克服全球系统性金融危机而需要的融资规模。因此，通过各种机制来补充 IMF 的贷款资源就成为当务之急。

3. 扩大融资规模

作为自美国大萧条以来最严重的全球性危机，次贷危机提高了对 IMF 融资能力的要求。相对于保尔森 7000 亿美元的问题资产纾困计划以及奥巴马政府 7970 亿美元的宏观经济刺激方案，或者是中国政府 4 万亿人民币（约 5680 亿美元）的投资刺激方案，IMF 仅仅 2500 亿美元的可贷资金规模实在是杯水车薪。在 2009 年 4 月召开的二十国集团伦敦峰会上，成员国就 IMF 的融资问题达成如下三项共识：第一，同意立即向 IMF 增资 2500 亿美元，并最终将 IMF 的可贷资金规模提高到 7500 亿美元；第二，建议 IMF 分配 2500 亿美元的 SDR 以增加全球范围内的流动性，并提高欠发达国家应对国际金融动荡的能力；第三，建议 IMF 通过销售黄金筹集 60 亿美元资金，用来为贫穷国家提供额外融资。

从传统上而言，成员国缴纳的份额是 IMF 最主要的融资来源。然而，当 IMF 的资金不能满足成员国贷款需要时，IMF 的基金条款（Article of Agreement）也允许 IMF 通过一般资源账户（General Resources Account，GRA）进行借款。通过一般借款安排（General Arrangements to Borrow，GAB）以及新借款安排（New Arrangements to Borrow，NAB），IMF 在危机之前已经从部分成员国那里获得了

500亿美元的贷款。2009年2月，日本政府同意向IMF贷款1000亿美元。二十国集团伦敦峰会的计划是让IMF在新借款安排下筹集5000亿美元的可贷资金。在2009年8月至9月，IMF已经向成员国分配了规模高达2830亿美元的SDR。UBS（2009）认为，IMF一次性分配规模如此之大的SDR，相当于实施了一轮全球定量宽松（Global Quantitative Easing），因为成员国能够用SDR向其他国家换取外汇，这将提高发展中国家应对金融危机冲击的能力，同时也无需发达国家提高国际援助规模。2009年9月2日，IMF宣布，中国央行将购买价值500亿美元（320亿SDR）的以SDR计价的IMF债券，此外巴西和俄罗斯也有意购买100亿美元的IMF债券。发行以SDR计价的债券在IMF的历史上尚属首次，这既能为IMF成员国提供一种新的多元化投资工具，也能够增加IMF的可支配信贷资源，从而提高IMF应对全球金融危机以及促进全球经济复苏的能力。

4. 监测职能改革

除治理结构、贷款职能与可利用资源等方面的改革外，对IMF的宏观经济监测职能进行改革也是当务之急。一方面，应该将IMF在第四条款下对成员国进行双边监测的职能扩展为对全球宏观经济与金融市场实施多边监测，以更快更准确地发现全球范围内的系统性风险；另一方面，应提高IMF宏观经济监测结果的透明度以及约束力，特别是提高IMF宏观经济监测职能对没有向IMF提出借款请求的发达成员国的约束力。

然而，次贷危机爆发以来，在IMF的监测职能改革方面取得的进展远远落后于其他方面的改革。一方面，要将IMF的双边监测扩展为多边监测，需要进行人力资源、监测机制等多方面系统配套改革，短期内难以完成；另一方面，IMF毕竟是受美欧等发达国家支配的，这些国家未必愿意接受甚至是倾听来自IMF的批评意见。此外，对国际金融市场进行整体监测的任务，似乎更多落到了金融稳定委员会（Financial Stability Board，FSB）头上。如何将IMF的宏观经济监测与FSB的金融市场监测整合到一起，是当前国际社会面临的一大难题。

三　结论

次贷危机的爆发暴露出当前的国际储备货币体系以及国际金融机构存在的种种缺陷。相关各方在反思的基础上提出了各种改革方案，在某些方面（例如增强 SDR 的作用以及加快 IMF 改革等）已经取得了一定进展。

在全球储备货币体系方面，次贷危机证明以国别货币充当全球储备货币的美元本位制从根本上缺乏对储备货币发行的纪律约束，不能克服新形势下的特里芬两难，容易造成全球国际收支失衡与流动性过剩。为了克服这一缺陷，或者需要创建一种超主权储备货币，或者需要强化三足鼎立的多极储备货币体系。前者能够切断储备货币发行与一国货币政策之间的联系，而后者是向储备货币发行中引入竞争性约束机制。相比之下，多极储备货币体系的建立要比创建超主权储备货币更为现实可行。

在国际金融机构改革方面，IMF 目前的改革可谓冰火两重天。在增加 IMF 的可利用资源以及 IMF 的贷款职能改革方面取得了显著进展，这既增强了 IMF 应对全球性危机的实力，也提高了 IMF 对危机的反应速度以及制定量体裁衣式贷款条件性的能力。然而，在 IMF 的份额改革与监测职能改革方面，由于面临既得利益集团的反对，迄今为止改革取得的进展相当有限。

参考文献

黄梅波、熊爱宗：《特别提款权与国际货币体系改革》，《国际金融研究》2009 年第 8 期。

余永定：《避免美元陷阱》，《财经》2009 年第 8 期。

周小川：《关于改革国际货币体系的思考》，中国人民银行，2009 年 3 月 23 日，http：//www. pbc. gov. cn/detail. asp? col =4200&id =279。

Bergsten, Fred. How to Solve the Problem of the Dollar, *Financial Times*, December 11, 2007.

Bergsten, Fred. We should Listen to Beijing's Currency Idea, *Financial Times*, April 8, 2009.

Bordo, Michael and James, Harold. The Past and Future of IMF Reform: A Proposal, September 2008, http://michael. bordo. googlepages. com/ThePastandFutureofIMFReform. pdf.

Cohen, Benjamin J. and Subacchi, Paola. A One-And-A-Half Currency System, *Journal of International Affairs*, Vol. 62, No. 1, Fall/Winter 2008, pp. 151 – 163.

Devereux, Michael B., Shi, Kang and Xu, Juanyi. Global Monetary Policy under a Dollar Standard, http://ihome. cuhk. edu. hk/ – b114263/globaljierevision. pdf, August 2003.

Dooley, Michael P., Folkerts-Landau, David and Garber, Peter M. An Essay on the

Revived Bretton Woods System, NBER Working Paper, No. 9971, September 2003.

Dooley, Michael P., Folkerts-Landau, David and Garber, Peter M. Breton Woods II Still Defines the International Monetary System, NBER Working Paper No. 14731, February 2009.

Eichengreen, Barry and Hausmann, Ricardo. Exchange Rates and Financial Stability, NBER Working Paper, No. 7418, 1999.

Eichengreen, Barry. *Global Imbalances and the Lessons of Bretton Woods*, Boston: MIT Press, 2007.

Gottselig, Glen. IMF Injecting MYM283 Billion in SDRs into Global Economy, Boosting Reserves, IMF Survey Online, August 28, 2009.

Gourinchas, Pierre-Oliver and Rey, Helene. From World Banker to World Venture Capitalist: US External Adjustment and the Exorbitant Privilege, in Clarida, R. (ed.) *G7 Current Account Imbalances: Sustainability and Adjustment*, The University of Chicago Press, pp. 11 - 55, 2007.

IMF. To Help Countries Face Crisis, IMF Revamps its Lending, *IMF Survey Online*, March 24, 2009.

Milesi-Ferretti, Gian Maria. Fundamentals at Odds? The U. S. Current Account Deficit and The Dollar, IMF Working Paper, WP/08/260, November 2008.

Mundell, Robert, A Reconsideration of the 20th Century, *American Economic Review*, June 2000, pp. 327 - 331.

ODI. Closing the Deal: IMF Reform in 2007, Briefing Paper, No. 26, Overseas Development Institute, October 2007.

Phillips, Lauren. IMF Reform: What happens next? *Opinion*, No. 75, Overseas Development Institute, Semptember 2006.

UBS. ABCs of SDRs, Foreign Exchange Note, UBS Investment Research, March 25 2009.

The Reform of International Financial System under the Background of Financial Crisis

Zhang Ming

Abstract: This paper analyzes the reform of international financial system after the burst of sub-prime crisis in the following two aspects: global reserve currency and international financial institutions. There is no real constraint for the issuance of reserve currency under Dollar Standard, and it is difficult for U. S. government to balance the global needs for liquidity and domestic monetary policy stance. The resulting global imbalance and excess liquidity sowed the seeds of sub-prime crisis. The international financial institutions such as IMF have already been marginalized before the burst of sub-prime crisis. After the crisis, for reserve currency, some proposals such as creating super-sovereign reserve currency and multi-polar reserve currency have been brought forward. The crisis also speeds up the reform of IMF, especially in the areas such as expanding IMF's usable resource and increasing the flexibility of IMF's loans.

Key Words: Sub-prime Crisis; International Financial System; Reserve Currency; IMF Reform

全球金融危机下的人民币国际化

徐奇渊　张　明*

摘　要： 在全球金融危机的背景下，各国开始反思目前以美元为核心的国际货币体系的稳定性及合理性。同时，这次金融危机的爆发，既让我们体会到了推进人民币国际化进程的迫切性，也让我们看到了推进人民币国际化的一些难得机遇。于是，人民币国际化成为近期货币当局着力推进的改革重点，并引起了广泛的关注。本文将对人民币国际化的近期背景，相关举措及其目前效果，以及进一步推进的方向进行分析。

关键词： 全球金融危机　人民币国际化　资本项目可兑换　人民币结算

一　全球金融危机下：人民币国际化的迫切性和机遇

（一）迫切性之一：美元外汇资产的安全性面临危险

在 2008 年 9 月，以雷曼兄弟的破产等一系列事件为标志，美国次贷危机开始演变为全球性的金融危机。在此过程中，大量金融资产面临违约或价值缩水。其中，美国房地产金融系统更是爆发了全面的系统性危机，一时间，房利美和房地美两大房地产金融机构岌岌可危。而与此同时，中国当时近 2 万亿美元的外汇储备中，持有近 4000 亿美元的“两房”债券，此外工、农、中、建等中国大型商业银行也持有“两房”机构债券逾 300 亿美元。这些资产的安全性在当时面临非常大的违约（default）可能。所幸的是，美国政府最终出面接管了两房。这

---

* 徐奇渊，经济学博士，中国社会科学院世界经济与政治研究所博士后，研究领域为国际金融；张明，经济学博士，中国社会科学院世界经济与政治研究所助理研究员，研究领域为国际金融与资本市场。

笔巨额的损失虽然没有成为现实，但是对中国官方和企业具有深刻的警示作用：中国持有的巨额外汇资产，其命运在很大程度上并不取决于自己。

（二）迫切性之二：巨额外汇资产的价值面临缩水

自危机爆发之后，美国政府采用了宽松的货币政策和财政政策组合，竭力扭转危机的颓势。在货币政策方面，美联储通过直接对市场注入流动性、对金融机构注资、购买金融资产等方式来解决流动性的问题，挽救市场信心。其直接后果是，美联储的资产负债表规模急剧扩张：在2007年7月31日，其总体规模仅为8680亿美元；而到了2008年12月为2.14万亿美元，是原来的2.5倍以上；至2009年8月20日，其规模仍然保持在2.04万亿美元的水平。其货币政策之宽松程度，可见一斑。另外，在财政政策方面，在赤字连年高居不下的情况之下①，2009年美国的财政赤字更是创历史新高，达到了1.6万亿美元的新纪录，其占GDP比例将近12%。而且，在未来的数年中，美国财政赤字仍将维持在高位运行（见图1）。这种财政状况，是美国历史上所未有的；这在美国债台业已高筑的情况下发生，可谓雪上加霜。而在国内居民和机构财富大幅缩水的情况下，巨额财政赤字只有求助于外国投资者购买，否则只有美联储采取配合措施将赤字货币化。而在金融危机导致财富缩水、贸易保护日渐盛行的背景之下，主要贸易盈

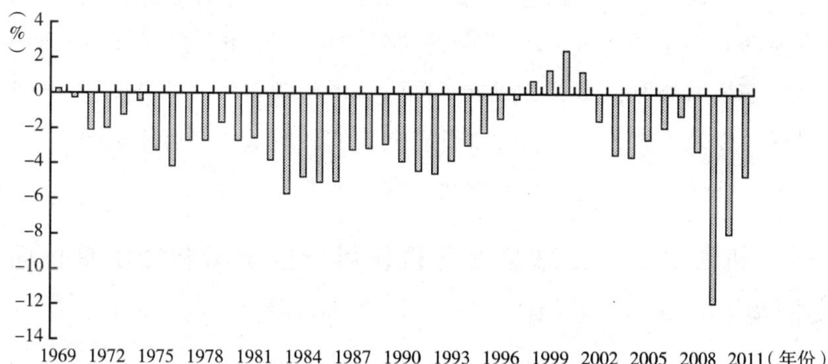

图1　美国历年财政赤字的GDP占的比例

数据来源：美国国会预算办公室（Congressional Budget Office），其中2010年和2011年数据为估测值。

① 在2008年，美国的财政赤字为4550亿美元。

余国家的国际收支顺差也开始缩小，因此能够增加持有的美元资产数量甚为有限。[1] 而且，美国已经积累的巨额国际收支逆差和财政赤字，是美国经济难以通过自身力量来完全消化的，其必然利用其国际本位币的地位，通过货币化的手段[2]将本国的赤字负担转移给外国投资者。这将更为具体的表现为美元汇率的贬值以及美元外汇资产市场价值的缩水等风险。

因此，从上述两点来看：重塑国际金融战略，发展本国金融市场，提高人民币国际化的程度，降低对美元外汇资产的依赖程度，是非常迫切和必要的。

（三）机遇之一：各国都意识到现行国际货币体系的不稳定性

随着2008年9月以来美国次贷危机不断扩散和升级，美元及美元形式的资产价值越来越让国际社会感到担忧。在2009年3月，中国人民银行行长周小川公开提出了在国际储备中扩大“特别提款权”（SDR）用途，从而降低对美元作为世界储备货币的依赖程度的建议（周小川，2009）；并且得到了包括俄罗斯、巴西等新兴经济体的积极响应。法国总统萨科齐也在不同场合多次表态，支持国际货币体系的多元化。很多国家的决策者和智库都意识到，在以美元为核心的国际货币体系当中，美元的地位与美国的经济地位越来越不相称，美元的货币政策权力与其所应承担的责任越来越不对等，这样的国际货币体系本身就是不稳定性的来源。因此，在全球性金融危机之后，对现行国际货币体系进行改革的反思和呼声越来越多，甚至被纳入G20峰会的议题之中。另外，在联合国框架下，由著名经济学家斯蒂格利茨牵头，成立了国际货币金融体系改革委员会。这些重大认识的转变，以及正式讨论的全面展开，向我们展示了一个有望走向多元化的国际货币体系；而这，正是人民币国际化乘势而上的良好时机。

（四）机遇之二：全球金融危机使得一些国家和经济单位面临国际收支困境

从2008年下半年开始，新兴市场国家出口开始面临困难，出口大幅下滑；

① 在金融危机刚刚全面爆发的初期，由于美国金融危机的去杠杆化操作，大量资金回流美国本土金融市场，维持了一定的美元强势，因此美元资产在这一时期较为具有吸引力。但是这一过程已经随着金融市场秩序的恢复而结束，从2009年3月开始，美国对其他主要货币的汇率，又出现了连续多个月的走弱。

② 名义汇率的贬值或者是国内物价上升造成的实际汇率贬值。

在9月金融危机全面爆发之后，由于美国金融危机的去杠杆化操作，美国机构的海外资金回流到本土，美国市场的流动性紧张由此蔓延至其他市场。以韩国为例，从2008年4月开始，其外汇储备连续8个月下降，从2640亿美元降至2008年11月的不足2000亿美元，降幅达到1/4。当其时，由于大量的短期债务和其他短期投资，韩国外汇储备面临巨大压力，不得不向美国、中国等国家寻求帮助。在中国周边的不少亚洲国家，由于依赖于出口和来自国外的投资，因此都出现了一定程度的国际收支困难。并且，这种状况，一直持续到2009年3月前后，才开始有所改善。而有人民币参与的双边本币互换，正是在这样一个背景下展开的。

（五）机遇之三：全球性金融危机背景下中国经济保持较好增长势头

2009年，中国经济继续保持了较好的发展态势，上半年GDP增速达到了7.1%，这与世界经济大范围的负增长表现，形成了鲜明的对比。而且，中国经济在下半年的增长继续维持强劲势头，全年增长也将完全有望超过8%的预定目标。在全球经济秩序的不稳定时期，良好的经济表现，将大大提升人民币的国际声誉和地位，使这个实体经济的外衣——货币也显得格外入时。

因此，从上述三个方面来看：在全球范围内，已经形成了对现行国际货币体系进行改革的共识；在局部范围内，一些国家在一定时期内由于国际收支的困难，迫切需要拥有除了美元之外的外汇资产来保持国际收支稳定；而且，中国良好的经济增长势头，也使人民币具备了一个更为强有力的基本面支撑。这些条件共同形成了一股拉动人民币国际化前进的力量；而前述两个方面的迫切性，则形成了人民币国际化的重要推动力量。这两股力量，最终使人民币国际化由低调和含蓄的设想，转变成为目前货币当局的一项长远战略。

二 人民币国际化主要进展

在全球金融危机之前，人民币的国际化进展，主要体现在以下几个方面：其一，边境小额贸易的结算，最主要的是集中在我国西南边境地区，这方面的进展主要是市场的自发行为。其二，人民币在香港地区的流通和使用，这里值得一提的是，2004 年香港银行系统推出了个人的人民币业务，包括存款、汇款、兑换等业务；同时指定中国银行为香港个人人民币业务清算行，成为当时境外人民币回流的唯一正式渠道；此外，从 2007 年 6 月开始，内地金融机构连续 7 次在香港发行人民币债券，共计 220 亿元。这方面的进展，主要是由货币当局根据市场需要而进行推进的。此外，还包括一些地下流出、流入的渠道。但总体上来看，人民币国际化呈现出“大进大出”，但“沉淀量极小”的特点。中国人民银行调统司的一项调查结果表明，2004 年全年，人民币现金跨境流出入的总流量达 7713 亿元，而净流出量仅为 99 亿元（人民币现金跨境流动调查课题组，2005）。在金融危机之前的阶段，官方对人民币国际化的推进措施，主要集中于香港地区的人民币业务；而在其他地区以及领域①则缺乏相应的政策关注。而在金融危机发生以后，货币当局以非常大的力度，在较短的时间内出台了多项推进人民币国际化的重要措施，按时间顺序来看，具体有以下几个方面。

（一）与其他国家和地区协定双边本币互换协议

如前所述，在国际金融危机的背景下，一些国家和地区面临着国际收支的困难，需要获得美元以及美元之外的其他外汇流动性；并且，货币当局也有提高人民币国际地位的考虑，尤其是为人民币跨境结算提供资金支持。因此，从 2008 年 12 月到 2009 年 3 月这一较短的时间内，中国先后与韩国、中国香港、马来西亚、白俄罗斯、印度尼西亚和阿根廷签署了总额达 6500 亿元的双边本币互换协议。

（二）开展跨境贸易的人民币结算试点

2009 年 3 月 16 日起，中国内地正式运行与香港两地支付互通安排，这标志着内地与香港覆盖多币种的全方位的跨境支付清算合作机制的正式建立。4 月 8 日，国务院又决定在上海、广州、深圳、珠海、东莞等五城市开展跨境贸易人民币结算试点。及至 7 月 2 日，央行联合其他五个部委联合公布了《跨境贸易人民币结算试点管理办法》。此后，在 7 月 6 日和 7 月 7 日，上海和广东四市分别启动了跨境贸易的人民币结算试点。至此，人民币结算试点工作正式展开。

① 例如，国际贸易结算业务。

（三）推动国外的个人人民币业务发展

2009 年 7 月 31 日，中国银行与菲律宾中央银行签订《人民币现钞买卖、转运协议》，正式在菲律宾推出了人民币现钞业务。至此，境外人民币回流的官方途径不再只有通过香港，人民币境外回流机制得到进一步完善。同时，根据此协议，中国银行可以在菲律宾开办人民币现钞买卖、存取款以及现钞调运业务，并为当地商业银行及非银行金融机构办理人民币账户开立、人民币存取款、人民币买卖等业务。至此，境外的个人人民币业务，由香港地区开始向其他国家和地区拓展。

（四）通过国际货币体系合作，推进人民币国际化

其一，2009 年 9 月初，中国政府已同意购买不超过 500 亿美元的国际货币基金组织债券，并使用人民币支付。此举虽然是按照 IMF 的标准流程来执行的，但是也表明了：人民币已初步具备了国际货币的部分功能，具有一定的示范效应。如果 IMF 将这些人民币资金通过贷款划拨给成员国，则成员国有可能将人民币使用于国际支付当中，这将间接地推动人民币在国际范围的使用。其二，在 2009 年 9 月 25 日闭幕的 G20 峰会上，各国达成共识并承诺：将新兴市场和发展中国家在 IMF 的份额提高到至少 5% 以上。IMF 总裁卡恩指出，中国的份额将在其中获得最大增幅。这些都将对人民币的国际地位，起到间接的推动作用。

（五）在香港发行人民币国债

2009 年 9 月 28 日，中央政府在香港发行总额 60 亿元人民币国债。首先，这是第一次在香港发行国债，而此前发行的人民币债券都是来自内地的金融机构；其次，这是在香港规模最大的一次人民币债券发行，此前额度最大的是 2007 年国家开发银行发行的 50 亿人民币债券。通过香港的人民币离岸市场的国债发行，增强了人民币资产对境外投资者的吸引力；对于推动人民币在跨境贸易中的结算使用，也起到了互相呼应的作用；并且，国债的收益率作为一个标杆，也为香港人民币离岸市场的建设提供了参考基准，并且为香港人民币离岸市场的发展注入了信心和希望。

（六）资本市场的配套措施

国家外汇管理局的政策动向显示了外汇资本管制的放松迹象：2009 年 9 月初公布的《合格境外机构投资者境内证券投资外汇管理规定（征求意见稿）》指出：要将单个金融机构 QFII 的投资额度上限由 8 亿美元增至 10 亿美元。与此同时，以人民币进行交易的国际板筹划工作也正处于热议和讨论之中。这些措施，都将进一步疏通资本的流动，提升金融市场的活力，增加人民币资本市场在区域乃至世界范围的影响力。

三　当前人民币国际化推进措施的效果分析

（一）货币互换的较少启用

自 2008 年 12 月第一笔双边本币互换协议（中韩）签署以来，还鲜有国家或地区真正启用了上述货币互换协议。而与之形成鲜明对比的则是：韩国央行在 2008 年 10 月底与美联储达成 300 亿美元规模的货币互换协议，随即在 2008 年 11 月 27 日，韩国央行就公开声明，表示要立即动用通过互换安排得到的首笔 40 亿美元贷款。回顾 2009 年以来的状态，由于出口贸易在大幅下落之后出现了反弹和回稳，并且资金流向由去杠杆化操作带来的回流美国开始随着国际金融秩序的恢复而重新流入新兴市场国家，再加上货币互换本身对于市场信心的作用，签署货币互换国家、地区的国际收支状况有了较大的改善，以韩国为例，其外汇储备已经由最低谷的不足 2000 亿美元，上升至 2400 亿美元以上。因此，国际收支状况最为困难的时期已经过去，这些经济体动用双边本币互换协议的动机有所削弱。

除此之外，在外汇市场的干预交易中，由于人民币尚未大量用于结算以及交易支付，因此几乎没有人民币的需求；而且，这些国家和地区使用人民币为贸易商进行结算提供流动性的动机，也由于一些原因受到了限制，具体请见下文分析。自 2009 年 7 月正式开始跨境贸易的人民币结算试点以来，到 2009 年 9 月 12 日，人民币结算金额达到 7000 万元。即使假设：（1）这些人民币流动性全部为出口收入，由境外的进口企业支付给境内企业；（2）这些人民币完全来源于货币互换协议的渠道，则相对于6500亿元的货币互换协议总体金额而言，实际动用比例仅仅略高于千分之一。

因此，总体上来看，中国通过与各国和地区签署双边本币互换协议，达到了稳定周国及国际金融秩序的目的；但是，其中也显示出了人民币国际化过程中的一些瓶颈和制约因素。不过，这些协议签订的期限通常在3年左右，较一般的货币互换协议时间更长；这在人民币资本项目管制约束的情况下，另辟蹊径地为非居民持有人民币流动性提供了可能性。所以，这些潜在的境外人民币流动性，在条件成熟的情况下，仍有可能发挥其作用。

（二）跨境贸易的人民币结算由冷趋暖

自2009年7月初正式启动跨境贸易人民币结算试点以来，人民币结算经历了由冷趋暖的过程。第一阶段，2009年7月6～7日，上海和广东四市先后开始试点人民币结算，到2009年9月4日为止，全国累计办理跨境贸易人民币结算业务共87笔，结算金额共4992万元。在这两个月时间里，平均每月人民币结算金额不足2500万元。而在推出人民币结算试点之前，中国人民银行广州分行曾经依据换汇成本进行估算①，认为：2009年广东与港澳贸易人民币结算可达275亿～509亿元的规模。而实际情况之大出所料，究其原因很重要的一点在于：如果跨境贸易以人民币结算，则进出口收付的交易货币都是人民币，但是由于此前制度上的缺失，监管部门难以界定资金是否来自境外，因此无法给予出口退税。而出口退税的收益，要远大于换汇成本的损失。因此，企业使用人民币进行结算的动机受到很大影响。此后，在2009年8月25日，国家税务总局正式下发通知，明确了跨境贸易人民币结算试点企业的出口退税手续；随即在9月初，跨境贸易人民币结算出口退税业务开始正式办理，企业最担心的退税问题得以解决。这可以看做是目前人民币结算进入了第二阶段：2009年9月4～12日，在一周左右的时间，跨境贸易的人民币结算金额增加了2000万元以上，比上一阶段有了明显的提高。如图2所示，人民币结算金额上升势头明显，试点数月以来，已经由冷转温。

但即便是这种交易水平，也仍大大低于之前的估算规模。综合考虑，有以下

---

① 人民币跨境贸易结算，将能够为企业降低2%～3%的换汇成本。

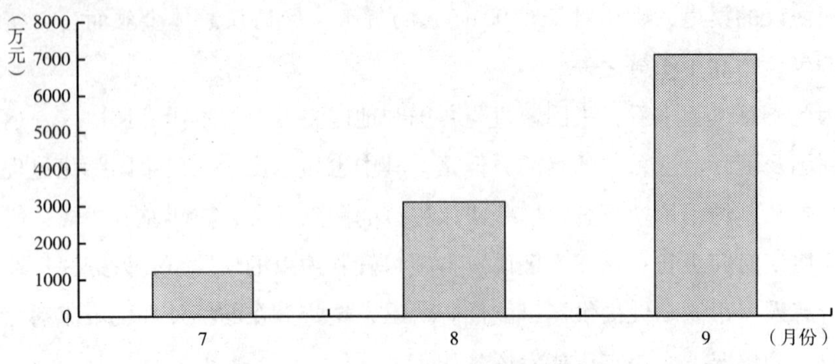

图 2　跨境贸易人民币试点结算金额

数据来源：作者根据相关资料整理得到估算值。其中 7 月份非全月数据，而是从 7 月 6 日开始计算的；8 月份为全月数据，9 月份为预测值。

几方面的原因：第一，中国企业在国际市场的议价能力弱。使用人民币进行结算，虽然能够使中国企业减少换汇成本，却将相应的成本转嫁给了国外交易方。因此，贸易的交易双方在协商支付方式时必然要对此讨价还价，而协商结果最终还是取决于企业的议价能力。隐含在议价能力背后的更深层原因，对于出口企业而言就是市场的竞争力。如果出口企业的商品缺乏竞争力，只是靠低价来获得订单，则很难在议价过程中获得优势地位。在此情况下，人民币结算的可能性较小。第二，与其他现行国际货币相比，人民币的国际化进程还刚刚起步，跨境贸易的人民币结算缺乏其他国际货币功能的支撑。例如：国外企业向中国出口商品，获得了人民币资金之后，由于国际金融市场缺乏相应的金融工具，因此这些资金没有途径可供投资和保值；并且还无法在其他国家的市场上进行支付或购买；因此，境外的人民币资产流动性、收益性差，对于这些企业而言，甚至还意味着额外的持有、兑换费用。此外，由于人民币在大部分时间一直存在着升值预期，国外的进口商也面临使用人民币进行支付的汇率风险；而且，中国资本项目仍然处于管制状态，虽然有相应的双边本币互换协议，但是对于外国进口商而言，人民币可得性仍然较差。上述两个原因，可以简单总结为两个方面：实体经济单位的缺乏竞争力，以及本币金融市场发展的滞后。

其他方面的措施，或是处于讨论酝酿当中，或是刚刚执行，目前还未见其成效。但是，可以看到这一系列举措所涉及的范围是非常广泛的，从空间上来看：不但包括内地和香港地区，还包括周边一些国家，并且开始在菲律宾开展个人人民币业务；从涉及的经济部门来看，有贸易、金融、政策合作等多个领域；从参与主体上来看，包括了国家、金融机构、企业和个人；交易内容也涵盖了货币互换金融工具、贸易结算方式、人民币国债等。所此，此轮人民币国际化进程的推进，是有全方位考虑的，并且在推进过程中根据需要进行了适时的调整。基于实体经济的相对强势表现，以及上述政策的稳健推进，人民币国际化可望得以稳步推进。

四　在风险可控的前提下进一步推进人民币国际化

上述政策效果，可以让我们观察到人民币国际化进程中存在的一些问题，并以此为线索考虑进一步的政策思路。目前，人民币国际化进程的最大制约因素来源于金融市场发展的滞后，具体表现为：我国资本市场发展尚不成熟，金融机构、机构投资者与散户投资者在经验与能力上有很大欠缺，监管机构管理资本流动的经验和能力也不太充分，这些限制了中国政府在短期内全面开放资本项目与人民币自由兑换的可能性。在另一方面，对中国而言，资本项目管制是防范金融危机爆发的最后一道防线。在中国的金融市场、金融机构、投资者与监管机构基本发展成熟之前，中国不可贸然放开资本管制。这两个方面的权衡，意味着人民币国际化注定是一项长期、渐进的系统工程（张明，2009）。

（一）直接推进措施

首先，当前中国政府通过签订双边本币互换与加快人民币作为跨境贸易结算货币的试点工作来推进人民币国际化的做法，在方向上是正确的。双边本币互换很好地突破了中国对资本项目下货币兑换的某些限制。这两方面的工作相辅相成，有待于进一步加强。中国政府可以与所有东盟 10 +3 国家以及东亚区域外与中国具有密切经贸往来的国家或地区（例如俄罗斯、巴西、澳大利亚、某些非洲国家与拉美国家等）签署双边本币互换，并加快人民币在跨境贸易结算与支付中的试点工作。

其次，为了让国外政府与投资者愿意长期持有人民币，中国政府需要建立如下三个市场。第一个市场是离岸人民币结算市场，这个市场的建立使得境外投资者可以在中国境外将人民币与其他货币相互转换，从而降低了持有人民币的兑换成本；第二个市场是离岸人民币远期汇率市场（也可以在中国境内，但需要对

外国投资者开放），这个市场的建立使得境外投资者可以规避持有人民币资产或负债的汇率风险。虽然目前在新加坡与香港有人民币的非交割远期外汇市场，但这些市场迄今为止还不能很好地预测人民币的未来走势；第三个市场是离岸人民币金融产品市场。只有境外投资者可以购买具有吸引力的以人民币计价的金融产品，他们才愿意在较长时期内大量持有人民币，人民币才能成为真正意义上的储备货币。换句话说，以上三个市场的建立能够解除外国投资者在货币自由兑换、规避汇率风险与金融产品投资方面的后顾之忧，鼓励他们更长久、更大规模地持有人民币。一旦上述三个市场建成，就意味着人民币国际化进入一个新的发展阶段。

再次，把香港作为内地推进人民币国际化的重要“试验田”。从贸易领域来看：（1）广东四个试点城市的推出在很大程度上是与香港配套的，香港与珠三角地区在贸易上已经形成不可分割的联系；（2）香港本身就是东南亚地区重要的自由港与贸易集散地。从金融领域来看：（1）目前香港是中国内地境外人民币流通最活跃的地方，也是东南亚地区人民币进出中国内地的端口；（2）香港目前已经开办了个人人民币业务、人民币国债等多项人民币离岸业务。在此基础上，香港还应建立人民币离岸清算中心、境外人民币远期外汇市场以及境外人民币计价金融产品市场。

最后，人民币国际化的一个更宏伟的目标是成为中国内地、中国香港、中国澳门、中国台湾组成的“大中华区”自由流通、共同使用的货币，这个目标的达成不但需要上述经济体更紧密地融合，也需要两岸领导人的政治智慧，因此需要更长时间的积淀。

（二）加强国内经济的结构性改革

要保证人民币国际化进程能够取得成功，中国政府必须在大力推进人民币国际化的同时，加快中国国内的结构性改革。

第一，中国政府应该降低对外汇市场的干预力度，让人民币汇率更多地由市场力量来决定。次贷危机的爆发显示，随着中国潜在产能的进一步扩大，世界市场对中国出口的容纳能力必然是有限的。这意味着中国政府必须调整出口导向的发展战略。为了缓解中国的内外部结构性失衡（内部失衡是指服务业与制造业的失衡、外部失衡是指持续的国际收支双顺差），中国政府必须增强人民币汇率形成机制的弹性，在一段时期内容忍人民币升值。均衡合理的人民币汇率水平，将有利于纠正结构性失衡，促进中国经济的可持续增长；同时，也能迫使中国企业进行技术革新，促进企业通过提高商品质量来取代低价优势，从而使企业在国际市场的议价中具有主动性。只有依托于这样的宏观和微观经济背景，人民币才能以强有力的姿态走向世界。

第二，中国政府应该尽快实施利率市场化。利率市场化是增强人民币汇率弹性的前提之一，也是中国金融市场继续发展壮大的前提之一。由于中国国内利率长期以来处于管制状态，且民营企业融资渠道有限，造成中国国内利率水平偏低。利率市场化之后，利率水平的上升不但有利于挤出无效率的投资，存贷款利差的缩小也有利于推动中国商业银行体系的进一步改革。

第三，中国政府必须在向外资全面开放中国的金融行业之前，向中国的民营企业全面开放金融行业。长期以来，中国民营企业在生产经营与投融资方面，承受着来自国有企业与外资企业的双重挤压。中国金融业只有在全面对外开放之前实现全面对内开放，中国的民营金融企业才有真正发展壮大的机会。中国政府应尽快放开对民间资本进入银行、证券、保险、信托等行业的限制，对国有资本与民间资本一视同仁。

总而言之，中国目前已经进入改革开放的深水区，摸着石头过河的传统发展策略也到了调整的时候。目前已经没有什么重大改革是皆大欢喜的了。因此，中国政府应该从长远发展考虑，构筑自己的国际金融战略。而人民币国际化将是中国国际金融新战略的支柱之一。为推进人民币国际化，我们既要敢于承受阵痛，又要在风险可控前提下尽快推动人民币国际化。此外，我们还可以充分利用人民币国际化提供的“倒逼机制”，反过来推动中国国内的结构性改革。单凭刺激投资与出口并不能为中国带来未来30年的可持续增长，中国经济可持续增长的动力之源在于充分、迅速的结构性改革（余永定，2009）。人民币国际化的真正立足点，也在于此。

参考文献

《国际金融统计年鉴》（IFS），IMF，2009。

国家统计局中国经济景气监测中心：《中国经济景气月报》，中国统计出版社，2009。

人民币现金跨境流动调查课题组：《2004 年人民币现金跨境流动调查》，载《中国金融》2005 年第 6 期。

余永定：《不可仅靠投资，出口保增长》，《财经》2009 年第 2 期。

张明：《人民币国际化注定是一项长期、渐进的工程》，RCIF Policy Brief NO. 09037，中国社科院国际金融研究中心，2009。

周小川：《关于改革国际货币体系的思考》，中国人民银行网站，2009 年 3 月 23 日。

RMB Internationalization under the Background of Global Financial Crisis

Xu Qiyuan, Zhang Ming

Abstract: It is popular for the present to reflect on the rationality of the international monetary system under the background of financial crisis. It is also informed by the turmoil that RMB internationalization is in most urgent, and at the same time, there is a rare opportunity. As a result, RMB internationalization has been actively pushed forward by the authorities. In this paper, attentions will be paid on the measures in both of the past and future.

Key Words: Global Financial Crisis; RMB Internationalization; Capital Account Convertibility; Settle Accounts in RMB

全球新能源发展的背景、现状与趋势

管清友*

摘　要：近年来，面对能源危机、金融危机以及人类对气候危机越来越清晰地认识，全球范围内新能源超常规发展。各国对新能源的投资大幅度增长，新能源产能也急剧扩大。尽管新能源发展受到金融危机的冲击，但前景依然看好。可再生能源发电是新能源发展的核心，风电是在技术和成本上最具竞争力的新能源形式。尽管短期内新能源还无法替代传统化石能源，但世界范围内资源的供需紧张以及全球为应对气候变化而对温室气体排放所做的限制为新能源发展铺就了宽广的道路。新能源技术的发展和市场的扩大超乎想象，许多可再生能源资源将逐渐变成商业项目。可以预见，能源形式之间的逐渐替代将改变世界经济和政治版图以及人类的生存和生活方式。

关键词：新能源　替代能源　清洁能源　化石能源　金融危机　气候变化

引　言

石器时代的结束并不是因为没有石头了，石油时代的结束并不是因为没有石油了。

——艾哈迈德·扎基·亚马尼（*Ahmed Zaki Yamani*）①

---

* 管清友，经济学博士，中国海洋石油总公司能源经济研究院研究员、清华大学国情研究中心兼职研究员，研究领域为宏观经济和能源经济。本文在写作过程中得到了中国海洋石油总公司能源经济研究院助理研究员何晓萍博士、高松博士的大力帮助，在此表示感谢。本文仅为个人观点，不代表所在机构。

① 艾哈迈德·扎基·亚马尼生于1930年，1962～1986年担任沙特阿拉伯石油和矿产资源部部长，并成为石油输出国组织（OPEC）最重要的领导人之一。1973年10月，欧佩克撇开西方石油巨头单方面提高油价，成为第一次石油危机的预演。当时，亚马尼意识到，如果石油消费国对贪婪的产油国失去耐心并发展替代品时，石油时代就会终结。原文为"The Stone Age didn't end because of a shortage of stones; the oil age won't end because of a shortage of oil."今天，亚马尼的担忧正在变为现实。

上面这句话出自沙特第二任石油部部长艾哈迈德·扎基·亚马尼，是一句后来经常被引用的名言。亚马尼是一位在全球石油行业叱咤风云的政治家，他32岁就出任世界第一大产油国的石油部部长，并领导欧佩克长达25年。早在1973年，亚马尼就担心欧佩克坚持高油价将带来严重的后果，而石油时代的终结不论是对欧佩克还是对沙特而言，都是一场灾难。后来这句话被广泛引用，甚至有点以讹传讹了。一些著名的作家、媒体在引用，政治家也喜欢引用。比如美国前副总统、诺贝尔和平奖获得者阿尔·戈尔在2008年7月17日的一次演讲中也引用了这句话，以表明“石油时代终会走向终结”的观点。

不过，仔细观察，你会发现，这句话往往因为引用者的立场不同而强调的重点不同。资源乐观主义者认为，石器时代的结束并不是因为人类没有石头了，而是因为人类发现了更好的工具予以替代，石油时代的结束也是如此，所以根本没有必要担心。而资源悲观主义者认为，石器时代的结束并不是因为人类没有石头了，石油时代的结束也是如此。所以，人类必须在石油时代结束以前发现更好的工具予以替代。

进入新千年以来，新能源成为关系能源安全、气候安全、经济增长的重要问题。但时至今日，新能源的提法仍然比较笼统，也没有标准的定义。实际上，没有任何一种能源属于人类从未开发、使用过的新的能源形式。所谓新能源，只不过是人们在不同语境中针对不同的参照系而赋予某些能源形式的一种模糊定义。

从不同能源形式的相互替代角度来看，相对于传统的化石能源（煤炭、石油、天然气）而言，新能源的形式为非常规能源或者非化石能源，如太阳能、地热能、风能、海洋能、生物质能和核聚变能等能源形式。化石能源是不可再生能源，发展新能源的重要目的之一是替代传统化石能源，以实现人类使用能源的可持续性，因而，新能源也被称为替代能源。大部分可再生能源都属于替代能源。即，相对传统化石能源，新能源是替代能源。

从不同能源形式的温室气体排放来看，传统的化石能源在燃烧过程中要产生大量的温室气体（主要是二氧化碳），并成为造成全球气候变化的主要原因。化石能源（主要是煤炭和石油）是高排放（高碳）能源，而新能源则大多为低排放（低碳）能源，因此又被称为清洁能源、绿色能源。天然气、核电和可再生能源都属于清洁能源。实际上，新能源能够替代部分化石能源就相当于实现了减排，因此，替代能源和清洁能源从本质含义来讲是一致的。不过，清洁能源还包括对传统化石能源进行碳化改造，使其成为更加清洁的能源形式，因此清洁能源技术的发展就至关重要。即，相对于高碳能源，新能源是清洁能源、绿色能源、低碳能源。

新能源的定义并不是一个特别重要的问题。重要的问题是，新能源要作为替代能源，实现人类摆脱化石能源依赖的目的；新能源要作为清洁能源，实现人类在用能过程中减少排放的目的；新能源要作为一个新的经济增长点，实现人类摆脱金融危机阴霾，推动经济增长的目的。

新能源获得快速发展有三个关键的影响事件：一是21世纪以来化石能源价格的高涨；二是联合国政府间气候变化专门委员会（Inter-governmental Panel of Climate Change，IPCC）在2007年发布第四份气候变化评估报告，并确认人类活动“很可能”（90%以上）是导致全球气候变化的主要原因；三是始于2007年的全球性金融危机，各国为了刺激经济，都把新能源产业当做一个新的经济增长点。

因此，笔者将结合这三大背景来总结新能源发展的特点、现状和趋势，并对各国新能源产业的发展状况做出初步的评述。其中，核心的问题是：新能源发展的趋势是什么？能够替代传统化石能源吗？

一　全球新能源发展的背景

（一）作为替代能源的新能源：摆脱化石能源的依赖

新能源受到世界各国的重视并不是近几年才有的事情。实际上，早在20世纪70年代石油危机时期，在高油价的冲击下，新能源的发展已经被各国提上了议事日程。石油危机对石油消费国的触动和政策影响很大，其中不乏成功“转型”的国家。例如，法国在70年代就制定了核能开发计划，截至2009年3月，法国已经拥有59座核电站。根据BP世界能源统计2009的数据，核电已成为法国的主导电源。最近三十年，核电消费占法国全国总发电量70%以上。最近十年，核电消费占总发电量比重已经达到77%左右。近年来，法国的核能占一次能源消费的40%左右。2007年和2008年，核能分别占法国一次能源消费总量的39.1%、38.6%，高于石油所占比重，成为法国的主要能源形式（见表1）。经济合作与发展组织（OECD）成员国的石油消费在一次能源消费中的比重总体上也呈下降趋势。

表1　2007～2008 年法国一次能源消费构成

	石油	天然气	煤炭	核能	水电	一次能源总消费量
2007 年消费量	91.3	38.3	12.3	99.7	13.3	254.8
2007 年比重(%)	35.8	15.0	4.8	39.1	5.2	100
2008 年消费量	92.2	39.8	11.9	99.6	14.3	257.9
2008 年比重(%)	35.8	15.4	4.6	38.6	5.5	100

数据来源：BP Statistical Review of World Energy，June 2009。

但是，长期的低油价抑制了新能源的发展。第二次石油危机（1979～1980年）结束之后，国际油价进入了长达二十年的低油价周期。由于石油危机时期的高油价导致石油需求量的大幅度降低和生产能力的过剩，石油出口国（包括欧佩克与非欧佩克之间，欧佩克内部）为自己在全球的市场份额展开了争斗。世界第一大产油国——沙特阿拉伯放弃“平衡生产者”的角色，为争夺自己应有的市场份额而大幅度增产，导致油价的大幅度下跌。1986 年，中东地区的油价曾一度跌到每桶 6 美元，造成了石油市场的第三次危机——这次受危害最大的不再是消费者，而是生产者。其后，油价在低水平徘徊。1997 年亚洲金融危机之后，国际油价继续下跌，并在 1998 年创下了年均价格的历史低点。低油价导致许多新能源项目无利可图，被迫取消；也让许多国家认为，发展新能源完全没有必要——价格低廉的化石能源足以支撑本国国民经济的发展。

新一轮的化石能源价格高涨，特别是高油价周期刺激了新能源的发展。2003年以来，国际石油市场经历了自 1861 年以来最长的一次上涨周期。国际油价从2003 年的 25～30 美元暴涨至 2008 年 7 月份每桶接近 150 美元，在五年内上涨了五六倍之多（见图 1）。由于煤炭、天然气与石油具有一定的替代关系，同时，世界经济的高速增长也拉动了对其他化石能源的消费。根据 BP 世界能源统计2009 的数据，2008 年，全球煤炭消费增幅有所减缓，为 3.1%，但煤炭仍旧连续第六年成为增长最快的燃料。因此，煤炭和天然气价格与油价一样，也经历了一轮快速上升。从 2003 年到 2008 年，煤炭价格、天然气价格也上涨了 3～4 倍（见图 2、图 3）。

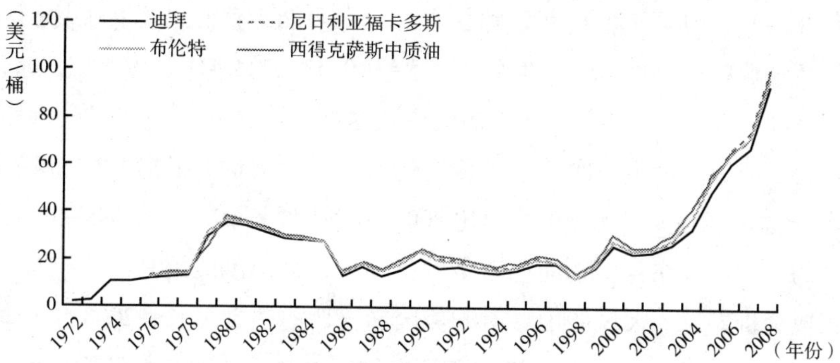

图1　1972～2008年世界主要原油价格

数据来源：BP Statistical Review of World Energy，June 2009。

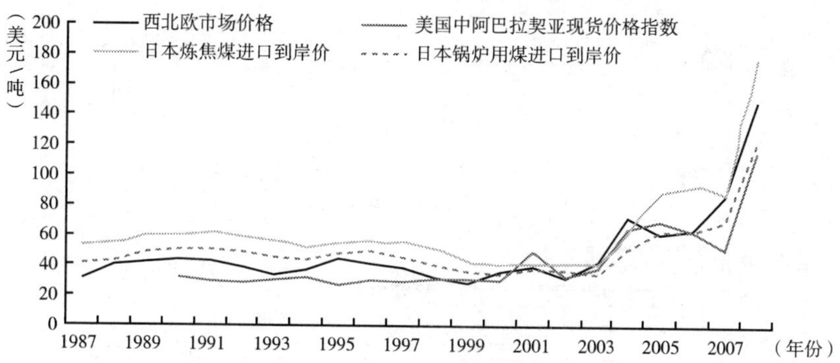

图2　1987～2008年世界主要煤炭价格

数据来源：BP Statistical Review of World Energy，June 2009。

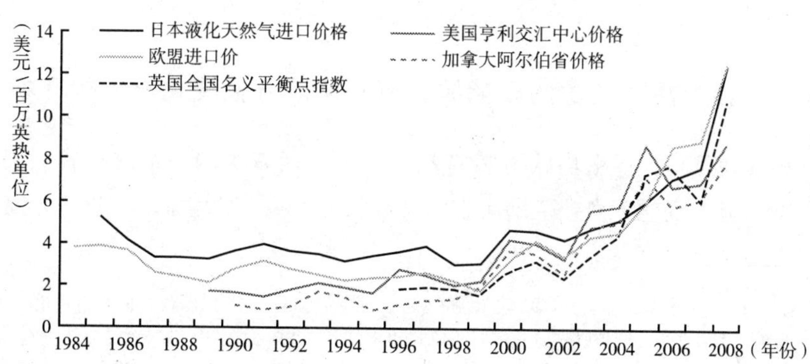

图3　1984～2008年世界主要天然气价格

数据来源：BP Statistical Review of World Energy，June 2009。

与此同时，2002～2007年，除核电外，太阳能光伏、风能、生物燃料等新能源生产高速增长，年均增长速度分别达到40.6%、24.1%、19.8%，远远高于煤炭、石油、天然气等传统化石能源的增长速度（见图4）。2008年，美国和欧洲的可再生能源增量第一次超过了传统化石能源的增量。根据BP公司的统计，2008年全球风能和太阳能发电能力比2007年分别增长29.9%和69%，并高于过去十年的平均值。在各国新能源政策的推动下，美国风能提高了49.5%，并超过德国成为世界第一大风能国。由于美国和巴西的强劲增长，2008年全球乙醇生产提高了1/3。① 一些能源消费国可再生能源在整个能源消费结构中的比重显著提高。2008年，尽管美国总的能源消费下降了2%，但可再生能源消费比2007年增长了7%。②

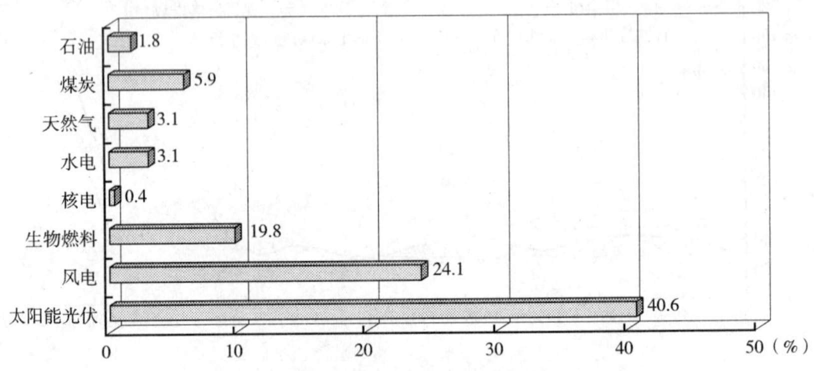

图4 2002～2007年各种能源形式年均增长率

资料来源：World Watch Institute（WWI），Low-Carbon Energy：A Roadmap，2008。

（二）作为清洁能源的新能源：应对全球气候变化与保护环境

气候变化是指气候平均状态和离差（距平）两者中的一个或两者一起出现了统计上的显著变化。离差值增大表明气候状态不稳定性增加。③ IPCC定义的气

① 数据来源：BP Statistical Review of World Energy，June 2009。不过BP统计同时也指出，2008年核能下降0.7%，已经是连续第二年下降。水电增长2.8%，在过去五年中，这已经是第四次超过十年平均值。

② 数据来源：EIA，Renewable Energy Consumption and Electricity Preliminary Statistics 2008。

③ 国家气候变化对策协调小组办公室、中国21世纪议程管理中心：《全球气候变化——人类面临的挑战》，商务印书馆，2004，第17页。

候变化是指“气候随时间发生的任何变化，既包括由自然因素引起的变化，也包括人类活动引起的变化”。《联合国气候变化框架公约》（UNFCCC）第1款中则将气候变化定义为“经过相当一段时间的观察，在自然气候变化之外由人类活动直接或间接地改变全球大气组成所导致的气候改变”。关于气候变化与人类活动的关系的最权威论述来自IPCC的四份评估报告。IPCC于1990年、1995年和2001年相继完成了三份全球气候评估报告，这些报告已成为国际社会认识和了解气候变化问题的主要科学依据。2007年，IPCC又公布了第四份气候变化评估报告。这份报告是IPCC组织世界上最优秀的科学家通过合作研究给出的科学结论，是人类社会关于气候变化的权威性报告，并明确提出人类活动是造成气候变化的主要原因（见表2）。在人类活动排放的温室气体中，二氧化碳占77%，甲烷占14%，氧化亚氮、氢氟碳化物、全氟化碳和六氟化硫等占9%。其中，化石能源的燃烧和使用是二氧化碳排放的主要来源。《京都议定书》附件I中的国家是温室气体的主要排放国（见表3）。《京都议定书》要求工业化国家（附件I中的国家）在2008~2012年间，将温室气体排放总量在1990年的基础上平均减少5.2%。欧盟的目标为8%，美国为7%，日本、加拿大均为6%。因此，许多发达国家都把发展清洁能源作为减少温室气体排放的重要手段。

表2　IPCC四份科学评估报告的核心观点

发布时间	核心观点
1990年第一份评估报告	观测到的增温可能主要归因于自然变化
1995年第二份评估报告	明显的证据表明人类活动对气候的影响
2001年第三份评估报告	新的、更强的证据表明，过去50年观测到的大部分增暖可能（66%以上）归因于人类活动
2007年第四份评估报告	人类活动“很可能”（90%以上）是导致气候变暖的主要原因

资料来源：IPCC历次评估报告。

表3　1995年附件I中的国家温室气体排放占世界总排放的份额和能源部门贡献

气体类型	二氧化碳	甲烷	氮氧化物	其他
占总排放的份额（%）	82	12	4	2
能源部门的贡献（%）	96	35	26	n. a.
能源部门主要排放来源	燃料燃烧	挥发性燃料	燃料燃烧	n. a.

资料来源：UNFCCC，Second Compilation and Synthesis of Second National Communications，FCCC/CP/1998/11/Add. 1，September 1998。

（三）作为新经济增长点的新能源：走出金融危机阴影，实现经济增长

发展新能源是应对金融危机和化解经济衰退的重要途径。新能源产业对经济增长的支撑作用体现于三个方面，一是投资拉动效应，通过新能源产业投资拉动相关行业发展，创造就业；二是能源供给效应，即为其他产业提供替代能源；三是技术进步效应，即推动能源技术进步，节能减排。

如果没有新兴产业和新的经济增长点的带动，世界经济很难在短期内走出衰退。金融危机的爆发再一次证明，经济增长的核心是技术进步、生产率提高和制度创新。依靠经济政策刺激起来的商品价格泡沫和资产泡沫是无法长久支撑经济增长的，依靠低利率支撑的透支未来的生活方式是不可持续的。因此，金融危机的发生也是经济周期规律对经济增长方式和金融泡沫的矫正。当前，全球再次进入低利率甚至零利率时代，货币环境极度宽松，与金融危机爆发前的形势极为类似。如果在新一轮的经济周期中没有产生新的经济增长点来吸纳市场上的流动性，激励技术创新和生产效率提高，那么世界经济很可能重新进入通胀—通缩或者虚假繁荣—深度衰退的历史轮回。

新能源产业是未来的新兴产业和新的经济增长点。在各国已经出台的经济刺激方案中，新能源计划都是政府和企业投资的重点方向。IEA《金融危机对全球能源投资的影响》指出，世界各国清洁能源投资占经济刺激计划金额的比重平均为5%，如果包括铁路投资，则比重上升为9%。清洁能源投资力度最大的是美国，其次是欧洲（见表4、图5）。

表4　金融危机以来各国新能源投资情况

国家或地区	新能源投资金额
美　　国	未来十年投资750亿美元(《2009年恢复与再投资法》规定的7870亿美元的10%)
欧洲G20成员	2020年前新增投资350亿美元(3500亿美元刺激计划的10%)
日　　本	超过157亿美元(经济刺激计划的10%)
韩　　国	140亿美元(经济刺激计划的38%)

资料来源：IEA，The Impact of the Financial and Economic Crisis on Global Energy Investment，IEA Background Paper for the G8 Energy Ministers' Meeting 24 –25，May 2009。

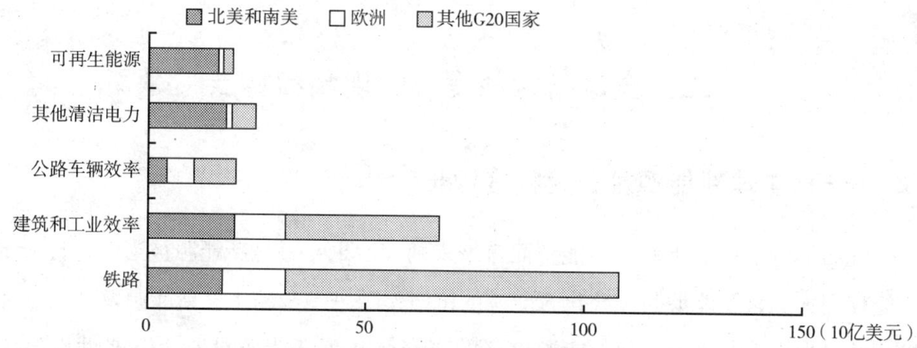

图5　经济刺激方案中清洁能源构成（分地区和类型）

资料来源：IEA，The Impact of the Financial and Economic Crisis on Global Energy Investment，IEA Background Paper for the G8 Energy Ministers' Meeting 24 – 25，May 2009。

美国总统奥巴马大力推行其新能源计划，主张未来美国将大力发展太阳能、风能等可再生能源，同时推动汽车等领域的节能改造。奥巴马政府计划在未来的10年中增加投资刺激私人开发新的清洁能源，并在这一过程中创造500万个新的就业机会。到2015年，使在美国使用的汽车中有100万辆采用油电结合（Plug-in Hybrid）动力，使在美国制造的汽车达到每加仑汽油行驶150英里，这将显著地促进能源利用效率提升。

同时，奥巴马政府还启动了其“智能电网”计划，宣称美国将着重对每年要耗费1200亿美元的电路损耗和故障维修的电网系统进行升级换代，建立美国横跨四个时区的统一电网；发展智能电网产业，最大限度发挥美国国家电网的价值和效率，逐步实现美国太阳能、风能、地热能的统一入网管理；全面推进分布式能源管理，创造世界上最高的能源使用效率。2009年6月底，美国国会众议院通过了旨在降低温室气体排放、减少美对外国石油依赖的《美国清洁能源安全法案》。这一法案规定，美温室气体排放量到2020年时，要在2005年的基础上减少17%，到2050年时减少80%以上。法案还要求逐步提高来自风能、太阳能等清洁能源的电力供应。此外，法案还引入温室气体排放权交易机制。

应该说，以新能源计划为代表的“绿色新政”捕捉和掌握了世界经济发展的潮流，代表了能源利用的趋势，对于应对经济、能源和气候变化挑战具有十分重要的战略意义。正如UNEP在一份报告中评价的：“这些经济刺激计划将会带来影响深远及变革性的趋势，为21世纪所急需和更可持续的绿色经济奠定基础。”

二　全球新能源发展的现状和特点

（一）全球新能源投资大幅度增长

化石能源价格的上涨对新能源而言带来两大后果：一是新能源被当做替代能源广泛使用；二是新能源与传统化石能源的价格差距进一步缩小，新能源发展的商业性逐渐显现出来。因此，化石能源价格的高涨刺激了新能源投资。根据世界经济论坛2009年1月的统计，2004～2007年，对清洁能源的投资（对可再生能源和能源效率技术的投资，但不包括核电和大型水电）从341亿美元增加至1484亿美元，年增长率分别为76%、59%、60%（见图6）。目前占全球能源基础设施支出的10%左右。在发电方面，可持续能源的发展速度更加惊人，2007年新增发电量4200万千瓦（KW），接近全球总新增发电量（1.9亿千瓦）的1/4。①

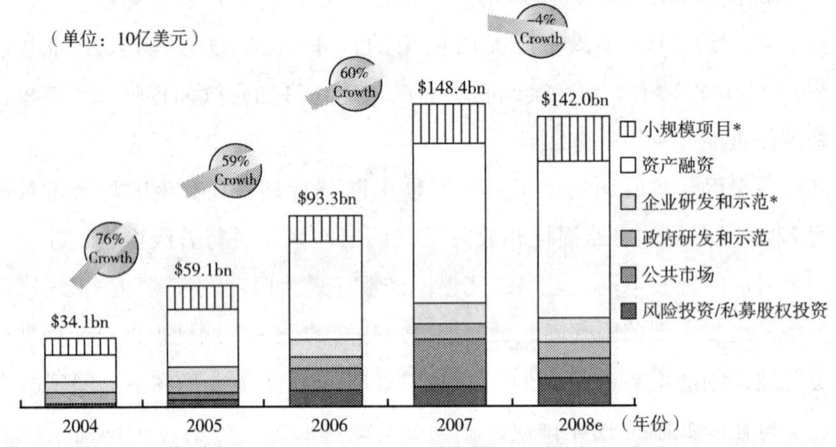

图6　2004～2008年全球对清洁能源的新增投资额

数据来源：World Economic Forum，Green Investing：Towards a Clean Energy Infrastructure，January 2009。

根据联合国环境规划署（United Nations Environment Programme，UNEP）提供的数据，2008年是全球可再生能源投资的里程碑，用于公司和项目的投资总

① World Economic Forum，Green Investing：Towards a Clean Energy Infrastructure，January 2009.

计为1550亿美元，是2004年的四倍多。不过，由于金融危机的影响，与2007年相比，2008年投资增长5%，低于前几年超过50%的增幅（见图7）。

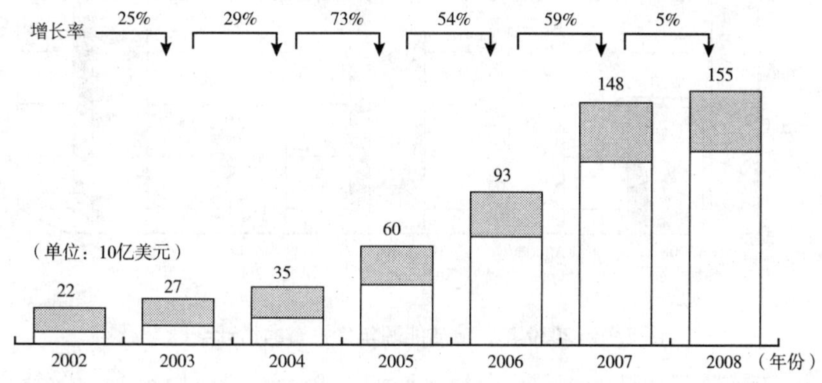

图7 2002～2008年可再生能源新增投资

数据来源：UNEP，Global Trends in Sustainable Energy Investment 2009。

UNEP 2008年的可再生能源投资报告指出，目前已经有70多个国家在利用风力资源发电。2007～2008年，风电投资已经超过核电和水电，并且成为欧洲最大的新增发电装机容量来源。太阳能光伏的总量虽小，却是近年增长最迅猛的新兴产业之一。就地域而言，新能源投资正在从欧洲转向美国和中国，印度和巴西也吸引了越来越多的投资。中国、印度和巴西的新能源和清洁能源投资所占的份额从2004年的12%（18亿美元），上升至2007年的22%（260亿美元），市场扩张至原来的14倍。①

不过，为应对气候变化而将温室气体浓度限制在550ppm（百万分之一）或450ppm则需要大量的投资。图8为不同机构对到2030年全球清洁能源年度投资的估计金额。未来所需投资远远大于已知每年的清洁能源投资金额。

中国是新能源发展和投资较快的国家。世界经济论坛的报告指出，2007年的新能源融资大部分流向了经济快速增长的中国、印度和巴西。特别是印度和中国决心要成为清洁能源强国。到2007年，不包括像三峡大坝这样的大型水电项目，中国对于清洁发电能力的投资已飙升至108亿美元。根据中国风能协会统计，2008年，中国有24个省级行政单位具有风电场装机。其中，新增风电机组

① UNEP，Global Trends in Sustainable Energy Investment 2008.

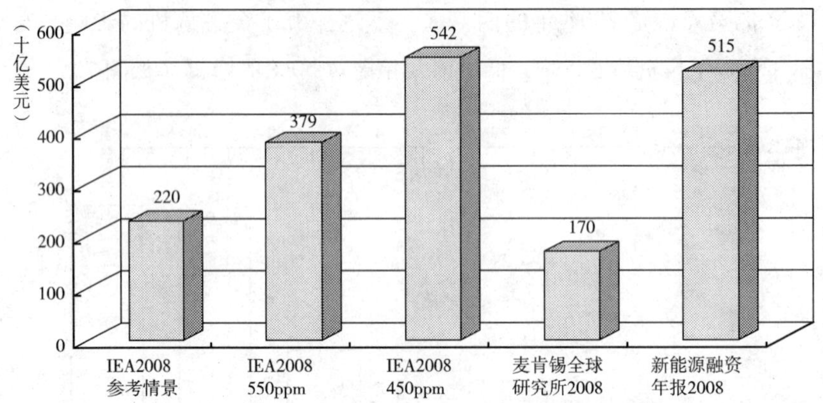

图 8　到 2030 年，清洁能源年度投资的估计金额

数据来源：World Economic Forum，Green Investing：Towards a Clean Energy Infrastructure，January 2009。

5130 多台，装机容量约 624.6 万 kW。与 2007 年当年新增装机 330.4 万 kW 相比，2008 年当年新增装机增长率为 89%。2008 年中国除台湾省外累计风电机组 11600 多台，装机容量约 1215.3 万 kW；分布在 24 个省（市、区），比前一年增加了重庆、江西和云南等三个省市，装机超过 100 万 kW 的有内蒙古、辽宁、河北和吉林等四个省区。与 2007 年累计装机 590.6 万 kW 相比，2008 年累计装机增长率为 106%。2008 年风电上网电量估计约 120 亿 kW·h。按照这样的增长速度，中国很快会成为世界第一大风电装机国。

新能源的快速发展也存在着隐忧。比如，近年来，进入新能源行业的企业急剧增加。据中国风能协会统计，截至 2009 年 3 月，中国风电整机制造厂商已经达到 67 家。而有些媒体则指出，国内风电整机制造商从 2004 年的 6 家扩张到目前的近 80 家，风叶和塔筒厂商也增至 100 多家，产能已超过 3000 万千瓦，三倍于年装机容量；光伏泡沫则更加巨大：遍布 20 多个省（市、区）的 50 多个多晶硅项目，已形成年产能 3 万吨，若全部建成产能将达 17 万吨，超过当前全球销量的 2 倍。[①] 中国政府也意识到近年来新能源投资泡沫和产能过剩的问题。国务院总理温家宝主持会议专门研究部分行业产能过剩和重复建设问题，其中就包括风电和多晶硅产业。中央有关部门表态指出要抑制新能源泡沫。

① 周飙：《警惕新能源泡沫向下游蔓延》，21 世纪网，2009 年 9 月 25 日。

无论新能源产业是否存在泡沫，从中国政府的基调来看，未来新能源行业的准入门槛将会设置得更高，这对后续进入该行业的企业是一个比较大的挑战。

对于所谓的新能源泡沫，笔者认为应该从两个方面来看。第一，短时间内，大量的企业和投资进入该行业势必引起一定程度的过热和产能过剩问题，在某些产品和某些环节，过剩问题还比较突出。第二，从长远来看，新能源产业发展的空间还很大。目前的产能过剩只是一个相对的问题，只是说明短期内制造能力膨胀，而需求没有跟上。需求增长缓慢的原因，既有技术问题（比如风电上网的困难），也有低水平重复建设问题。新能源投资很不平衡，高技术产品投资几近空白，低端产品投资过热。从市场发展规律来看，一个新兴产业的发展，必然要经历这样一个激烈竞争的过程，并最终通过市场选择和调节，形成健康发展的局面。

（二）可再生能源发电是新能源发展的核心

二次能源是新能源发展的主流，其中可再生能源发电是新能源发展的核心。根据 REN21（21 世纪可再生能源政策网络，Renewable Energy Policy Network for the 21st Century）的数据，2008 年，全球可再生能源能力投资增长至 1200 亿美元，相对于 2006 年（63 亿美元）和 2007 年（104 亿美元）实现大幅增长（见表 5）。从 2004 年末到 2008 年末，太阳能光伏能力增长 6 倍，达到 1600 万千瓦，风电增长 250%，达到 1.21 亿千瓦，总发电量（包括小水电、地热和生物发电）增长 75%，达到 2.8 亿千瓦。

表 5　全球新能源发展投资和产能

主要指标	2006 年	2007 年	2008 年
新能源能力投资(亿美元)	63	104	1200
可再生能源发电容量(现有,不含大水电)[GW(吉瓦)①]	207	240	280
可再生能源发电容量(现有,含大水电)(GW)	1020	1070	1140
风力发电装机容量(现有)(GW)	74	94	121
并网太阳能光伏发电容量(现有)(GW)	5.1	7.5	13
太阳能光伏产品(年)(GW)	2.5	3.7	6.9
太阳能热水能力(现有)(GWth)	105	126	145
乙醇生产(年度)(亿升)	39	50	670
生物柴油产量(年度)(亿升)	6	9	120

①1GW（吉瓦）=1 百万千瓦。

资料来源：REN21，Renewables Global Status Report 2009 Update。

从总量来看，美国风电能力已超过德国而跃居首位，中国、印度的增长紧随其后，中国风电装机已经逼近传统风电大国西班牙。2008 年，在新增投资当中，美国、西班牙、中国处于前三位，德国、巴西分列第四和第五位（见表6）。目前，中国和印度都已成为全球主要的太阳能光伏生产国。在生物燃料方面，大规模的投资正逐渐从美国燃料乙醇市场转向巴西。目前，巴西和美国的生物乙醇、德国的生物柴油在全面居于领先地位。此外，欧盟、非洲和东南亚的一些国家，新的生物燃料产能也正在形成，今后生物燃料的规模和份额将进一步增加。非洲的新能源投资显然落后于其他地区，然而北非地区大规模的太阳能项目发展前景看好，也有迹象表明南非的可再生能源市场正在启动，南非的第一个风电场也已正式投产。

表6　可再生能源发展总量和增量的国别比较

前5名国家	#1	#2	#3	#4	#5
2008 年增量					
新增投资	美　国	西班牙	中　国	德　国	巴　西
新增风电装机	美　国	中　国	印　度	德　国	西班牙
新增并网太阳能光伏发电容量	西班牙	德　国	美国/韩国/日本/意大利		
太阳能热水	中　国	土耳其	德　国	巴　西	法　国
乙醇生产	美　国	巴　西	中　国	法　国	加拿大
生物柴油	德　国	美　国	法　国	阿根廷	巴　西
2008 年底总量					
可再生能源发电能力	中　国	美　国	德　国	西班牙	印　度
小水电	中　国	日　本	美　国	意大利	巴　西
风力发电	美　国	德　国	西班牙	中　国	印　度
生物发电	美　国	巴　西	菲律宾	德国/瑞典/芬兰	
地热发电	美　国	菲律宾	印　尼	墨西哥	意大利
太阳能光伏发电(并网)	德　国	西班牙	日　本	美　国	韩　国
太阳能热水	中　国	土耳其	德　国	日　本	以色列

资料来源：REN21，Renewables Global Status Report 2009 Update。

发展中国家的可再生能源融资能力大大提高。根据 UNEP 2008 年《全球可再生能源投资趋势报告》提供的数据，发展中国家在 2006～2007 年间占据新能源投资的 20%，其可再生能源融资能力大大提高。其中，中国的新能源资产融资达到 108 亿美元，主要投向风能（600 万千瓦）。印度的资产融资达到 25 亿美

元，但该国的显著特点是许多公司利用可转换债券从海外融资。巴西则主要由私人股权基金投资、资产融资和并购发展乙醇项目。

（三）各国政府大力推动新能源发展

目前，各国政府当前关于新能源的政策大致可以分为三个方面，一是设立整体发展目标和立法；二是财政补贴、价格补贴、税收优惠；三是配额标准，如新能源发电最低比例、生物替代燃料比例等。根据 WWI 的估计，全球至少有 64 个国家制定了可再生能源发展目标，欧盟所有成员国制定并已于 2007 年启动了 2010 年可再生能源发电目标和实施方案（见表 7）。

表 7　部分国家新能源发展中长期目标

欧　盟	通过了到 2020 年温室气体减排的强制目标：2020 年温室气体排放量在 1990 年的基础上减少 20%、可再生能源在欧盟能源消耗中的比例提高到 20%，并表示愿意和其他发达国家一道将减排目标提高为 30%
法　国	节约能源、大力发展可再生能源和保持核电发展。长期以来，法国一直优先发展核电，全国 78% 以上的电力供应来自核能发电，这使法国在应对国际石油价格不断上涨方面较为主动。为了促进可持续发展、加强环境保护和提高绿色电力的比率，法国 2008 年制定了发展可再生能源的总体规划，目标是到 2020 年将可再生清洁能源占总能源消耗的比例由 2005 年的 10.3% 提高至 23%
英　国	2008 年颁布实施的“气候变化法案”使英国成为世界上第一个为温室气体减排目标立法的国家，并成立了相应的能源和气候变化部。按照该法律，英国政府必须致力于发展低碳经济，到 2050 年达到减排 80% 的目标。英国也是全球率先推出并开始征收气候变化税的国家
德　国	到 2020 年能源利用率比 2006 年提高 20%，二氧化碳排放量降低 30%，可再生能源占能源消费总量比例达到 25%
美　国	正在讨论中的《美国清洁能源和安全法案 2009》规定到 2025 年，电力公司售电量中 25% 要来自可再生资源，到 2020 年温室气体减排 17%，到 2050 年减排 83%
加拿大	中期目标是在 2020 年将温室气体排放减少到 2006 年排放量的 80%，长期目标是在 2050 年将温室气体排放减少到 2006 年排放量的 30% ~40%
日　本	到 2020 年，温室气体与 2005 年相比减少 15%
澳大利亚	计划到 2020 年前使澳大利亚碳排放比 2000 年的水平减少 5% ~15%，哥本哈根会议达成全球协议后再将此目标增加至 25%

注：表中未列出所有已制定可再生能源目标的国家，欧盟所有成员国都制定了并已经启动了 2010 年可再生能源发电目标和实施方案。除了联邦政府的政策，美国和加拿大一些州、省还各自有可再生能源发展目标和鼓励政策。

资料来源：World Watch Institute，Renewables 2007 Global Status Report，2008。

REN21 提供的资料也表明，越来越多的国家（或省级地方政府）制定了新能源发展政策目标，实行保护性电价、可再生能源配额以及生物燃料强制混合比例（见表 8）。从本质上说，新能源发展需要政府强力介入。低碳经济恰恰是一种管制经济，没有政府政策对“市场失灵”的弥补和纠正，就不会有新能源的发展。主要经济体通过各种鼓励政策大力推动，使得新能源获得超常规发展的机会，同时这也是本轮新能源发展热潮与石油危机之后的新能源发展最大的不同之处。

表 8　全球新能源政策情况

主 要 指 标	2007 年	2008 年
制定了政策目标的国家	66	73
制定了保护性电价的国家/省/州	49	63
制定了可再生能源配额制的国家/省/州	44	49
制定了生物燃料强制混合比例的国家/省/州	53	55

资料来源：REN21，Renewables Global Status Report 2009 Update。

（四）金融危机对新能源发展造成很大冲击

金融危机之后，新能源投资大幅度减少，许多投资项目被取消。IEA 在《金融危机对全球能源投资的影响》报告中指出，受金融危机和油价下跌影响，2009 年，世界可再生能源投资预算比 2008 年大幅度减少 38%（见图 9）。

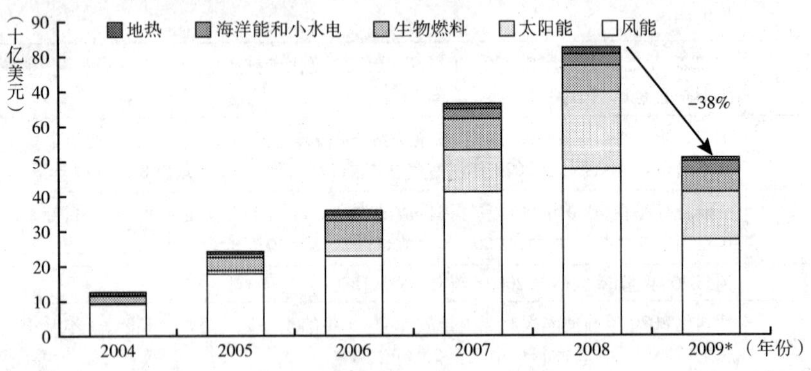

图 9　2004 ~ 2009 年全球可再生能源发电投资

数据来源：IEA，The Impact of the Financial and Economic Crisis on Global Energy Investment，IEA Background Paper for the G8 Energy Ministers' Meeting 24 - 25，May 2009。

可再生能源发电投资从2008年的800亿美元减少至2009年的600亿美元，其中100亿美元是各国政府经济刺激计划的一部分，2010年政府为刺激经济而用于新能源发展的投资将达到1400亿美元。如果要在2030年前把温室气体控制在450ppm，那么2009~2030年间每年所需投资为1800亿美元（见图10）。

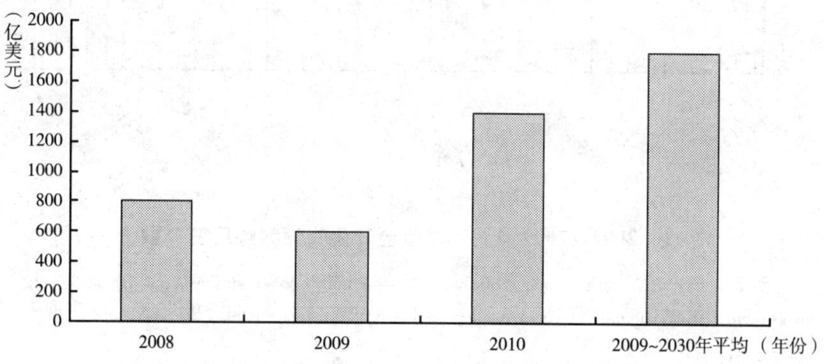

图10　金融危机后全球可再生能源发电投资

数据来源：IEA，The Impact of the Financial and Economic Crisis on Global Energy Investment，IEA Background Paper for the G8 Energy Ministers' Meeting 24－25，May 2009。

生物燃料行业受油价下跌的影响严重，投资降幅较大。由于生物燃料价格过低及成本不断上升，各地新建生物燃料炼厂的浪潮已经消失，许多已投产的炼厂停产闲置。全球生物炼厂资产融资已从2007年第4季度的约57亿美元下降到2009年第1季度的10亿美元，下降82%（见图11）。由于2006~2008年生物燃料的产能增长迅速，投资下降必然导致中短期生物燃料产量下降。目前乙醇和生物柴油的产能为240万桶/日，2008年为160万桶/日。52万桶/日产能的在建项目和50万桶/日产能的计划项目大部分可能被取消。

（五）新能源成本呈下降趋势，风电最具竞争力

与传统能源相比，可再生能源、核电等新能源的成本相对较高，其发展严重依赖于传统能源的价格。但是，随着技术进步和市场的扩大，新能源的成本呈下降趋势。一些可再生能源发电正在接近甚至达到常规能源的上网价格，这一点在风电发展方面体现得尤为显著。与常规化石燃料发电的平均成本相比，风电正在迅速成为最具竞争力的可再生能源发电技术，未来具有与煤电竞争的能

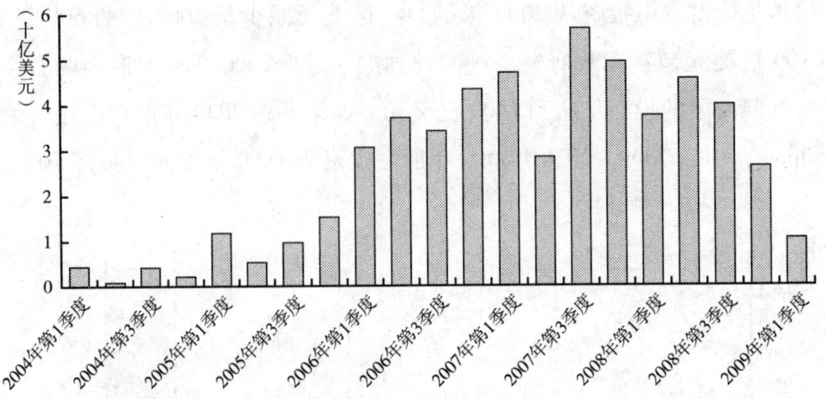

图11　2004～2009年第1季度全球生物燃料炼厂资产融资

数据来源：IEA，The Impact of the Financial and Economic Crisis on Global Energy Investment，IEA Background Paper for the G8 Energy Ministers' Meeting 24－25，May 2009。

力（见图12）。可再生能源（特别是技术）有可能超常规发展，成本下降速度很快，甚至超过目前研究者的想象。

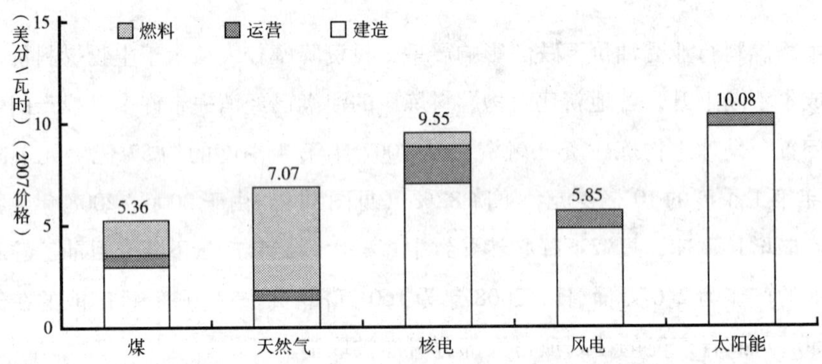

图12　不同资源发电成本的变化

数据来源：World Watch Institute，Low-Carbon Energy：A Roadmap，2008。

因此，对新技术的开发是目前对新能源投资的重点，例如纤维素乙醇，薄膜太阳能技术以及能效技术。虽然新能源投资现阶段依然由风能主导，然而随着新技术逐渐成熟和现有技术的进一步发展，新能源技术的应用将逐渐拓宽和加深。

三　全球新能源发展的趋势

（一）新能源尚无法替代化石能源

20 世纪 70 年代以来，世界能源消费结构的变动主要体现为化石能源之间的相互替代，非常规能源在整个能源消费结构中的比重变化不大。根据 IEA 能源统计 2009 的数据，对比 1973 年和 2007 年世界能源消费结构我们会发现，20 世纪 70 年代以来，在一次能源供应量中，石油在能源消费结构中的比重从 46.1% 左右下降至 34.0% 左右，但仍然是世界第一大能源形式。煤炭消费占比从 24.5% 左右下降到 26.5% 左右。天然气消费占比由 16.0% 上升至 20.9% 左右。核能消费发展较快，从不足 0.9% 上升到 5.9% 。水电比例维持在 2% 左右，而其他形式的可再生能源（包括地热、太阳能、风能及生物质能等）总计保持在 10% 左右。①

在 IEA《世界能源展望 2007》参考情境对未来世界能源消费的预测中，化石燃料，如石油、天然气和煤炭，依然是全球一次能源的主要来源。它们在 2005 ~ 2030 年期间全球能源需求增长总量中占 84%，在全球能源需求中的比例将从 2005 年的 81% 上升到 2030 年的 82% 。即，新能源在 2030 年也只能占 18%（见图 13）。

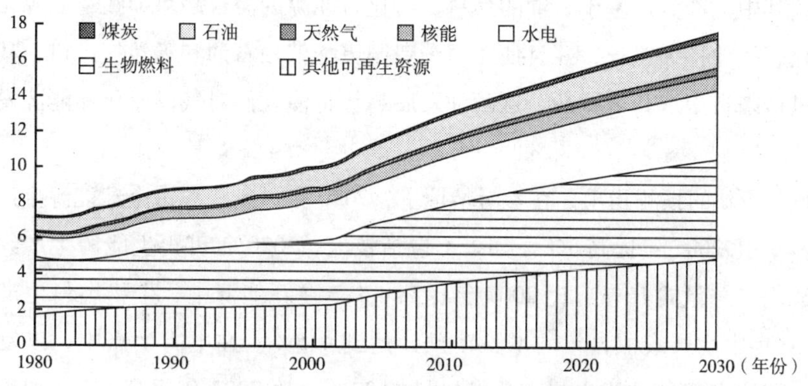

图 13　参考情境下的世界一次能源需求

资料来源：IEA，World Energy Outlook 2007。

① IEA，Key World Energy Statistics 2009.

石油仍然是最重要的单种燃料，不过其所占的比例从35%降到了32%。煤炭的比例将从25%上升到28%，天然气的比例将从21%上升到22%。在2005~2030年期间，从绝对数量上看，在所有一次能源品种中煤炭的需求增幅最大，天然气和石油紧随其后。煤炭需求在2005~2015年期间将猛增38%，到2030年将增加73%，增长速度高于前几期《展望》中预测的增长值。核电在非化石一次燃料比例中的降幅最大，从2005年占一次能源总需求额的6%下降到2030年的5%。水电所占的比例没有变化，仍为2%；生物质和废弃物所占的比例略有下滑，从10%下降到9%。其他包括风能、太阳能、地热能、潮汐能和波浪能的可再生能源所占的比例从不到1%上升到大约2%。

尽管可再生能源的发展突飞猛进，但是受技术、经济性和其他因素制约，可再生能源替代传统化石能源的道路仍将曲折而漫长，并面临巨大不确定性。即便是在可选择政策情境（Alternative Policy Scenario，世界各国政府目前正在考虑的所有政策都能付诸实施）中化石能源的需求仍将大幅度增加。到2030年，化石能源将占到一次能源需求的76%。新能源将长期作为化石能源的补充的角色而存在。

从全球范围来看，化石燃料仍将在能源构成中居主导地位。IEA的数据表明，全球能源需求增长量约有一半用于发电，另外有五分之一用于满足交通运输需求，其中大部分是基于石油的燃料。对化石能源的需求趋势导致与能源相关的二氧化碳排放持续增长，并且使能源消费国更加依赖石油和天然气进口，其中大部分进口来自中东和俄罗斯。这两种发展趋势将使人们对气候变化和能源安全更加关注。

IEA最新的预测指出，在参考情境下，2020年，新能源占全球能源生产总量的25%，比2007年提高3%。如果不包括核电，2020年可再生能源生产约占一次能源生产总量的15%，比2007年提高4%。在新能源中，生物燃料生产将在今后10年中增长最快，年均增长率预计达到4.5%。在电力生产中，以发电量计算，2020年新能源发电将占总发电量的32%，比2007年提高4%；如果不包括核电，可再生能源在电力生产中的比例预计达到13%。风电将有可能成为可再生能源发电中装机规模最大的部门。①

---

① IEA，Annual Energy Outlook 2009 with Projection to 2030.

（二）石油峰值仍将刺激新能源发展

在过去的几年，对石油的枯竭的担忧刺激了新能源的发展。尽管地质学界、经济学界都对石油的枯竭有很大争议，但石油生产峰值理论影响越来越大。20世纪50年代，美国地质学家哈伯特预言，美国的石油产量将在1966~1971年左右达到顶峰（见图14）。事实证明了哈伯特预言的正确性。这一情形被称作“哈伯特顶点”。但哈伯特关于全球石油产量将在1995~2000年间达到顶点的预言没有实现。

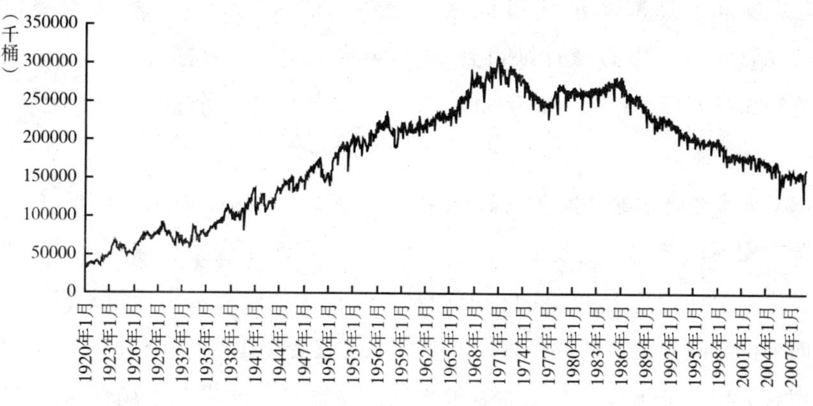

图14　1920~2007年美国原油产量

资料来源：EIA。

1998年，地质学家坎贝尔（Colin J. Campbell）在其论文“The End of Cheap Oil”中就得出了廉价石油时代终结的结论。[①] 其后十年，国际油价的走势印证了坎贝尔的结论，石油峰值论再次风靡世界，据说光研究石油峰值问题的网站就有几百个。[②] 新千年以来，许多机构开始接受哈伯特顶点的到来，只是在达到顶峰的时间上有许多不同的看法。在油价高涨的背景下，一些原来反对石油峰值论的学者的态度也发生了转变。越来越多的学者认为，这一轮油价上涨的“始作俑

① Colin J. Campbell and J. H. Laherrère, The End of Cheap Oil, 1998, http://dieoff.org/page140.htm.

② 但是，作为理论研究，石油生产的峰值理论分歧较大，不同研究者对这一峰值的到来见仁见智。悲观派认为，石油峰值已经出现了；乐观派认为，石油峰值要在2030年之后才会出现，有的研究者则干脆不承认有石油峰值之说。

者”恰恰是石油峰值的到来，石油峰值的到来至少要比预期提前了10年。

IEA在《世界能源展望2007》中则公开担忧因为油田产量加速递减而造成的供需缺口将严重影响石油供应。[①] 按照IEA的数据，从全球范围来看，根据目前对新增总产能的估测，如果目前在产油田的实测加权年均递减率在3.7%左右，那么到2012年参考情境中的全球石油供应能力和需求将持平。以此相同的递减率计算，2012～2015年期间需要增加1250万桶/日的总产能来满足420万桶/日的需求增长，并补上现有油田约840万桶/日的递减量。总的来说，2006～2015年期间将需要增加3750万桶/日的总产能，包括需要用于补上自然递减的部分。但实际上递减率最终可能略高一些。如果实测的平均递减率仅提高0.5%，那么产能增长的累计缺口到2015年将达到260万桶/日，这足以吞食全球当前约300万桶/日（目前为600万桶/日左右）的富余石油产能中的一大部分。

IEA首席经济学家比罗尔（Fatih Birol）在2008年12月13日召开的北京国际能源专家俱乐部会议上指出，即使假设在今后25年当中全球石油需求增幅为零，还是需要增加每天4500万桶的产量，这样才能应对油田产量的递减，这相当于四个沙特阿拉伯目前的产量。后来，他在接受中国媒体采访时表示，如果考虑到现有油田产能下降以及原油需求增加，将要求石油供应市场在未来22年中新开发6400万桶的原油日产能力，并且这一新增产能的近半数需在未来8年内实现。

因油田产量递减和需求增加而留下的供需缺口如何弥补？目前，世界原油日产量约为8100万桶。按照比罗尔的数据，我们可以推算，未来22年中，原油日产量需要达到1.45亿桶才能弥补油田产量递减和需求增加的缺口。新增原油产量占目前产量的接近80%，占目前世界能源消费结构的27%左右。此外，对石油行业下游部门投资不足也会给石油价格带来上涨压力。为了使新增原油供应能够弥补现有油田产量自然下降导致的供需缺口，2030年之前，全球需要在石油和天然气勘探项目上平均每年斥资约3500亿美元（累计8.4万亿美元）开发新的油气项目。但过去7年，这方面的投资总共才3900亿美元。

---

① 作为世界上最重要的能源组织之一，IEA曾经是石油峰值论的反对者。但近年来，该机构态度已经有了很大变化。

实际上，无论理论上这一峰值是否存在以及会在什么时间出现，重要的是市场当中许多人相信峰值的存在，并由此引起的对石油生产能力的担忧和预期。只要担忧和预期存在，石油供应就会笼罩在短缺和耗尽的阴云中，价格当中的“风险溢价”就会越积越多。而一些经济学家否认石油峰值的理由——石油的枯竭会推高油价，导致需求自然减少——恰恰形成了经济学意义上的石油峰值。

实际上，石油峰值不仅是产量峰值。笔者认为，石油峰值还存在消费峰值和排放峰值。由于应对气候变化已经成为全球共识，各国在碳排放问题上面临“总量控制”，而碳排放强度是存在极限的，因此，一国石油消费量也就存在“天花板”。笔者预计，消费峰值和排放峰值越来越重要。石油峰值论影响深远，它不但会改变世界能源结构的版图，甚至可能改变世界经济和政治版图。

（三）许多可再生能源资源具有转化为商业项目的潜力

全球主要可再生能源资源的规模具有很大潜力（见表9）。以风电为例，仅美国堪萨斯州、北达科他州和得克萨斯州的陆上风力资源，就能够满足全美电力需求；从海上风电来看，荷兰、英国等一些北欧国家的海上风电资源可以满足这些国家目前的全部电力需求；中国风电资源的理论可开发容量的发电量超过目前中国电力需求总额。这些资源在目前可再生能源发电的价格水平下可能并不具有商业性，不能马上转化为商业项目。但是，随着能源技术的进步，可再生能源市场扩大，特别是化石能源价格维持高位，许多资源有转化为现实生产力的潜力。

表9　全球可再生能源资源潜力

可再生能源资源	资源潜力
太阳能发电	仅在美国西南部7个州，太阳能资源达70亿kW以上装机容量，几乎是美国现有电力装机容量的7倍
太阳能热水器	可供全球50%的热水器能源需求
屋顶太阳能板	可供2030年全美电力需求的10%
风电	可供全球电力需求的20%，其中海上风电可供欧盟全部电力需求
地热	仅在美国，其地热资源就可提供1亿kW的发电能力
波浪能和海洋热能	相当于目前全球能源需求的总量

数据来源：World Watch Institute，Low-Carbon Energy：A Roadmap，2008。

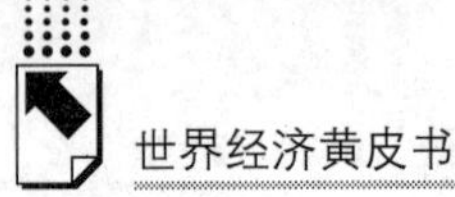

（四）对传统化石能源的清洁利用是新能源发展的重要趋势

新能源的含义也包括对传统化石能源的清洁利用，其中主要是对煤炭的清洁利用。全球煤炭的储量相当丰富。从全球来看，煤炭储量远大于石油和天然气。根据BP公司测算，以目前的开采速度，全球原油可以开采40.5年，天然气可以开采66.7年，而煤炭可以开采164年。在过去20年中，煤炭的探明储量增加了50%以上。全球煤炭探明储量9090.6亿吨，2005年全球煤炭产量为58.53亿吨。

煤的开采和直接燃烧已引起严重的生态和环境污染问题，70%～80%以上的二氧化硫、氮氧化物、汞、可吸入颗粒物、二氧化碳等都是由煤炭直接燃烧引起的。煤炭清洁利用就是要将煤炭中的硫、铁、石英、硅以及其他一些物质分离出来。如进行脱硫，目前的技术水平能够将燃煤排放物脱硫98%。但煤炭燃烧过程中产生的二氧化碳很难消除，也无法做到零排放。目前一般是通过节能，发展低碳能源，以及碳捕捉和埋存（CCS）来解决二氧化碳的排放问题。另外，可以将煤炭燃烧过程中的二氧化碳作为资源制氢，并用于生产碳酸氢铵、尿素、纯碱等化工产品，以此来消除和利用二氧化碳。

相对于其他国家而言，中国发展煤炭清洁技术具有更重要的意义。以煤为主是中国能源消费结构的特点，也是中国基本的能源国情和现实。中国的煤炭资源丰富。根据中国国土资源部的数据，截至2005年末中国保有煤炭资源储量共10345亿吨，其中探明储量为1895亿吨，煤炭基础储量为3356亿吨，资源量为6990亿吨，仅次于美国和俄罗斯，而实际的地质储量据估计可能达到45000亿吨。以2005年中国煤炭产量21.1亿吨，探明储量可以开采100年左右，加上地质储量和未探明储量，即使未来开采速度加快，预计中国的煤炭也可以保证开采100年以上。

煤炭将长期占据中国能源消费的主导地位。根据国内一些研究机构对能源需求和能源供应的预测，到2050年，甚至更晚的时间，煤炭依然是中国的主要能源，即便届时煤炭比重下降到50%～60%（目前为70%），消费总量仍会不断增加。可以说，对煤炭的清洁利用是中国适合走，也不得不走的一条新能源发展路径。

四　简单的结论

近十年来，我们虽然经历了低通胀、高增长的繁荣时期，但同时我们也经历了能源价格高涨、粮食危机乃至金融危机的考验，而且，气候变化正在影响我们的生活，影响经济发展和社会行为。

尽管新能源发展还面临技术、市场的不确定性，在未来二三十年内也很难替代传统化石能源，但是新能源发展的趋势是明确的。尽管在突破性的技术出现之前，新能源的各种形式可能要经历一段“百花齐放，百家争鸣”的时期，接受市场的选择，但是，那些具有商业性、可持续性和清洁的新能源形式将逐渐替代传统化石能源。

而且，我们很难用今天的眼光来全面看待新能源的发展，新能源的发展很可能是爆发性的、突破性的，其对传统能源结构和经济结构的冲击也很可能是“摧枯拉朽”式的。能源形态的演变将无可争议地延续下去：固态能源（煤炭）——液态能源（石油）——气态能源（天然气）——可再生绿色能源。新能源的发展必将改变世界经济结构、发展方式，人类的生活方式乃至思维方式。

参考文献

国家气候变化对策协调小组办公室、中国21世纪议程管理中心：《全球气候变化——人类面临的挑战》，商务印书馆，2004。

IPCC，历次评估报告。

BP Statistical Review of World Energy，June 2009.

Colin J. Campbell and J. H. Laherrère，The End of Cheap Oil，1998，http：//dieoff. org/page140. htm.

EIA，Renewable Energy Consumption and Electricity Preliminary Statistics 2008.

IEA，Annual Energy Outlook 2009 with Projection to 2030.

IEA，Key World Energy Statistics 2009.

IEA，The Impact of the Financial and Economic Crisis on Global Energy Investment，IEA Background Paper for the G8 Energy Ministers' Meeting 24 – 25，May 2009.

IEA，World Energy Outlook 2007.

REN21, Renewables Global Status Report 2009 Update.

UNEP, Global Trends in Sustainable Energy Investment 2008, 2009.

UNFCCC, Second Compilation And synthesis of Second National Communications, FCCC/CP/1998/11/Add. 1, September 1998.

World Economic Forum, Green Investing: Towards a Clean Energy Infrastructure, January 2009.

World Watch Institute, Low-Carbon Energy: A Roadmap, 2008.

The Background, Current Situation and Trends under the Background of Development of the Global New Energy Industry

Guan Qingyou

Abstract: In recent years, the global new energy industry is developing rapidly under the background of energy crisis, surging oil prices and the impending threats of global warming. After the American financial crisis, the global new energy sector gains new momentum. Financial turmoil and economic recession slowed down the development of the new energy sector at the beginning, but then the situation become more and more favorable for the new energy industry. Renewable energy power generation is the core of the development of new energy. Wind power is the most competitive new forms of energy. Despite the new energy cannot replace the traditional fossil energy sources completely in the short term, but the tension between supply and demand of resources worldwide and the global response to climate change and new commitments on greenhouse gas emissions had paved the way for the development of new energy industry. The new energy technology development and market expansion will blossom beyond imagination. Many renewable energy resources will gradually be commercialized. This grand shift of energy pattern will change the world economic and political landscape, as well as human lifestyle.

Key Words: New Energy; Alternative Energy; Clean Energy; Fossil Fuel; Financial Crisis; Climate Change

气候变化对人类的重大挑战

刘东民*

摘　要：气候变化已得到科学上的确证，而且它比以往预想的更为严重。伴随《联合国气候变化框架公约》和《京都议定书》的签署以及“巴厘岛路线图”的通过，国际社会确定了应对气候变化的基本原则，国际气候制度初步形成。但是，降低碳排放与现行经济发展模式的内在矛盾，以及减排责任分担导致的各国发展空间竞争形成了人类减缓气候变化的严重困境。虽然国际社会在哥本哈根会议上达成新减排协议的可能性较大，但是，理想的中期减排目标难以实现，人类应对气候变化的形势仍然十分严峻。中国政府应该抓住机遇，通过积极推动低碳经济发展来实现经济增长方式的重大转变。

关键词：气候变化　国际气候制度　哥本哈根会议

气候变化已经成为21世纪人类面临的重大挑战。2009年12月在丹麦哥本哈根召开的联合国气候变化框架公约第15次缔约方会议（简称哥本哈根会议，也称为COP15），将为世界各国应对气候变化勾画出新的蓝图，这不仅是2009年最重要的国际事件，而且，它将对未来全球经济发展模式的转变产生深远的影响。

一　气候变化及其对人类社会的影响：科学证据

（一）全球气候变暖已得到科学的确证

当1988年世界气象组织和联合国环境规划署共同成立政府间气候变化专门

* 刘东民，金融学博士，中国社科院世界经济与政治研究所助理研究员，研究方向是金融市场、金融监管以及环境金融问题。

委员会（IPCC）的时候，气候变暖问题只是世界上少数科学家所关注的事件；当1997年《联合国气候变化框架公约》缔约方第三次会议通过了旨在限制人为温室气体排放量的《京都议定书》时，仍然有很多专家学者对于气候是否在变暖以及变暖是否由人为因素造成持高度怀疑态度；而当2007年IPCC发布第四次气候变化评估报告时，气候变化已经明确成为21世纪重大的全球性挑战，各国政府已经开始就应对气候变化展开了严肃认真的谈判、合作与实际减排行动。

截至2007年底，全球科研工作者的众多研究一致表明，[①] 气候系统变暖是明显的，其影响遍及所有大陆和大部分海洋，主要表现在全球平均气温和海温的升高，大范围积雪和冰的融化，以及全球平均海平面的上升。在1995~2006年的12年中，有11年位列1850年以来最暖的12个年份之中。在1906~2005年的100年中，气温升高趋势为0.74°C，高于1901~2000年的100年气温上升趋势（0.6°C），这说明气候变暖的速度在加快。自1961年以来，全球平均海平面上升的速率为每年1.8毫米，而从1993年以来平均速率为每年3.1毫米。从1978年以来的卫星资料显示，北极年平均海冰面积已经以每十年2.7%的速率减少，南北半球的山地冰川和积雪平均面积已呈现退缩趋势。

气候变化带来的潜在危害包括：洪涝、干旱、风暴、人类疾病的增加和生物物种的灭绝，其中某些影响是不可逆转的，如生物物种灭绝。发展中国家以及人口稠密地区，如亚洲和非洲，由于适应气候变化的能力较弱，所受到的危害更大。根据2007年IPCC的评估，发生上述危害的概率已经超过了2001年评估报告的预测。事实上，在过去30多年里，气候变化的各种负面影响可能[②]已经在全球范围内出现。

（二）减缓人为气候变化已成为当务之急

大量研究指出，自1750年以来，人为活动很可能[③]是造成气候变暖的原因

① 本节所采用的数据和结论均来源于IPCC第四次评估报告。

② 由于气候变化的科学研究面临诸多不确定性，因此在IPCC评估报告中，基于严谨的科学态度，对大量证据作出专家判断和统计分析后，使用下列词语来表述经过评估的发生概率：几乎确定，>99%；极有可能，>95%；很可能，>90%；可能，>66%。此处的“可能”即表示有超过66%的概率。

③ “很可能”所代表的概率为>90%。

之一。显然，这是近现代人类社会工业化的直接结果。工业化时代使用的化石能源（煤、石油和天然气）均含有大量碳元素，燃烧后产生的 CO_2 排放到大气中，产生的温室效益造成了全球气候变暖。

科学研究的证据充分表明，近年来世界各国，尤其是绝大多数发达国家，在减缓气候变化方面所做的工作是远远不够的。若延续当前的气候变化减缓政策和相关的实际行动，未来几十年全球温室气体排放量将继续增长。如果化石燃料始终在全球能源消费中占据主导地位，则到 2030 年，温室气体排放量将比 2000 年增加 25% 到 90%，这将导致气候进一步变暖，诱发全球气候系统出现超过以往的更多和更大的变化，从而加剧人类所面临的灾害。即使世界各国从现在开始采取进一步的减排措施，在未来某个时候实现大气温室气体浓度的稳定，由于各种气候过程及其反馈的影响，气候变暖和海平面上升仍然会延续几个世纪。而且，国际社会采取有效行动的时间越晚，所付出的成本就越高。

二　国际气候制度的形成

1988 年，联合国环境规划署和世界气象组织共同成立了“政府间气候变化专门委员会”（IPCC）。1992 年 5 月，联合国通过了《联合国气候变化框架公约》（以下简称《公约》），并于同年 6 月由 154 个国家元首和高级代表共同签署，1994 年开始生效，至今已经有 189 个国家参与。这是迄今为止在国际环境领域最具影响力和挑战性的法律文书。《公约》指出，人类应对气候变化的目标是将大气中的温室气体浓度稳定在防止气候系统受到危险的人为干扰的水平上。《公约》同时确定了世界各国承担共同但有区别的责任，发达国家应率先采取减排行动，这是应对气候变化应遵循的公平性原则。

1997 年 12 月，在日本京都召开的公约第三次缔约方大会上，149 个国家和地区的代表通过了《京都议定书》。议定书规定发达国家在 2008 ~ 2012 年的第一个减排承诺期要将温室气体排放在 1990 年的水平上减少 5.2%，其中，欧盟减排 8%，美国减排 7%，日本减排 6%，而发展中国家在 2012 年以前不承担硬性减排义务。2005 年 2 月，《京都议定书》生效，目前共有 129 个国家和区域一体化组织批准了议定书。《京都议定书》同时提出了三种灵活减排机制，即清洁发展机制（CDM）、联合履行（JI）和排放贸易（ET）。

2007年3月在印尼巴厘岛举行了公约第13次缔约方大会暨议定书第三次缔约方会议，通过了“巴厘岛路线图”，要求发达国家在2012年以后继续承担减排义务，发展中国家也要在发达国家资金和技术的支持下，采取实质性减缓行动。发达国家和发展中国家都要向国际社会报告相关行动的效果，并由国际社会进行计量与核查。至此，人类应对气候变化的国际气候制度已经初步形成。

三　气候变化问题的实质

气候变化之所以在近年来，以至于在未来很长时间内都将作为国际社会面临的最为复杂的重大事件之一，根本原因绝不仅仅在于其对人类带来的潜在环境危害。气候变化实质上是发展问题。具体来讲，我们将其分成两个方面，一是环境与发展在现有经济模式下的内在冲突；二是世界各国在国际气候制度下发展空间的激烈竞争。前者可以看做是国内矛盾，而后者则是国际矛盾。两大矛盾严重制约着人类应对气候变化的前进步伐。

（一）碳减排与经济增长在现有发展模式下的内在矛盾

煤、石油和天然气等高碳能源目前构成了世界各国主要的能源消费，减排温室气体意味着要减少高碳能源的使用，这对经济发展产生的影响将是巨大的。如果以1997年联合国通过《京都议定书》作为人类社会减缓气候变化的起点，那么到目前为止的12年中，承担减排义务的发达国家交出的答卷以不及格为主（见图1）：多数国家不仅远远没有完成减排目标，其温室气体排放量甚至不减反升。《京都议定书》附件B国家①中的全部25个发达国家，只有7个实现了不同程度的减排，其余18个国家都出现了温室气体排放的增加。澳大利亚、加拿大和日本等排放大国都已签署了《京都议定书》，但是它们的排放量比限定目标分别高出了22个、29个和5个百分点，拒签议定书的美国则超出国际社会为其所定目标21个百分点——这使全人类所面临的气候压力越来越大。② 所有签署

① 附件B国家包括发达国家和市场经济转型国家（如东欧和独联体各国），除美国之外，其余24个发达国家都签署了《京都议定书》，即在2008～2012年的第一个承诺期要完成严格的数量化减排指标。

② 《京都议定书》对澳大利亚的排放限制是不超过1990年排放量的8%，但是2006年它的排放增加了22%。新西兰的排放指标是与1990年持平，而它在2006年增加了25.7%。

《京都议定书》的国家，包括未签署议定书的美国，实际上都在为减排做出努力，但是为何大多数发达国家无法兑现承诺呢？这实际上反映出当今世界各国所实行的经济发展模式是具有内在缺陷的，温室气体减排与经济增长至少在可预见的未来具有矛盾性。

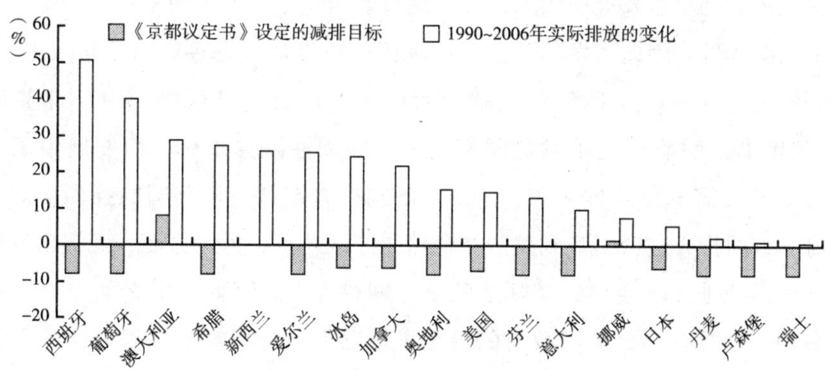

图1　发达国家的实际减排表现

资料来源：参见联合国气候变化框架公约秘书处《1990～2006年期间国家温室气体清单数据》，2008。

尽管有一些学术研究指出，它们找到了能够实现双赢的新模式（例如，在全球范围内实行以环境税和消费税为主要内容的综合性税制改革，这将导致经济和社会的运转模式发生重大变革），但是，即使理论上确实存在美妙的“双重红利”模式，要在实践中完成新模式的建立，一方面需要政府的大力变革，另一方面也需要民众对自身生活方式和工作方式作出重大调整。调整需要时间，需要成本，前景也具有不确定性。而且，任何政策都是非中性的，都会改变利益分配的格局，从而导致现有经济发展模式下的既得利益集团去阻挠新模式的推行。现行经济模式所具有的内在矛盾和推行改革的重重阻力，是导致世界各国在减缓气候变化政策的制定和推行方面步履维艰、收效甚微的一个重要因素。然而，还有另一个更为复杂的因素在制约着国际社会采取有效行动，这就是下面要讲的各国发展空间的竞争问题。

（二）国际气候制度引发国家间经济利益的竞争

由于承担较多减排责任的国家很有可能在近期内遭受较为明显的经济损失，因此碳排放空间的分配实质上变成了影响国家间经济竞争格局的重要因素，减排

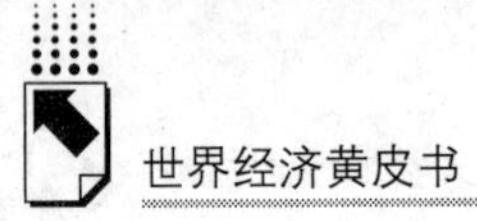

责任的国际分担就成为十分棘手的问题。

目前，发达国家内部在相互间的减排额度分配和具体承诺方式上存在明显分歧，争执比较激烈。但是，更大的矛盾集中在发达国家和发展中国家之间的利益竞争。在人类社会进入工业化时代以来，发达国家大量消耗高碳能源，累积排放的温室气体远远超过发展中国家，并且到目前为止，发展中国家的人均温室气体排放量仍然较低。因此，发达国家理应承担历史责任，更多地担负起减排重任，这充分体现了在解决全球气候问题上所应秉持的公平性原则。1997 年签署的《京都议定书》明确规定了发达国家应承担的硬性减排指标，而发展中国家在 2012 年以前无需承担减排义务。但是，该减排方案遭到了美国的强烈反对。美国政府一方面担心这会影响到美国在全球的经济地位，另一方面，又提出发展中大国不承担减排义务会导致实际上的全球减排无效，因此，一直到今天《京都议定书》仍然没有得到美国政府的批准。奥巴马上台后对于气候变化问题表现出较为积极的态度，这让国际社会看到了减缓气候变化的希望。但是，奥巴马政府仍然坚持中国、印度等国也要共同承担减排义务。欧盟、日本、加拿大和澳大利亚在这个问题上与美国持有一致性意见，共同向中国、印度等国施压。

国际能源机构 2008 年的统计报告指出，发展中国家的 CO_2 排放量在 2006 年已经超过 OECD 国家，排放份额占全球总量的 54%。根据 IPCC 第四次评估报告，按照目前的发展模式，到 2030 年，全球二氧化碳排放相对于 2000 年的增量当中，发展中国家占据 2/3 到 3/4。在这样的排放情景下，发达国家就找到了向发展中国家转移减排责任的理由，对中、印等发展中的排放大国施加了巨大压力。在 2009 年底召开的哥本哈根气候会议上，发达国家与发展中国家如何分担减排责任，必然成为最核心、也是最艰难的议题，它将从根本上决定后京都时代人类减缓气候变化的行动方向与实际效果。

四　主要发达国家的行动对策

全球主要发达国家都极其重视气候变化问题，充分意识到气候变化既是对全人类更是对自身利益的重大挑战。由于所处的政治、经济和社会发展状况不同，以及政府和民众所追求的核心利益上的差别，不同发达国家采取的国际国内策略也有较大差异。

（一）欧盟

欧盟向来是减排温室气体的倡导者和领跑者，在国际气候谈判中扮演主角，其自身已经走到了低碳经济发展的前列，并不遗余力地斡旋、推进美国与发展中国家的共同减排，这其中有深刻的政治、经济和文化因素。

首先，欧洲是现代工业文明的发源地，欧盟各国久已成熟的工业经济体系在目前的发展模式下缺乏新的增长点，不仅早就丧失了与美国抗衡的实力，甚至与中国的整体经济实力和活力相比，也开始显得力不从心。2008 年，中国超越德国名列 GDP 全球第三位就是绝好的例证。另外，欧盟自身严重缺乏化石能源，能源的对外依存度较高，能源安全隐患始终挥之不去。因此，欧盟急于摆脱现有的经济发展模式，而气候变化问题让它们看到了曙光。欧盟希望借助人类应对气候变化的契机，在国际政治与环境领域成为全球领导者，并在低碳经济模式的建立与发展中找到新的经济增长点。

其次，欧盟各国民众对于解决人与环境的关系问题持有较高的诉求，使其政府在制定政策方面能够更多地向环境倾斜。两次世界大战都发生在欧洲，这迫使欧洲人对于资本主义文明不得不进行深刻的反思。对于现代西方文明总体持批判和质疑态度的后现代主义思潮诞生在欧洲，以及绿党在欧洲拥有较高的影响力，都证明了欧洲人的文明危机感远比美国人要深。市场经济引起的“人的异化”和环境破坏问题得到欧洲人的普遍认同，因此，借助应对气候变化的契机改变社会发展模式，建立人与自然和谐共处的生态文明的呼声在欧洲很高。

1. 积极制定应对政策，推动国际社会协调行动

欧盟于 1998 年出台《欧盟关于气候变化的战略》，确定欧盟全力执行和推动《京都议定书》在全球和本区域内的减排目标。2000 年，欧盟通过欧洲第一个应对气候变化方案（ECCP I），在电力、交通、建筑等领域大力推广和实施减排措施。2001 年 9 月，欧盟理事会通过了《关于促进可再生能源电力发展法案》，明确指出，欧盟到 2010 年实现可再生能源占全部能源消费的 12%，其中可再生电力占欧盟总发电量的 22%。2002 年，欧盟通过了第六届环境行动规划（6th EAP），将气候变化列为可持续发展战略中四个优先行动领域的首位。①

① 四个优先领域分别是：气候变化，自然与生物多样性，环境与健康，自然资源与废弃物。

2006 年 3 月，欧盟又发表了《欧洲能源战略绿皮书》，并于 2007 年 3 月由欧洲理事会通过了能源和气候变化的共同战略，其主要内容包括：承诺到 2020 年将温室气体减排量在 1990 年基础上减少 20%，如果能形成新的气候变化协议，则欧盟将承诺减排 30%；同时将可再生能源的份额提高至 20%，将能源效率提高 20%。2008 年 1 月，欧盟提出了气候行动和可再生能源一揽子计划，并于同年 12 月获得欧盟议会的批准。该计划要求：扩大欧盟碳排放交易市场，规定 CDM 的利用上限；在电力、供热制冷和交通领域推广可再生能源，将可再生能源置于欧盟发展低碳经济的核心地位；规定各成员国可再生能源不再使用一次能源消费量计算，而改用终端能源消费量来计算；发展碳封存和碳捕捉技术；等等。

欧盟在积极推动自身向低碳经济转型的同时，在国际上也是不遗余力地倡导世界各国的协同行动。在保证《京都议定书》得以生效的过程中，欧盟积极斡旋，排除了美国和澳大利亚等国拒签议定书，要求中国等发展中国家强制减排的干扰，以灵活务实的态度促成了“波恩政治协议”和“马拉喀什协定”，并推动俄罗斯签署了议定书，这使得《京都议定书》最终于 2005 年正式生效。在推动后京都谈判的过程中，欧盟一方面提高了自身的减排目标，另一方面，强调以多边方式达成国际合作，既主张全球主要排放大国共同参与减排，同时，与美国、日本和澳大利亚等国相比，欧盟对发展中国家的态度更为开放和灵活。2007 年，欧盟提出自身的新目标，即到 2020 年温室气体排放量比 1990 年减少 20%，如果国际社会达成新的协定，这一目标还将提高到 30%。

2. 成功建立碳交易市场

2005 年 1 月 1 日，欧盟启动了世界上第一个温室气体排放贸易机制 EU ETS，覆盖了欧盟 25 个成员国近 1.2 万个能源密集型企业，占欧盟碳排放总量的将近一半。该体系允许欧盟内部企业之间对排放许可证（EUAs）进行交易，如果某企业的减排成本低于碳市场价格，该企业就可以通过内部减排，将节省下来的 EUAs 通过排放贸易系统卖掉，这既降低了减排成本，又可以促进减排任务的完成，又可谓一举两得。欧盟各国开发出各自的国家分配计划（NAPs）并经欧盟委员会核准，该计划制定了各成员国能够发放的许可证数量上限。欧盟委员会最初批准了在 2005 ~ 2007 年总共发放 63 亿吨 CO_2 排放许可，实际在每一年又平均增发了 21 亿吨。ETS 推动了全球碳交易市场的迅速成长。2008 年，欧盟通过排放交易系统实现的减排量达到 31 亿吨，交易金额达到 670 亿欧元（见图 2），分别是2004年的181倍和527倍，其交易量占到全球碳交易总量的64%（见图3）。该份额只是通过欧盟ETS系统实现的排放交易占全球碳交易的比例。全球碳交易还包括CDM和JI。欧盟在后者的交易领域同样占据全球的高份额。如果将欧盟实现的所有碳交易都算上，它在全球市场的份额还要高出许多。因此，欧盟的碳交易市场在全球占有绝对的优势。

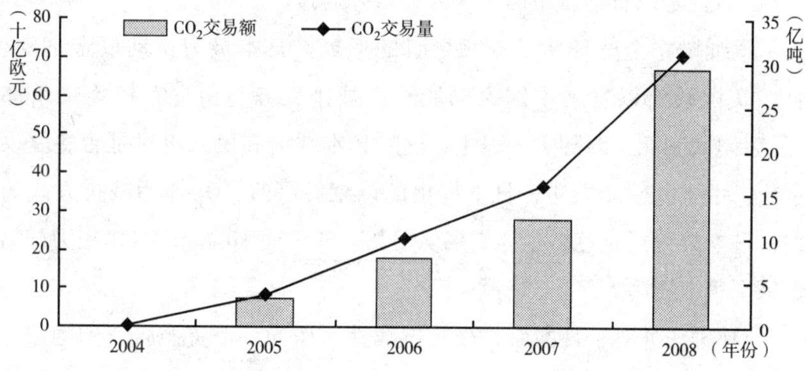

图2　欧盟碳排放市场（ECU）的规模

资料来源：Point Carbon Company，Carbon 2006，Carbon 2007，Carbon 2008，Carbon 2009. http：// www. pointcarbon. com。

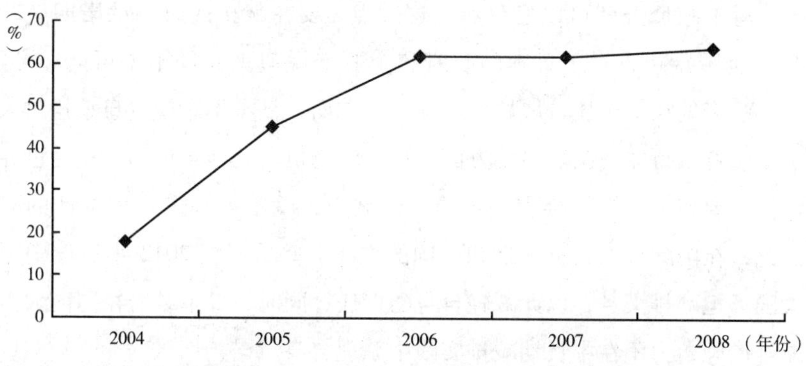

图3　欧盟碳排放市场（ECU）占全球碳交易量的比例

资料来源：Point Carbon Company，Carbon 2006，Carbon 2007，Carbon 2008，Carbon 2009. http：// www. pointcarbon. com。

（二）日本

日本是世界上最早也是最积极推行环境外交的国家。作为一个狭长的人口密集的岛国，日本的大量人口居住在海拔很低的沿海冲积平原地带，气候变化引起的海平面上涨，将给日本带来较大的负面影响，因此，日本政府和国民对气候变化问题一直持积极应对态度。特别是1997年，气候变化第三次缔约方大会（COP3）在日本举行，作为东道主，同时也为了在国际政治和环境领域能够发挥更大的影响力，日本表现出了务实灵活的做法，接受了6%的减排指标，最终《京都议定书》是以日本城市的名字来命名并通过。

为了继续树立全球环境事务领导者的形象，日本极力推动议定书的生效。2001年，美国政府以发展中国家未能承担减排义务为由宣布拒签《京都议定书》，随后澳大利亚也跟随美国退出，这时日本政府和民众也对是否签署议定书产生争论。由于欧盟的妥协，日本提出的以森林吸收CO_2作为减排方式的建议被采纳，日本最终还是签署了议定书。但是，随之而来的国内减排压力却给日本政府带来了很大压力。

6%的减排任务对于日本而言极具挑战性。作为一个资源匮乏的国家，日本在节能方面一直走在世界的前列，2006年它的单位GDP排放的CO_2为0.24kg/USMYM，只有欧盟15国的59%，美国的47%（IEA，2009）。显然，日本进一步减排温室气体所能够选择的技术手段更为局限，成本也更高。从近几年来日本温室气体排放量不减反升就可以充分看出这一点。要在减排的第一承诺期（2008～2012年）完成指标，对于日本的政府和企业来说似乎已经不太可能。可以说，目前日本政府处在一个比较尴尬的境地。一方面，日本不希望自身承担过大的压力，也不愿意太得罪美国。另一方面，日本政府也清楚地意识到，作为世界第二大经济体，要想在国际社会进一步提高影响力，就不得不进行负责任的减排工作。因此，在国际层面，日本附和美国的主张，坚持要在2012年后让中国等发展中大国承担减排义务，以此减轻自身的责任；同时，日本政府在国内大力推行各种减排措施，力争在中长期减排实践中兑现自身承诺。

1. 完善政策法规，提高减排标准

1998年，日本政府成立了以内阁首相为主席的全球气候变暖减缓对策中心，通过了《地球变暖对策促进法》，确定了政府和国民必须共同承担减排温室气体的责任，制定了四大战略：（1）加强节能，即“限制战略”；（2）政府和企业界达成协议，企业自愿限制排放，即“协议战略”；（3）发展温室气体零排放的核电，即“原子战略”；（4）呼吁民众控制使用石油等，即“呼吁战略”。

日本早在1979年就制定了《节能法》，1998年进行修订，开始实施“领跑者”标准，对汽车、家电等节能减排性能已经领先的产品，推动其效率进一步提高。2006年又对《节能法》进行了修订，明确了包括汽车、空调、冰箱、计算机、电视机、复印机等在内的21个特定产品的节能规范，对完成节能指标的单位给予税收减免，而对未完成指标的单位则要进行罚款。

2. 大力推动技术进步

日本将技术进步视为应对气候变化最重要的手段，因为它不仅能产生减排效应，还能够增强产品的国际竞争力，发现新的经济增长点。在第三期《科学技术基本计划》（2006～2010年）中，日本政府提出将“跨越式的知识发现和发明”作为国家的一个基本政策目标，加大研发经费的投入。日本的R&D投入在GDP中的比重1991年为2.92%，2001年为3.35%，2004年为3.40%，2005年达到3.55%，这在发达国家中是最高的。在经济产业省的经济产业政策预算中，用于推进能源环境对策的经费数量在2002～2007年间平均年增长率高达34%。2007年经济产业政策预算额为7531亿日元，其中能源环境对策经费达到5672亿日元，占总额的3/4。①

在推动技术进步的过程中，日本政府尤其重视新能源与核能产业的发展。日本东京大学等研究机构指出，日本要在2050年实现“三个50%”的目标，即实现能源对外依存度降低到50%，可再生能源及核能在一次能源消费中的比例达到50%，能源效率比目前提高50%。为了达到这一目标，日本政府明确提出，要大力发展太阳能、风能、生物能源、核能以及燃料电池汽车，其中燃料电池汽车计划于2010年达到5万辆，2020年500万辆，2030年达到1500万辆。② 核电的温室气体排放几乎为零，因此它是未来最清洁、也是能够达到大规模发电的能源，目前核电已经占到日本电力供应的1/3，今后还要快速发展。

3. 主张使用官方发展援助投资CDM项目

日本由于国内减排的压力巨大，因此，要完成减排任务，必须要从发展中国家大量购买碳排放权，也就是要充分利用清洁发展机制（CDM）。再加上发展中

---

① 资料来源：日本能源资料厅，转引自杨书臣《日本节能减排的特点，举措及存在的问题》，《日本学刊》，2008年6月。

② 资料来源：日本文部科学省2007年《科学技术白皮书》，http：//www.mext.go.jp。

国家强烈要求增加官方发展援助（ODA），日本政府提出以 ODA 投资 CDM 项目，同时把核电也列入 CDM 范畴。2008 年，日本政府推出了发展中国家气候变化资金援助政策，以无偿援助、日元贷款等形式，计划 5 年内向发展中国家提供总额为 100 亿美元的援助。

（三）美国

1. 美国政府拒绝签署《京都议定书》

美国人口占全世界的 4.6%，却消耗了全球原油产量的大约 1/4，人均石油消费量是中国的 10 倍，并长期排放占全球总量 20% 以上的温室气体（DOE，2008）。在 2008 年以前，美国一直是全球第一排放大国，对于气候变暖作出的“贡献”有目共睹。在 1990～2007 年的 18 年间，美国只有三年出现了些许的温室气体排放下降，2007 年，美国温室气体排放量又创新高，比 1990 年增加了 16.7%（见图 4）。如果以这样的趋势发展下去，国际社会应对气候变化的努力将付之东流。但是，即使在这样的背景下，美国政府始终没有批准《京都议定书》，因此它遭到了国际社会的一致批评。

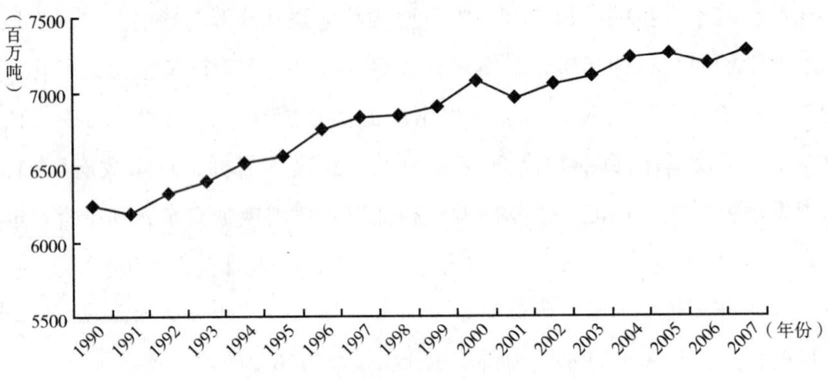

图 4　美国 CO_2 排放量

资料来源：US Department of Energy，Carbon Dioxide Emissions from the Consumption and Flaring of Fossil Fuels，1980－2006，2008。

过去，美国政府拒绝签署议定书的理由主要有三个：一是气候变化问题具有太多的不确定性，现在就执行严格的数量性限制指标得不偿失；二是强制减排会导致失业、物价上涨等影响经济的负面因素；三是议定书没有要求中国和印度等发展中大国承担减排义务，这就使得美国的减排不会产生实质性效果。伴随IPCC于2007年发表了第四次评估报告，国际社会已经清楚地认识到，气候变暖及其对人类的负面影响是确定存在的，美国人的第一条理由已被攻破，第二条理由也在气候变化将给全人类带来的潜在严重危害面前黯然失色。目前，奥巴马政府虽然表示出积极的减排姿态，但是仍然将中国、印度等国共同承担减排义务作为谈判条件。欧盟、日本等发达国家基本支持奥巴马政府的观点，但是另一方面，它们也对美国的强硬姿态非常担忧，因为美国政府对于自身的减排仍然十分保守，而它对发展中国家的立场又遭到了中国、印度和巴西等国的强烈反对，这可能导致哥本哈根谈判的破裂。

2. 美国政府气候变化政策逐渐转变

虽然美国政府到目前为止仍然没有承担数量性减排义务，但是美国的国际国内政策还是在不断进行调整。

布什政府于2001年提出了《晴空与气候变化行动》，将减排目标定位为到2012年使温室气体排放强度降低18%。2005年7月，小布什在参加苏格兰八国会议时首次承认由人类活动导致的温室气体排放正在使全球气候变暖。2007年1月，小布什首次在国情咨文演说中承认全球气候变化将对国家安全构成严重挑战。2007年6月在德国召开的讨论气候变化的八国峰会上，小布什同意考虑欧洲提出的到2050年时将温室气体排放量降低至1990年的一半的建议。2007年1月，民主党人佩洛希当选国会众议院议长，他立刻着手通过立法控制温室气体排放，制定了《2007年能源独立与安全法案》并获得两党通过，最终成为美国法律。该法案是1975年以来首次规定美国汽车产业的燃油经济性必须提高40%，并对可再生能源、建筑和民用领域的能效标准作出更为严格的规定。2008年5月28日，美国科学家学会（Union of Concerned Scientists）公布了首次由全美1700多名科学家与经济学家联合签署的《美国科学家与经济学家关于迅速及深入减少温室气体排放的呼吁书》，敦促美国政府立即采取强有力的措施减排温室气体，这对于美国政府和国民都产生了一定的影响。

奥巴马的登台为美国在气候变化领域的政策重大转型带来了契机。时值国际金融危机的严重冲击，前任小布什政府发动的伊拉克战争使美国的国际形象受损，拒签《京都议定书》又让美国成为国际环保领域的众矢之的，奥巴马在执政白宫后很快推出了《2009年美国清洁能源与安全法案》，并于2009年6月获得众议院批准。该法案规定，对美国大型温室气体排放源（占美国温室气体排放总量的85%）实施具有法律约束力的总量限额，以2005年为基准线，美国到2020年减少17%，2050年减少83%。同时，法案中可再生能源、清洁能源技术和能源效率计划还能产生额外的减排，这样美国的温室气体总减排量与2005年相比，到2020年减少28%～33%，到2050年至少降低80%。如果该法案获得参议院批准，则对美国的气候变化政策和经济发展模式将产生重大影响。

新能源法案在可再生能源、碳捕捉与封存（CCS）、能源效率、交通运输、智能电网等领域都设定了全新的发展目标。法案要求：全美年发电量在100万MWh以上的电力公司从2012年起，至少6%的电力供应来自可再生能源，到2020年达到20%；各州电力供应到2020年至少有15%来自可再生能源，5%来自节能；2020年以后新建的所有燃煤电厂必须使用CCS，2012～2015年期间新建燃煤电厂，如果在开工运行时没有使用CCS，则无法获得联邦财政支持，且最迟到2025年必须加装CCS。法案规定了电力和天然气销售上的能效指标，到2020年电力零售商实现累积节能15%，天然气零售商实现累积节能10%；提高建筑能效标准，新建建筑能效要比2005年提高30%；2014～2022年之间，交通燃料温室气体排放量不准超过2005年水平，2023～2029年要在2005年基础上下降5%，2030年下降10%；政府以减税的办法，补贴每辆混合动力汽车7000美元，力争到2015年在美国本土生产和销售100万辆插电式混合动力汽车。法案提出要大力发展智能电网。美国的国家电网早在20世纪50年代就已建成，到80年代达到成熟稳定，未来美国要新建一个覆盖4个时区的以超导和智能电网为主的大电网，对太阳能、风能等各种能源进行智能化管理。

为了完成上述目标，奥巴马政府将大力提供财政和金融的支持。美国将在未来10年内在清洁能源领域投资1500亿美元，帮助创造500万个就业机会。美国新近计划推出的"清洁技术风险基金"，则是在5年内每年提供100亿美元，让最有前途的清洁能源技术从实验室走向市场，使经济发展可以从技术创新中受益。伴随政府在新能源领域的大力投资，私人投资将会迅速跟上。

奥巴马政府的新能源法案不论对于美国，还是对于世界，都是一个十分重要的信号。对于美国而言，这是一举三得。首先，通过新法案向世人宣布美国应对气候变化的积极态度，奥巴马政府毫无疑问赢得了"政治上的正确"，能够改善美国在国际社会的政治形象；其次，在金融危机之后，美国亟须寻找新的经济增长点，而新能源产业的发展有可能带来一场“绿色产业革命”；最后，如果新法案能够有效实施，将在一定程度上推动美国国内减缓气候变化政策的实施，并进一步改善国内生态环境。对于国际社会来说，在气候变化领域历经多年的困境之后，美国政府的态度转变终于让人们看到了一些希望，虽然这远不能保证哥本哈根会议的成功，但是毕竟向成功迈出了必要的一步。

主要发达国家在《京都议定书》规定的第一个减排承诺期（2008～2012 年）内的实际减排效果如表 1 所示①，可以看到，除去欧盟 15 国外，其余主要发达国家不但没有实现减排，还出现显著的排放增加，尤以美国、加拿大和澳大利亚为甚，这 3 国肯定无法实现第一个减排承诺期的指标。日本完成指标的难度也非常大。实际上，欧盟 15 国能够较好地实现减排义务，主要得益于德国和英国两个排放大国的出色努力：德国在 2006 年较 1990 年减排 18.5%，英国减排 15.1%；而另外有 8 个欧盟国家的排放量出现了增加。因此，总体来说到目前为止发达国家的减排工作是失败的。

表 1　主要发达国家温室气体排放量比较（以 1990 年为基准线）

单位：%

年　份	2004	2005	2006	2007
欧盟 15 国	-0.7	-1.4	-2.2	-5.0
日　　本	6.1	6.8	5.4	
美　　国	15.1	15.8	14.4	16.7
加 拿 大	25.4	24.0	21.7	
澳大利亚	26.0	27.2	28.8	

资料来源：由基础数据经作者计算得出。2004～2006 年基础数据来自联合国气候变化框架公约秘书处，UNFCCC，http://unfccc.int/di/DetailedByParty。2007 年基础数据分别来自欧盟委员会和美国能源部网站。

五　哥本哈根会议的主要议题、预计成果及其经济影响

2009 年底举行的哥本哈根会议将是人类应对气候变化的一个重大关口。

① 表中大部分资料取自 UNFCCC，这是经过联合国审核的最具权威性的数据，其最新数据只发布到 2006 年。2007 年的数据需要借助其他方式获取，但这些数据还是要经过 UNFCCC 的核定，因此最终数据可能会与本文的引用产生微小差异。

1997 年签署的《京都议定书》制定了在 2012 年以前（即第一个减排承诺期）的各国减排责任分担和行动框架，而哥本哈根会议的目标是要力争达成 2012 年以后的新减排协议，它将决定国际社会在后京都时代的气候变化应对模式。

新减排协议需要解决的主要问题包括：（1）国际社会中期和长期总体减排目标的确定；（2）各国减排责任的分担；（3）发达国家对发展中国家的资金和技术援助；（4）减排措施的改进与创新。在这四个问题当中，以前两个问题最为关键，谈判难度也最大，新减排协议能否达成主要取决于前两个问题的解决。实际上，这两个问题紧密相联，因为总减排目标是由各国减排目标加总形成的，所以问题的关键就归结到各国减排责任的确定上。

2009 年 8 月，联合国第三次气候变化国际谈判在德国波恩举行，这次谈判虽然是非正式磋商，但是对于 2009 年底在哥本哈根会议上能否达成新的国际协议有较为重要的作用。发达国家纷纷在这次谈判中亮出了各自的 2020 年中期减排目标（见表 2），其中，美国 4% 的减排承诺遭到了国际社会的普遍批评。为了能够有效减缓气候变化对人类带来的威胁，IPCC 提出的全球中期减排目标是在 1990 年基础上减少 25% ~40%，发展中国家希望达到不低于 40% 的水平，而美国政府已经明确表示拒绝考虑 40% 的要求。按照波恩会议上各国提出的目标计算，到 2020 年发达国家的总减排量较 1990 年大约只有 10%，远远不能达到 IPCC 的要求。而且，发达国家还坚持要求发展中大国承担数量性的减排义务，这同样激起发展中国家的不满。显然，在哥本哈根会议上确定公平而有效的各国减排责任将是一个艰巨的挑战，预期并不乐观。

表 2　波恩会议上发达国家提出的中期减排目标

	欧盟 15 国	日本	美国	加拿大	澳大利亚
2020 年与 1990 年相比的减排目标	20% ~30%	8%	4%	2%	增加 1% ~13%

资料来源：根据中国气候变化网和 UNFCCC 的数据整理计算得出。

应对气候变化需要建立起全球治理机制，世界各国对此早已形成共识。目前，国际气候制度已具雏形，它是形成全球治理的基础，而新减排协议的达成，是国际气候制度得以继续发挥作用的前提。由于气候变化事关人类的共同利益，任何一个国家都不会在这个问题上掉以轻心，都不愿意承担破坏国际气候制度的指责，因此，在哥本哈根会议上达成新减排协议的可能性还是比较高的。但是，这并不意味着我们可以对人类未来应对气候变化的实际效果持乐观态度。我们认为，哥本哈根会议难以就中期减排（2020 年）达成令人满意的谈判结果；除去欧盟以外的发达国家，特别是美国，仍然会由于自身经济利益的考虑而推卸责任，它所承诺的中期减排目标很有可能距离人们的期望值较远；发达国家与发展中国家的减排责任分担问题，资金和技术援助问题等都难以在本次会议上得到真正有效的解决。新减排协议能够形成原则性条款，难以制定出具体的行动措施，它带给人们希望的也许只是长期减排目标（2050 年）。然而，缺乏良好的中期减排作为基础，长期目标的实现必然表现出巨大的不确定性。

人类应对气候变化的步伐难以在哥本哈根会议之后及时提速，世界各国的实际减排行动难以在近期内取得良好效果，但是，全球经济向低碳模式的转变也是难以阻挡的，这是由气候变化的潜在严重性所决定的。因此，可以肯定地讲，哥本哈根会议将成为 21 世纪人类进行全球环境治理的里程碑，同时，它对世界各国的经济发展将产生深远的影响。

应对气候变化必然纳入发达国家最核心的经济与政治战略中去。在国内政策上，发达国家将不遗余力地推动低碳经济发展，寄希望于绿色产业革命创造出新的经济增长点，并通过碳税等财政金融政策引导社会消费模式的转型。在国际层面，发达国家之间将在低碳经济领域展开激烈竞争，并将气候外交长期作为国际政治的主要筹码，对发展中国家持续施加压力，在减排责任的分担、资金援助、技术转让、碳关税设置等方面与发展中国家不断角逐，以此保持自身的经济优势。

作为发展中国家，中国目前无需承担减排义务，而且由于美国政府拒绝批准《京都议定书》，国际社会将矛头都指向了美国。但是在哥本哈根会议之后，形势很有可能发生转变，中国面临的减排压力将迅速增加。2007 年，中国超过德国成为世界第三大经济体；2008 年，中国超过美国成为世界第一大温室气体排放国；中国的人均温室气体排放量已经达到世界平均水平；目前中国占据全球新增温室气体排放的 40% 左右（DOE，2009）。所有这些因素，都对中国造成了巨大的减排压力，一旦美国在哥本哈根会议上签署了新的减排协议，中国作为发展中国家的“首席代表”，必然被推到承担减排义务的风头浪尖，减排温室气体迟早会成为中国经济发展的硬约束。同时，由于发达国家向低碳经济逐步转型，如果中国的产业升级不能及时跟进，就可能在新一轮技术变革中再次被发达国家“锁定”在国际产业分工的底层，无法形成国家竞争优势。因此，哥本哈根会议对于中国的影响将是战略性的。

六　中国的对策

中国政府始终以积极的态度参与国际社会应对气候变化的各项行动。一方面，中国政府在国内大力开展节能减排，取得了显著成效，为应对气候变化作出了自己的贡献，得到了国际社会的公认；另一方面，在国际气候谈判中，中国始终坚持承担“共同但有区别的责任”，坚定维护应对气候变化的公平性原则，保护了自身和发展中国家的发展权，得到了广大发展中国家的支持，也得到了西方发达国家很多有识之士的理解和认同。我们认为，在哥本哈根会议之后，中国政府可以在发展低碳经济的国内政策方面迈出更大的步伐。

2008 年国际金融危机爆发以来，我国政府果断采取行动，迅速推出积极的财政政策和货币政策，以强有力的手段扭转经济下滑的趋势，“保增长，保就业”成为举国上下一致的呼声和行动。从 2009 年下半年开始，我国经济已呈现较为明显的止跌态势，成为全球最早走出衰退的国家。然而，与“保增长”的政策相比，应对气候变化和改变经济增长方式，却是相对薄弱的环节，多数国人对于气候变化带给我们自身的巨大挑战并不知晓。

由于金融危机造成的经济衰退，世界各国消耗的化石能源大量减少，使得 2008 年和 2009 年两年的全球温室气体排放出现较为显著的下降，于是有人说，金融危机是上天赐予人类拯救地球的最后一次机会——金融危机和气候变化以这样的方式联系在了一起。这并不是一句幽默，而是深刻的警示。人类终于被迫在 GDP 的锦标赛上停下来喘一口气，可以稍稍冷静地思考一下未来。实际上，金融危机和气候变化在共同向国际社会发出警告：目前的经济增长方式是不可持续的，变革已迫在眉睫。对于中国，这一问题就更为严重。长期以来，我们依靠大量低成本地消耗环境资源（包括能源、水、土地、植被等），以外向型经济推动 GDP 的高速增长。现在，金融危机让我们切身感受到了过度依赖出口产生的严重弊端。事实上，气候变化也正在向我们警示危机：作为发展中的人口大国，中国在未来受到气候变化的负面影响要大于多数发达国家，而且，迟早要承担的减排义务会成为我国经济发展的约束性指标。

IPCC 第三次评估报告（IPCC，2001）指出：“气候变化的决策制定从本质上说是一个在普遍存在不确定性情况下的渐进过程，它必须处理包括非线性和不可逆变化在内的不确定性……它与以往人类能够控制的环境问题决策有本质区别。”20 世纪后半叶发展起来的复杂科学明确地告诉我们，不确定性是任何一个复杂系统（如自然生态系统和社会系统）的本质特征，不确定性既可以产生风险，同样能够创造机遇。在自然生态系统中，遗传和变异是保证系统长久生存的根本途径，其中，变异产生不确定性，而恰恰是这种不确定性为生态系统的进化和抵御外来冲击提供了前提保证。在人类的社会系统里，不确定性是市场经济的固有特征，是市场经济具有创新力和适应性的必要条件。不确定性并非是前进的障碍，而是创造与发展的动力和机遇。气候变化的不确定性是人类所面临的挑战，它也必然为人类带来向生态文明转型的机遇。特别是，它为中国的发展带来了重大契机：在发展模式的转型上，中国有可能通过迎接气候变化的挑战而走到世界的前列。

奥巴马政府推出新能源法案之后，国际上对此反应强烈，一些评论认为，美国将在绿色产业革命上抢占先机，就像奥巴马在白宫发表新能源法案时所说，“美国准备在新能源和环保问题上重新领导世界”。但是，我们认为，这只是超级大国的惯性思维和一相情愿，事实未必如此。低碳经济的发展与 20 世纪末美国新经济的产生有显著区别，二者的依赖路径不同。任何一种经济模式的形成，都是有路径依赖的，它不可能脱离历史与现状而凭空产生。美国新经济的诞生依赖于两个基础条件：其一，长达 45 年的冷战（1945～1990 年）促使美国在军事科技上进行了长期的高投入，这为后来的军用高技术向民用转移打下了坚实的基础（计算机、互联网、GPS 全球定位系统等，都是由军方研制出来或者首先在军方使用的）；其二，美国发达的金融体系为高科技的市场化提供了强大的风险资本和激励机制。冷战为美国新经济奠定了坚实的技术基础，金融体系则提供了市场基础。而美国低碳经济的发展目前尚不具备这些条件。

首先，美国凭借其超级大国的地位，长期以来依靠低成本的化石能源构建其经济和社会的运转基础，在新能源产业的研发和市场投入都较少，技术创新的成果有限，新技术的市场应用范围小，与其他国家相比并不具有明显的优势，甚至要落在欧洲之后。新能源产业本身的产值并不高，它对经济增长的提升作用依赖于工业、建筑、交通运输和民用部门是否能够完成对新能源的转型，这种转型的成本是巨大的，而且，越是发达国家，其转型成本就越高。与此相反，美国新经济的支柱产业——IT 行业，在其促进经济发展的机制上，主要表现在创造了全新的信息服务行业以及为传统行业提供了高附加值，它所需的社会转型成本则很低，这是新经济获得成功的一个重要原因。其次，低碳经济是典型的政策驱动型经济，是属于市场失灵的部分，这与新经济模式天生具有的市场驱动属性截然不同，因此，金融系统难以自发地形成强大的力量去推动低碳经济的发展。政府当然可以通过制定政策引导市场，但是这需要时间，而且效果如何，存在很多不确定性。总而言之，美国在低碳经济改革方面并不具备明显优势，短期内难以取得像 20 世纪末新经济模式那样的收获。

欧洲在低碳经济发展的道路上暂时领先，但是，欧洲的经济与社会体系过于稳定，福利水平高而活力不足，而且还存在多国之间的协调难题，长期发展的后劲有可能比不上中国和美国。

中国在改革开放的 30 年里取得了举世瞩目的成就，当今中国拥有世界上最大规模、最具活力的市场。中国政府干预经济的能力很强，这在依靠政策驱动的低碳经济转型方面表现出一定优势。同时，目前中国的人均收入还远低于发达国家，中国人的消费模式尚未完全进入西方模式，特别是与美国模式仍有很大差距，因此转型成本要小一些，能够形成一定的后发优势。如果中国政府能够把应对气候变化作为本国的核心战略之一，将其作为转变经济增长方式的关键目标，在产业结构调整、碳税改革、碳市场交易、技术进步和金融创新等方面给予大力支持，及时果断推动低碳经济发展，引导全社会建立低碳消费模式，我们就有可能在 21 世纪人类社会的转型期抓住机遇，成为全球发展潮流的引领者，并在此过程中为本国和世界人民创造更大的福祉。

参考文献

IEA，Key World Energy Statistics 2008.

IPCC，Climate Change 2007：Synthesis Report，2007.

IPCC，Climate Change 2001：Synthesis Report，2001.

Point Carbon Company, Carbon 2006, 2007, 2008.

US Department of Energy, Emissions of Greenhouse Gas Report, 2008.

US Department of Energy, Carbon Dioxide Emissions from the Consumption and Flaring of Fossil Fuels, 1980 - 2006, 2008.

US Department of Energy, Energy-Related Carbon Dioxide Emissions from the Industrial and Transportation Sectors, by Fuel Type, 1949 - 2007, 2009.

2050年中国能源和碳排放课题组:《2050年中国能源和碳排放报告》, 科学技术出版社, 2009。

郑易生:《不确定性、锁定与"节能优先"战略——方法论的探讨》, 中国社科院数量经济与技术经济研究所工作论文, 2007年8月。

联合国气候变化框架公约秘书处:《1990～2006年期间国家温室气体清单数据》, 2008。

The Significant Challenges of Climate Change Faced by Human Beings

Liu Dongmin

Abstract: Climate change has been confirmed by serious scientific research. More over, it is more serious than people's former expectation, which means the mitigation of climate change has been the most significant challenge in the 21th century. With the signing of United Nations Framework Convention on Climate Change and Kyoto Protocol, as well as the agreement of Bali Roadmap, an international regime to cope with climate change is emerging gradually. The trade-off between reduction of carbon emission and economic growth, as well as the international competition caused by allocation of carbon emission, lead to serious difficulties in dealing with climate change. Although a new agreement will be likely to be reached in the COP15, the ambitious medium-term goal is very difficult to be achieved, indicating that human beings will still face a severe situation in the mitigation of climate change. Chinese government should grasp the opportunity and try to achieve the transformation of economic development pattern by positively dealing with climate change.

Key Words: Climate Change; International Climate Regime; Copenhagen Conference

世界经济统计资料

STATISTICS OF THE WORLD ECONOMY

2009～2010年世界经济统计资料

曹永福　吴海英*

目　录

（一）世界经济形势回顾与展望

* 曹永福，经济学硕士，中国社会科学院世界经济与政治研究所助理研究员，主要研究宏观经济模型、经济周期等问题；吴海英，经济学硕士，中国社会科学院世界经济与政治研究所副研究员，主要研究领域为宏观经济模型、国际贸易和世界经济统计。

（二）世界通货膨胀、失业形势回顾与展望

（三）世界财政形势回顾与展望

（四）世界金融形势回顾与展望

（五）国际收支形势回顾与展望

（六）国际贸易形势回顾

（七）国际投资与资本流动回顾

（八）全球竞争力和大公司排名

说　明

一　统计体例

（1）本部分所称“国家”为纯地理实体概念，而不是国际法所称的政治实体概念。

（2）大部分统计表先列国家集团（Country Group）和地区的数据，再列单个国家的数据。对统计指标是绝对值的表，国家通常按该指标绝对值由大到小排序；否则国家按其英文字母名排序。部分表格受篇幅所限无法列出所有国家和地区，编制时根据研究兴趣有所选择，如表 1-4。

（3）统计表数据为年度和季度数据。除非特别说明，2008 年（含 2008 年）以前的年度数据、2009 年第 2 季度（含 2009 年第 2 季度）以前的季度数据均为实际统计数据，2009 年以后的年度数据（含 2009 年）为估计值或预测值。1990~1999（或 1990~99）意为 1990~1999 年的平均值，两年度间的平均值表示法以此类推。“—”表示数据在统计时点无法取得或无实际意义，“0”表示数据远小于其所在表的计量单位。

二　经济预测

本部分预测数据除非特别说明均来自国际货币基金组织（IMF）2009 年 10

月的预测。IMF 预测范围覆盖全世界，见其《世界经济展望》（*World Economic Outlook*，以下简称 WEO）和《世界经济展望数据库》（*World Economic Outlook Database*）。通常 WEO 每年 4 月和 10 月出版，自 2008 年起，IMF 还在 1 月、7 月和 11 月分别推出 WEO 更新版，具体资料见 http://www.imf.org。下面将 2009 年 10 月的 WEO 有关问题予以说明。

1. 假设

IMF《世界经济展望》2009 年 10 月的预测是在 2009 年 9 月底之前数据的基础上进行的。并做如下假设：

（1）先进经济体的实际有效汇率保持 2009 年 7 月 30 日至 8 月 27 日的平均水平不变。这一假设意味着 2009 年、2010 年的美元/特别提款权（US $/SDR）转换率分别为 1.532 和 1.556，美元/欧元（US $/Euro）转换率分别为 1.373 和 1.409，日元/美元（Yen/US $）转换率分别为 94.9 和 93.2。

（2）2009、2010 年石油平均价格分别假定为每桶 61.53、76.50 美元。

（3）关于利率，假设 2009、2010 年的伦敦银行间 6 个月期美元存款拆借利率平均值分别为 1.2% 和 1.4%，欧元 3 个月存款利率平均值分别为 1.2% 和 1.6%，日元 6 个月存款利率平均值分别为 0.7% 和 0.6%。

2. 数据与方法

全球 182 个国家和地区的数据（和预测）形成了 IMF《世界经济展望》及其数据库的统计基础。IMF 研究部和各区域研究部共同维护该数据库，各区域研究部在保持各种变量全球一致假设的基础上定期更新各国和地区的预测数据。

IMF 世界经济展望数据库综合反映了来自各国或地区统计机构和国际组织的信息。虽然各国和地区统计机构是历史数据的最基本提供者，但国际机构也参与数据的处理。目的是协调各国和地区统计方法，内容包括统计资料的分析框架、概念、定义、分类以及生成统计数据的估计方法和程序。

《世界经济展望》中的国家集团指标值为有关国家和地区相应指标的加总或加权平均值。除非特别说明，年度平均增长率为复合年变化率。除新兴市场和发展中国家的通货膨胀与货币增长采用几何平均法外，国家集团指标值均采用算术加权平均法。具体说明如下：

（1）国家集团的汇率、利率、货币总量增长率均按各国和各地区在该国家集团的国内生产总值（Gross Domestic Product，以下简称GDP）中所占比重进行加权。其中各国和地区GDP按前3年本币对美元的平均市场汇率折算成美元。

（2）与各国和各地区国内经济有关的国家集团其他指标，无论增长率还是比率，均按各国和各地区在世界GDP或该国家集团GDP总额中所占比重进行加权。其中各国和各地区GDP按购买力平价折算成美元。

（3）欧元区16国（除非特别说明）指标值是各成员国数据按GDP进行加权后的加总值。1999年前的欧元区数据是各成员国数据基于1995年欧洲货币单位（ECU）汇率的加权汇总值。

（4）国家集团失业率和就业增长以各国和各地区劳动力占该集团劳动力总额的比重为权数进行加权。

（5）与各国和各地区对外经济有关的国家集团指标为各国和各地区相应指标（外债、对外贸易数额与价格变动除外）美元数值的加总，其中各国和各地区美元数值按与国际收支统计时段相对应的本币对美元平均市场汇率进行折算。国家集团对外贸易数额与价格变动值的计算则以各国和地区折算为美元后的出口（或进口）在上年世界或集团出口（或进口）总值中所占比重为权数进行算术加权。

IMF《世界经济展望》统计指标年度及季度计算方法参见本系列书2002年度及2003年度世界经济统计资料的相关说明。

3. 国家和地区分类

2004年《世界经济展望》将全世界国家和地区分为先进经济体、其他新兴市场和发展中国家两大类，改变了以往三大类的分组方法（先进经济体、发展中国家、转轨国家）。2008年起，《世界经济展望》又将国家和地区分类变为：先进经济体、新兴市场和发展中国家两大类。为了便于分析和提供更合理的集团数据，这种分类随时间变化亦有所变化，分类标准并非一成不变。表A提供了这种分组的概览，列出了2008年各国家分组的国家数目，以及每组中各国家集团GDP（购买力平价计）、货物和服务出口、人口占本组和世界的比重。

先进经济体共有33个国家和地区，比2008年增加了2个（斯洛伐克共和国和捷克共和国），表B列出了其细分类别。其中美国、日本、德国、法国、意大利、英国和加拿大这7个GDP数额最大的国家组成了主要先进经济体（又称七国集团 G7）；16 个欧元区国家和 4 个亚洲新兴工业经济体也分别作为一种分组；表 C 列出欧盟成员国，在 WEO 中并不是所有欧盟成员国都归入先进经济体。

新兴市场和发展中国家是先进经济体之外的其他 149 个国家和地区。按地区分组分为非洲、中东欧、独联体、亚洲发展中国家、中东和拉美。其中埃及和利比亚归为中东而不是非洲。《世界经济展望》有时还采用中东和北非这一分组，系指阿拉伯国家联盟和伊朗。

对新兴市场和发展中国家还采用了分析型分组的分类方法。按出口收入来源将这些国家分为燃料出口国和非燃料出口国；按外债情况分为净债权国、净债务国和重债穷国。对净债务国还进一步列出官方融资性债务国以及 2003～2007 年有债务拖欠和重组经历国家的分类法。

2009 年 10 月 WEO 的国家集团数据开始包括以下国家：阿富汗、波斯尼亚和黑塞哥维那、文莱、达鲁萨兰、厄立特里亚、伊拉克、利比里亚、黑山、塞尔维亚、东帝汶以及津巴布韦。虽然格鲁吉亚于 2009 年 8 月 18 日正式退出独联体，但由于其同独联体国家在地理和经济结构上类似，因此在地区分组上仍将格鲁吉亚归入独联体。

目前尚有少数国家未包括在先进经济体、新兴市场和发展中国家这两大类分组中。其原因：一是这些国家不是 IMF 成员国（如古巴和朝鲜），其经济运行亦未在 IMF 的指导之下；二是这些国家的数据库尚未充分建成，如圣马力诺没有归入先进经济体，阿鲁巴岛、科索沃、马绍尔群岛、密克罗尼西亚联邦、帕劳群岛和索马里没有归入新兴市场和发展中国家。

表 A　2008 年 WEO 国家分组数目、GDP*、货物和服务出口及人口比例

单位：%

组　别	数目	GDP		货物和服务出口		人口	
		先进经济体	世界	先进经济体	世界	先进经济体	世界
先进经济体	33	100.0	55.1	100.0	65.0	100.0	15.1
美国		37.4	20.6	14.2	9.3	30.3	4.6
欧元区	16	28.5	15.7	44.1	28.6	32.4	4.9
德国		7.6	4.2	13.3	8.7	8.2	1.2
法国		5.6	3.1	6.0	3.9	6.2	0.9
意大利		4.8	2.6	5.2	3.4	5.9	0.9
西班牙		3.7	2.0	3.3	2.2	4.5	0.7
日本		11.5	6.3	7.0	4.5	12.7	1.9

续表 A

组别	数目	GDP		货物和服务出口		人口	
		先进经济体	世界	先进经济体	世界	先进经济体	世界
英国		5.8	3.2	6.1	4.0	6.1	0.9
加拿大		3.4	1.9	4.1	2.7	3.3	0.5
其他先进经济体	13	13.3	7.3	24.5	15.9	15.3	2.3
主要先进经济体	7	76.2	42.0	56.0	36.4	72.6	11.0
亚洲新兴工业经济体	4	6.7	3.7	13.1	8.5	8.3	1.3
组别	数目	新兴市场和发展中国家	世界	新兴市场和发展中国家	世界	新兴市场和发展中国家	世界
新兴市场和发展中国家	149	100.0	44.9	100.0	35.0	100.0	84.9
地区分组							
非洲	50	6.9	3.1	7.8	2.7	15.3	13.0
撒哈拉以南	47	5.4	2.4	5.8	2.0	14.0	11.9
中东欧	14	8.1	3.6	10.6	3.7	3.1	2.6
独联体①	13	10.2	4.6	11.5	4.0	5.0	4.2
俄罗斯		7.3	3.3	7.6	2.7	2.5	2.1
亚洲发展中国家	26	46.7	21.0	38.6	13.5	61.9	52.6
中国		25.3	11.4	22.9	8.0	23.5	19.9
印度		10.6	4.8	3.9	1.4	21.0	17.8
不含中国和印度	24	10.8	4.9	11.8	4.1	17.5	14.8
中东	14	9.0	4.0	16.9	5.9	4.9	4.1
拉美	32	19.2	8.6	14.6	5.1	9.8	8.4
巴西		6.3	2.8	3.3	1.2	3.4	2.8
墨西哥		5.0	2.2	4.5	1.6	1.9	1.6
分析型分组							
按出口收入来源							
燃料出口国	27	19.5	8.8	30.9	10.8	11.3	9.6
非燃料出口国	122	80.5	36.2	69.1	24.2	88.7	75.3
初级产品出口国	20	1.6	0.7	1.9	0.7	4.1	3.5
按对外融资方式							
净债务国	120	51.1	23.0	41.1	14.4	61.1	51.8
官方融资型	31	2.5	1.1	1.4	0.5	10.9	9.3
按债务经历							
债务拖欠或重组国②	48	6.7	3.0	4.8	1.7	13.1	11.1
其他净债务国	72	44.5	20.0	36.3	12.7	48.0	40.8
其他分组							
重债穷国	35	2.1	0.9	1.5	0.5	9.5	8.0
中东与北非	20	10.7	4.8	19.2	6.7	7.0	5.9

注：* GDP 以购买力平价计。①格鲁吉亚和蒙古虽然不是独联体成员，但由于同独联体国家在地理和经济结构上类似，因此通常在地区分组上将二者归入独联体。②指 2003 ~ 2007 年间有债务拖欠或重组经历的国家。

表 B　先进经济体细分类别

主要货币区	欧元区	亚洲新兴工业经济体	主要先进经济体(G7)	其他先进经济体
美　国 欧元区 日　本	奥地利、比利时、塞浦路斯、芬兰、法国、德国、希腊、爱尔兰、意大利、卢森堡、马耳他、荷兰、葡萄牙、斯洛伐克共和国、斯洛文尼亚、西班牙	中国香港特区、韩国、新加坡、中国台湾省	加拿大、法国、德国、意大利、日本、英国、美国	澳大利亚、捷克共和国、丹麦、中国香港特区、冰岛、以色列、韩国、新西兰、挪威、新加坡、瑞典、瑞士、中国台湾省

表 C　欧盟成员国组成

奥地利、比利时、保加利亚、塞浦路斯、捷克、丹麦、爱沙尼亚、芬兰、法国、德国、希腊、匈牙利、爱尔兰、意大利、拉脱维亚、立陶宛、卢森堡、马耳他、荷兰、波兰、葡萄牙、罗马尼亚、斯洛伐克、斯洛文尼亚、西班牙、瑞典、英国

（一）世界经济形势回顾与展望

表 1－1　世界经济形势回顾与展望（1991 ~ 2014 年）

单位：%

类　别	1991 ~ 2000 年	2006 年	2007 年	2008 年	2009 年	2010 年	2014 年
世界实际 GDP 增长率	3.1	5.1	5.2	3.0	-1.1	3.1	4.5
先进经济体	2.8	3.0	2.7	0.6	-3.4	1.3	2.4
美国	3.4	2.7	2.1	0.4	-2.7	1.5	2.1
欧元区	—	2.9	2.7	0.7	-4.2	0.3	2.1
日本	1.2	2.0	2.3	-0.7	-5.4	1.7	1.8
其他先进经济体①	3.5	3.9	3.8	1.2	-2.7	2.1	3.4
新兴市场和发展中国家	3.6	7.9	8.3	6.0	1.7	5.1	6.6
非洲	2.4	6.1	6.3	5.2	1.7	4.0	5.3
中东欧	2.0	6.6	5.5	3.0	-5.0	1.8	4.0
独联体②	—	8.4	8.6	5.5	-6.7	2.1	5.3
亚洲发展中国家	7.4	9.8	10.6	7.6	6.2	7.3	8.5
中东	4.0	5.8	6.2	5.4	2.0	4.2	4.8
拉美	3.3	5.7	5.7	4.2	-2.5	2.9	4.0
欧盟	2.2	3.4	3.1	1.0	-4.2	0.5	2.5
燃料出口国	-0.1	7.2	7.4	5.4	-2.1	3.1	4.6
非燃料出口国	4.7	8.1	8.5	6.1	2.6	5.6	7.0

续表 1－1

类　别	1991～2000 年	2006 年	2007 年	2008 年	2009 年	2010 年	2014 年
初级产品出口国	3.6	5.4	5.6	4.8	1.3	4.6	5.4
净债务国	3.5	6.7	6.6	4.8	－0.1	3.8	5.5
官方融资型	3.3	6.5	6.4	6.4	4.2	5.0	6.0
债务拖欠或重组国③	3.1	7.4	7.3	5.4	0.6	2.9	4.9
人均实际 GDP 增长率							
先进经济体	2.1	2.4	2.0	－0.1	－4.0	0.8	1.9
新兴市场和发展中国家	2.0	6.6	7.0	4.7	0.4	3.8	5.3
世界 GDP（亿美元）							
基于市场汇率	283500	491150	552700	609170	572280	604950	746600
基于购买力平价	334520	611980	661220	694900	697430	729800	930430

注：①这里的“其他先进经济体”指除去美国、欧元区国家和日本以外的先进经济体。②包括格鲁吉亚和蒙古。虽然二者不是独联体成员，但由于同独联体国家在地理和经济结构上类似，故在地区分组上将二者归入独联体。③指 2003～2007 年间有债务拖欠或重组经历的国家。

资料来源：IMF，*World Economic Outlook*，2009 年 10 月。

表 1－2　GDP 不变价增长率回顾与展望：部分国家和地区（2001～2010 年）*

单位：%

国家和地区	2001 年	2002 年	2003 年	2004 年	2005 年	2006 年	2007 年	2008 年	2009 年	2010 年
阿根廷	－4.4	－10.9	8.8	9.0	9.2	8.5	8.7	6.8	－2.5	1.5
澳大利亚	2.1	4.2	3.0	3.8	2.8	2.8	4.0	2.4	0.7	2.0
奥地利	0.5	1.6	0.8	2.5	2.5	3.5	3.5	2.0	－3.8	0.3
比利时	0.8	1.5	1.0	2.8	2.2	3.0	2.6	1.0	－3.2	0.0
巴西	1.3	2.7	1.1	5.7	3.2	4.0	5.7	5.1	－0.7	3.5
加拿大	1.8	2.9	1.9	3.1	3.0	2.9	2.5	0.4	－2.5	2.1
智利	3.5	2.2	4.0	6.0	5.6	4.6	4.7	3.2	－1.7	4.0
中国	8.3	9.1	10.0	10.1	10.4	11.6	13.0	9.0	8.5	9.0
中国香港	0.5	1.8	3.0	8.5	7.1	7.0	6.4	2.4	－3.6	3.5
中国台湾	－2.2	4.6	3.5	6.2	4.2	4.8	5.7	0.1	－4.1	3.7
哥伦比亚	2.2	2.5	4.6	4.7	5.7	6.9	7.5	2.5	－0.3	2.5
捷克	2.5	1.9	3.6	4.5	6.3	6.8	6.1	2.7	－4.3	1.3
丹麦	0.7	0.5	0.4	2.3	2.4	3.3	1.6	－1.2	－2.4	0.9
埃及	3.5	3.2	3.2	4.1	4.5	6.8	7.1	7.2	4.7	4.5
法国	1.8	1.1	1.1	2.3	1.9	2.4	2.3	0.3	－2.4	0.9
德国	1.2	0.0	－0.2	1.2	0.7	3.2	2.5	1.2	－5.3	0.3
希腊	4.2	3.4	5.6	4.9	2.9	4.5	4.0	2.9	－0.8	－0.1
匈牙利	4.1	4.1	4.2	4.8	4.0	3.9	1.2	0.6	－6.7	－0.9

续表 1－2

国家和地区	2001 年	2002 年	2003 年	2004 年	2005 年	2006 年	2007 年	2008 年	2009 年	2010 年
冰岛	3.9	0.1	2.4	7.7	7.5	4.3	5.6	1.3	－8.5	－2.0
印度	3.9	4.6	6.9	7.9	9.2	9.8	9.4	7.3	5.4	6.4
印度尼西亚	3.6	4.5	4.8	5.0	5.7	5.5	6.3	6.1	4.0	4.8
伊朗	3.7	7.5	7.2	5.1	4.7	5.8	7.8	2.5	1.5	2.2
爱尔兰	5.7	6.5	4.4	4.6	6.2	5.4	6.0	－3.0	－7.5	－2.5
以色列	0.0	0.7	1.5	5.0	5.1	5.3	5.2	4.0	－0.1	2.4
意大利	1.8	0.5	0.0	1.5	0.7	2.0	1.6	－1.0	－5.1	0.2
日本	0.2	0.3	1.4	2.7	1.9	2.0	2.3	－0.7	－5.4	1.7
韩国	4.0	7.2	2.8	4.6	4.0	5.2	5.1	2.2	－1.0	3.6
卢森堡	2.5	4.1	1.5	4.5	5.2	6.4	5.2	0.7	－4.8	－0.2
马来西亚	0.5	5.4	5.8	6.8	5.3	5.8	6.2	4.6	－3.6	2.5
墨西哥	－0.2	0.8	1.7	4.0	3.2	5.1	3.3	1.3	－7.3	3.3
荷兰	1.9	0.1	0.3	2.2	2.0	3.4	3.6	2.0	－4.2	0.7
新西兰	2.6	4.9	4.1	4.5	2.8	2.0	3.2	0.2	－2.2	2.2
尼日利亚	8.2	21.2	10.3	10.6	5.4	6.2	7.0	6.0	2.9	5.0
挪威	2.0	1.5	1.0	3.9	2.7	2.3	3.1	2.1	－1.9	1.3
巴基斯坦	1.9	3.2	4.9	7.4	7.7	6.1	5.6	2.0	2.0	3.0
秘鲁	0.2	5.0	4.0	5.0	6.8	7.7	8.9	9.8	1.5	5.8
菲律宾	1.8	4.4	4.9	6.4	5.0	5.3	7.1	3.8	1.0	3.2
波兰	1.2	1.4	3.9	5.3	3.6	6.2	6.8	4.9	1.0	2.2
葡萄牙	2.0	0.8	－0.8	1.5	0.9	1.4	1.9	0.0	－3.0	0.4
俄罗斯	5.1	4.7	7.3	7.2	6.4	7.7	8.1	5.6	－7.5	1.5
沙特阿拉伯	0.5	0.1	7.7	5.3	5.6	3.2	3.3	4.4	－0.9	4.0
新加坡	－2.4	4.1	3.8	9.3	7.3	8.4	7.8	1.1	－3.3	4.1
南非	2.7	3.7	3.1	4.9	5.0	5.3	5.1	3.1	－2.2	1.7
西班牙	3.6	2.7	3.1	3.3	3.6	4.0	3.6	0.9	－3.8	－0.7
瑞典	1.1	2.4	1.9	4.1	3.3	4.2	2.6	－0.2	－4.8	1.2
瑞士	1.2	0.4	－0.2	2.5	2.6	3.6	3.6	1.8	－2.0	0.5
泰国	2.2	5.3	7.1	6.3	4.6	5.2	4.9	2.6	－3.5	3.7
阿联酋	1.7	2.6	11.9	9.7	8.2	9.4	6.3	7.4	－0.2	2.4
英国	2.5	2.1	2.8	3.0	2.2	2.9	2.6	0.7	－4.4	0.9
美国	1.1	1.8	2.5	3.6	3.1	2.7	2.1	0.4	－2.7	1.5
委内瑞拉	3.4	－8.9	－7.8	18.3	10.3	10.3	8.4	4.8	－2.0	－0.4
越南	6.9	7.1	7.3	7.8	8.4	8.2	8.5	6.2	4.6	5.3

注：＊各国的基年并不相同。

资料来源：IMF，*World Economic Outlook Database*，2009 年 10 月。

表 1 -3 -1　市场汇率计 GDP：部分国家和地区（2002 ~ 2010 年）

单位：亿美元

2008 年位次	国家和地区	2002 年	2003 年	2004 年	2005 年	2006 年	2007 年	2008 年	2009 年	2010 年
1	美国	106423	111422	118678	126384	133989	140777	144414	142662	147042
2	日本	39183	42291	46059	45522	43626	43804	49107	50486	51875
3	中国	14538	16410	19316	22358	26578	33824	43274	47577	52633
4	德国	20241	24469	27488	27932	29195	33282	36731	32355	33258
5	法国	14634	18043	20609	21478	22704	25977	28670	26348	27455
6	英国	16147	18628	22036	22829	24430	28001	26800	21982	23530
7	意大利	12232	15101	17301	17808	18651	21175	23139	20896	21724
8	俄罗斯	3451	4314	5919	7643	9894	12944	16766	12547	13640
9	西班牙	6887	8854	10457	11321	12359	14429	16020	14384	14755
10	巴西	5057	5522	6636	8818	10893	13335	15728	14815	17243
11	加拿大	7347	8659	9922	11338	12776	14272	14996	13191	14390
12	印度	4950	5732	6694	7843	8754	11010	12067	12426	13395
13	墨西哥	7020	7003	7594	8490	9523	10254	10881	8663	9526
14	澳大利亚	4129	5278	6405	7132	7552	9103	10135	9200	9828
15	韩国	5759	6438	7220	8449	9518	10492	9291	8003	8554
16	荷兰	4394	5393	6107	6396	6783	7794	8770	7897	8236
17	土耳其	2323	3033	3922	4827	5292	6491	7300	5935	5907
18	波兰	1982	2168	2530	3040	3417	4253	5279	4230	4323
19	印度尼西亚	1956	2348	2570	2859	3644	4321	5118	5149	5686
20	比利时	2527	3107	3593	3770	4003	4590	5062	4615	4802
21	瑞士	2786	3251	3630	3725	3912	4341	5003	4841	4983
22	瑞典	2486	3110	3572	3660	3932	4533	4790	3977	4373
23	沙特阿拉伯	1888	2149	2507	3158	3566	3844	4694	3795	4428
24	挪威	1919	2251	2586	3020	3367	3885	4518	3690	4042
25	奥地利	2067	2525	2894	3034	3216	3711	4148	3744	3890
26	中国台湾	2977	3054	3310	3560	3663	3847	3914	3573	3852
27	希腊	1479	1938	2311	2462	2677	3128	3575	3383	3525
28	丹麦	1739	2126	2447	2577	2739	3101	3400	3083	3266
29	伊朗	1164	1340	1613	1880	2221	2859	3352	3318	3589
30	阿根廷	977	1276	1520	1815	2127	2604	3248	3013	2961
31	委内瑞拉	929	834	1128	1441	1843	2278	3194	3535	3792
32	南非	1111	1667	2163	2427	2579	2834	2768	2774	2864
33	泰国	1269	1426	1613	1764	2070	2461	2733	2664	2824
34	芬兰	1358	1649	1892	1957	2097	2462	2719	2423	2529
35	爱尔兰	1230	1580	1854	2019	2219	2601	2676	2268	2263
36	阿联酋	759	890	1073	1352	1642	1802	2622	2286	2562
37	葡萄牙	1279	1567	1792	1858	1952	2237	2446	2198	2286
38	哥伦比亚	929	918	1138	1445	1625	2080	2408	2286	2453
39	马来西亚	1008	1102	1248	1380	1570	1861	2216	2074	2162
40	捷克	753	914	1095	1245	1426	1742	2164	1897	2013

资料来源：IMF，*World Economic Outlook Database*，2009 年 10 月。

表1－3－2　购买力平价计GDP：部分国家和地区（2002～2010年）*

单位：亿国际美元

2008年位次	国家和地区	2002年	2003年	2004年	2005年	2006年	2007年	2008年	2009年	2010年
1	美国	106423	111422	118678	126384	133989	140777	144414	142662	147042
2	中国	37001	41578	46979	53144	61244	71194	79265	87347	96689
3	日本	33538	34745	36663	38728	40806	42955	43563	41867	43219
4	印度	17192	18765	20961	23578	26736	30079	32978	35286	38126
5	德国	22779	23215	24157	25121	26763	28222	29185	28070	28595
6	俄罗斯	12843	14078	15487	16980	18883	20997	22646	21264	21920
7	英国	16475	17302	18354	19327	20525	21653	22280	21635	22166
8	法国	16410	16944	17768	18688	19763	20789	21301	21123	21640
9	巴西	13335	13778	14947	15846	17012	18491	19845	20020	21031
10	意大利	14847	15165	15758	16337	17212	17982	18175	17509	17819
11	墨西哥	10938	11361	12316	12983	14093	14979	15505	14591	15297
12	西班牙	9954	10483	11106	11839	12716	13546	13954	13638	13744
13	韩国	8976	9427	10155	10967	11911	12878	13445	13520	14215
14	加拿大	9668	10062	10658	11320	12022	12680	13004	12880	13354
15	土耳其	5334	5736	6586	7473	8249	8881	9152	8691	9150
16	印度尼西亚	5636	6032	6502	7052	7682	8398	9097	9608	10218
17	伊朗	5011	5486	5916	6346	6936	7692	8054	8301	8611
18	澳大利亚	5704	6000	6364	6725	7142	7643	7991	8175	8462
19	中国台湾	4788	5062	5510	5922	6409	6968	7121	6933	7299
20	荷兰	5019	5144	5391	5715	6102	6503	6775	6593	6739
21	波兰	4228	4486	4849	5180	5681	6241	6686	6856	7113
22	沙特阿拉伯	3695	4064	4390	4910	5230	5558	5929	5968	6304
23	阿根廷	2999	3334	3730	4196	4699	5252	5727	5669	5842
24	泰国	3462	3789	4133	4452	4837	5221	5471	5364	5648
25	南非	3236	3409	3665	3988	4337	4688	4935	4903	5065
26	埃及	2748	2896	3097	3333	3678	4051	4434	4715	5003
27	巴基斯坦	2670	2860	3117	3403	3730	4053	4224	4374	4574
28	哥伦比亚	2457	2626	2840	3105	3429	3793	3972	4024	4188
29	比利时	2930	3023	3191	3367	3581	3780	3898	3833	3893
30	马来西亚	2349	2539	2776	3013	3293	3597	3844	3762	3916
31	委内瑞拉	2022	1905	2312	2641	3009	3355	3592	3575	3615

续表 1-3-2

2008年位次	国家和地区	2002年	2003年	2004年	2005年	2006年	2007年	2008年	2009年	2010年
32	瑞典	2522	2625	2788	2959	3185	3360	3427	3312	3402
33	希腊	2297	2477	2665	2815	3037	3250	3417	3444	3494
34	乌克兰	1931	2161	2488	2630	2914	3234	3373	2946	3071
35	奥地利	2441	2514	2638	2788	2979	3173	3307	3230	3289
36	尼日利亚	1830	2062	2351	2446	2683	2952	3196	3340	3560
37	菲律宾	1972	2114	2309	2502	2722	2998	3180	3261	3417
38	瑞士	2359	2405	2531	2664	2850	3038	3158	3144	3208
39	中国香港	1873	1971	2196	2431	2686	2939	3073	3008	3161
40	罗马尼亚	1579	1698	1897	2033	2266	2475	2708	2517	2569

注：*各国历年购买力平价（PPP）数据参见 IMF，*World Economic Outlook Database*。IMF 并不直接计算 PPP 数据，而是根据世界银行、OECD、Penn World Tables 等国际组织的原始资料进行计算。

资料来源：IMF，*World Economic Outlook Database*，2009 年 10 月。

表 1-4 人均 GDP：部分国家和地区（2008～2010 年）

市场汇率计人均 GDP(美元)					购买力平价计人均 GDP(国际美元)①				
2008年位次	国家和地区	2008年	2009年	2010年	2008年位次	国家和地区	2008年	2009年	2010年
1	卢森堡	113044	94418	94180	1	卡塔尔	86008	87717	95093
2	挪威	94387	76692	83518	2	卢森堡	82441	78723	78682
3	卡塔尔	93204	75956	94783	3	挪威	53738	53269	54445
4	瑞士	68433	66127	67957	4	新加坡	51226	49433	51352
5	丹麦	62097	55942	59109	5	文莱	50199	50103	50168
6	爱尔兰	60510	51128	50874	6	美国	47440	46443	47400
7	阿联酋	55028	46584	50688	7	中国香港	43847	42574	44379
8	冰岛	53058	36873	36127	8	瑞士	43196	42948	43748
9	荷兰	52500	47042	48839	9	爱尔兰	42110	39441	38927
10	瑞典	52181	43147	47246	10	荷兰	40558	39278	39960
11	芬兰	51588	45876	47770	11	冰岛	40471	37243	36679
12	奥地利	50039	45090	46770	12	科威特	39915	38876	39978
13	美国	47440	46443	47400	13	奥地利	39887	38896	39546
14	比利时	47289	42965	44548	14	加拿大	39098	38290	39291
15	澳大利亚	46824	41982	44294	15	阿联酋	38894	38284	38626

续表 1－4

市场汇率计人均 GDP(美元)					购买力平价计人均 GDP(国际美元)[1]				
2008 年位次	国家和地区	2008 年	2009 年	2010 年	2008 年位次	国家和地区	2008 年	2009 年	2010 年
16	法国	46037	42091	43634	16	瑞典	37334	35934	36755
17	科威特	45920	32491	37536	17	丹麦	37304	36725	37529
18	加拿大	45085	39217	42338	18	澳大利亚	36918	37302	38136
19	德国	44729	39442	40593	19	比利时	36416	35683	36118
20	英国	43734	35728	38112	20	英国	36358	35165	35902
21	意大利	38996	34955	36083	21	芬兰	36320	34462	35235
22	新加坡	38972	34346	36968	22	德国	35539	34219	34901
23	日本	38457	39573	40701	23	巴林	34662	35561	36703
28	中国香港	30726	29559	31004	24	法国	34205	33744	34392
39	韩国	19136	16450	17547	25	日本	34116	32817	33910
40	沙特阿拉伯	18855	14871	16927	26	中国台湾	30912	29829	31119
43	中国台湾	16988	15373	16422	28	意大利	30631	29290	29597
53	俄罗斯	11807	8874	9717	34	韩国	27692	27791	29160
57	墨西哥	10200	8040	8753	39	沙特阿拉伯	23814	23388	24102
58	智利	10117	8853	9333	53	俄罗斯	15948	15039	15617
64	巴西	8295	7737	8923	57	智利	14529	14299	14922
65	阿根廷	8171	7508	7308	58	阿根廷	14408	14126	14419
66	马来西亚	8118	7469	7657	60	马来西亚	14081	13551	13869
77	南非	5685	5635	5754	78	巴西	10466	10456	10882
88	伊朗	4600	4477	4763	80	南非	10136	9961	10177
90	秘鲁	4448	4377	4721	86	秘鲁	8594	8723	9223
93	泰国	4116	3973	4169	87	泰国	8239	7998	8339
105	中国	3259	3566	3925	101	中国	5970	6546	7210
106	伊拉克	3007	2245	2610	102	埃及	5897	6147	6394
117	印度尼西亚	2239	2224	2424	122	印度尼西亚	3980	4149	4356
118	埃及	2162	2450	2664	125	菲律宾	3515	3536	3635
122	菲律宾	1845	1721	1820	130	越南	2794	2933	3099
140	越南	1042	1052	1166	131	印度	2780	2932	3125
144	印度	1017	1033	1098	155	孟加拉	1399	1470	1545
158	孟加拉	521	559	591	179	布隆迪	390	401	413

注：①各国历年购买力平价（PPP）数据参见 IMF，*World Economic Outlook Database*。IMF 并不直接计算 PPP 数据，而是根据世界银行、OECD、Penn World Tables 等国际组织的原始资料进行计算。

资料来源：IMF，*World Economic Outlook Database*，2009 年 10 月。

（二）世界通货膨胀、失业形势回顾与展望

表 2－1－1　通货膨胀率* 回顾与展望（1991～2014 年）

单位：%

国家和地区	1991～2000 年	2004 年	2005 年	2006 年	2007 年	2008 年	2009 年	2010 年	2014 年
先进经济体	2.7	2.0	2.3	2.4	2.2	3.4	0.1	1.1	1.9
美国	2.8	2.7	3.4	3.2	2.9	3.8	－0.4	1.7	2.2
欧元区①	—	2.2	2.2	2.2	2.1	3.3	0.3	0.8	1.5
日本	0.8	0.0	－0.3	0.3	0.0	1.4	－1.1	－0.8	0.8
其他先进经济体②	3.3	1.8	2.1	2.1	2.1	3.8	1.3	1.6	2.2
新兴市场和发展中国家	44.5	5.9	5.9	5.6	6.4	9.3	5.5	4.9	4.0
非洲	24.5	6.7	7.1	6.4	6.0	10.3	9.0	6.5	4.7
中东欧	59.5	6.6	5.9	5.9	6.0	8.1	4.8	4.2	3.3
独联体③	—	10.4	12.1	9.4	9.7	15.6	11.8	9.4	6.9
俄罗斯	—	10.9	12.7	9.7	9.0	14.1	12.3	9.9	7.5
亚洲发展中国家	8.1	4.1	3.8	4.2	5.4	7.5	3.0	3.4	2.8
中国	7.2	3.9	1.8	1.5	4.8	5.9	－0.1	0.6	1.9
印度	9.0	3.8	4.2	6.2	6.4	8.3	8.7	8.4	4.0
中东	10.3	7.1	7.2	8.3	11.2	15.0	8.3	6.6	5.6
拉美	64.8	6.6	6.3	5.3	5.4	7.9	6.1	5.2	5.2
巴西	204.4	6.6	6.9	4.2	3.6	5.7	4.8	4.1	4.5
燃料出口国	77.6	9.8	10.0	9.0	10.0	15.0	10.3	8.9	7.4
非燃料出口国	35.8	5.0	4.9	4.8	5.6	7.9	4.3	3.9	3.2
初级产品出口国	50.4	4.4	6.4	7.0	5.7	11.3	6.6	5.1	4.7
净债务国	42.6	5.5	5.8	5.8	5.9	8.7	6.6	5.6	4.0
官方融资型	24.4	7.3	7.9	8.5	7.9	13.1	9.8	6.3	4.9
债务拖欠或重组国④	31.9	7.0	8.2	8.7	7.9	11.5	9.4	6.5	4.9
欧盟	7.5	2.3	2.3	2.3	2.4	3.7	0.9	1.1	1.7

注：* 以消费者物价衡量的通货膨胀率。①基于欧统局消费协调价格指数。②这里的“其他先进经济体”指除去美国、欧元区国家和日本以外的先进经济体。③包括格鲁吉亚和蒙古。虽然二者不是独联体成员，但由于同独联体国家在地理和经济结构上类似，故在地区分组上将二者归入独联体。④指2003～2007 年间有债务拖欠或重组经历的国家。

资料来源：IMF，*World Economic Outlook*，2009 年 10 月。

表2－1－2 原油价格（1970～2008年、1999年第4季度～2009年第2季度）

单位：美元/桶

年份	世界平均原油价格	阿联酋迪拜油	英国布伦特油	美国西得克萨斯中质油	季度	世界平均原油价格	阿联酋迪拜油	英国布伦特油	美国西得克萨斯中质油
1970	1.79	1.80	2.23	3.35	1999Q4	23.81	22.70	24.05	24.67
1971	2.19	2.21	3.21	3.56	2000Q1	26.62	24.29	26.77	28.79
1972	2.44	2.48	3.61	3.56	2000Q2	26.77	24.95	26.54	28.81
1973	3.27	2.86	4.25	3.87	2000Q3	29.88	27.60	30.34	31.72
1974	11.50	10.98	12.93	10.37	2000Q4	29.67	27.49	29.58	31.94
1975	11.45	10.43	11.50	11.16	2001Q1	26.07	23.62	25.82	28.78
1976	11.55	11.63	13.14	12.65	2001Q2	26.73	25.08	27.24	27.85
1977	12.51	12.57	14.31	14.22	2001Q3	25.21	23.90	25.25	26.49
1978	12.78	12.92	14.26	14.85	2001Q4	19.31	18.24	19.34	20.36
1979	29.83	29.82	32.11	25.09	2002Q1	20.92	20.02	21.16	21.60
1980	35.71	35.85	37.89	37.88	2002Q2	25.20	24.28	25.07	26.26
1981	34.04	34.29	36.68	36.17	2002Q3	26.94	25.57	26.91	28.32
1982	31.54	31.76	33.42	32.67	2002Q4	26.74	25.07	26.86	28.28
1983	29.47	28.47	29.78	30.60	2003Q1	31.34	28.56	31.43	34.02
1984	28.55	27.51	28.74	29.39	2003Q2	26.49	24.37	26.13	28.98
1985	27.37	26.51	27.61	27.99	2003Q3	28.38	26.51	28.44	30.20
1986	14.17	13.06	14.43	15.02	2003Q4	29.36	27.50	29.41	31.18
1987	18.20	16.96	18.44	19.19	2004Q1	32.13	29.18	31.95	35.23
1988	14.77	13.36	14.98	15.97	2004Q2	35.63	32.98	35.49	38.35
1989	17.91	15.78	18.25	19.69	2004Q3	40.55	36.09	41.59	43.89
1990	22.99	20.73	23.71	24.52	2004Q4	42.73	35.57	44.16	48.31
1991	19.37	16.61	19.98	21.51	2005Q1	46.13	41.07	47.64	49.65
1992	19.04	17.14	19.41	20.56	2005Q2	50.78	47.69	51.61	53.05
1993	16.79	14.91	17.00	18.46	2005Q3	59.96	55.34	61.55	63.06
1994	15.95	14.83	15.83	17.18	2005Q4	56.55	52.70	56.94	60.02
1995	17.20	16.13	17.06	18.43	2006Q1	61.00	57.85	61.91	63.33
1996	20.37	18.54	20.45	22.13	2006Q2	68.30	64.68	69.83	70.47
1997	19.27	18.10	19.12	20.59	2006Q3	68.76	65.87	70.09	70.42
1998	13.07	12.09	12.72	14.42	2006Q4	59.03	57.33	59.72	59.99
1999	17.98	17.08	17.70	19.17	2007Q1	57.19	55.58	58.07	58.03
2000	28.23	26.09	28.31	30.32	2007Q2	66.13	64.71	68.73	64.96
2001	24.33	22.71	24.41	25.87	2007Q3	73.57	69.97	75.04	75.48
2002	24.95	23.73	25.00	26.12	2007Q4	87.62	83.21	89.01	90.67
2003	28.89	26.73	28.85	31.10	2008Q1	95.47	91.30	96.67	97.94
2004	37.76	33.46	38.30	41.45	2008Q2	121.11	116.67	122.48	123.97
2005	53.35	49.20	54.44	56.44	2008Q3	115.69	113.47	115.60	117.99
2006	64.27	61.43	65.39	66.05	2008Q4	56.00	53.67	55.89	58.45
2007	71.13	68.37	72.71	72.29	2009Q1	44.17	44.56	44.98	42.96
2008	97.01	93.78	97.66	99.59	2009Q2	59.19	58.93	59.13	59.50

资料来源：IMF，*International Financial Statistics*，2009年8月。

表 2-2　失业率：先进经济体（1991~2010 年）

单位：%

国家和地区	1991~2000 年	2001~2010 年	2004 年	2005 年	2006 年	2007 年	2008 年	2009 年	2010 年
先进经济体	6.9	6.6	6.5	6.2	5.8	5.4	5.8	8.2	9.3
美国	5.6	6.2	5.5	5.1	4.6	4.6	5.8	9.3	10.1
欧元区	—	8.8	9.0	9.0	8.3	7.5	7.6	9.9	11.7
德国	7.9	9.0	9.8	10.6	9.8	8.4	7.4	8.0	10.7
法国	10.7	9.0	9.3	9.3	9.3	8.3	7.9	9.5	10.3
意大利	10.4	8.1	8.0	7.7	6.8	6.1	6.8	9.1	10.5
西班牙	19.5	12.0	11.0	9.2	8.5	8.3	11.3	18.2	20.2
荷兰	5.1	3.8	4.6	4.7	3.9	3.2	2.8	3.8	6.6
比利时	8.5	8.1	8.4	8.5	8.3	7.5	7.0	8.7	9.9
希腊	9.8	9.6	10.5	9.9	8.9	8.3	7.6	9.5	10.5
奥地利	3.9	4.7	4.8	5.2	4.8	4.4	3.9	5.3	6.4
葡萄牙	5.4	7.3	6.7	7.6	7.7	8.0	7.6	9.5	11.0
芬兰	12.5	8.4	8.8	8.4	7.7	6.8	6.4	8.7	9.8
爱尔兰	11.2	6.4	4.5	4.4	4.4	4.5	6.1	12.0	15.5
斯洛伐克	12.8	14.5	18.1	16.2	13.3	11.0	9.6	10.8	10.3
斯洛文尼亚	—	6.0	6.3	6.5	6.0	4.9	4.4	6.2	6.1
卢森堡	2.6	4.3	3.9	4.3	4.5	4.4	4.4	6.8	6.0
塞浦路斯	3.0	4.4	4.7	5.3	4.6	3.9	3.7	5.6	5.9
马耳他	5.7	7.1	7.4	7.2	7.1	6.4	5.8	7.3	7.6
日本	3.3	4.8	4.7	4.4	4.1	3.8	4.0	5.4	6.1
英国	8.0	5.8	4.8	4.8	5.4	5.4	5.5	7.6	9.3
加拿大	9.4	7.2	7.2	6.8	6.3	6.0	6.2	8.3	8.6
韩国	3.5	3.6	3.7	3.7	3.5	3.3	3.2	3.8	3.6
澳大利亚	8.5	5.6	5.4	5.1	4.8	4.4	4.2	6.0	7.0
中国台湾	2.2	4.7	4.4	4.1	3.9	3.9	4.1	6.1	5.9
瑞典	7.6	6.5	6.3	7.6	7.0	6.1	6.2	8.5	8.2
瑞士	3.1	3.0	3.5	3.4	3.0	2.5	2.7	3.5	4.5
中国香港	3.2	5.8	6.8	5.6	4.8	4.0	3.5	6.0	6.5
捷克	5.3	7.4	8.3	7.9	7.1	5.3	4.4	7.9	9.8
挪威	4.6	3.7	4.5	4.6	3.4	2.5	2.6	3.3	3.8
新加坡	2.0	3.1	3.4	3.1	2.7	2.1	2.2	3.6	3.7
丹麦	9.1	4.2	5.8	5.1	3.9	2.7	1.7	3.5	4.2
以色列	8.7	8.8	10.4	9.0	8.4	7.3	6.2	8.2	8.6
新西兰	8.0	4.9	4.1	3.8	3.8	3.7	4.2	5.9	7.9
冰岛	3.3	3.6	3.1	2.1	1.3	1.0	1.6	8.6	10.5
主要先进经济体	6.5	6.6	6.4	6.2	5.8	5.5	5.9	8.2	9.4
亚洲新兴工业经济体	3.0	4.0	4.2	4.0	3.7	3.4	3.4	4.5	4.4

资料来源：IMF，*World Economic Outlook*，2009 年 10 月。

（三）世界财政形势回顾与展望

表3－1　一般政府、中央政府财政余额占GDP比例：先进经济体（2002～2010年）

单位：%

国家和地区	2002年	2003年	2004年	2005年	2006年	2007年	2008年	2009年	2010年
一般政府财政余额占GDP比例									
先进经济体	－3.2	－3.8	－3.2	－2.4	－1.4	－1.2	－3.5	－8.9	－8.1
美国	－3.7	－4.8	－4.3	－3.2	－2.2	－2.8	－5.9	－12.5	－10.0
欧元区	－2.5	－3.0	－2.9	－2.5	－1.2	－0.6	－1.8	－6.2	－6.6
德国	－3.7	－4.0	－3.8	－3.3	－1.5	－0.5	－0.1	－4.2	－4.6
法国[①]	－3.1	－4.1	－3.6	－2.9	－2.3	－2.7	－3.4	－7.0	－7.1
意大利	－2.9	－3.5	－3.5	－4.3	－3.3	－1.5	－2.7	－5.6	－5.6
西班牙	－0.5	－0.2	－0.3	1.0	2.0	2.2	－3.8	－12.3	－12.5
荷兰	－2.1	－3.1	－1.8	－0.3	0.6	0.5	0.9	－3.8	－5.7
比利时	－0.1	－0.1	－0.4	－2.8	0.2	－0.3	－1.2	－5.9	－6.3
希腊	－4.8	－5.7	－7.5	－5.1	－2.8	－3.6	－5.0	－6.4	－7.1
奥地利[②]	－0.9	－1.6	－4.5	－1.7	－1.7	－0.7	－0.5	－4.2	－5.6
葡萄牙	－2.8	－2.9	－3.4	－6.1	－3.9	－2.6	－2.6	－6.9	－7.3
芬兰	4.1	2.4	2.2	2.6	3.9	5.2	4.4	－2.9	－4.2
爱尔兰	－0.3	0.4	1.4	1.6	2.9	0.1	－7.3	－12.1	－13.3
斯洛伐克	－5.7	－2.7	－3.2	－2.8	－3.5	－1.9	－2.5	－5.3	－4.4
斯洛文尼亚	－1.5	－1.3	－1.3	－1.0	－0.8	0.3	－0.3	－5.9	－5.6
卢森堡	2.1	0.5	－1.2	－0.1	1.3	3.2	1.4	－3.4	－4.4
日本	－8.0	－8.0	－6.2	－5.0	－4.0	－2.5	－5.8	－10.5	－10.2
英国	－1.9	－3.3	－3.3	－3.3	－2.6	－2.6	－5.1	－11.6	－13.2
加拿大	－0.1	－0.1	0.9	1.5	1.6	1.6	0.1	－4.9	－4.1
韩国	2.2	2.5	2.1	1.8	1.7	3.5	1.2	－2.8	－2.7
澳大利亚	0.9	1.6	2.1	2.4	1.9	1.5	－0.8	－4.3	－5.3
中国台湾	－4.2	－2.7	－2.8	－0.6	－0.6	－0.2	－0.8	－4.3	－3.3
瑞典	－1.4	－1.2	0.6	2.0	2.4	3.8	2.5	－3.5	－3.9
瑞士	－0.3	－1.4	－1.2	0.1	1.7	2.2	0.9	－1.5	－1.5
中国香港	－4.8	－3.2	－0.3	1.0	4.1	7.7	0.1	－3.4	－1.5
捷克	－6.8	－6.6	－2.9	－3.6	－2.6	－0.6	－1.4	－6.0	－7.0
挪威	9.2	7.3	11.1	15.1	18.5	17.7	18.8	7.1	11.8

续表 3-1

国家和地区	2002 年	2003 年	2004 年	2005 年	2006 年	2007 年	2008 年	2009 年	2010 年
新加坡	4.0	5.7	5.9	7.5	7.5	11.1	6.3	2.5	2.4
丹麦	0.2	-0.1	1.9	5.0	5.0	4.5	3.4	-1.3	-3.5
以色列	-4.6	-6.9	-4.2	-2.5	-1.4	-0.8	-2.8	-6.7	-6.2
新西兰③	3.2	4.6	5.5	4.7	3.9	0.4	-2.5	-3.6	-5.2
冰岛	-2.5	-2.8	0.0	4.9	6.3	5.4	-0.5	-13.9	-10.0
主要先进经济体	-4.0	-4.7	-4.1	-3.3	-2.3	-2.2	-4.6	-10.1	-9.0
亚洲新兴工业经济体	-0.3	0.6	0.7	1.5	1.9	3.7	0.9	-2.8	-2.3
不包括社会保障的财政余额占 GDP 比例									
美国	-4.2	-5.1	-4.8	-3.7	-2.4	-2.9	-5.7	-11.6	-8.9
日本	-7.9	-8.1	-6.6	-5.4	-4.1	-2.4	-4.8	-9.1	-8.9
德国	-3.3	-3.7	-3.7	-3.1	-1.8	-0.8	-0.5	-2.5	-2.6
法国	-2.9	-3.5	-2.7	-2.8	-2.1	-2.6	-2.7	-3.8	-3.8
意大利	1.2	0.7	0.7	-0.2	0.9	2.3	1.3	-0.5	-0.4
加拿大	1.4	1.4	2.3	2.9	2.8	2.8	1.5	-3.2	-2.3
中央政府财政余额占 GDP 比例									
先进经济体	-2.4	-3.0	-2.7	-2.1	-1.4	-1.0	-2.7	-7.1	-6.3
美国④	-2.5	-3.7	-3.5	-2.7	-1.8	-2.1	-4.5	-11.4	-9.1
欧元区	-2.1	-2.3	-2.5	-2.2	-1.4	-1.0	-1.7	-3.9	-4.2
德国⑤	-1.7	-1.8	-2.4	-2.1	-1.5	-1.1	-0.6	-2.0	-2.6
法国	-3.6	-3.9	-3.2	-3.0	-2.7	-2.1	-2.8	-4.5	-4.0
意大利	-3.0	-3.0	-3.0	-3.9	-2.6	-2.3	-2.7	-4.3	-4.3
西班牙	-0.7	-0.5	-1.3	0.2	0.7	1.3	-2.8	-8.1	-8.7
日本⑥	-6.6	-6.7	-5.6	-4.3	-4.7	-2.2	-3.6	-5.5	-5.3
英国	-1.8	-3.3	-3.0	-2.9	-2.6	-2.6	-4.9	-11.2	-13.2
加拿大	0.8	0.3	0.8	0.1	0.8	1.0	0.2	-2.9	-3.1
其他先进经济体	0.2	0.3	1.1	1.8	2.5	3.4	1.4	-2.1	-1.9
主要先进经济体	-3.0	-3.7	-3.4	-2.9	-2.3	-1.9	-3.6	-8.2	-7.2
亚洲新兴工业经济体	0.2	0.6	1.0	1.4	2.1	3.9	1.0	-2.1	-1.8

注：①对外汇稳定基金的估值变化进行了调整。②基于 1995 年欧洲国民经济账户体系（European System of Accounts 1995），即 ESA95 方法。③政府收入减支出加上国有企业盈余，不包括私有化收入。④数据基于预算核算。⑤数据基于行政管理核算，不包括社会保障业务。⑥数据基于国民收入核算，不包括社会保障业务。

资料来源：IMF，*World Economic Outlook*，2009 年 10 月。

表3-2　中央政府财政余额占GDP比例：新兴市场和发展中国家（2002～2010年）

单位：%

国家和地区	2002年	2003年	2004年	2005年	2006年	2007年	2008年	2009年	2010年
新兴市场和发展中国家	-3.1	-2.4	-1.1	-0.2	0.3	0.4	0.1	-3.5	-2.4
地区分组									
非洲	-1.6	-1.5	0.7	2.1	4.7	0.8	1.6	-4.9	-2.2
撒哈拉以南	-1.6	-2.6	0.3	1.4	4.3	0.4	0.4	-4.8	-2.1
中东欧	-7.9	-5.8	-4.7	-2.5	-2.3	-2.4	-2.9	-5.4	-5.0
独联体[①]	1.0	1.3	2.9	5.6	5.8	4.6	2.8	-5.9	-2.6
俄罗斯	1.3	1.7	4.3	7.5	7.4	6.2	3.5	-6.8	-3.2
不含俄罗斯	0.1	-0.2	-1.4	0.2	1.3	0.1	0.8	-3.3	-0.6
亚洲发展中国家	-3.8	-3.1	-2.3	-2.1	-1.6	-0.6	-1.7	-3.5	-3.2
中国	-3.0	-2.4	-1.5	-1.4	-0.7	0.9	-0.1	-2.0	-2.0
印度	-6.1	-5.3	-4.4	-4.2	-3.6	-2.9	-5.3	-6.7	-5.8
不含中国和印度	-3.2	-2.3	-1.9	-1.5	-1.6	-1.8	-1.8	-4.1	-3.6
中东	-1.8	0.0	3.0	6.8	6.9	5.6	8.8	0.9	2.5
拉美	-3.0	-2.9	-1.8	-1.8	-1.6	-1.1	-0.6	-3.1	-1.9
巴西	-0.7	-3.7	-1.4	-3.4	-3.1	-2.3	-0.4	-3.5	-1.1
墨西哥	-2.0	-1.3	-1.2	-1.1	-1.7	-1.9	-1.6	-1.5	-1.8
分析型分组									
出口收入来源									
燃料出口国	0.6	1.7	4.9	8.7	8.5	6.7	7.6	-2.6	0.7
非燃料出口国	-4.0	-3.4	-2.6	-2.3	-1.6	-1.1	-1.7	-3.7	-3.2
初级产品出口国	-2.8	-2.1	-0.2	1.6	7.7	5.1	2.1	-3.5	-1.5
对外融资									
净债务国	-4.5	-3.8	-3.0	-2.7	-2.0	-2.1	-2.5	-4.5	-3.7
官方融资型	-3.7	-3.3	-3.2	-3.0	-0.1	-2.5	-3.2	-3.6	-3.3
债务拖欠或重组国[②]	-6.0	-3.0	-2.4	-2.1	-0.3	-2.0	-2.1	-3.4	-2.6
重债穷国	-3.5	-3.5	-2.7	-2.0	5.0	-1.2	-2.3	-2.9	-0.9

注：①包括格鲁吉亚和蒙古。虽然二者不是独联体成员，但由于同独联体国家在地理和经济结构上类似，故在地区分组上将二者归入独联体。②指2003～2007年间有债务拖欠或重组经历的国家。

资料来源：IMF，*World Economic Outlook*，2009年10月。

（四）世界金融形势回顾与展望

表 4－1　广义货币供应量年增长率：部分国家和地区（2002～2010 年）

单位：%

国家和地区	2002 年	2003 年	2004 年	2005 年	2006 年	2007 年	2008 年	2009 年	2010 年
先进经济体									
日本	0.9	0.5	0.6	0.5	-0.7	0.7	0.8	0.9	—
英国	5.0	9.8	9.8	13.9	14.1	15.8	17.3	5.0	—
美国	4.6	4.4	5.6	8.2	9.4	12.1	8.2	4.6	—
新兴市场和发展中国家	15.3	17.4	16.9	17.0	21.7	20.5	17.7	14.8	12.9
非洲	18.5	15.5	14.1	17.0	26.6	24.7	24.3	10.6	14.5
撒哈拉以南	21.0	16.9	16.1	18.5	29.7	26.2	27.4	10.6	16.1
中东欧	13.8	11.7	17.4	20.8	20.6	15.3	17.4	9.1	10.2
独联体①	34.0	39.0	35.8	37.2	42.5	45.2	19.3	11.7	20.7
俄罗斯	33.9	39.4	33.7	36.3	40.5	45.2	13.8	13.5	22.0
不包括俄罗斯	34.3	37.7	41.9	39.8	49.0	45.3	38.7	6.1	16.5
亚洲发展中国家	13.7	17.3	14.0	11.4	17.4	17.3	16.9	23.2	11.9
中国	16.9	19.6	14.4	7.6	17.0	16.7	17.8	32.2	10.4
印度	14.5	16.3	13.3	19.2	21.4	21.0	19.2	15.8	17.4
不包括中国、印度	7.4	13.7	13.8	13.8	15.3	15.9	13.3	9.0	11.8
中东	15.5	12.9	18.8	18.7	23.4	26.0	20.3	10.4	10.8
拉美	13.7	17.0	16.3	18.0	19.9	15.9	15.4	9.4	12.4
巴西	9.9	20.5	16.6	19.2	18.6	18.4	18.0	11.5	11.9
墨西哥	10.8	13.5	12.6	15.0	12.8	11.5	11.9	7.0	7.4
燃料出口国	21.4	23.9	26.5	26.8	37.6	34.0	21.7	12.1	18.6
非燃料出口国	14.1	16.1	14.9	14.8	18.0	17.1	16.6	15.7	11.1
初级产品出口国	12.9	8.7	19.8	15.7	23.7	14.9	8.7	4.2	7.4
净债务国	13.8	15.1	15.6	17.4	19.0	16.8	16.0	9.7	11.6
官方融资型	15.0	17.6	17.5	15.2	22.4	18.8	19.1	14.7	14.9
债务拖欠或重组国②	25.9	18.3	22.0	17.6	22.9	19.7	16.2	10.1	13.1

注：①包括格鲁吉亚和蒙古。虽然二者不是独联体成员，但由于同独联体国家在地理和经济结构上类似，故在地区分组上将二者归入独联体。②指 2003～2007 年间有债务拖欠或重组经历的国家。

资料来源：IMF，*International Financial Statistics*，2009 年 8 月；IMF，*World Economic Outlook*，2009 年 10 月。

表4－2 汇率*：部分国家和地区

（2001～2009年、2007年第2季度～2009年第2季度）

币种	2001年	2002年	2003年	2004年	2005年	2006年	2007年	2008年	2009年①
欧元	0.896	0.944	1.131	1.243	1.246	1.256	1.371	1.472	1.373
英镑	1.440	1.501	1.634	1.832	1.820	1.843	2.002	1.853	1.569
日元	121.5	125.4	115.9	108.2	110.2	116.3	117.8	121.5	125.4
加拿大元	1.549	1.569	1.401	1.301	1.212	1.134	1.074	1.549	1.569
瑞士法郎	1.688	1.559	1.347	1.243	1.245	1.254	1.200	1.688	1.559
韩元	1291.0	1251.1	1191.6	1145.3	1024.1	954.8	929.3	1102.0	1303.6
澳大利亚元	1.932	1.839	1.534	1.358	1.309	1.327	1.193	1.169	1.306
新台币	33.813	34.579	34.444	33.426	32.178	32.534	32.842	31.534	33.213
港币	7.799	7.799	7.787	7.788	7.777	7.768	7.801	7.787	7.751
新加坡元	1.792	1.791	1.742	1.690	1.664	1.589	1.507	1.415	1.530
币种	2007Q2	2007Q3	2007Q4	2008Q1	2008Q2	2008Q3	2008Q4	2009Q1	2009Q2
欧元	1.351	1.370	1.449	1.493	1.563	1.493	1.316	1.299	1.351
英镑	2.000	2.000	2.041	1.961	1.961	1.923	1.563	1.429	1.538
日元	120.7	117.8	113.1	105.2	104.5	107.6	96.1	93.7	97.3
人民币	7.68	7.56	7.43	7.16	6.96	6.84	6.83	6.84	6.83
加拿大元	1.10	1.04	0.98	1.00	1.01	1.04	1.21	1.25	1.17
瑞士法郎	1.22	1.20	1.15	1.07	1.03	1.07	1.16	1.16	1.11
韩元	928.6	928.1	921.2	956.6	1018.8	1067.3	1365.5	1416.1	1284.1
澳大利亚元	1.20	1.18	1.12	1.10	1.06	1.12	1.49	1.51	1.32
港币	7.82	7.81	7.78	7.79	7.80	7.80	7.75	7.75	7.75
新加坡元	1.52	1.52	1.45	1.41	1.37	1.40	1.49	1.51	1.47

注：*汇率单位：欧元和英镑为美元/本币，其他货币汇率单位为本币/美元。季度数据为季度平均汇率。①为预测值。

资料来源：IMF，*World Economic Outlook*，2009年10月；IMF，*International Financial Statistics*，2009年8月。

表4－3 储蓄的来源和使用占GDP比例：世界部分国家和地区（1987～2014年）*

单位：%

	1987～1994年	1995～2002年	2003年	2004年	2005年	2006年	2007年	2008年	2009年	2010年	2011～2014年
世界											
储蓄	22.5	22.1	21.0	22.1	22.9	24.1	24.5	24.2	21.7	22.6	24.5
投资	22.4	22.2	21.2	22.1	22.6	23.3	23.9	24.0	21.9	22.0	23.6
先进经济体											
储蓄	22.1	21.5	19.3	20.0	20.2	20.9	20.7	19.5	16.9	17.5	19.1

续表 4 – 3

	1987 ~ 1994年	1995 ~ 2002年	2003年	2004年	2005年	2006年	2007年	2008年	2009年	2010年	2011 ~ 2014年
投资	22.8	21.6	20.0	20.6	21.1	21.6	21.5	21.0	18.0	17.9	19.5
净借出	-0.7	-0.1	-0.7	-0.6	-0.9	-0.6	-0.9	-1.5	-1.2	-0.4	-0.4
经常转移差额	-0.4	-0.5	-0.6	-0.7	-0.7	-0.7	-0.8	-0.8	-0.8	-0.7	-0.7
收益差额	-0.5	0.3	0.2	0.5	0.7	1.1	0.5	0.1	-0.3	0.3	0.2
贸易差额	0.2	0.1	-0.3	-0.5	-0.9	-1.0	-0.6	-0.8	-0.1	0.0	0.0
美国											
储蓄	15.9	17.3	13.9	14.5	15.1	16.2	14.5	12.6	11.0	12.6	15.6
投资	18.6	19.6	18.7	19.7	20.3	20.5	19.5	18.2	15.0	15.0	18.4
净借出	-2.7	-2.3	-4.8	-5.2	-5.2	-4.3	-5.0	-5.6	-4.0	-2.3	-2.7
经常转移差额	-0.4	-0.6	-0.6	-0.7	-0.8	-0.7	-0.8	-0.9	-0.8	-0.7	-0.7
收益差额	-0.7	0.7	0.3	0.7	1.3	2.0	0.8	0.1	-0.8	0.7	0.4
贸易差额	-1.5	-2.5	-4.4	-5.1	-5.7	-5.7	-5.0	-4.8	-2.4	-2.3	-2.4
欧元区											
储蓄	—	21.5	20.8	21.6	21.2	22.1	22.5	21.4	18.6	18.3	19.0
投资	—	20.8	20.1	20.4	20.8	21.6	22.2	22.2	19.4	18.7	19.1
净借出	—	0.6	0.7	1.2	0.5	0.5	0.4	-0.7	-0.8	-0.4	-0.1
经常转移差额	-0.5	-0.7	-0.8	-0.8	-0.9	-1.0	-1.0	-1.1	-1.0	-1.0	-1.0
收益差额	-0.9	-0.4	-0.7	-0.1	-0.2	0.0	-0.4	-0.7	-0.6	-0.6	-0.6
贸易差额	1.0	1.7	2.1	2.2	1.6	1.3	1.7	1.1	1.0	1.3	1.7
日本											
储蓄	33.1	28.6	26.1	26.8	27.2	27.7	28.8	26.6	23.2	23.4	24.0
投资	30.6	26.2	22.8	23.0	23.6	23.8	24.1	23.5	21.2	21.3	22.0
净借出	2.5	2.4	3.2	3.7	3.6	3.9	4.7	3.1	2.0	2.0	2.0
经常转移差额	-0.1	-0.2	-0.2	-0.2	-0.2	-0.2	-0.3	-0.3	-0.2	-0.2	-0.2
收益差额	0.7	1.3	1.7	1.8	2.3	2.7	3.1	3.0	2.7	2.4	2.7
贸易差额	1.9	1.2	1.7	2.0	1.5	1.4	1.9	0.4	-0.5	-0.2	-0.5
英国											
储蓄	16.0	16.1	15.1	15.0	14.5	14.2	15.6	15.3	11.6	12.2	14.0
投资	18.6	17.5	16.7	17.1	17.1	17.5	18.3	17.0	13.7	14.1	16.0
净借出	-2.7	-1.4	-1.6	-2.1	-2.6	-3.3	-2.7	-1.7	-2.0	-1.9	-2.0
经常转移差额	-0.7	-0.8	-0.9	-0.9	-0.9	-0.9	-1.0	-0.9	-1.1	-1.1	-1.1
收益差额	-0.4	0.5	1.5	1.5	1.7	0.7	1.5	1.9	1.1	1.0	1.2

续表4-3

	1987～1994年	1995～2002年	2003年	2004年	2005年	2006年	2007年	2008年	2009年	2010年	2011～2014年
贸易差额	-1.6	-1.1	-2.3	-2.7	-3.4	-3.1	-3.2	-2.7	-2.0	-1.9	-2.1
亚洲新兴工业经济体											
储蓄	34.9	31.9	31.5	32.6	31.4	31.6	31.8	32.1	28.4	29.2	30.0
投资	30.2	28.6	24.8	26.4	25.9	26.1	26.0	27.6	22.0	23.3	24.3
净借出	4.7	3.4	6.6	6.2	5.5	5.5	5.8	4.5	6.4	5.9	5.7
经常转移差额	0.0	-0.4	-0.7	-0.7	-0.7	-0.7	-0.7	-0.6	-0.7	-0.6	-0.6
收益差额	1.2	0.4	0.8	0.6	0.3	0.5	0.4	1.2	-0.3	-0.2	0.5
贸易差额	3.4	3.3	6.5	6.4	5.9	5.7	6.1	3.8	7.4	6.7	5.7
新兴市场经济和发展中国家											
储蓄	24.1	24.4	27.9	29.7	31.5	33.3	34.3	34.8	32.6	33.5	34.7
投资	25.3	24.9	25.9	27.2	27.3	28.2	30.0	30.9	30.6	30.6	31.2
净借出	-2.1	-0.5	2.0	2.5	4.2	5.2	4.2	3.9	2.0	2.9	3.5
经常转移差额	0.5	1.0	1.7	1.7	1.7	1.8	1.7	1.5	1.5	1.4	1.3
收益差额	-1.3	-1.9	-2.0	-2.0	-1.8	-1.7	-1.6	-1.6	-1.4	-1.5	-0.5
贸易差额	-0.8	0.4	2.3	2.8	4.3	5.1	4.2	3.9	1.9	3.0	2.7
非洲											
储蓄	18.1	18.5	21.2	22.5	23.9	28.4	27.5	27.9	22.1	23.7	25.3
投资	19.2	20.1	21.5	22.4	22.1	22.9	24.5	25.0	25.1	25.3	25.9
净借出	-1.2	-1.5	-0.3	0.1	1.7	5.5	2.9	2.8	-3.0	-1.6	-0.6
经常转移差额	2.5	2.6	3.2	3.3	3.2	4.4	4.3	4.2	4.7	3.8	3.5
收益差额	-3.4	-4.0	-4.4	-5.0	-5.3	-4.5	-5.0	-4.8	-4.3	-4.3	-3.8
贸易差额	-0.3	-0.1	0.8	1.8	3.9	5.5	3.6	3.4	-3.5	-1.2	-0.2
中东欧											
储蓄	23.0	18.6	16.1	16.4	16.5	16.9	16.8	16.9	16.6	17.3	18.6
投资	25.9	21.9	20.2	21.8	21.6	23.5	25.0	24.9	19.7	21.2	22.5
净借出	-2.9	-3.3	-4.0	-5.4	-5.1	-6.6	-8.2	-8.0	-3.1	-3.9	-4.0
经常转移差额	1.7	2.1	2.2	2.0	1.9	2.0	1.8	1.6	1.8	1.9	2.0
收益差额	-3.5	-1.5	-2.0	-2.5	-2.1	-2.4	-3.1	-2.8	-2.2	-2.3	-2.4
贸易差额	-1.1	-3.9	-4.2	-4.9	-4.9	-6.2	-6.9	-6.8	-2.7	-3.6	-3.6
独联体①											
储蓄	—	24.7	27.3	29.8	30.0	30.1	30.3	30.9	24.9	26.6	27.7
投资	—	20.9	21.2	21.7	21.4	23.0	26.4	26.2	22.2	22.7	24.1

续表 4-3

	1987～1994年	1995～2002年	2003年	2004年	2005年	2006年	2007年	2008年	2009年	2010年	2011～2014年
净借出	—	3.8	6.1	8.2	8.6	7.1	3.9	4.7	2.6	3.9	3.5
经常转移差额	—	0.5	0.6	0.5	0.5	0.4	0.3	0.5	0.7	0.6	0.5
收益差额	—	-2.6	-2.9	-2.2	-2.9	-3.7	-3.3	-3.7	-3.9	-5.1	-3.1
贸易差额	—	6.0	8.4	9.9	10.9	10.3	6.8	7.9	5.9	8.4	6.1
亚洲发展中国家											
储蓄	29.5	32.7	36.4	38.3	41.3	43.9	46.8	47.7	47.1	46.9	46.8
投资	34.2	31.9	33.6	35.8	37.2	37.9	39.8	41.9	42.1	41.7	41.3
净借出	-2.0	0.8	2.7	2.6	4.1	6.0	7.0	5.8	4.9	5.2	5.5
经常转移差额	0.9	1.4	2.2	2.1	2.2	2.2	2.2	2.1	2.0	1.8	1.6
收益差额	-1.5	-1.5	-1.2	-1.1	-0.8	-0.6	-0.3	-0.3	-0.4	-0.4	0.4
贸易差额	-1.5	0.9	1.7	1.6	2.6	4.3	5.0	4.0	3.3	3.8	3.4
中东											
储蓄	18.3	26.2	32.1	35.6	42.0	43.1	42.7	41.9	28.9	33.3	36.7
投资	23.8	22.7	24.2	24.0	22.0	21.7	23.9	22.8	25.5	24.4	24.4
净借出	-5.5	3.6	7.8	11.6	20.1	21.4	18.8	19.1	3.5	8.9	12.3
经常转移差额	-3.8	-2.7	-2.2	-2.0	-1.0	-1.3	-1.5	-1.6	-2.0	-2.0	-1.8
收益差额	2.1	2.2	0.2	0.4	1.1	2.2	2.6	2.0	1.2	1.4	4.7
贸易差额	-3.8	4.1	9.9	13.2	19.9	20.5	17.7	18.7	4.3	9.6	9.5
拉美											
储蓄	18.6	17.9	19.8	22.0	22.0	23.2	22.4	22.1	18.9	19.2	20.0
投资	18.8	20.7	19.2	20.8	20.6	21.7	22.2	22.9	19.8	20.1	20.8
净借出	-1.4	-2.8	0.6	1.2	1.4	1.5	0.2	-0.8	-0.9	-0.9	-0.8
经常转移差额	0.8	1.1	2.0	2.1	2.0	2.1	1.8	1.6	1.5	1.4	1.5
收益差额	-2.0	-2.8	-3.0	-3.0	-3.0	-3.2	-2.9	-2.7	-2.2	-2.1	-1.9
贸易差额	0.6	-1.0	1.6	2.1	2.4	2.6	1.3	0.3	-0.2	-0.2	-0.4

注：*本表数据是根据单个国家（地区）的国民经济核算和国际收支统计估算而来的。国家集团的数据是其中单个国家和地区相应数据美元值的加总。一国储蓄包括国民经济核算中的国内总投资和国际收支中的净对外投资（净借出）。后者等同于经常项目余额，包括三个组成部分：经常转移差额（current transfers）、收益差额（net factor income）和贸易差额（resource balance）。因为数据来源和数据可获得性的不同，对储蓄的估计包含了各类统计误差。此外，国际收支统计中的误差、遗漏和不对称也影响了对净借出的估计，这些误差使得理论上应为零的全球净借出等于世界经常项目差额的统计误差。尽管存在这些统计缺点，但本表对于分析不同时期、不同地区储蓄和投资的发展变化提供一个有用的分析框架。①包括格鲁吉亚和蒙古。虽然二者不是独联体成员，但由于同独联体国家在地理和经济结构上类似，故在地区分组上将二者归入独联体。

资料来源：IMF，*World Economic Outlook*，2009 年 10 月。

表 4 -4　净金融投资：部分国家资金流量表*（2001 ~2008 年）

	2001 年	2002 年	2003 年	2004 年	2005 年	2006 年	2007 年	2008 年
中国(亿人民币元)								
住户部门	10611	14647	3726	15450	26372	27706	23119	—
非金融企业部门	-5725	-10450	-14531	-9081	-14716	-9637	-11453	—
政府部门	-1069	-1752	-541	-2430	3311	4687	-6540	—
国外部门	-1436	-2928	—	-5682	-13504	-20300	-25575	—
金融部门	-2382	484	2672	1742	-1463	-2454	20450	—
美国(亿美元)①								
住户部门	—	—	—	-524	-4481	-5300	1300	7133
非金融企业部门	—	—	—	1219	-272	-1854	-2314	-1524
政府部门	—	—	—	-4693	-3729	-2442	-3924	-8331
国外部门	—	—	—	5337	7121	8052	6617	5060
金融部门	—	—	—	-1339	1361	1544	-1679	-2338
德国(亿欧元)								
住户部门	973	1013	1251	1334	1447	1393	1356	1355
非金融企业部门	-414	34	-102	327	233	81	90	-66
政府部门	-596	-783	-873	-835	-743	-359	-42	-33
国外部门	9	-459	-448	-1065	-1191	-1456	-1845	-1652
金融部门	28	196	171	239	254	341	441	396

注：*净金融投资反映机构部门或经济总体资金富余或短缺的状况。从实物交易角度看，它指总储蓄加资本转移收入减资本转移支出和非金融投资后的差额。从金融交易角度看，它是金融资产增加额减金融负债增加额之后的差额。①美国金融部门的净金融投资根据其他四个部门的数据推算得到，金融部门包括货币当局，政府部门包括联邦政府和州地方政府。

资料来源：《中国统计年鉴》，2001 ~2009 年；Board of Governors of the Federal Reserve System, Flow of Funds Accounts of the United States, http://www.federalreserve.gov/releases/z1/; Deutsche Bundesbank, Financial Accounts for Germany 1991 to 2008, http://www.bundesbank.de/download/statistik/stat_sonder/statso4_en.pdf。

表 4 -5　股票市场市值与指数：全球主要证券交易所（2008 年）

交易所	指数名称	指数					
		最高值	日期①	最低值	日期①	2008 年底值	年增长率②
美洲							
利马证交所	IGBVL 总指数	18310	4 -07	6039	10 -27	7049	-59.8
墨西哥证交所	IPC 指数	32095	4 -21	16869	10 -27	22380	-24.2
纳斯达克证交所	NASDAQ 综合指数	2610	1 -02	1316	11 -20	1577	-40.5
纽约证券交易所	综合指数	9656	1 -03	4651	11 -20	5757	-40.9

续表 4－5

交易所	指数名称	指数					
		最高值	日期①	最低值	日期①	2008 年底值	年增长率②
圣地亚哥证交所	IGPA 指数	14934	6－25	10412	10－10	11324	－19.6
加拿大 TSX 集团	S&P/TSX 综合指数	15073	6－18	7725	11－20	8988	－35.0
利马证交所	IGBVL 总指数	18310	4－07	6039	10－27	7049	－59.8
墨西哥证交所	IPC 指数	32095	4－21	16869	10－27	22380	－24.2
欧洲—非洲—中东							
雅典证交所	总价格指数	5207	1－09	1712	12－09	1787	－65.5
西班牙交易所	全球 100 指数③	1195	1－09	597	10－09	694	－41.8
意大利交易所	MIB 指数	28406	1－09	13935	12－09	14623	－48.7
布达佩斯证交所	BUX 指数	26111	1－09	10751	10－09	12242	－53.3
德意志证交所	CDAX 指数	472	1－09	231	11－09	266	－44.4
爱尔兰证交所	ISEQ 总指数	7099	1－09	2264	11－09	2343	－66.2
伊斯坦布尔证交所	全国 100 指数	54708	1－09	21228	11－20	26864	－51.6
伦敦证交所	FTSE 总指数	3291	1－09	1891	11－09	2209	－32.8
卢森堡证交所	总价格指数	2168	5－15	702	11－09	781	－59.5
瑞士证交所	SPI 指数	6793	3－01	4257	11－09	4568	－34.0
维也纳证交所	WBI 指数	1655	1－09	577	11－09	645	－61.0
雅典证交所	总价格指数	5207	1－09	1712	12－09	1787	－65.5
亚太地区							
中国香港证交所	标普大型股票指数	33685	1－09	13569	10－27	17891	－46.9
雅加达证交所	JSX 综合指数	2830	1－11	1111	10－28	1355	－50.6
韩国证交所	KOSPI 指数	1889	5－16	939	10－24	1124	－40.7
印度国家证交所	CNX500 指数	5503	1－04	1974	10－27	2296	－57.1
新西兰证交所	NZSX 总指数	4097	1－03	2621	11－24	2721	－33.7
大阪证交所	300 普通股指数	1672	6－06	828	10－27	940	－44.0
菲律宾证交所	PSE 综合指数	3617	1－02	1704	10－28	1873	－48.3
上海证交所	上证综合指数	5523	1－14	1665	10－28	1821	－65.4
深圳证交所	深证综合指数	1584	1－16	452	11－04	553	－61.8
新加坡证交所	全部股票指数	3444	1－02	1600	10－24	1762	－49.4
中国台湾证交所	TAIEX 指数	9295	5－19	4090	11－20	4591	－46.0
泰国证交所	SET 指数	884	5－21	384	10－29	450	－47.6

注：①日期格式为月－日；②与 2007 年底相比的增长率，单位为%；③巴塞罗那全球 100 指数。

资料来源：World Federation of Exchanges 数据库，http：//www. fibv. com。

表4－6　上市债券市值：全球主要证券交易所（2007～2008年）

单位：亿美元

证券交易所	2008年				2007年			
	总计	国内私人部门	国内公共部门	国外部门	总计	国内私人部门	国内公共部门	国外部门
美洲								
圣保罗证券交易所	553.9	520.2	33.7	0.0	654.9	583.6	71.3	0.0
布宜诺斯艾利斯交易所	1027.8	34.4	993.5	0.0	1008.1	42.3	965.8	0.0
哥伦比亚证券交易所	4143.0	935.6	3202.8	4.6	5451.1	879.5	4565.6	6.0
利马证券交易所	122.9	62.9	55.1	5.0	116.2	48.2	64.6	3.4
墨西哥证券交易所	450.5	—	—	—	552.3	312.4	155.3	84.6
加拿大交易所集团(TSX)	83.7	0.0	83.7	0.0	130.5	0.0	130.5	0.0
欧洲—非洲—中东								
雅典证券交易所	2812.6	11.1	2801.5	0.0	2845.9	0.6	2845.3	0.0
西班牙马德里交易所	17002.0	11419.6	5582.4	0.0	16212.1	11090.1	5122.1	0.0
意大利交易所	36903.8	613.1	18124.1	18166.6	34007.4	765.0	18062.3	15180.2
布达佩斯证券交易所	522.0	65.9	456.1	0.0	583.6	54.1	529.5	0.0
开罗及亚历山大证券交易所	143.1	9.5	133.6	—	129.3	11.3	118.0	—
爱尔兰证券交易所	592.9	—	592.9	—	457.6	—	457.6	—
伊斯坦布尔证券交易所	2193.9	1.3	1796.7	395.9	2543.5	1.1	2157.5	384.9
伦敦证券交易所	27344.4	10720.8	5690.8	10932.8	38865.7	15854.2	8607.8	14403.6
卢森堡证券交易所	84672.7	2390.0	27.9	82254.8	79428.6	2500.5	0.0	76928.1
奥斯陆证券交易所	825.3	339.1	466.7	19.5	925.5	423.9	482.5	19.1
瑞士证券交易所	4795.5	1114.3	1185.6	2495.5	4407.8	1027.2	1103.2	2277.4
亚太地区								
中国香港证券交易所	534.2	167.8	218.4	147.9	548.7	153.0	231.6	164.0
韩国证券交易所	6548.3	1731.2	4817.1	0.0	8876.5	2230.5	6645.5	0.5
印度国家证券交易所	5146.5	278.7	4866.7	1.0	5040.2	241.5	4797.5	1.3
新西兰证券交易所	228.9	68.5	155.8	4.6	289.5	74.7	209.3	5.4
大阪证券交易所	62893.9	46.6	62847.2	0.0	51187.2	56.3	51130.9	0.0
上海证券交易所	2635.1	390.0	2245.2	0.0	2456.0	225.7	2230.3	0.0
深圳证券交易所	3393.7	100.5	3293.2	0.0	2551.5	59.2	2492.3	0.0
新加坡证券交易所	3962.8	—	—	—	3815.6	—	—	—
中国台湾证券交易所	1141.8	0.0	1141.8	0.0	1088.4	0.0	1088.4	0.0
泰国证券交易所	1151.5	148.7	1002.8	0.0	1138.1	116.2	1021.9	0.0
东京证券交易所	62983.6	136.4	62847.2	0.0	51255.9	125.0	51130.9	0.0

资料来源：World Federation of Exchanges 数据库，http：//www.fibv.com。

（五）国际收支形势回顾与展望

表 5-1　国际收支平衡表：部分国家和地区（2001～2008 年）

单位：亿美元

国　　家	2001 年	2002 年	2003 年	2004 年	2005 年	2006 年	2007 年	2008 年
美　国								
经常项目差额	-3847	-4613	-5234	-6250	-7290	-7881	-7312	-6733
货物差额	-4264	-4815	-5476	-6661	-7834	-8346	-8153	-8168
服务差额	613	577	507	584	718	813	1150	1357
收益差额	317	274	453	672	724	572	818	1276
经常转移差额	-513	-649	-718	-845	-898	-920	-1127	-1197
资本和金融项目差额	4039	5027	5279	5272	6826	8328	7726	5342
资本项目差额	-13	-15	-35	-24	-40	-39	-18	-26
金融项目差额	4052	5042	5314	5295	6866	8367	7745	5368
直接投资差额	247	-701	-858	-1703	764	7	-957	74
证券投资差额	3377	3790	4270	6900	5745	6279	8506	7617
金融衍生差额	—	—	—	—	—	297	65	-146
其他投资差额	428	1952	1901	98	357	1784	131	-2177
净误差与遗漏	-143	-378	-60	950	323	-471	-413	1439
储备资产变动	-49	-37	15	28	141	24	-1	-48
日　本								
经常项目差额	878	1124	1362	1721	1658	1705	2105	1566
货物差额	702	938	1064	1321	940	813	1048	381
服务差额	-437	-422	-339	-379	-240	-183	-213	-208
收益差额	692	658	712	857	1034	1182	1385	1523
经常转移差额	-79	-49	-75	-79	-76	-107	-115	-130
资本和金融项目差额	-510	-667	679	177	-1276	-1071	-1913	-1781
资本项目差额	-29	-33	-40	-48	-49	-48	-40	-55
金融项目差额	-482	-634	719	225	-1227	-1023	-1872	-1726
直接投资差额	-323	-229	-225	-232	-422	-570	-513	-1063
证券投资差额	-463	-1060	-951	229	-133	1275	731	-2926
金融衍生差额	14	25	56	24	-65	25	28	248
其他投资差额	290	630	1840	203	-607	-1754	-2119	2015
净误差与遗漏	37	4	-170	-289	-159	-314	173	523
储备资产变动	-405	-461	-1872	-1609	-223	-320	-365	-309

续表 5－1

国　　家	2001 年	2002 年	2003 年	2004 年	2005 年	2006 年	2007 年	2008 年
欧元区								
经常项目差额	－197	548	388	798	225	15	386	－906
货物差额	652	1215	1193	1293	670	329	831	－4
服务差额	－34	166	252	354	400	474	639	747
收益差额	－357	－372	－420	－109	68	188	65	－309
经常转移差额	－458	－461	－638	－740	－912	－976	－1151	－1341
资本和金融项目差额	－355	－72	－347	－184	－5	1416	1375	3244
资本项目差额	56	97	143	206	139	117	191	201
金融项目差额	－412	－169	－490	－390	－144	1299	1184	3043
直接投资差额	－982	211	－122	－837	－2706	－1893	－1610	－4141
证券投资差额	633	1352	650	919	1700	3410	3066	5874
金融衍生差额	－8	－124	－156	－104	－227	35	－1253	－250
其他投资差额	－54	－1608	－861	－367	1088	－253	981	1561
净误差与遗漏	388	－446	－369	－769	－449	－1406	－1701	－2268
储备资产变动	164	－30	328	156	229	－26	－60	－70
中　国								
经常项目差额	174	354	459	687	1608	2499	3718	4261
货物差额	340	442	447	590	1342	2177	3154	3607
服务差额	－59	－68	－86	－97	－94	－88	－79	－118
收益差额	－192	－149	－78	－35	106	118	257	314
经常转移差额	85	130	176	229	254	292	387	458
资本和金融项目差额	348	323	527	1107	630	100	735	190
资本项目差额	－1	0	0	－1	41	40	31	31
金融项目差额	348	323	528	1107	589	60	704	159
直接投资差额	374	468	472	531	678	603	1214	943
证券投资差额	－194	－103	114	197	－49	－676	187	427
其他投资差额	169	－41	－59	379	－40	133	－697	－1211
净误差与遗漏	－49	78	184	270	－168	－129	164	－261
储备资产变动	－473	－755	－1170	－2064	－2070	－2470	－4617	－4190

资料来源：IMF，*Balance of Payments Statistics*，2009 年 8 月；中经网，2009 年 9 月。

表 5-2　经常项目差额及其占 GDP 比例：部分国家和地区（2003~2014 年）

国家和地区	2003 年	2004 年	2005 年	2006 年	2007 年	2008 年	2009 年	2010 年	2014 年
经常项目差额(亿美元)									
先进经济体	-2191	-2203	-4085	-4589	-3653	-5331	-2617	-1662	-1549
美国[①]	-5215	-6311	-7487	-8035	-7266	-7061	-3698	-3247	-4752
欧元区	429	1168	468	410	344	-927	-821	-364	623
日本	1362	1721	1657	1704	2110	1571	969	1056	894
其他先进经济体[②]	1233	1220	1277	1333	1160	1085	933	893	1686
亚洲新兴工业经济体	810	835	802	900	1036	761	980	960	1165
新兴市场和发展中国家	1496	2238	4483	6597	6645	7246	3556	5481	9683
地区分组									
非洲	-38	18	145	524	317	324	-371	-223	-43
中东欧	-322	-532	-591	-873	-1308	-1552	-484	-625	-760
独联体[③]	357	635	875	963	717	1081	480	796	941
亚洲发展中国家	851	929	1675	2880	4138	4239	3815	4386	6766
中东	559	968	2029	2626	2649	3453	428	1516	3066
拉美	89	220	349	478	131	-299	-313	-368	-287
分析型分组									
燃料出口国	1081	1890	3571	4816	4507	6219	1266	3145	5070
非燃料出口国	415	349	912	1781	2138	1027	2289	2336	4613
初级产品出口国	-25	3	-24	76	54	-88	-45	-84	-71
净债务国	-342	-627	-999	-1197	-2111	-3528	-1905	-2485	-2584
官方融资型	-62	-43	-63	-67	-96	-188	-172	-219	-183
债务拖欠或重组国[④]	51	-44	-120	-137	-273	-479	-309	-351	-420
经常项目差额占 GDP 比例(%)									
先进经济体	-0.7	-0.7	-1.2	-1.3	-0.9	-1.3	-0.7	-0.4	-0.3
欧元区	0.5	1.2	0.5	0.4	0.3	-0.7	-0.7	-0.3	0.5
主要先进经济体	-1.5	-1.4	-1.9	-2.0	-1.3	-1.5	-1.1	-0.8	-0.9
亚洲新兴工业经济体	6.7	6.3	5.3	5.5	5.7	4.4	6.4	5.9	5.4
澳大利亚	-5.3	-6.1	-5.8	-5.3	-6.3	-4.6	-3.2	-5.6	-5.0
奥地利	1.7	2.1	2.0	2.8	3.1	3.5	2.1	2.0	1.7
比利时	4.1	3.5	2.6	2.6	1.7	-2.5	-1.0	-0.9	1.0
巴西	0.8	1.8	1.6	1.3	0.1	-1.8	-1.3	-1.9	-0.8
加拿大	1.2	2.3	1.9	1.4	1.0	0.5	-2.6	-1.8	0.9

续表5－2

国家和地区	2003年	2004年	2005年	2006年	2007年	2008年	2009年	2010年	2014年
中国	2.8	3.6	7.2	9.5	11.0	9.8	7.8	8.6	8.4
中国香港	10.4	9.5	11.4	12.1	12.3	14.2	10.7	10.8	7.6
中国台湾	10.0	6.0	4.9	7.2	8.6	6.4	7.9	8.0	9.3
丹麦	3.4	3.1	4.3	2.9	0.7	1.0	1.1	1.5	1.0
芬兰	5.2	6.6	3.6	4.5	4.1	2.4	0.5	2.0	3.6
法国	0.8	0.6	-0.4	-0.5	-1.0	-2.3	-1.2	-1.4	-0.7
德国	1.9	4.7	5.1	6.1	7.5	6.4	2.9	3.6	5.1
希腊	-6.6	-5.8	-7.3	-11.1	-14.2	-14.4	-10.0	-9.0	-6.8
冰岛	-4.8	-9.8	-16.1	-25.3	-19.9	-40.6	-5.3	0.7	0.2
印度	1.5	0.1	-1.3	-1.1	-1.0	-2.2	-2.2	-2.5	-1.8
爱尔兰	0.0	-0.6	-3.5	-3.6	-5.3	-5.2	-1.7	0.6	-1.2
以色列	0.5	1.7	3.1	5.0	2.8	1.0	3.2	2.4	2.8
意大利	-1.3	-0.9	-1.7	-2.6	-2.4	-3.4	-2.5	-2.3	-2.5
日本	3.2	3.7	3.6	3.9	4.8	3.2	1.9	2.0	1.5
韩国	1.9	3.9	1.8	0.6	0.6	-0.7	3.4	2.2	2.1
荷兰	5.5	7.5	7.3	9.3	7.6	7.5	7.0	6.8	6.7
新西兰	-4.3	-6.4	-8.5	-8.7	-8.2	-8.9	-7.1	-6.7	-6.2
挪威	12.3	12.7	16.3	17.2	15.9	19.5	13.9	15.6	14.4
葡萄牙	-6.1	-7.6	-9.5	-10.0	-9.4	-12.1	-9.9	-9.7	-8.7
俄罗斯	8.2	10.1	11.0	9.5	5.9	6.1	3.6	4.5	2.9
新加坡	23.7	18.1	22.7	25.4	23.5	14.8	12.6	12.5	11.9
斯洛伐克	-5.9	-7.8	-8.5	-7.0	-5.3	-6.5	-8.0	-7.8	-3.8
斯洛文尼亚	-0.8	-2.7	-1.7	-2.5	-4.2	-5.5	-3.0	-4.7	-4.8
西班牙	-3.5	-5.3	-7.4	-9.0	-10.0	-9.6	-6.0	-4.7	-4.0
瑞典	7.2	6.7	7.0	8.6	8.6	7.8	6.4	5.4	6.0
瑞士	12.8	12.9	13.6	14.4	9.9	2.4	6.1	7.1	10.9
英国	-1.6	-2.1	-2.6	-3.3	-2.7	-1.7	-2.0	-1.9	-2.0
美国	-4.7	-5.3	-5.9	-6.0	-5.2	-4.9	-2.6	-2.2	-2.7

注：①因为数据来源不同，本表中美国的经常项目差额数据与表5－1中并不完全一致；②这里的“其他先进经济体”指除去美国、欧元区国家和日本以外的先进经济体。③包括格鲁吉亚和蒙古。虽然二者不是独联体成员，但由于同独联体国家在地理和经济结构上类似，故在地区分组上将二者归入独联体。④指2003～2007年间有债务拖欠或重组经历的国家。

资料来源：IMF，*World Economic Outlook*，2009年10月。

表 5-3 储备资产变动*：部分国家和地区（2001~2008 年）

单位：亿美元

国家和地区	2001 年	2002 年	2003 年	2004 年	2005 年	2006 年	2007 年	2008 年
欧元区	164.5	-29.7	328.0	155.6	229.1	-25.7	-56.9	-57.2
澳大利亚	-11.0	-1.2	-68.8	-11.7	-72.6	-97.2	351.5	-36.9
巴西	-33.1	-3.1	-84.8	-22.4	-43.2	-305.7	-874.8	-29.7
加拿大	-21.7	1.9	32.6	28.4	-13.4	-8.3	-39.1	-17.7
中国	-474.5	-752.2	-1165.9	-2061.5	-2073.4	-2468.6	-4616.9	-4189.9
中国香港	-46.8	23.8	-9.9	-32.9	-13.8	-60.2	-147.0	-339.5
捷克	-17.9	-66.2	-4.4	-2.6	-38.8	-0.9	-8.7	-24.2
丹麦	-33.2	-55.5	-46.7	14.3	15.1	59.9	2.1	-74.2
埃及	5.1	-0.6	-3.9	-6.8	-63.2	-36.1	-54.8	—
芬兰	-4.1	1.2	5.1	-8.1	1.8	43.2	-3.2	—
法国	55.7	39.7	-12.9	-41.1	90.5	-117.8	3.3	120.1
德国	54.7	19.8	6.8	18.1	26.0	36.5	-12.3	-27.4
希腊	57.0	-18.6	47.2	32.8	1.0	-2.8	-4.6	-0.4
印度	-86.9	-188.5	-256.6	-236.5	-145.5	-237.4	—	—
印度尼西亚	13.7	-40.1	-42.4	6.9	6.6	-69.0	-127.1	19.2
爱尔兰	-4.0	2.9	18.9	14.3	17.8	1.1	-0.2	-1.6
以色列	1.1	8.0	-10.2	-2.8	-19.7	-4.3	16.9	-141.6
意大利	5.9	-31.7	-11.1	28.4	10.3	5.7	-18.9	-82.0
日本	-404.9	-461.3	-1871.5	-1608.5	-223.3	-319.8	-365.2	-308.8
韩国	-75.9	-117.7	-257.9	-386.8	-198.6	-220.9	-151.1	564.5
马来西亚	-10.0	-36.6	-101.8	-220.5	-36.2	-68.6	-131.4	—
墨西哥	-73.4	-73.8	-98.3	-41.2	-69.8	12.9	-102.6	-77.5
荷兰	3.5	1.3	4.4	9.1	17.9	-7.8	14.1	-8.5
新西兰	1.9	-10.8	-8.3	-6.3	-24.4	-42.5	-30.9	48.9
巴基斯坦	-27.2	-45.2	-30.0	17.3	-1.8	-15.4	-19.8	62.6
菲律宾	-4.7	2.5	3.6	16.4	-16.2	-29.4	-85.5	-16.0
葡萄牙	-8.5	-10.2	64.6	18.6	17.4	23.6	9.6	-1.2
俄罗斯	-82.1	-68.4	-263.6	-452.4	-614.6	-1074.7	-1489.3	453.3
沙特阿拉伯	19.1	-27.4	-16.1	-45.0	4.6	-8.9	-61.7	—
新加坡	9.2	-12.6	-67.0	-121.9	-123.1	-170.1	-196.4	—
南非	0.2	3.2	3.5	-63.2	-57.7	-37.1	-57.4	-22.3
西班牙	13.4	-36.9	154.9	64.1	19.2	-5.8	-2.1	-6.9
瑞典	10.5	-6.7	-20.8	11.0	-2.5	-12.9	4.5	-12.6
瑞士	-6.2	-25.5	-34.0	-16.2	182.1	-3.7	-34.6	-31.6
土耳其	27.2	-61.8	-40.3	-7.9	-178.5	-61.0	-80.7	10.7
英国	44.6	6.3	25.9	-4.1	-17.3	13.0	-25.7	30.7
美国	-49.3	-36.9	15.3	28.0	141.0	23.9	-1.3	-48.4

注：*指一国货币黄金、特别提款权、在国际货币基金组织的储备头寸、外汇储备、其他债权等方面本年末与上年末余额之间的差额。负号表示储备资产增加，正号表示储备资产减少。

资料来源：IMF，Balance of Payments Statistics，2009 年 8 月。

（六）国际贸易形势回顾

表 6－1　货物贸易进出口：世界部分国家和地区（2005～2008 年）

单位：亿美元

2008 年位次	国家和地区	货物出口			
		2005 年	2006 年	2007 年	2008 年
	世界	104930	121240	139980	161270
1	德国	9709	11089	13222	14652
2	中国	7620	9690	12186	14285
3	美国	9043	10366	11625	13005
4	日本	5949	6467	7143	7823
5	荷兰	4064	4639	5517	6340
6	法国	4634	4957	5522	6087
7	意大利	3731	4172	4921	5397
8	比利时	3344	3669	4323	4770
9	俄罗斯	2438	3036	3544	4718
10	英国	3845	4479	4393	4580
11	加拿大	3605	3881	4207	4564
12	韩国	2844	3255	3715	4220
13	中国香港	2921	3227	3494	3702
14	新加坡	2296	2718	2993	3382
15	沙特	1807	2113	2350	3289
16	墨西哥	2142	2500	2718	2918
17	西班牙	1926	2137	2534	2681
18	中国台湾	1984	2240	2467	2556
19	阿联酋	1173	1456	1809	2316
20	瑞士	1309	1479	1721	2004
21	马来西亚	1410	1607	1762	1995
22	巴西	1185	1378	1606	1979
23	澳大利亚	1061	1234	1414	1874
24	瑞典	1310	1479	1693	1840
25	奥地利	1252	1369	1638	1822
26	印度	996	1210	1470	1791
27	泰国	1109	1297	1521	1778
28	波兰	894	1109	1404	1679

续表 6－1

2008年位次	国家和地区	货物进口			
		2005年	2006年	2007年	2008年
	世界	108570	124290	142700	164150
1	美国	17327	19181	20204	21660
2	德国	7771	9074	10558	12062
3	中国	6600	7915	9560	11330
4	日本	5159	5791	6222	7620
5	法国	5041	5418	6202	7077
6	英国	5137	6005	6232	6319
7	荷兰	3638	4171	4933	5739
8	意大利	3848	4426	5049	5563
9	比利时	3187	3519	4136	4699
10	韩国	2612	3094	3568	4353
11	加拿大	3224	3577	3899	4183
12	西班牙	2888	3288	3897	4023
13	中国香港	3002	3358	3701	3930
14	墨西哥	2322	2681	2952	3232
15	新加坡	2000	2387	2632	3198
16	俄罗斯	1254	1643	2235	2920
17	印度	1429	1728	2168	2916
18	中国台湾	1826	2027	2193	2404
19	波兰	1016	1272	1661	2039
20	土耳其	1168	1396	1701	2020
21	澳大利亚	1253	1393	1653	2003
22	奥地利	1273	1373	1632	1842
23	瑞士	1266	1414	1612	1835
24	巴西	776	958	1266	1828
25	泰国	1182	1288	1400	1787
26	瑞典	1117	1277	1515	1670
27	阿联酋	847	1001	1325	1589
28	马来西亚	1146	1312	1470	1569

资料来源：WTO Statistics Database Online，2009 年 9 月。

表 6－2　服务贸易进出口：世界部分国家和地区（2005～2008 年）

单位：亿美元

2007 年位次[①]	国家和地区	服务出口			
		2005 年	2006 年	2007 年	2008 年
	世　界	24829	28099	33515	37313
1	美　国	3621	4087	4727	5220
2	英　国	2045	2308	2776	2835
3	德　国	1571	1819	2108	2350
4	法　国	1214	1254	1447	1535
5	西班牙	939	1058	1283	1426
6	日　本	1021	1151	1271	1437
7	中　国	739	914	1217	—
8	意大利	881	976	1105	1234
9	荷　兰	782	827	942	1021
10	印　度	555	751	918	—
11	爱尔兰	594	687	890	961
12	中国香港	637	727	836	912
13	比利时	541	572	769	888
14	新加坡	528	610	697	719
15	瑞　士	485	539	649	744
16	卢森堡	405	506	641	676
17	瑞　典	425	493	631	713
18	丹　麦	434	520	616	720
19	韩　国	437	484	615	738
20	加拿大	541	578	614	623
21	奥地利	422	457	552	616
22	希　腊	338	357	430	501
23	挪　威	296	331	404	457
24	澳大利亚	304	324	397	456
25	俄罗斯	247	309	391	503
26	中国台湾	256	289	310	336
27	泰　国	200	246	301	334
28	波　兰	162	205	287	345
29	土耳其	263	250	283	344
30	马来西亚	195	217	282	295

续表 6-2

2007 年位次①	国家和地区	服务进口			
		2005 年	2006 年	2007 年	2008 年
	世　　界	23528	26327	31195	34690
1	美　　国	2801	3144	3417	3643
2	德　　国	2066	2229	2571	2846
3	英　　国	1585	1707	1972	1989
4	日　　本	1224	1339	1487	1656
5	法　　国	1047	1127	1295	1370
6	中　　国	832	1003	1293	—
7	意 大 利	884	981	1183	1324
8	西 班 牙	667	780	984	1079
9	爱 尔 兰	714	785	945	1029
10	荷　　兰	724	747	838	919
11	韩　　国	581	680	825	928
12	加 拿 大	646	714	798	842
13	印　　度	475	631	776	—
14	比 利 时	504	524	724	841
15	新 加 坡	554	636	722	763
16	俄 罗 斯	379	438	578	748
17	丹　　麦	370	451	539	625
18	瑞　　典	351	394	478	542
19	中国香港	338	369	412	440
20	挪　　威	287	312	389	436
21	奥 地 利	306	334	389	420
22	澳大利亚	299	316	385	454
23	泰　　国	269	328	382	464
24	卢 森 堡	246	302	374	404
25	巴　　西	224	271	347	444
26	中国台湾	314	318	343	337
27	瑞　　士	273	282	332	366
28	阿 联 酋	189	243	313	—
29	沙　　特	145	194	308	—
30	马来西亚	218	235	278	293

注：①因为部分国家和地区 2008 年服务贸易数据暂时无法得到，所以本表按 2007 年数据排序。
资料来源：WTO Statistics Database Online，2009 年 9 月。

表 6－3　原油进出口量：世界部分国家和地区（2006～2008 年）*

单位：千桶/天，%

国家和地区	原油进口量			
	2006 年	2007 年	2008 年	2008 年占世界比重
北美	10943	10850	10569	24.6
加拿大	825	833	816	1.9
美国	10118	10017	9753	22.7
拉美	1950	1944	1922	4.5
巴西	427	392	372	0.9
智利	222	191	175	0.4
东欧	1173	1206	1141	2.7
保加利亚	142	143	134	0.3
罗马尼亚	179	176	173	0.4
前苏联	44	62	48	0.1
西欧	11815	11683	11624	27.0
比利时	637	666	681	1.6
法国	1671	1646	1682	3.9
德国	2247	2190	2153	5.0
意大利	1753	1776	1651	3.8
荷兰	960	986	983	2.3
西班牙	1208	1150	1166	2.7
土耳其	484	473	440	1.0
英国	1049	1029	1062	2.5
中东	511	515	648	1.5
巴林	228	230	212	0.5
非洲	892	915	932	2.2
肯尼亚	37	38	38	0.1
摩洛哥	144	147	147	0.3
亚太地区	15681	16030	16137	37.6
澳大利亚	388	385	379	0.9
中国①	2916	3277	3592	8.4
印度	2207	2412	2553	5.9
印尼	290	298	261	0.6
日本	4063	3986	3966	9.2
新西兰	95	93	101	0.2
菲律宾	214	207	183	0.4
新加坡	763	699	649	1.5
韩国	2413	2392	2332	5.4
中国台湾	999	965	909	2.1
泰国	828	801	811	1.9
世界	42965	43141	42973	100.0

续表 6-3

国家和地区	原油出口量			
	2006 年	2007 年	2008 年	2008 年占世界比重
北美	1393	1422	1554	3.9
加拿大	1373	1401	1525	3.8
美国	21	21	29	0.1
拉美	4900	4727	4379	10.9
哥伦比亚	234	244	246	0.6
厄瓜多尔	376	342	348	0.9
墨西哥	2048	1738	1446	3.6
委内瑞拉	1919	2116	1770	4.4
东欧	5543	5879	5658	14.1
前苏联	5524	5864	5646	14.1
西欧	3443	3222	2786	6.9
挪威	2210	2012	1702	4.2
英国	928	933	840	2.1
中东	16894	16776	17439	43.5
伊朗	2377	2467	2438	6.1
伊拉克	1468	1643	1855	4.6
科威特	1723	1613	1739	4.3
阿曼	769	683	593	1.5
卡塔尔	620	615	703	1.8
沙特	7029	6962	7322	18.3
阿联酋	2420	2343	2334	5.8
非洲	6583	6883	6344	15.8
阿尔及利亚	947	1254	841	2.1
安哥拉	1010	1158	1045	2.6
刚果	238	239	240	0.6
加蓬	204	207	209	0.5
利比亚	1426	1378	1403	3.5
尼日利亚	2248	2144	2098	5.2
亚太地区	1877	1923	1955	4.9
澳大利亚	235	239	239	0.6
文莱	201	204	206	0.5
中国	126	76	77	0.2
印尼	301	319	294	0.7
马来西亚	391	401	402	1.0
越南	365	386	405	1.0
OPEC	23867	24352	24190	60.3
世界	40633	40833	40114	100.0

注：*数据包括转口数据，每个地区只列出主要的而非全部国家和地区。①中国的原油进口量根据2007～2009年《中国统计年鉴》公布的进口吨数，按7.33桶/吨、一年365天估算。

资料来源：OPEC Annual Statistical Bulletin 2008，www.opec.org。

（七）国际投资与资本流动回顾

表 7－1　国际投资头寸表[*]：部分国家和地区（2001～2008 年）

单位：亿美元

国　家	2001 年	2002 年	2003 年	2004 年	2005 年	2006 年	2007 年	2008 年
美　国								
金融账户总资产	63087	66491	76381	93406	119616	144281	182788	198882
对外直接投资	16931	18670	20545	24985	26517	29482	34515	36988
证券投资	21697	20767	31695	38080	45987	59884	72429	46003
股本证券	16127	13740	20794	25604	33177	43290	52480	28514
债务证券	5571	7027	10901	12476	12810	16594	19949	17488
金融衍生品	—	—	—	—	11900	12390	25593	66246
其他投资	23159	25467	22305	28445	33331	40327	47479	46709
储备资产	1300	1586	1836	1896	1880	2199	2772	2937
金融账户总负债	81776	86871	97246	115861	138867	166124	204188	233574
外来直接投资	15185	15000	15810	17427	19060	21541	24501	26469
证券投资	41538	43305	55463	66212	73378	88435	103270	95221
股本证券	15727	13358	18395	21233	23040	27919	32317	20976
债务证券	25812	29947	37068	44980	50338	60516	70953	74245
金融衍生品	—	—	—	—	11321	11792	24879	64650
其他投资	25052	28566	25973	32221	35108	44357	51538	47235
国际投资净头寸	－18689	－20380	－20865	－22454	－19252	－21843	－21399	－34693
日　本								
金融账户总资产	28815	30521	35998	41670	42909	46919	53552	57210
对外直接投资	3001	3042	3355	3705	3866	4496	5426	6803
证券投资	12898	13945	17213	20097	21149	23435	25236	23767
股本证券	2274	2108	2745	3647	4086	5104	5735	3947
债务证券	10624	11837	14469	16450	17063	18331	19501	19820
金融衍生品	30	34	49	57	263	230	390	774
其他投资	8882	8823	8650	9385	9201	9811	12827	15620
储备资产	4004	4676	6731	8425	8430	8948	9674	10246
金融账户总负债	15214	15899	19862	23825	27591	28838	31603	32360
外来直接投资	503	781	897	970	1009	1076	1329	2034
证券投资	6658	6104	8672	11534	15424	17629	19429	15461
股本证券	3760	3399	5610	7433	11261	12550	12459	7562
债务证券	2897	2705	3061	4101	4164	5079	6970	7899
金融衍生品	35	37	68	108	332	302	435	855
其他投资	8018	8977	10225	11214	10826	9831	10410	14011
国际投资净头寸	13601	14622	16136	17845	15318	18082	21950	24850

续表 7-1

国　　家	2001 年	2002 年	2003 年	2004 年	2005 年	2006 年	2007 年	2008 年
欧元区								
金融账户总资产	71114	81734	101338	119947	129826	164860	206047	191089
对外直接投资	18388	21056	27423	31111	33221	41761	52088	52487
证券投资	22123	24041	33552	41364	45673	57297	68202	52172
股本证券	9823	8932	13778	17025	20355	25456	29161	16067
债务证券	12300	15109	19773	24339	25318	31842	39041	36105
金融衍生品	1145	1396	1717	2151	2269	2860	4067	8260
其他投资	25998	31401	34773	41493	44888	58650	76576	72828
储备资产	3461	3839	3874	3828	3775	4292	5114	5343
金融账户总负债	72090	85927	110993	132120	139212	178108	222862	214448
外来直接投资	14658	19151	26303	30364	28787	35876	45255	44225
证券投资	29584	34055	45345	55688	60372	77372	93333	83174
股本证券	14488	14308	19851	24100	28774	38356	45683	29590
债务证券	15096	19747	25495	31588	31597	39016	47650	53584
金融衍生品	1123	1528	1969	2658	2522	3135	4217	7988
其他投资	26725	31194	37375	43410	47532	61724	80057	79060
国际投资净头寸	-975	-4193	-9655	-12173	-9386	-13248	-16815	-23359
中　国								
金融账户总资产	—	—	—	9343	12284	16881	23744	29203
对外直接投资	—	—	—	527	645	906	1160	1694
证券投资	—	—	—	920	1167	2652	2846	2519
股本证券	—	—	—	—	—	15	196	208
债务证券	—	—	—	920	1167	2637	2650	2311
其他投资	—	—	—	1666	2157	2515	4265	5328
储备资产	—	—	—	6230	8315	10808	15473	19662
金融账户总负债	—	—	—	6371	8001	10347	12125	14013
外来直接投资	—	—	—	3690	4715	6144	7037	8763
证券投资	—	—	—	566	766	1207	1466	1612
股本证券	—	—	—	433	636	1065	1290	1440
债务证券	—	—	—	133	130	142	176	172
其他投资	—	—	—	2115	2519	2996	3622	3637
国际投资净头寸	—	—	—	2972	4284	6534	11619	15190

注：* International Investment Position，表中数据为存量。

资料来源：IMF，*International Financial Statistics*，2009 年 8 月。

表7－2－1 FDI流量：世界部分国家和地区（2006～2008年）

单位：亿美元

国家和地区	流入量			流出量		
	2006年	2007年	2008年	2006年	2007年	2008年
世界	14611	19788	16974	13969	21455	18577
发达国家	9728	13586	9623	11579	18095	15065
欧洲	6317	8996	5183	7996	12705	9445
比利时	590	1108	597	507	939	683
法国	782	1580	1175	1214	2247	2200
德国	571	564	249	1272	1795	1565
意大利	392	402	170	421	908	438
卢森堡	285	－317	30	34	580	－249
荷兰	75	1184	－35	652	285	576
瑞典	272	221	437	235	378	374
英国	1562	1834	969	863	2755	1114
北美	2969	3796	3608	2686	4380	3895
加拿大	598	1084	447	444	596	777
美国	2371	2712	3161	2242	3784	3118
其他发达国家	441	794	831	897	1010	1726
澳大利亚	279	443	468	234	168	359
百慕大	3	10	3	6	4	7
日本	－65	225	244	503	735	1280
发展中国家	4338	5293	6207	2153	2855	2927
非洲	571	692	876	72	106	93
埃及	100	116	95	1	7	19
尼日利亚	140	125	203	2	5	3
南非	－5	57	90	61	30	－35
拉美和加勒比国家	933	1275	1444	636	517	632
巴西	188	346	451	282	71	205
英属维尔京群岛	68	46	30	120	226	220
墨西哥	193	273	220	58	83	7
亚太地区	2834	3327	3887	1445	2231	2202
中国	727	835	1083	212	225	522
中国香港	451	544	630	450	611	599
中国台湾	74	78	54	74	111	103
印度	203	251	416	143	173	177
印尼	49	69	79	27	47	59
韩国	49	26	76	81	156	128
马来西亚	61	84	81	61	111	141
新加坡	277	316	227	133	245	89
东南欧和独联体国家	545	909	1144	237	515	585
东南欧地区	99	128	109	4	14	6
独联体地区	447	781	1035	233	501	579
哈萨克斯坦	63	111	145	－4	32	38
俄罗斯	297	551	703	232	459	524
除中国外所有发展中国家	3610	4458	5124	1941	2630	2406

资料来源：联合国贸发会，*World Investment Report 2009*。

表 7-2-2 FDI 存量：世界部分国家和地区（1990～2008 年）

单位：亿美元

国家和地区	流入存量			流出存量		
	1990 年	2000 年	2008 年	1990 年	2000 年	2008 年
世界	19422	57574	149093	17856	60699	162057
发达国家	14126	39603	102129	16404	51862	136236
欧洲	8089	22816	69325	8875	32508	89974
法国	978	2598	9914	1124	4451	13970
德国	1112	2716	—	1516	5419	14509
意大利	600	1212	3432	602	1803	5171
荷兰	687	2437	6446	1069	3055	8437
瑞典	126	940	2535	507	1233	3193
英国	2039	4386	9829	2293	8978	15106
北美	5078	14696	26912	5153	15539	36824
加拿大	1128	2127	4123	848	2376	5204
美国	3949	12569	22789	4305	13162	31620
其他发达国家	959	2092	5892	2376	3815	9438
澳大利亚	736	1111	2722	305	854	1947
日本	99	503	2034	2014	2784	6803
新西兰	79	249	534	44	85	131
发展中国家	5296	17362	42760	1452	8624	23566
非洲	606	1542	5105	198	442	980
埃及	110	200	600	2	7	37
尼日利亚	85	238	831	12	41	60
南非	92	435	1194	150	323	623
拉美和加勒比国家	1105	5025	11816	576	2044	5614
巴西	371	1223	2877	410	519	1622
英属维尔京群岛	1	321	646	9	671	1769
墨西哥	224	972	2947	27	83	454
亚太地区	3584	10794	25839	677	6138	16973
中国	207	1933	3781	45	278	1479
中国香港	2017	4555	8358	119	3884	7759
中国台湾	97	195	455	304	667	1751
印度	17	175	1233	1	19	618
印度尼西亚	87	251	670	1	69	272
韩国	52	381	907	23	268	955
马来西亚	103	527	733	8	159	676
菲律宾	45	182	215	4	20	58
沙特	219	176	1143	21	50	231
新加坡	305	1106	3261	78	568	1891
泰国	82	299	1049	4	22	109
越南	17	206	483	—	—	—
东南欧和独联体国家	0	609	4204	—	213	2254
俄罗斯	—	322	2137	—	201	2028
除中国外所有发展中国家	5089	15428	38979	1407	8346	22087

资料来源：联合国贸发会，*World Investment Report 2009*。

（八）全球竞争力和大公司排名

表 8-1　全球竞争力指数：部分国家和地区（2008～2009 年）*

国家/地区	2009 竞争力指数		2008 年位次	国家/地区	2009 竞争力指数		2008 年位次
	位次	分数			位次	分数	
瑞士	1	5.60	2	塞浦路斯	34	4.57	40
美国	2	5.59	1	爱沙尼亚	35	4.56	32
新加坡	3	5.55	5	泰国	36	4.56	34
瑞典	4	5.51	4	斯洛文尼亚	37	4.55	42
丹麦	5	5.46	3	巴林	38	4.54	37
芬兰	6	5.43	6	科威特	39	4.53	35
德国	7	5.37	7	突尼斯	40	4.50	36
日本	8	5.37	9	阿曼	41	4.49	38
加拿大	9	5.33	10	波多黎各	42	4.48	41
荷兰	10	5.32	8	葡萄牙	43	4.40	43
中国香港	11	5.22	11	巴巴多斯	44	4.35	47
中国台湾	12	5.20	17	南非	45	4.34	45
英国	13	5.19	12	波兰	46	4.33	53
挪威	14	5.17	15	斯洛伐克	47	4.31	46
澳大利亚	15	5.15	18	意大利	48	4.31	49
法国	16	5.13	16	印度	49	4.30	50
奥地利	17	5.13	14	约旦	50	4.30	48
比利时	18	5.09	19	阿塞拜疆	51	4.30	69
韩国	19	5.00	13	马耳他	52	4.30	52
新西兰	20	4.98	24	立陶宛	53	4.30	44
卢森堡	21	4.96	25	印尼	54	4.26	55
卡塔尔	22	4.95	26	哥斯达黎加	55	4.25	59
阿联酋	23	4.92	31	巴西	56	4.23	64
马来西亚	24	4.87	21	毛里求斯	57	4.22	57
爱尔兰	25	4.84	22	匈牙利	58	4.22	62
冰岛	26	4.80	20	巴拿马	59	4.21	58
以色列	27	4.80	23	墨西哥	60	4.19	60
沙特	28	4.75	27	土耳其	61	4.16	63
中国	29	4.74	30	黑山	62	4.16	65
智利	30	4.70	28	俄罗斯	63	4.15	51
捷克	31	4.67	33	罗马尼亚	64	4.11	68
文莱	32	4.64	39	乌拉圭	65	4.10	75
西班牙	33	4.59	29	博茨瓦纳	66	4.08	56

续表 8-1

国家/地区	2009 竞争力指数		2008 年位次	国家/地区	2009 竞争力指数		2008 年位次
	位次	分数			位次	分数	
哈萨克斯坦	67	4.08	66	斯里兰卡	79	4.01	77
拉脱维亚	68	4.06	54	危地马拉	80	3.96	84
哥伦比亚	69	4.05	74	阿根廷	85	3.91	88
埃及	70	4.04	81	菲律宾	87	3.90	71
希腊	71	4.04	67	尼日利亚	99	3.65	94
克罗地亚	72	4.03	61	巴基斯坦	101	3.58	101
摩洛哥	73	4.03	73	厄瓜多尔	105	3.56	104
纳米比亚	74	4.03	80	孟加拉	106	3.55	111
越南	75	4.03	70	柬埔寨	110	3.51	109
保加利亚	76	4.02	76	委内瑞拉	113	3.48	105
萨尔瓦多	77	4.02	79	津巴布韦	132	2.77	133
秘鲁	78	4.01	83	布隆迪	133	2.58	132

注：*共有 133 个国家和地区参加排名，本文依次列出前 80 名，因篇幅所限，第 81～133 名未全部列出。本表内容与 2008 年黄皮书相比有所调整。

资料来源：世界经济论坛（World Economic Forum），*Global Competitiveness Report 2009-2010*。

表 8-2-1 《财富》全球前 50 家大公司排名（2008 年）

排名		公司名称	总部	营业收入		利润（亿美元）
2008 年	2007 年			亿美元	年增长率(%)	
1	3	皇家壳牌石油	荷兰	4583.6	28.8	262.8
2	2	埃克森美孚	美国	4428.5	18.8	452.2
3	1	沃尔玛	美国	4056.1	7.1	134.0
4	4	英国石油	英国	3670.5	25.9	211.6
5	6	雪佛龙	美国	2631.6	24.8	239.3
6	8	道达尔	法国	2346.7	25.3	155.0
7	10	康菲	美国	2307.6	29.2	-170.0
8	7	荷兰国际集团	荷兰	2265.8	12.4	-10.7
9	16	中国石化	中国	2078.1	30.5	19.6
10	5	丰田汽车	日本	2043.5	-11.2	-43.5
11	—	日本邮政株式会社	日本	1987.0	124.7	42.1
12	12	通用电气	美国	1832.1	3.7	174.1
13	25	中国石油天然气	中国	1811.2	39.5	102.7
14	18	大众汽车	德国	1665.8	11.8	69.6
15	24	国家电网	中国	1641.4	23.5	6.6
16	19	德克夏银行	比利时	1612.7	9.2	-48.7

续表 8-2-1

排名		公司名称	总部	营业收入		利润（亿美元）
2008年	2007年			亿美元	年增长率(%)	
17	27	埃尼	意大利	1593.5	32.2	129.2
18	9	通用汽车	美国	1489.8	-18.3	-308.6
19	13	福特汽车	美国	1462.8	-15.2	-146.7
20	22	安联	德国	1423.9	1.3	-35.8
21	20	汇丰控股	英国	1420.5	-3	57.3
22	47	俄罗斯天然气工业	俄罗斯	1414.5	51.3	298.6
23	11	戴姆勒	德国	1403.3	-20.8	19.7
24	21	法国巴黎银行	法国	1361.0	-3.3	44.2
25	33	家乐福	法国	1291.3	11.7	18.6
26	52	德国意昂	德国	1272.8	34.9	18.5
27	—	委内瑞拉国家石油	委内瑞拉	1263.6	31.3	74.5
28	39	安赛乐米塔尔	卢森堡	1249.4	18.7	94.0
29	29	美国电话电报公司	美国	1240.3	4.3	128.7
30	37	西门子	德国	1236.0	2.8	86.0
31	42	墨西哥石油	墨西哥	1192.3	14.7	-100.6
32	41	惠普	美国	1183.6	13.5	83.3
33	49	瓦莱罗能源	美国	1183.0	22.3	-11.3
34	63	巴西国家石油	巴西	1182.6	34.8	188.8
35	58	西班牙国际银行	西班牙	1178.0	31.9	129.9
36	59	挪威国家石油	挪威	1162.1	30.2	76.6
37	28	美国银行	美国	1131.1	-5.1	40.1
38	36	苏格兰皇家银行	英国	1130.9	4.3	-431.7
39	17	花旗集团	美国	1123.7	-29.4	-276.8
40	38	三星电子	韩国	1103.5	4.1	50.3
41	30	伯克希尔哈撒韦	美国	1077.9	-8.8	49.9
42	44	麦克森	美国	1066.3	4.8	8.2
43	43	法兴银行	法国	1043.8	0.9	29.4
44	54	日本电报电话	日本	1036.8	10.9	53.6
45	46	国际商用机器	美国	1036.3	4.9	123.3
46	23	农业信贷银行	法国	1035.8	-14	15.0
47	34	忠利保险	意大利	1031.0	-9.4	12.6
48	57	雀巢	瑞士	1015.6	13.3	166.7
49	32	摩根大通	美国	1014.9	-12.8	56.1
50	56	麦德龙	德国	1012.2	12.1	5.9

资料来源：美国《财富》，2009年7月。

表 8-2-2 《财富》全球 500 家大公司之中国公司（2008 年）

排名		公司名称	总部	营业收入		利润（亿美元）
2008 年	2007 年			亿美元	年增长率(%)	
9	16	中国石化	北京	2078.1	30.5	19.6
13	25	中国石油天然气	北京	1811.2	39.5	102.7
15	24	国家电网	北京	1641.4	23.5	6.6
92	133	中国工商银行	北京	705.7	37.0	159.5
99	148	中国移动通信	北京	650.2	38.2	114.4
125	171	中国建设银行	北京	579.8	40.4	133.2
133	159	中国人寿	北京	545.3	25.5	4.7
145	187	中国银行	北京	513.2	31.9	92.6
155	223	中国农业银行	北京	480.6	41.1	74.1
170	257	中国中化集团公司	北京	444.6	47.2	6.7
185	226	中国南方电网	广东广州	410.8	21.3	5.6
218	349	来宝集团	香港	360.9	53.6	5.8
220	259	宝钢集团	上海	355.2	18.6	23.1
242	341	中国中铁	北京	337.6	42.2	1.6
252	356	中国铁建	北京	325.4	39.4	5.2
263	288	中国电信	北京	318.1	14.2	-0.5
281	286	和记黄埔	香港	302.4	7.9	22.7
292	385	中国建筑工程	北京	298.1	34.7	3.5
318	409	中国海洋石油	北京	280.3	35.8	48.2
327	405	中国远洋运输	北京	274.3	31.6	18.9
331	412	中国五矿	北京	266.7	30.0	5.4
335	398	中粮集团	北京	264.5	24.7	5.0
341	426	中国交通建设集团	北京	259.8	30.0	6.0
359	373	上海汽车	上海	248.8	10.1	0.5
372	—	中国中钢集团	北京	241.6	49.7	1.6
375	—	河北钢铁集团	河北石家庄	240.3	—	1.3
380	480	中国冶金科工集团	北京	237.7	35.7	4.1
385	303	一汽集团	吉林长春	236.6	-10.3	5.6
411	437	怡和集团	香港	223.6	15.0	6.7
415	—	中信集团	北京	222.3	54.6	20.5

续表 8－2－2

排名		公司名称	总部	营业收入		利润（亿美元）
2008 年	2007 年			亿美元	年增长率（%）	
419	—	中国联合网络通信集团	上海	219.8	70.4	28.4
425	—	中国华能集团	北京	217.8	43.3	－5.1
426	—	中国航空工业集团	北京	217.4	—	5.7
428	—	中国南方工业集团	北京	216.8	18.2	3.0
444	—	江苏沙钢集团	江苏张家港	209.0	37.6	4.8
494	—	交通银行	上海	186.8	41.9	40.9
499	476	中国铝业	北京	185.8	5.7	－7.4
备注：中国台湾						
109	132	鸿海科技	台北	618.6	19.4	17.5
291	300	国泰人寿	台北	298.5	19.4	－0.6
306	324	台湾中油	台北	284.5	14.7	－38.2
323	395	台塑石化	麦寮	277.7	30.1	4.8
342	344	广达电脑	龟山	259.7	9.7	6.4
436	363	华硕电脑	台北	211.7	－7.9	5.2

资料来源：美国《财富》，2009 年 7 月。

后记

2009年是忧中有喜、喜中有忧的一年。“忧中有喜”是指：在这一年中，人类将首次经历第二次世界大战以来全球经济负增长，而且衰退幅度很可能超过1%。但是作为导致本次全球衰退起因的美国次贷危机及金融危机，到目前为止已大体上得到控制。受其波及和拖累的世界经济，进入下半年以来已经开始反弹。“喜中有忧”是指：尽管世界经济显露出各种复苏的迹象，然而有关世界经济形势及走势的各种主要指标给出的信号方向不一，强度各异，同时尚有许多深层次问题在短期内得到根本性解决的难度甚大。这种复杂的局面给我们判断未来世界经济走势带来一定困难。总体上，我们对未来持谨慎乐观态度，并且不排除出现第二次衰退的可能。

在全球金融危机的大背景下，本书将热点问题聚焦在国际金融领域，原因主要有两点：一是全球金融危机带来的巨大冲击使市场信心一度处于崩溃边缘，因此促使金融市场正常化是一切救助措施的重中之重，否则任何刺激经济增长的措施都将是低效甚至无效的。二是金融危机还凸显了金融领域现有国际规则体系的两个重大缺陷：美元本位制下缺乏对储备货币发行的约束；以IMF为代表的国际金融机构受到普遍批评。痛定思痛，国际金融体系的改革已成为当前国际合作的焦点之一。在重点讨论国际金融问题的同时，我们还将新能源和气候变化这两大热点问题纳入了研究视野，希望相关成果能够对读者有所启发。

参与本书写作与编辑的所有人员，尽管分别来自不同的机构，但都为本书的完成投入了极大的精力，并且合作得非常愉快。社会科学文献出版社作为本书的出版机构，其编辑人员在出书过程中体现出了高度责任感和敬业精神。对所有这些，我们深表感谢。

主编

2009年11月

盘点年度资讯　预测时代前程

社会科学文献出版社

2010年版皮书

权威·前沿·原创

社会科学文献出版社
SOCIAL SCIENCES ACADEMIC PRESS (CHINA)

权威分析　专家解读　机构预测

社会科学文献出版社“皮书系列”

“皮书系列”是社会科学文献出版社近十年来连续推出的大型系列图书，由一系列权威研究报告组成，在每年的岁末年初对每一年度有关中国与世界的经济、社会、文化、法治、国际形势、区域等各个领域的现状和发展态势进行分析和预测，年出版百余种。

该系列图书的作者以中国社会科学院的专家为主，多为国内一流研究机构的一流专家，他们的看法和观点体现和反映了对中国与世界的现实和未来最高水平的解读与分析，具有不容置疑的权威性。

2010年起，皮书系列随书附赠产品将从原先的电子光盘改为更具价值的皮书数据库阅读卡。读者可以凭借附赠的阅读卡获得皮书数据库高价值的免费阅读服务。

皮书是非常珍贵实用的资讯，对社会各个阶层、各种职业的人士都能提供有益的帮助，适宜各级党政部门决策人员、科研机构研究人员、企事业单位领导、管理工作者、媒体记者、国外驻华商社和使领事馆工作人员，以及关注中国和世界经济、社会形势的各界人士阅读。

1. 经济蓝皮书

2010年中国经济形势分析与预测

陈佳贵　李　扬　主编　　2009年12月出版　　49.00元

▲　本书为“总理基金项目”，由中国社会科学院副院长、经济学部主任陈佳贵及中国社会科学院副院长李扬担任主编，中国社会科学院经济研究所所长刘树成、数量经济与技术经济研究所所长汪同三任副主编，联合国内权威专家学者共同编写，深度解析了全球金融危机背景下2009年中国经济的发展，并在此基础上对2010年中国的经济形势作出科学的预测。

2. 社会蓝皮书

2010年中国社会形势分析与预测

汝　信　陆学艺　李培林　主编　　2009年12月出版　　49.00元

▲　中国社会科学院核心学术品牌之一，荟萃国内主要学术单位的多名社会学学者的原创成果。以社会学的视角来分析2009年中国的社会发展问题，并在此基础上，针对未来可能出现的社会热点、焦点问题作出科学的预测，并提供相应的对策建议。

3. 文化蓝皮书

2010年中国文化产业发展报告

张晓明　主编　　2010年4月出版　　59.00元（估）

▲　本书由中国社会科学院文化研究中心与文化部、上海交通大学国家文化产业创新与发展研究基地共同编写，内容上涵盖了我国的文化产业分析及政策分析。既有全国文化产业发展的宏观分析，又有文化产业内不同行业的年度发展分析，是研究我国文化发展问题的难得的年度报告。

4. 经济信息绿皮书

中国与世界经济发展报告（2010）

王长胜　主编　　2009年12月出版　　69.00元（估）

▲　本书由国家信息中心主编。全书论述在全球金融危机演变的背景下中国及世界经济发展问题，高屋建瓴，从宏观角度及全球经济一体化的背景考虑我国经济发展的定位、战略目标、战略重点、战略对策等深层次问题。

5. 世界经济黄皮书

2010年世界经济形势分析与预测

王洛林　李向阳　主编　　2010年1月出版　　49.00元

▲　本书由中国社会科学院世界经济与政治研究所编写，中国社会科学院特邀顾问、研究生院教授王洛林及中国社会科学院世界经济与政治研究所副所长李向阳两位作为本书主编。本书从2009年世界经济发展的现状出发，对2010年世界经济形势发展形势作出预测和分析。

6. 国际形势黄皮书

全球政治与安全报告（2010）

李慎明　王逸舟　主编　　2009年12月出版　　49.00元

▲　本书由中国社会科学院的相关学者专家编写，着眼于国际关系发展的全局，对2009年国际关系发展的新的动态作出研究与分析，并对2010年国际关系可能出现的新的重大动态作出前瞻性的分析与预测。

7. 欧洲蓝皮书

欧洲发展报告（2009～2010）

周　弘　主编　　2010年2月出版　　79.00元（估）

▲　本书由中国社会科学院欧洲研究所及中国欧洲学会联合编写，从政治、经济、法制进程、社会文化和国际关系以及国别等角度，对欧洲的年度发展形势作出全面的分析与论述。本书对研究欧洲问题的学者和需要了解欧洲的读者有重要的参考意义。

8. 亚太蓝皮书

亚太地区发展报告（2010）

李向阳　主编　　2010年3月出版　　79.00元（估）

▲　本书由中国社会科学院亚洲太平洋研究所的专家学者编写，本书从经济、政治与社会、国际关系等角度系统地论述了2009年亚太地区发生的重大事件，并在此基础上对2010年亚太地区的发展作出科学的展望。

9. 农村经济绿皮书

中国农村经济形势分析与预测（2009～2010）

中国社会科学院农村发展研究所 国家统计局农村社会经济调查司 著

2010年4月出版　49.00元（估）

▲ 农村经济发展及研究的两大权威部门联合，针对2009年中国农业和农村发展和运行状况加以调查，系统分析农村发展中存在的各种社会问题，对社会各界关注的热点和难点问题进行科学分析，并在此基础上对2010年中国农村经济发展趋势提供了科学的预测。

10. 人口与劳动绿皮书

中国人口与劳动问题报告No.11（2010）

蔡 昉 主编　2010年9月出版　49.00元（估）

▲ 本书关注中国当前人口的总量与增量情况，在人口学预测的基础上，研究我国人口总量及劳动力人口的数量与结构问题，提出随着“人口红利”的消失，我国劳动力供给方面可能带来的一些重要变化。本书对关心我国经济发展动力以及就业研究的人群有重要的参考意义。

11. 环境绿皮书

中国环境发展报告（2010）

杨东平 主编　2010年5月出版　59.00元（估）

▲ 本书由“自然之友”组织编写，汇集了学者、记者、环保人士等众多视角，考察中国年度的环境发展态势，附加经典案例分析，并提供翔实的环境保护资料索引。本书可供研究环境发展领域的学者进行研究参考，也适合对资源环境感兴趣的一般人群进行阅读。

12. 旅游绿皮书

2010年中国旅游发展分析与预测

张广瑞 主编　2010年5月出版　59.00元（估）

▲ 本书由中国社会科学院旅游研究中心组织编写，内容涉及2009年度我国旅游业发展的状况及未来发展态势。本书深入分析旅游业相关的各类因素的影响状况，并对旅游业的热点问题进行分析，提供其产业运行方面的深入思考。

13. 教育蓝皮书

中国教育发展报告（2010）

杨东平　柴纯青　主编　　2010年3月出版　　49.00元（估）

▲　本书由著名教育学家杨东平任主编，代表了中国教育的国际视野和专家立场，对于我国当前的教育改革进行了专业性的研究与分析，对关系我国教育发展的人群有重要的参考意义。本书同时推出英文版，是皮书系列中首批“走出去”的皮书。

14. 法治蓝皮书

中国法治发展报告（2010）

李　林　主编　　2010年9月出版　　68.00元（估）

▲　中国社会科学院法学研究所主创，对中国年度法治现状和法治进程进行客观的记述、分析、评价和预测。总结回顾了2009年我国法治发展所取得的一系列进步，并在此基础上，对接下来2010年我国法治发展情况进行了科学的探讨。

15. 就业蓝皮书

2010年中国大学生就业报告

王伯庆　主编　　2010年5月出版　　98.00元（估）

▲　这是一份基于科学的数据调查、借助于统计学和劳动经济学的科学体系来研究高等教育的全新报告，也是一个结果导向的评价系统。本书供高校的各级管理者、各级政府的教育管理官员、高等教育的研究者和招募大学毕业生的企业参考使用，对于高考生和求职的大学生而言也是一本了解就业市场的重要参考书。

16. 区域蓝皮书

中国区域经济发展报告（2009～2010）

戚本超　景体华　主编　　2010年3月出版　　69.00元（估）

▲　由北京市社会科学院、河北省社会科学院、上海社会科学院、广东省社会科学院等单位的专家联手编写，是对中国区域经济最全面、最深入的分析和预测。内容上涉及我国区域发展领域的新近动态，并提供2010年我国各个不同区域发展的科学预测。

17. 长三角蓝皮书

长三角发展报告（2010）

上海社会科学院 主编　　2010年5月出版　　59.00元（估）

▲　上海社会科学院、江苏省社会科学院、浙江省社会科学院强强联合，共同发布《长三角蓝皮书》，对中国最具活力和竞争力的长三角地区的经济、社会发展进行全面解读与预测。

18. 东北蓝皮书

中国东北地区发展报告（2010）

辽宁省社会科学院等　主编　　2010年9月出版　　69.00元（估）

▲　本书由东北地区的社会科学院联合编写，汇集了吉林、辽宁、黑龙江和内蒙古社会科学界学者的研究成果，同时也汇集了东北地区有关部门和院校专家的一些理论思考和理论探索。本书是顺应东北地区振兴战略形势而推出的一本蓝皮书，对东北地区的发展状况及态势提供了科学的分析与预测。

19. 中部蓝皮书

中国中部地区发展报告（2009）

河南社会科学院　主编　　2010年6月出版　　59.00元（估）

▲　本书由中部六省社会科学院联合编创，在承接东部产业结构升级，迎来发展良机的背景下，对中部地区2009年经济、社会发展状况进行了分析，并对2010年我国中部地区各省市的发展作出科学的展望。

20. 西部蓝皮书

中国西部经济发展报告（2010）

姚慧琴　主编　　2010年7月出版　　79.00元（估）

▲　本书由教育部人文社会科学重点研究基地——西北大学中国西部经济发展研究中心组织编写，汇集全国长期研究西部经济发展问题的众多专家学者的研究成果，对国家实施西部大开发战略进行了动态跟踪，并对西部经济发展中的重大理论与现实问题进行了深度分析。

21. 城市竞争力蓝皮书

中国城市竞争力报告No.8（2010）

倪鹏飞 主编　2010年5月出版　79.00元（估）

▲ 本书由著名城市经济学家倪鹏飞担任主编，汇集了众多研究城市经济问题的专家、学者关于城市竞争力方面的最新研究成果。本书评述客观、内容丰富，基于详尽的基础数据，科学构建各项指标，对各级政府、有关研究机构、社会公众具有重要的决策参考及借鉴意义。

22. 中国省域竞争力蓝皮书

中国省域经济综合竞争力发展报告（2009～2010）

李建平 黄茂兴 主编　2010年3月出版　238.00元（估）

▲ 本书在科学界定省域经济综合竞争力的基础上，紧密跟踪前沿研究动态，利用科学的指标体系及数学模型，深入分析当前我国省域经济综合竞争力的特点、变化趋势及动因，对我国31个省市区综合经济竞争力进行了比较分析。

23. 金融蓝皮书

中国金融发展报告（2010）

李 扬 主编　2010年6月出版　79.00元（估）

▲ 本书由中国社会科学院副院长李扬担任主编，从多个方面对中国金融业总体发展状况进行分析和预测。本书对2009年我国的金融领域发生的各个重大事件进行了评述，对金融领域内研究及工作人群具有重要的参考和借鉴意义。

24. 房地产蓝皮书

中国房地产发展报告No.7（2010）

牛凤瑞 主编　2010年4月出版　59.00元（估）

▲ 本书由中国社会科学院组织编写，汇集了众多研究城市房地产经济的专家学者关于城市房地产方面研究的最新成果。本书秉承客观公正、科学中立的宗旨和原则，追踪我国房地产市场的最新资讯，并对未来房地产市场发展的态势进行了深度分析。

经济类

经济蓝皮书
2010年中国经济形势分析与预测
著(编)者：陈佳贵　李　扬　等　2009年12月出版 / 估价：49.00元

经济蓝皮书春季号
中国经济前景分析——2010年春季报告
著(编)者：陈佳贵　等　2010年5月出版 / 估价：49.00元

经济信息绿皮书
中国与世界经济发展报告(2010)
著(编)者：王长胜　2009年12月出版 / 估价：69.00元

宏观经济蓝皮书
中国经济增长报告（2010）
著(编)者：刘霞辉　2010年3月出版 / 估价：49.00 元

农村经济绿皮书
中国农村经济形势分析与预测（2009～2010）
著(编)者：中国社会科学院农村发展研究所
国家统计局农村社会经济调查司
2010年4月出版 / 估价：49.00 元

民营经济蓝皮书
中国民营经济发展报告（2009～2010）
著(编)者：黄孟复　2010年7月出版 / 估价：69.00元

发展和改革蓝皮书
中国经济发展和体制改革发展报告（2010）
著(编)者：邹东涛　欧阳日辉　2010年10月出版 / 估价：98.00元

城乡创新发展蓝皮书
城乡一体化发展报告（2010）
著(编)者：傅崇兰　2010年10月出版 / 估价：58.00元

城市蓝皮书
中国城市发展报告No.3（2010）
著(编)者：牛凤瑞　2010年5月出版 / 估价：78.00元

城市竞争力蓝皮书
中国城市竞争力报告No.8（2010）
著(编)者：倪鹏飞　2010年5月出版 / 估价：79.00元

省域竞争力蓝皮书
中国省域经济综合竞争力发展报告（2009～2010）
著(编)者：李建平　黄茂兴　2010年3月出版 / 估价：238.00元

企业蓝皮书
中国企业竞争力报告(2010)
著(编)者：金培　2009年11月出版 / 估价：69.00元

民营企业蓝皮书
中国民营企业竞争力报告No.6(2010)
著(编)者：刘迎秋、徐志祥　2010年11月出版 / 估价：59.00元

中国总部经济蓝皮书
中国总部经济发展报告（2009～2010）
著(编)者：赵弘　2009年11月出版 / 估价：55.00元

金融中心蓝皮书
中国金融中心发展报告（2010）
著(编)者：王力　2010年10月出版 / 估价：58.00元

就业蓝皮书
中国大学生就业报告（2010）
著(编)者：王伯庆　2010年5月出版 / 估价：98.00元

人才蓝皮书
中国人才发展报告（2010）
著(编)者：潘晨光　2010年6月出版 / 估价：65.00元

人口与劳动绿皮书
中国人口与劳动问题报告No.11（2010）
著(编)者：蔡昉　2010年9月出版 / 估价：49.00元

商业蓝皮书
中国商业发展报告（2010）
著(编)者：荆林波　2010年3月出版 / 估价：49.00元

商品市场蓝皮书
中国商品市场竞争力报告（2010）
著(编)者：荆林波　2010年10月出版 / 估价：59.00元

社会类

社会蓝皮书
2010年中国社会形势分析与预测
著(编)者：陆学艺　李培林　2009年12月出版 / 估价：49.00元

社会保障绿皮书
中国社会保障发展报告 No.4（2010）
著(编)者：陈佳贵　王延中　2010年5月出版 / 估价：59.00元

老年蓝皮书
中国老年发展报告（2010）
著(编)者：田雪原　2010年10月出版 / 估价：58.00元

教育蓝皮书
中国教育发展报告（2010）
著(编)者：杨东平　柴纯青　2010年3月出版 / 估价：49.00元

环境绿皮书
中国环境发展报告（2010）
著(编)者：杨东平　2010年5月出版 / 估价：59.00元

气候变化绿皮书
应对气候变化报告（2010）
著(编)者：潘家华　2010年10月出版 / 估价：68.00元

民族蓝皮书
中国民族发展报告No.2（2010）
著(编)者：郝时远　王希恩　2010年6月出版 / 估价：59.00元

宗教蓝皮书
中国宗教报告（2010）
著(编)者：金泽　邱永辉　2010年3月出版 / 估价：59.00元

法治蓝皮书
中国法治发展报告（2010）
著(编)者：李林　2010年9月出版 / 估价：68.00元

妇女绿皮书
中国性别平等与妇女发展报告（2009～2010）
著(编)者：蒋永平　姜秀花　2010年3月出版 / 估价：79.00元

妇女发展蓝皮书
中国妇女发展报告（2009~2010）：妇女与传媒
著(编)者：王金玲　2010年2月出版 / 估价：59.00元

妇女生活蓝皮书
2009～2010年：中国女性生活状况报告
著(编)者：韩湘景　2010年4月出版 / 估价：49.00元

妇女教育蓝皮书
中国妇女教育发展报告（2009～2010）
著(编)者：宋胜菊　2010年8月出版 / 估价：68.00元

政府创新蓝皮书
和谐社会与政府创新　(2009～2010)
著(编)者：俞可平　2010年3月出版 / 估价：78.00元

电子政务蓝皮书
中国电子政务发展报告（2010）
著(编)者：王长胜　2010年4月出版 / 估价：55.00元

创新蓝皮书
创新型国家建设报告（2010）
著(编)者：詹正茂　2010年6月出版 / 估价：79.00元

民间组织蓝皮书
中国民间组织报告（2009～2010）
著(编)者：黄晓勇　2009年12月出版 / 估价：59.00元

企业公民蓝皮书
中国企业公民报告（2010）
著(编)者：王再文　2010年7月出版 / 估价：58.00元

企业社会责任蓝皮书
中国企业社会责任研究报告（2010）
著(编)者：陈佳贵　2010年10月出版 / 估价：59.00元

慈善蓝皮书
中国慈善发展报告（2010）
著(编)者：杨团　2010年8月出版 / 估价：59.00元

文化类

文化蓝皮书
中国文化产业发展报告（2010）
著(编)者：张晓明　2010年4月出版 / 估价：59.00元

公共文化蓝皮书
中国公共文化服务发展报告（2010）
著(编)者：张晓明　2010年10月出版 / 估价：59.00元

文化创新蓝皮书
中国文化创新发展报告（2010）
著(编)者：文化部文化科技司　武汉大学国家文化创新研究中心
2009年11月出版 / 估价：98.00元

文化遗产蓝皮书
中国文化遗产事业发展报告（2010）
著(编)者：刘世锦　林家彬　苏杨　2010年11月出版 / 估价：69.00元

科学传播蓝皮书
中国科学传播报告（2010）
著(编)者：詹正茂　2010年6月出版 / 估价：79.00元

区域类

区域蓝皮书
中国区域经济发展报告（2009～2010）
著(编)者：戚本超　景体华　2010年3月出版 / 估价：69.00元

北京蓝皮书
北京经济发展报告（2009～2010）
著(编)者：梅松　2010年3月出版 / 估价：59.00元

北京蓝皮书
北京社会发展报告（2009～2010）
著(编)者：戴建中　2010年3月出版 / 估价：49.00元

北京蓝皮书
北京文化发展报告（2009～2010）
著(编)者：张泉　2010年2月出版 / 估价：49.00元

北京蓝皮书
北京城乡发展报告（2009～2010）
著(编)者：黄序　2010年2月出版 / 估价：59.00元

北京蓝皮书
北京公共服务发展报告（2009～2010）
著(编)者：张耘　2010年2月出版 / 估价：58.00元

北京蓝皮书
中国社区发展报告（2009～2010）
著(编)者：于燕燕　2010年2月出版 / 估价：59.00元

上海蓝皮书
上海经济发展报告（2009）
著(编)者：陈维　2010年2月出版 / 估价：49.00元

上海蓝皮书
上海社会发展报告（2010）
著(编)者：卢汉龙　2010年1月出版 / 估价：59.00元

上海蓝皮书
上海文化发展报告（2010）
著(编)者：叶辛　2010年3月出版 / 估价：59.00元

上海蓝皮书
上海资源环境发展报告（2010）
著(编)者：王泠一　2010年3月出版 / 估价：59.00元

广州蓝皮书
中国广州经济发展报告（2010）
著(编)者：李江涛　朱名宏　2010年6月出版 / 估价：59.00元

广州蓝皮书
中国广州社会发展报告（2010）
著(编)者：涂成林　2010年5月出版 / 估价：49.00元

广州蓝皮书
中国广州文化发展报告（2009～2010）
著(编)者：王晓玲　2010年8月出版 / 估价：59.00元

广州蓝皮书
中国广州科技发展报告（2010）
著(编)者：涂成林　2010年6月出版 / 估价：49.00元

广州蓝皮书
中国广州城市建设发展报告（2010）
著(编)者：涂成林　2010年7月出版 / 估价：49.00元

广州蓝皮书
中国广州创意产业发展报告(2010)
著(编)者：卢一先　范旭　舒扬　2010年7月出版 / 估价：65.00元

广州蓝皮书
中国广州汽车产业发展报告（2010）
著(编)者：李江涛　2010年9月出版 / 估价：49.00元

深圳蓝皮书
深圳经济发展报告（2010）
著(编)者：乐正　2010年3月出版 / 估价：68.00元

深圳蓝皮书
深圳社会发展报告（2010）
著(编)者：乐正　2010年5月出版 / 估价：59.00元

深圳蓝皮书
深圳劳动关系发展报告（2010）
著(编)者：汤庭芬　2010年1月出版 / 估价：78.00元

经济特区蓝皮书
中国经济特区发展报告（2010）
著(编)者：钟坚　2010年4月出版 / 估价：79.00元

河南蓝皮书
2010年河南经济形势分析与预测
著(编)者：刘永奇 河南省统计局　2010年4月出版 / 估价：49.00元

河南蓝皮书
2010年河南社会形势分析与预测
著(编)者：焦锦淼　2010年2月出版 / 估价：49.00元

河南蓝皮书
河南文化发展报告（2010）
著(编)者：赵保佑　2010年2月出版 / 估价：59.00元

河南蓝皮书
河南城市改革发展报告（2010）
著(编)者：焦锦淼　2010年7月出版 / 估价：55.00元

陕西蓝皮书
陕西经济发展报告（2010）
著(编)者：杨尚勤　2010年2月出版 / 估价：59.00元

陕西蓝皮书
陕西社会发展报告（2010）
著(编)者：杨尚勤　2010年2月出版 / 估价：59.00元

陕西蓝皮书
陕西文化发展报告（2010）
著(编)者：杨尚勤　2010年2月出版 / 估价：49.00元

四川蓝皮书
2010年四川经济形势分析与预测
著(编)者：侯水平　2010年8月出版 / 估价：55.00元

四川蓝皮书
四川文化产业发展报告（2010）
著(编)者：侯水平　2010年7月出版 / 估价：59.00元

武汉蓝皮书
武汉经济社会发展报告（2010）
著(编)者：刘志辉　2010年5月出版 / 估价：49.00元

武汉城市圈蓝皮书
武汉城市圈经济社会发展报告（2009～2010）
著(编)者：李春洋　2010年2月出版 / 估价：79.00元

武汉城市圈蓝皮书
武汉城市圈房地产发展报告（2009～2010）
著(编)者：王涛　2010年6月出版 / 估价：89.00元

郑州蓝皮书
郑州文化发展报告（2010）
著(编)者：窦志力　2010年1月出版 / 估价：49.00元

浙江服务业蓝皮书
2009浙江省服务业发展报告
著(编)者：浙江省发展和改革委员会　2010年2月出版 / 估价：68.00元

温州蓝皮书
2010年温州经济社会发展形势分析与预测
著(编)者：王春光　2010年3月出版 / 估价：59.00元

海南蓝皮书
海南经济发展报告（2010）
著(编)者：刘仁伍　2010年3月出版 / 估价：49.00 元

辽宁蓝皮书
2010年辽宁经济社会形势分析与预测
著(编)者：曹晓峰　方晓林　张卓民　2010年2月出版 / 估价：59.00元

东北蓝皮书
中国东北地区发展报告（2010）
著(编)者：辽宁省社科院　等　2010年9月出版 / 估价：69.00元

环渤海蓝皮书
环渤海区域经济发展报告（2010）
著(编)者：周立群　2010年5月出版 / 估价：59.00元

长三角蓝皮书
长三角发展报告（2010）
著(编)者：上海社会科学院　2010年5月出版 / 估价：59.00元

珠三角蓝皮书
珠三角发展报告（2010）
著(编)者：中山大学港澳珠三角研究中心　2010年4月出版 / 估价：59.00

中部蓝皮书
中国中部地区发展报告（2009）
著(编)者：河南社会科学院　等　2010年6月出版 / 估价：59.00元

西部蓝皮书
中国西部经济发展报告（2010）
著(编)者：姚慧琴　2010年7月出版 / 估价：79.00元

长株潭城市群蓝皮书
长株潭城市群发展报告（2010）
著(编)者：张萍　2010年8月出版 / 估价：69.00元

泛北部湾蓝皮书
泛北部湾合作发展报告（2010）
著(编)者：古小松　2010年8月出版 / 估价：65.00元

福建经济竞争力蓝皮书
福建经济综合竞争力报告（2009～2010）
著(编)者：王秉安、罗海成　2010年9月出版 / 估价：49.00元

环海峡经济区蓝皮书
环海峡经济区发展报告（2010）
著(编)者：李闽榕、王秉安　2010年9月出版 / 估价：49.00元

海峡西岸蓝皮书
海峡西岸经济区发展报告(2010)
著(编)者：叶飞文　2010年9月出版 / 估价：49.00元

香港蓝皮书
香港经贸发展报告（2010）
著(编)者：荆林波　2010年4月出版 / 估价：49.00元

澳门蓝皮书
澳门发展报告（2010）
著(编)者：吴志良　2010年1月出版 / 估价：79.00元

台湾蓝皮书
台湾经贸发展报告（2010）
著(编)者：荆林波　2010年4月出版 / 估价：49.00元

行业类

住房绿皮书
中国城市住房发展报告（2010）
著(编)者：倪鹏飞　2009年11月出版 / 估价：69.00元

房地产蓝皮书
中国房地产发展报告NO.7（2010）
著(编)者：牛凤瑞　2010年4月出版 / 估价：59.00元

汽车蓝皮书
中国汽车产业发展报告（2010）
著(编)者：国务院发展研究中心产业经济研究部
中国汽车工程学会　大众汽车集团
2010年1月出版 / 估价：59.00元

医疗卫生绿皮书
中国医疗卫生发展报告（2010）
著(编)者：张文鸣　2010年11月出版 / 估价：68.00元

食品药品蓝皮书
食品药品安全与监管政策研究报告（2010）
著(编)者：上海市食品药品安全研究中心
2010年4月出版 / 估价：69.00元

金融蓝皮书
中国金融发展报告（2010）
著(编)者：李扬　2010年6月出版 / 估价：79.00元

金融蓝皮书
中国商业银行竞争力报告（2010）
著(编)者：王松奇　2010年4月出版 / 估价：49.00元

金融蓝皮书
中国金融生态报告（2010）
著(编)者：李扬　2010年4月出版 / 估价：49.00元

金融蓝皮书
中国理财产品分析与评价报告（2010）
著(编)者：殷剑峰　2010年5月出版 / 估价：59.00元

产权市场蓝皮书
中国产权市场发展报告（2009～2010）
著(编)者：曹和平　2010年7月出版 / 估价：59.00元

资本市场蓝皮书
中国场外交易市场发展报告（2010）
著(编)者：高峦　2010年11月出版 / 估价：58.00元

财经蓝皮书
中国服务业发展报告NO.9（2010）
著(编)者：裴长洪　2010年12月出版 / 估价：49.00元

旅游绿皮书
2010年中国旅游发展分析与预测
著(编)者：张广瑞　2010年5月出版 / 估价：59.00元

交通蓝皮书
中国交通发展报告（2010）
著(编)者：韩　峰　崔民选
2010年10月出版 / 估价：58.00元

体育产业蓝皮书
中国体育产业发展报告（2008～2009）
著(编)者：中国体育产业研究中心
2010年3月出版 / 估价：59.00元

餐饮蓝皮书
中国餐饮产业发展报告（2010）
著(编)者：杨柳　2010年6月出版 / 估价：49.00元

循环经济蓝皮书
中国循环经济发展报告（2010）
著(编)者：齐建国　2010年3月出版 / 估价：79.00元

会展经济蓝皮书
中国会展经济发展报告（2010）
著(编)者：王方华　2010年4月出版 / 估价：55.00元

商会蓝皮书
中国商会发展报告（2009～2010）
著(编)者：黄孟复　2010年9月出版 / 估价：98.00元

传媒蓝皮书
中国传媒产业发展报告（2010）
著(编)者：崔保国　2010年4月出版 / 估价：79.00元

广告主蓝皮书
中国广告主营销传播趋势报告（2009～2010）
著(编)者：黄升民　杜国清　2010年8月出版 / 估价：68.00元

能源蓝皮书
中国能源发展报告（2010）
著(编)者：崔民选　2010年5月出版 / 估价：80.00元

煤炭蓝皮书
中国煤炭工业发展报告（2010）
著(编)者：岳福斌　2010年9月出版 / 估价：50.00元

电力蓝皮书
中国电力工业发展报告（2010）
著(编)者：张安华　2010年10月出版 / 估价：58.00元

农业竞争力蓝皮书
中国农业竞争力发展报告（2009～2010）
著(编)者：郑传芳　2010年9月出版 / 估价：89.00元

林业竞争力蓝皮书
中国林业竞争力发展报告（2009～2010）
著(编)者：郑传芳　2010年9月出版 / 估价：89.00元

茶叶产业蓝皮书
中国茶叶产业发展报告（2010）
著(编)者：荆林波　2010年4月出版 / 估价：49.00元

测绘蓝皮书
中国测绘发展研究报告（2010）
著(编)者：徐永清　2010年8月出版 / 估价：58.00元

国际类

世界经济黄皮书
2010年世界经济形势分析与预测
著(编)者：王洛林　李向阳　2010年1月出版 / 估价：49.00元

国际形势黄皮书
全球政治与安全报告（2010）
著(编)者：李慎明　王逸舟　2009年12月出版 / 估价：49.00元

世界社会主义黄皮书
世界社会主义跟踪研究报告（2009～2010）
著(编)者：李慎明　2010年1月出版 / 估价：79.00元

上海合作组织黄皮书
上海合作组织发展报告（2010）
著(编)者：吴恩远　2010年5月出版 / 估价：79.00元

美国蓝皮书
美国发展报告（2010）
著(编)者：黄平　2010年4月出版 / 估价：79.00元

欧洲蓝皮书
欧洲发展报告（2009～2010）
著(编)者：周弘　2010年2月出版 / 估价：79.00元

亚太蓝皮书
亚太地区发展报告（2010）
著(编)者：李向阳　2010年3月出版 / 估价：79.00元

中东非洲黄皮书
中东非洲发展报告（2009～2010）
著(编)者：杨光　2010年3月出版 / 估价：79.00元

拉美黄皮书
拉丁美洲与加勒比发展报告（2009～2010）
著(编)者：苏振兴　2010年4月出版 / 估价：79.00元

俄罗斯东欧中亚黄皮书
俄罗斯东欧中亚国家发展报告（2010）
著(编)者：吴恩远　2010年4月出版 / 估价：79.00元

日本蓝皮书
日本发展报告（2010）
著(编)者：李薇　2010年4月出版 / 估价：79.00元

日本经济蓝皮书
日本经济与中日经贸关系发展报告（2010）
著(编)者：王洛林　2010年4月出版 / 估价：79.00元

韩国蓝皮书
韩国发展报告（2010）
著(编)者：牛林杰　2010年3月出版 / 估价：79.00元

越南蓝皮书
越南国情报告（2010）
著(编)者：古小松　2010年7月出版 / 估价：49.00元

注：2010年起，每册皮书将附赠100元的皮书数据库阅读卡。

规划皮书行业标准，引领皮书出版潮流

发布皮书重要资讯，打造皮书服务平台

中国皮书网

www.pishu.cn

皮书博客

blog.sina.com.cn/pishu

中国皮书网全新改版，增值服务大众

请到各地书店皮书专架/专柜购买，也可办理邮购

咨询/邮购电话：010-59367028 邮箱：duzhe@ssap.cn

邮购地址：北京市西城区北三环中路甲29号院3号楼华龙大厦13层学术传播中心

邮　　编：100029

银行户名：社会科学文献出版社发行部

开户银行：工商银行北京东西南支行

账　　号：0200001009066109151

网上书店　电话：010-59367070　QQ：168316188

网　　址：www.ssap.com.cn;www.pishu.cn

图书在版编目（CIP）数据

2010年世界经济形势分析与预测/王洛林，张宇燕主编.
—北京：社会科学文献出版社，2009.12
（世界经济黄皮书）
ISBN 978-7-5097-1211-5

Ⅰ.①2… Ⅱ.①王… ②张… Ⅲ.①世界经济-分析-2009 ②世界经济-经济预测-2010 Ⅳ.①F113.4

中国版本图书馆CIP数据核字（2009）第220852号

世界经济黄皮书
2010年世界经济形势分析与预测

主　　编／王洛林　张宇燕
副 主 编／王立强

出 版 人／谢寿光
总 编 辑／邹东涛
出 版 者／社会科学文献出版社
地　　址／北京市西城区北三环中路甲29号院3号楼华龙大厦
邮政编码／100029
网　　址／http：//www.ssap.com.cn
网站支持／（010）59367077
责任部门／皮书出版中心（010）59367127
电子信箱／pishubu@ssap.cn
项目经理／邓泳红
责任编辑／任文武
责任校对／邓晓春
责任印制／蔡　静　董　然　米　扬
品牌推广／蔡继辉

总 经 销／社会科学文献出版社发行部
　　　　　（010）59367080　59367097
经　　销／各地书店
读者服务／读者服务中心（010）59367028
排　　版／北京中文天地文化艺术有限公司
印　　刷／北京季蜂印刷有限公司

开　　本／787mm×1092mm　1/16
印　　张／21.75　字数／372千字
版　　次／2009年12月第1版　印次／2009年12月第1次印刷

书　　号／ISBN 978-7-5097-1211-5
定　　价／49.00元